21世纪旅游专业系列规划教材

中国旅游地理

（第二版）

梁明珠　主编

Tourism Geography of China

暨南大學出版社
JINAN UNIVERSITY PRESS

中国·广州

图书在版编目（CIP）数据

中国旅游地理/梁明珠主编．—2 版．—广州：暨南大学出版社，2014.6（2020.9 重印）
（21 世纪旅游专业系列规划教材）
ISBN 978－7－5668－1024－3

Ⅰ.①中…　Ⅱ.①梁…　Ⅲ.①旅游地理学—中国—高等学校—教材　Ⅳ.①F592.99

中国版本图书馆 CIP 数据核字(2014)第 094989 号

中国旅游地理（第二版）
ZHONGGUO LUYOU DILI（DIERBAN）
主　编：梁明珠

出 版 人：张晋升
责任编辑：潘雅琴
责任校对：卢凯婷
责任印制：汤慧君　周一丹

出版发行：暨南大学出版社（510630）
电　　话：总编室（8620）85221601
营销部（8620）85225284　85228291　85228292　85226712
传　　真：（8620）85221583（办公室）　85223774（营销部）
网　　址：http：//www.jnupress.com
排　　版：广州市天河星辰文化发展部照排中心
印　　刷：广东虎彩云印刷有限公司
开　　本：787mm×1092mm　1/16
印　　张：18.75
字　　数：466 千
版　　次：2011 年 6 月第 1 版　2014 年 6 月第 2 版
印　　次：2020 年 9 月第 4 次
印　　数：6501—7100 册
定　　价：45.00 元

总 序

“21世纪旅游专业系列规划教材”正在暨南大学管理学院旅游管理系广大教师的共同努力下逐步推出。这是作为国家特色专业、广东省名牌专业以及省级重点学科建设的重要成果之一，也是暨南大学旅游管理专业开办20多年来，由本科、硕士到博士点发展历程及专业积淀的展示。

旅游活动是当今世界参与人数最多、规模最大的社会活动之一，旅游业也是世界上最大的产业之一。自20世纪70年代末以来，中国旅游业快速发展，在20多年的时间里，实现了从旅游资源大国向世界旅游大国的历史性跨越，今后还将由世界旅游大国向世界旅游强国迈进。在旅游业快速发展的同时，我国旅游教育和旅游科研蓬勃开展。截至2007年底，全国共有高中等旅游院校1 641所，其中高等院校770所。在校生70多万人，其中就读旅游高等院校的学生近40万人。中国旅游教育方兴未艾，源源不断地为旅游业输送着大批专业人才。

旅游教育的发展壮大需要教材建设的支持。我国旅游教育界在过去的20年间出版了多套专业教材，为旅游学科的发展奠定了基础，为旅游教育作出了贡献。但随着旅游业的快速发展，旅游科研不断有新的突破，旅游教材必须吸收、反映这些新的成果，把最新的知识奉献给读者。面对旅游学科日新月异的大好局面，特别是最近几年形势的重大变化，我们处在高校旅游专业教学与科研第一线的教师既感到兴奋，同时也有要不断更新教学内容，补充新知识的压力。鉴于教材建设紧跟形势发展，反映旅游最新实践动态和最新研究成果的需要，我们组织了一批长期从事旅游专业相关课程教学和科研的教师编写了这套“21世纪旅游专业系列规划教材”。

本套教材选题广泛，涵盖了旅游管理专业的各门课程，并且紧密结合国际、国内旅游活动、旅游业和旅游科研发展的实际，从较高的理论起点阐述了现代旅游管理和经营的一般规律，总结学科、行业、产业的经验教训，以最新的实际材料和旅游研究成果展现旅游学科体系的理论知识和实践技巧。在编写风格上，我们参阅和借鉴了国内外旅游学科及其他学科教材的经验，力图使本套教材呈现出理论全面、知识丰富、结构合理、形式活泼、内容科学及文字生动的特色。这套教材既可供高校旅游管理专业教学使用，亦可作为高等职业教育、自学考试以及旅游行业中、高级管理人员的培训教材。

旅游学是一门发展中的学科，丰富的理论内涵和综合的知识结构，飞速发展的社会实践，均需要进行不断深入的研究和精心的归纳。我们希望通过这套教材的出版，能与同仁共同推进旅游教育的发展和提高旅游教材的编写水平，为中国旅游教育贡献绵薄之力。

21世纪旅游专业系列规划教材编委会

2008年10月

前　言

随着社会的发展，旅游业已成为全球经济发展势头最强劲和规模最大的产业之一。在过去的30年里，中国旅游业取得了突飞猛进的发展，也取得了举世瞩目的成就。中国有4/5以上的省级行政区把旅游业确定为“支柱产业”。2009年12月，国务院明确提出把旅游业定位为国民经济的战略性支柱产业；2010年，中国已跃居全球第三大入境旅游接待国和第四大出境旅游消费国，旅游业对中国经济社会发展的积极作用更加凸显。世界旅游组织预计，到2020年，中国将成为世界第一大入境旅游接待大国，国际旅游人数将达到1.37亿人次。与此同时，中国旅游教育事业也以惊人的速度在发展，到2009年末，全国已有852所高等院校开设旅游专业，旅游专业学生人数突破了49万。旅游业的发展也要求旅游教育从理论上跟踪、总结旅游业的成败得失，并及时反映到教学当中。

中国地域辽阔、历史悠久，自然景观丰富多彩，人文景观璀璨夺目，其独有的东方神韵一直强烈地吸引着中外旅游者。旅游资源是旅游业发展的基础和先决条件，旅游业的良性发展依托于旅游资源的科学开发。近年中国旅游业的发展成就有目共睹，但旅游资源的盲目开发、无序开发、过度开发造成经济损失和社会资源浪费的例子屡见不鲜。因此有必要结合中国的旅游地理特征，对与中国旅游资源有关的理论知识重新进行廓清和认识，以指导旅游开发。

在编修《中国旅游地理》的过程中，我们考察了目前国内外出版的大批旅游教材和专著，本着对原有合理框架体系不做大调整的原则，对书稿内容进行补充，力求使本教材起点高、立意新，并有所突破，特别是对原有的资料与信息做了更新，其中，第一章做了较大的调整。在教材的结构体例和内容上，我们十分注重基本理论和基本知识的共识性与术语规范性，严格参照中国制定的相关行业标准，同时根据20多年来从事旅游教学的体会，从中国乃至世界旅游业发展的新视角、大视野、大思路出发，大量吸收最新的旅游研究成果，使本教材既紧跟时代步伐，又有所创新。

本书的内容共分为十章，第一章是绪论，第二至十章是对中国旅游资源地理知识进行分类介绍，在吸取国内出版的同类旅游教材优点的同时，主要突出以下特点：

（1）以介绍中国的旅游资源为主，有关地理知识为辅，并有机地使中国旅游地理知识融入旅游资源知识结构体系中；

（2）突出旅游资源的系列性和完整性，以廓清旅游资源分类的无序性和不合理性；

（3）本书每章都具备本章要点、章节内容、本章小结、关键词、思考与练习等部分，有利于读者对每章内容的重点、术语进行把握。

因此本书既适用于旅游管理专业的教学和从业人员参考，亦适用于地理、历史、建筑与规划、园林、广告、新闻等相关专业的教学和从业人员参考，也可作为导游考试的参考、辅助教材和旅游开发投资参考书目，同时还可作为各地政府海外宣传的重要参考资料。

本书由暨南大学旅游研究所梁明珠教授负责体例的编制、内容结构的安排、大部分章节的撰写，以及全书的统定。其中第四章、第八章部分内容由李伟撰写。访问学者韩山师范学院旅游管理系杨佩群参与了此次编修，负责资料与信息的更新。陈小洁、廖慧娟、伍锋、吕瑞娥、蒋伟、于健慧、钟金凤、管培新、刘志宏、高志洋、陈毓敏等负责校对和资料收集，在此一并表示感谢。

旅游业在中国是一个新兴的行业，中国对旅游地理的研究尚待完善，本书必然会存在一些不成熟和疏漏之处，恳请有关专家和读者批评指正，以共同推进该学科的发展。

编者

2014 年 5 月于广州

目　录

第一章　绪　论

【本章要点】

1. 旅游与地理的关系。
2. 旅游地理学的学科属性。
3. 旅游资源的概念。
4. 旅游资源的特征。
5. 旅游资源的分类。
6. 中国旅游地理的知识体系。
7. 中国的世界遗产。

第一节　关于旅游地理学

一、旅游与地理的关系

自古以来，旅游与地理总是紧密地联系在一起。从古代社会的帝王巡游天下、文人漫游山水、高僧云游四海等少数人有限的特殊旅游活动，到当今社会人们涌向海滩、投身自然而又流连都市的大规模旅游活动，都是以旅游者在地理环境中的空间流动为基础。旅游几乎没有哪个方面与地理无关，地理也几乎没有哪个部分无助于研究旅游现象。

现代地理环境既包括各地地形、气候、水文、生物等自然要素构成的自然地理环境，也包括人类社会自身历史过程所形成的各地居民、城乡聚落、风俗民情、政治军事等方面的人文地理环境，各地区地理环境的丰富性及差异性，是旅游活动最基本的外在动力。

旅游地理学是伴随着旅游活动的扩展而逐渐发展起来的一门学科。在古代，人们主要通过旅游来积累地理知识。13 世纪末期，大旅行家马可·波罗的游记记录了他长途跋涉的经历。我国明代旅行家和地理学家徐弘祖历时 34 年，游遍祖国名山大川，写成地理名著《徐霞客游记》。在近现代社会，随着旅行社的诞生，组团旅游的发展，西方地理学者不仅利用自己掌握的地理知识和区域研究成果，积极撰写导游材料和旅行指南等，而且成为最早涉猎旅游研究领域的主角，旅游地理学也就应运而生。

二、旅游地理学的学科属性

旅游地理学是旅游业发展到一定阶段的必然产物，是在旅游活动迅速发展，与地理环境的关系日益显现的情况下产生的，其边缘性是其突出的学科属性。

旅游地理学是旅游与地理两种不同性质的学科有机结合的产物，由于旅游现象的综合性和复杂性，使得旅游地理学的研究范围涉及社会学、经济学、历史学、民俗学、考古学、建筑学、园林学、生态学、文学、美学、宗教、艺术等众多学科领域，是一门多学科交叉的边缘学科。

三、中国旅游地理的知识体系

中国旅游地理是在旅游地理学的一般原理与方法体系下，对有关旅游的中国区域地理知识的有机组合与分析研究。从旅游地理学的形成与发展历程看，区域旅游地理既是旅游地理学研究的重要基础，又是在旅游地理学指导下特定区域的实用旅游地理知识体系。中国旅游地理包括中国旅游资源形成的地理背景，中国旅游资源的类型、特征、结构、分布及其成因等等。由于旅游资源在旅游活动中的基础性，以及旅游资源与旅游地理环境联系的紧密性，目前中国旅游地理知识体系在很大程度上是以旅游资源地理为主干内容的。

考虑到目前我国高校旅游管理专业课程设置已开设了旅游资源开发与规划、旅游景区管理、旅游市场营销、旅游调查方法、旅游信息管理等相关课程，且旅游资源开发与规划、旅游景区管理等课程属于必修课程，为了避免课程讲授内容的重复和合理分配课时，本教材将课程内容集中在中国旅游资源地理的研究与分析上，以利于旅游管理专业的学生能循序渐进地、系统地掌握旅游管理专业的相关知识。

第二节　旅游资源

一、旅游资源的概念

旅游资源（Tourism Resources）这一概念是现代旅游活动发展的伴生产物，它构成了旅游业发展的物质基础，也是进行旅游开发的依据。中国旅游界对旅游资源的含义、价值、应用等许多理论和实用问题进行了多方面的研究，由于研究侧重点和研究角度的不同，先后出现过各种不同的定义。

中山大学旅游学院保继刚教授认为：“旅游资源是指对旅游者具有吸引力的自然存在和历史文化遗产，以及直接用于旅游目的的人工创造物。”黄辉实（1985）则认为：“旅游资源就是吸引人们前往游览、娱乐的各种事物的原材料。这些原材料可以是物质的，也可以是非物质的。它们本身不是游览的目的物和吸引物，必须经过开发才能成为有吸引力的事物。”还有学者认为，旅游资源是能够诱发旅游动机和实施旅游行为的诸多因素的总和。它不仅是一定地理空间范围内的旅游目的地，也包括旅游者和各种能传达旅游地相关信息的事与物。

分析各位学者的各种定义，可以看出，虽然它们各自的出发点和强调的重点有所不同，但就资源的基本属性而言，各家学说均有一个共同点，就是都强调了旅游资源具有吸引旅游者这一属性，指出了它的吸引力和引诱力，这可谓是旅游资源的理论核心。

实际上，当旅游资源理论从国外引入中国时，译者把“attraction”翻译成为“资源”，造成人们对“resource”（资源）的错误理解。西方学术界就直接将旅游资源称为“旅游吸引物”。“旅游吸引物”是指旅游地吸引旅游者的所有因素的总和。它包括旅游资源、完备的接待设施和优良的服务与劳务，甚至还包括快捷舒适的旅游交通条件。

目前，围绕着旅游资源的吸引属性这一理论核心，旅游资源的研究范畴更加宽泛了。针对旅游资源的概念界定的不一致，中国科学院地理科学与资源研究所和国家旅游局规划发展与财务司于2003年在原有的《中国旅游资源普查规范》的基础上，又共同起草了《旅游资源分类、调查与评价》，对旅游资源的概念重新加以确定。标准定义旅游资源为“自然界和人类社会凡能对旅游者产生吸引力，可以为旅游业开发利用，并可产生经济效益、社会效益和环境效益的各种事物和因素”。该概念在强调资源具有吸引力的同时，还重点强调了旅游资源产生的三大效益：经济效益、社会效益和环境效益。这种提法符合现代经济“可持续发展”的原则，在实际操作中具有积极的作用。因此，与其他提法相比，这一定义有着较强的先进性和科学性。

二、旅游资源的特征

由于人类旅游活动、旅游业、地理环境和人们审美观的差异等多方面复杂的原因，旅游资源具有以下的特征：

（一）种属的多样性

广义而言，一地的多数景物、场所或活动都可以引起外地旅游者的兴趣。人的兴趣是广泛的，因此旅游吸引物也具有广泛性。从旅游资源的类型和内容上看，自然旅游资源包括了地球四个圈层中所涵盖的所有旅游吸引要素，即从天上到地下（壳）所有可为旅游业利用的类型；人文旅游资源，几乎包括了古今一切令各种不同层次的人们感兴趣的事物和因素。一个地区的旅游资源种类越多，对旅游者的吸引力也就越大。

（二）分布的地域性

各种旅游资源都有一定的地域分布差异性，这种差异会导致同类事物由于所处的地区和地域的不同而形成不同的特色和风格，使旅游资源具有不同的地方性和民族性。例如，中国饮食方面有“南淡北咸，西辣东甜”的地方风味；自然山水方面有“北雄、南秀、西旷、东密”的景观特色。旅游资源的地域特色越突出，其旅游吸引力就越大，从而带动旅游者的空间移动。

（三）结构的组合性

虽然每个资源单体可能具有吸引旅游者的观赏价值，但若孤立存在的话，是很难吸引旅游者的。一个旅游区往往是各种旅游景观或景物要素的综合体，其吸引功能往往是由一种以上旅游景观或景观要素协调配合所形成的组合性吸引功能。例如，杭州西湖，首先是湖、山、气象巧妙配合而成的天然美景，然后是历代开发者在这美好的山水之间布置了无数的人文景观，形成自然山水与人文景观的巧妙配合。这两种配合使西湖风景区的“资源配置”十分和谐得当。桂林、苏州、昆明等名城和泰山、黄山等名山都具有很好的结构组合性。

（四）时代性和季节变化性

在不同的历史时期和社会经济条件下，旅游资源的含义是不同的。另外，随着人类物质文明和精神文明的进步，人们的兴趣及时尚潮流会随着时间的推移而变化；随着时代的发展，人们旅游动机的多样性对旅游资源的内涵要求也是多方面的。旅游资源的时代性正好满足了这种要求。所以，由于岁月的增长、时代的变迁、历史的演变、人为因素等的影响，不少旅游资源可能降低或失去其原有意义，而原来并不是旅游资源或没有发现、没有建成的某些项目，在新条件下可能成为旅游资源。例如，帝王的宫殿和陵墓、古城的城墙、宗教的寺庙、火山喷发的岩浆、地震遗址等，其原先建成或发生时可能并不是为了旅游，但随着时间的推移和旅游者需求的变化，许多已成为颇具吸引力的旅游热点。

旅游资源变化还表现在自然景观的季节变化上。某些自然景色只在特定的季节和时间里出现，如吉林雾凇，只有在入冬后才能形成。另外，同样的景物在不同的季节里表现出不同的特征。例如，同一座山，在春、夏、秋、冬四季有不同的景色。由于自然界节律或节气的影响，一些旅游节日也呈现出季节性，如端午节的中华龙舟赛、潍坊的风筝节等。旅游资源的季节性，使得旅游具有明显的“淡季”和“旺季”之分，如海滨城市青岛，一年之中，以夏季旅游最为火爆。

（五）永续性和不可再生性

对旅游资源而言，旅游者可以利用它、观赏它，却不会带走旅游资源本身，所带走的只是各种印象、美感、意境和心灵的感受，它不会被旅游者消耗掉。因此，从理论上说，旅游资源是可以长期地，甚至是永久地使用下去的，具有无限重复使用的永续性特征。

但是，这种“永续性”并非绝对成立，如果开发利用不当，就会造成资源的破坏甚至消失。在现实中，自然旅游资源除了受到全球或局部地区环境衰退的影响（如大自然的风化侵蚀作用、自然灾害破坏）之外，游人接待过量，再加上游人的不文明旅游行为（如乱扔垃圾、随地吐痰、随意践踏花草等），正在使自然旅游生态环境受到严重的威胁。人文旅游资源的破坏也十分常见。战争、某些政治运动、人们的无知行为曾使众多名胜古迹遭受灭顶之灾，不负责任的胡乱开发经常造成“建设性破坏”，现在过多的游人接待量及游人的不文明行为对旅游景物的破坏力也不容低估。

三、旅游资源的分类

随着旅游业的发展，旅游资源的范畴在不断地发展变化，涉及自然、社会、人文等多个方面，在分类中难免会发生重叠、重复的现象，所以难以给旅游资源做出相对完整统一的分类方案。我们可以从各自的角度，按照不同的需要，遵循不同的原则和分类标准，对旅游资源进行分类。需要特别强调的是，无论何种分类都必须遵循“全覆盖、不交叉”的原则。

下面介绍几种旅游资源的分类方法，总体的分类方法如表 1－1 所示。

表 1－1 旅游资源的分类方法

分类标准	主要类别
国家标准《旅游资源分类、调查与评价》	地文景观、水域风光、生物景观、天象与气候景观、遗址遗迹、建筑与设施、旅游商品、人文活动
风景资源的规模、级别、价值及管理范围	世界级旅游资源，国家级和大型旅游资源，省、市、自治区和中型旅游资源，县级以下及小型旅游资源
旅游者的需求心理	心理方面的旅游资源、精神方面的旅游资源、健身方面的旅游资源、政治方面的旅游资源、经济方面的旅游资源
旅游资源的功能	观光游览型旅游资源、文化知识型旅游资源、参与体验型旅游资源、购物型旅游资源、情感型旅游资源、康乐疗养型旅游资源

（一）按《旅游资源分类、调查与评价》标准分类

本分类按 2003 年 10 月国家颁布的标准（GB/T18972－2003），并依据旅游资源的性状，即现存状况、形态、特性、特征等，对稳定的、客观存在的实体旅游资源与不稳定的、客观存在的事物和现象，进行区分总结，将其分为“8 主类”、“31 亚类”和“155 个基本类型”三个层次。在 8 个主类中，前 4 个主类在属性上属于自然旅游资源，后 4 个主类属人文旅游资源。具体分类如表 1－2 所示。

表 1－2 《旅游资源分类、调查与评价》分类方法

主类（8 类）	亚类（31 类）
地文景观	综合自然旅游地、沉积与构造、地质地貌过程形迹、自然变动遗迹、岛礁
水域风光	河段、天然湖泊与池沼、瀑布、泉、河口与海面、冰雪地
生物景观	树木、草原与草地、花卉地、野生动物栖息地
天象与气候景观	光现象、天气与气候现象
遗址遗迹	史前人类活动场所、社会经济文化活动遗址遗迹
建筑与设施	综合人文旅游地、单体活动场馆、景观建筑与附属型建筑、居住地与社区、归葬地、交通建筑、水工建筑
旅游商品	地方旅游商品
人文活动	人事记录、艺术、民间习俗、现代节庆

(二)按风景资源的规模、级别、价值及管理范围分类

1. 世界级旅游资源

(1)进入《世界遗产名录》的旅游资源。

截至2013年6月,中国已先后有45处列入《世界遗产名录》。

(2)纳入世界自然保护区网的旅游资源。

截至2013年底,中国被列入联合国“人与生物圈”计划的自然保护区已达32个。

(3)纳入《世界地质公园名单》的旅游资源。

截至2013年,中国已有29处进入《世界地质公园名单》。

(4)纳入《国际重要湿地名录》的旅游资源。

截至2013年,中国已有46处进入《国际重要湿地名录》。具体湿地名称如下:

表1-3 中国纳入《国际重要湿地名录》的湿地

湿地名称	湿地名称
青海鸟岛自然保护区	江苏大丰麋鹿自然保护区
青海扎陵湖湿地	江苏盐城沿海滩涂湿地
青海鄂陵湖湿地	广东湛江红树林保护区
海南东寨港红树林保护区	广东惠东港口海龟保护区
香港米埔湿地	广东海丰公平大湖省级自然保护区
江西鄱阳湖自然保护区	广西山口红树林保护区
湖南东洞庭湖自然保护区	广西北仑河口国家级自然保护区
湖南洞庭湖自然保护区	四川若尔盖国家级自然保护区
湖南西洞庭湖自然保护区	云南大山包湿地
吉林莫莫格国家级自然保护区	云南纳帕海湿地
吉林向海自然保护区	云南拉什海湿地
黑龙江扎龙自然保护区	云南碧塔海湿地
黑龙江洪河自然保护区	西藏玛旁雍错湿地
黑龙江三江自然保护区	西藏麦地卡湿地
黑龙江兴凯湖自然保护区	上海崇明东滩自然保护区
黑龙江省七星河国家级自然保护区	上海长江口中华鲟湿地自然保护区
黑龙江省南翁河国家级自然保护区	福建漳江口红树林国家级自然保护区
黑龙江省珍宝岛国家级自然保护区	湖北神农架大九湖湿地
黑龙江东方红湿地国家级自然保护区	湖北沉湖湿地自然保护区
辽宁大连斑海豹保护区	湖北洪湖省级湿地自然保护区
辽宁双台河口湿地	浙江杭州西溪湿地公园
内蒙古达赉湖自然保护区	甘肃省尕海则岔国家级自然保护区
内蒙古鄂尔多斯自然保护区	山东黄河三角洲国家级自然保护区

2. 国家级和大型旅游资源

(1)已审定和公布的国家级重点风景名胜区。

截至2013年底,中国已先后审定和公布了七批225处国家级重点风景名胜区。

（2）已审定和公布的国家级森林公园。

截至2013年10月15日，中国已建立778处国家级森林公园。

（3）已审定和公布的国家级自然保护区。

截至2013年底，中国已建立407处国家级自然保护区。

（4）已审定和公布的国家级重点文物保护单位。

截至2013年，国务院先后公布了六批4 295处国家级重点文物保护单位。

（5）已审定和公布的国家级历史文化名城和优秀旅游城市。

截至2013年11月18日，国务院先后确定为国家级历史文化名城的城市共有123座。截至2013年底，经国家旅游局审核，全国共有339个城市被命名为中国优秀旅游城市。

（6）已审定和公布的国家级地质公园。

截至2013年4月，中国已有国家级地质公园219处，其中121处已经建成。

此外，还有旅游部门、农业部门、水利部门确定的5A、4A级旅游区（点），国家级花卉博览园，水利风景旅游区等。

3. 省、市、自治区和中型旅游资源

各省、市、自治区已审定和公布的省级重点风景名胜区、森林公园、自然保护区、文物保护单位。这些旅游资源在其所在的省、市、自治区内具有较高的知名度和美誉度，主要客源为本省、市、自治区的居民。

截至2012年12月，中国经审定命名的省级风景名胜区有737处。

4. 县级以下、小型旅游资源

这类旅游资源的等级相对较低，在县级以下的区域内具有较高的知名度和美誉度，客源几乎均为本地居民，通常是本地居民和周边地区居民平时及周末的休闲旅游场所。

（三）按旅游者的需求心理分类

1. 心理方面的旅游资源

家乡、宗教圣地、重大历史事件、远方的朋友、崇敬的历史和现代名人等。

2. 精神方面的旅游资源

各种科学知识、各种消除紧张的娱乐活动、文学艺术欣赏等。

3. 健身方面的旅游资源

各种休假、各种运动及沙疗、温泉疗、海水疗法等治疗方式。

4. 政治方面的旅游资源

国家政体状况及各种法律、政策、方针等。

5. 经济方面的旅游资源

各地土特产、经济情报资料、产品样品等。

（四）按旅游资源的功能分类

1. 观光游览型旅游资源

以自然风光、园林建筑、古建筑、城镇风貌、珍稀动植物为主。

2. 文化知识型旅游资源

以历史古迹、古建筑、宗教文化、文学艺术、社会风情、博物展览为主。

3. 参与体验型旅游资源

以漂流、攀岩、狩猎、民俗风情、节庆活动、宗教朝觐等为主。

4. 购物型旅游资源

以纪念品、土特产为主。

5. 情感型旅游资源

以名人故居、名人陵墓、各类纪念地为主。

6. 康乐疗养型旅游资源

以温泉、海滩、度假村、康乐保健中心为主。

第三节　中国的世界遗产

一、世界遗产的概念

世界遗产，特指被联合国教科文组织确认的人类罕见且目前无法替代的财富，是指人类共同继承的文化及自然遗产，包括亿万年的地球史上，人类发展过程中遗留下来的不可再生的人造工程或人与自然的联合工程以及考古遗址地带等，具有很高的历史、艺术和科学价值。

1972 年，联合国教科文组织第 17 届世界遗产大会在法国巴黎通过了《保护世界文化和自然遗产公约》，确定为了人类的今天和未来，将世界范围内被认为具有突出和普遍价值的文物古迹和自然景观列入《世界遗产名录》，作为全人类的共同遗产加以保护，即使在战争中也不能成为军事攻击的目标，以确保遗产的价值能永续保存。1985 年 11 月，中国成为公约的缔约国之一。1999 年 10 月，中国当选为世界自然和文化遗产委员会委员。2006 年中国首次设立了国家遗产名录。2007 年中国当选为世界文化与自然遗产政府间委员会（简称世界遗产委员会）委员国。

二、世界遗产设立的宗旨和原则

1972 年，联合国教科文组织在巴黎通过了《保护世界文化和自然遗产公约》，成立联合国教科文组织世界遗产委员会，其宗旨在于促进各国和各国人民之间的合作，为合理保护和恢复全人类共同的遗产作出积极的贡献。

真实性和完整性是关于世界遗产非常重要的两个原则，《世界遗产公约实施行动指南》对其有明确规定。真实性和完整性原则既是衡量遗产价值的标尺，也是保护遗产所需依据的关键。

（一）真实性原则

“真实性”这一概念最早出现于《威尼斯宪章》中，之后在欧洲社会逐渐得到广泛认可，当时主要运用于欧洲文物古迹的保护与修复。真实性包括遗产的形式与设计，材料与实质，利用与作用，传统与技术，位置与环境，精神与感受。有关“真实性”翔实信息的获得和利用，需要充分地了解某项具体文化遗产独特的艺术、历史、社会和科学层面的价值。文化遗产真实性的保持还在于，“不同的文化和社会都包含着特定的形式和手段，它们以有形或无形的方式构成了某项遗产”。

（二）完整性原则

“完整性”意味着未经触动的原始状态，主要用于评价自然遗产，如原始森林或野生生物区等。完整性原则既保证了世界遗产的价值，同时也为遗产的保护划定了原则性范围。

三、徽标及其含义

世界遗产公约的标志，象征着文化遗产与自然遗产之间相互依存的关系。中央的正方形是人类创造的形状，圆圈代表大自然，两者密切相连。这个标志呈圆形，既象征全世界，也象征着要对世界遗产进行保护。

图 1－1　世界遗产标志

四、世界遗产的类型及标准

按照内容、性质和研究范围，世界遗产可分为物质性遗产与口头和非物质文化遗产两大类别，其中物质性遗产又可分为四种类型：世界文化遗产、世界自然遗产、世界文化和自然双重遗产及文化景观。

（一）文化遗产

《保护世界文化和自然遗产公约》规定，属于下列各类内容之一者，可列为文化遗产：

（1）文物：从历史、艺术或科学角度看，具有突出、普遍价值的建筑物、雕刻和绘画，具有考古意义的成分或结构，铭文、洞穴、住区及各类文物的综合体。

（2）建筑群：从历史、艺术或科学角度看，因其建筑的形式、同一性及其在景观中的地位，具有突出、普遍价值的单独或相互联系的建筑群。

（3）遗址：从历史、美学、人种学或人类学角度看，具有突出、普遍价值的人造工程或人与自然的共同杰作以及考古遗址地带。

凡提名列入《世界遗产名录》的文化遗产项目，必须符合下列一项或几项标准方可获得批准：

（1）代表一种独特的艺术成就，一种创造性的天才杰作。

（2）能在一定时期内或世界某一文化区域内，对建筑艺术、纪念物艺术、城镇规划或景观设计方面的发展产生过大影响。

（3）能为一种已消逝的文明或文化传统提供一种独特的至少是特殊的见证。

（4）可作为一种建筑或建筑群或景观的杰出范例，展示出人类历史上一个（或几个）重要阶段。

（5）可作为传统的人类居住地或使用地的杰出范例，代表一种（或几种）文化，尤其在不可逆转之变化的影响下变得易于损坏。

（6）与具特殊普遍意义的事件或现行传统或思想或信仰或文学艺术作品有直接或实质的联系（只有在某些特殊情况下或该项标准与其他标准一起产生作用时，此款才能成为列入《世界遗产名录》的理由）。

（二）自然遗产

《保护世界文化和自然遗产公约》给自然遗产的定义是符合下列规定之一者：

（1）从美学或科学角度看，具有突出、普遍价值的由地质和生物结构或这类结构群组成的自然面貌。

（2）从科学或保护角度看，具有突出、普遍价值的地质和自然地理结构以及明确划定的濒危动植物物种生态区。

（3）从科学、保护或自然美角度看，只有突出、普遍价值的天然名胜或明确划定的自然地带。

列入《世界遗产名录》的自然遗产项目必须符合下列一项或几项标准方可获得批准：

（1）构成代表地球演化史中重要阶段的突出例证。

（2）构成代表重要地质过程、生物演化过程以及人类与自然环境相互关系的突出例证。

（3）独特、稀有或绝妙的自然现象、地貌或具有罕见自然美的地带。

（4）尚存的珍稀或濒危动植物物种的栖息地。

（三）自然文化双重遗产

自然文化双重遗产是指既属于文化遗产，又属于自然遗产的世界遗产。例如，中国的泰山风景名胜区、黄山风景名胜区、武夷山风景名胜区、峨眉山与乐山大佛等。

（四）文化景观

文化景观这一概念是1992年12月在美国圣菲召开的联合国教科文组织世界遗产委员会第16届会议时提出并纳入《世界遗产名录》中的。这样，世界遗产即分为自然遗产、文化遗产、自然遗产与文化遗产混合体和文化景观。文化景观代表《保护世界文化和自然遗产公约》第一条所表述的“自然与人类的共同作品”。一般来说，文化景观有以下类型：

1. 由人类有意设计和建筑的景观

包括出于美学原因建造的园林和公园景观，它们经常（但并不总是）与宗教或其他纪念性建筑物或建筑群有联系。

2. 有机进化的景观

它们最初产生于一种社会、经济、行政以及宗教需要，并通过与周围自然环境的相联系或相适应而发展到目前的形式。它们包括两种类别：一是残遗物（或化石）景观，代表过去某段时间已经完结的进化过程，不管是突发的或是渐进的。它们之所以具有突出、普遍价值，还在于显著特点依然体现在实物上。二是持续性景观，它们在当今与传统生活方式相联系的社会中，保持一种积极的社会作用，而且其自身演变仍在进行之中，同时又展示了历史上其演变发展的物证。

3. 关联性文化景观

这类景观列入《世界遗产名录》，以与自然因素、宗教、艺术或文化相联系为特征，而不是以文化物证为特征。

此外，列入《世界遗产名录》的古迹遗址、自然景观一旦受到某种严重威胁，经过世界遗产委员会调查和审议，可列入《处于危险之中的世界遗产名录》，以待采取紧急抢救措施。

（五）非物质文化遗产

根据联合国教科文组织《保护非物质文化遗产公约》定义：非物质文化遗产指被各群体、团体、有时为个人所视为其文化遗产的各种实践、表演、表现形式、知识体系和技能及其有关的工具、实物、工艺品和文化场所。

非物质文化遗产是指各种以非物质形态存在的与群众生活密切相关、世代相承的传统文化表现形式，包括口头传统、传统表演艺术、民俗活动和礼仪与节庆、有关自然界和宇宙的民间传统知识和实践、传统手工艺技能等以及与上述传统文化表现形式相关的文化空间。非物质文化遗产是以人为本的活态文化遗产，它强调的是以人为核心的技艺、经验、精神，其特点是活态流变。

在非物质文化遗产的实际鉴别工作中，认定非遗的标准是由父子（家庭）、或师徒、或学堂等形式传承三代以上，传承时间超过 100 年，且要求谱系清楚、明确。

截至 2013 年，我国共有昆曲、古琴艺术等 30 个项目入选联合国教科文组织“人类非物质文化遗产代表作名录”，羌年、中国木拱桥传统营造技艺等 7 个项目入选“急需保护的非物质文化遗产名录”，成为世界上入选项目最多的国家。

五、世界遗产的分布

截至 2013 年，全世界共有 981 处遗产地被列入世界遗产名录，其中包括 193 处自然遗产、759 处文化遗产以及 29 处文化与自然双重遗产。

从地区来看，北美洲和欧洲的世界遗产占总数的一半以上，共 497 处。亚洲和大洋洲拥有的遗产地超过总数的 1/5，共 222 处。此外，拉丁美洲和加勒比海地区拥有 131 处，非洲 93 处。

从各国遗产地数量的排名来看，意大利、中国和西班牙分别以48处、45处和44处位居前三位。

世界遗产数量排名在前三位之后的是法国（38处）、德国（38处）、墨西哥（32处）、印度（30处）、英国（28处）、俄罗斯（25处）和美国（21处）。日本和韩国分别拥有17处和10处世界遗产。

从文化角度讲，世界上有四大文明古国：中国、印度、埃及、古巴比伦，其他文明古国还有波斯、拜占庭等，但是，这些文明古国的世界遗产数量却不如意大利多。

六、中国的世界遗产概况与分布

截至2013年6月，中国已有45项名胜古迹与自然景观被列入《世界遗产名录》，仅次于意大利（48处），位居世界第二。其中文化遗产31项（其中文化景观4项），自然遗产10项，文化和自然双重遗产4项。

中国世界遗产具有明显地域特征，空间格局表现出明显的组团状特征，大致可以分为北京及周边、黄河中下游、长江中下游平原及西南地区四大板块；省域分布不均衡，全国大部分世界遗产分布在北京、辽宁、四川等22个省份、直辖市，其中北京以6处世界遗产位居全国首位；从南北方看，南方世界遗产地面积、遗产分布密度均大于北方，自然遗产主要分布在南方；从东中西部来看，均有世界遗产，但东部和中部地区明显多于西部地区；从人口地理分界线看，世界遗产主要分布于东南侧人口密集地区，西北地区则分布较少。各种角度的空间分布特征均与自然环境、社会历史、经济活动等诸多因素有密切关系。

表1-4 中国世界遗产名录（物质性遗产）

省区	项目名称	项目类别	列入时间
北京市	明清皇宫（故宫博物院）	文化遗产	1987年
	长城	文化遗产	1987年
	周口店“北京人”遗址	文化遗产	1987年
	颐和园	文化遗产	1998年
	天坛	文化遗产	1998年
	明清皇家陵寝（明十三陵）	文化遗产	2000年
河北省	承德避暑山庄与外八庙	文化遗产	1994年
	明清皇家陵寝（清东陵、清西陵）	文化遗产	2000年
山西省	平遥古城	文化遗产	1997年
	云冈石窟	文化遗产	2001年
	五台山	文化景观	2009年
陕西省	秦始皇陵与兵马俑	文化遗产	1987年

（续上表）

省区	项目名称	项目类别	列入时间
甘肃省	敦煌莫高窟	文化遗产	1987 年
山东省	泰山	双重遗产	1987 年
	曲阜孔庙、孔林、孔府	文化遗产	1994 年
江苏省	苏州古典园林	文化遗产	1997 年
	明清皇家陵寝（明孝陵）	文化遗产	2000 年
浙江省	丹霞（浙江江郎山）	自然遗产	2010 年
	杭州西湖	文化景观	2011 年
安徽省	黄山	双重遗产	1990 年
	西递、宏村古村落	文化遗产	2000 年
江西省	庐山	文化景观	1996 年
	三清山	自然遗产	2008 年
	丹霞（江西龙虎山）	自然遗产	2010 年
福建省	武夷山	双重遗产	1999 年
	丹霞（福建泰宁）	自然遗产	2010 年
	福建土楼	文化遗产	2008 年
河南省	洛阳龙门石窟	文化遗产	2000 年
	安阳殷墟	文化遗产	2006 年
	登封天地之中古建筑群	文化遗产	2010 年
湖北省	武当山道教古建筑群	文化遗产	1994 年
	明清皇家陵寝（明显陵）	文化遗产	2000 年
湖南省	武陵源	自然遗产	1992 年
	丹霞（湖南崀山）	自然遗产	2010 年
四川省	九寨沟	自然遗产	1992 年
	黄龙	自然遗产	1992 年
	峨眉山——乐山大佛	双重遗产	1996 年
	青城山——都江堰	文化遗产	2000 年
	大熊猫栖息地	自然遗产	2006 年
重庆市	大足石刻	文化遗产	1999 年
	南方喀斯特（重庆武隆）	自然遗产	2007 年

（续上表）

省区	项目名称	项目类别	列入时间
云南省	丽江古城	文化遗产	1997 年
	三江并流	自然遗产	2003 年
	南方喀斯特（云南石林）	自然遗产	2007 年
	澄江化石地	自然遗产	2012 年
	哈尼梯田	文化景观	2013 年
吉林省	中国高句丽王城、王陵及贵族墓葬	文化遗产	2004 年
贵州省	南方喀斯特（贵州荔波）	自然遗产	2007 年
	丹霞（贵州赤水）	自然遗产	2010 年
辽宁省	明清皇宫（沈阳故宫）	文化遗产	2004 年
西藏	布达拉宫（大昭寺、罗布林卡）	文化遗产	1994 年
广东省	开平碉楼与村落	文化遗产	2007 年
	丹霞（广东丹霞山）	自然遗产	2010 年
澳门	澳门历史城区	文化遗产	2005 年
新疆	新疆天山	自然遗产	2013 年
内蒙古	元上都遗址	文化遗产	2012 年

表 1－5　中国的世界遗产名录（非物质性遗产）

序号	项目名称	项目类别	列入时间
1	昆曲	非物质文化遗产	2001 年
2	中国古琴艺术	非物质文化遗产	2003 年
3	新疆维吾尔木卡姆艺术	非物质文化遗产	2005 年
4	蒙古族长调民歌	非物质文化遗产	2005 年
5	中国篆刻	非物质文化遗产	2009 年
6	中国雕版印刷技艺	非物质文化遗产	2009 年
7	中国书法	非物质文化遗产	2009 年
8	中国剪纸	非物质文化遗产	2009 年
9	中国传统木结构营造技艺	非物质文化遗产	2009 年
10	南京云锦织造技艺	非物质文化遗产	2009 年
11	端午节	非物质文化遗产	2009 年
12	中国朝鲜族农乐舞	非物质文化遗产	2009 年
13	《格萨（斯）尔》	非物质文化遗产	2009 年
14	侗族大歌	非物质文化遗产	2009 年
15	花儿	非物质文化遗产	2009 年

（续上表）

序号	项目名称	项目类别	列入时间
16	《玛纳斯》	非物质文化遗产	2009 年
17	妈祖信俗	非物质文化遗产	2009 年
18	呼麦	非物质文化遗产	2009 年
19	南音	非物质文化遗产	2009 年
20	热贡艺术	非物质文化遗产	2009 年
21	中国传统蚕桑丝织技艺	非物质文化遗产	2009 年
22	藏戏	非物质文化遗产	2009 年
23	龙泉青瓷传统烧制技艺	非物质文化遗产	2009 年
24	宣纸传统制作技艺	非物质文化遗产	2009 年
25	西安鼓乐	非物质文化遗产	2009 年
26	粤剧	非物质文化遗产	2009 年
27	中医针灸	非物质文化遗产	2010 年
28	京剧	非物质文化遗产	2010 年
29	皮影戏	非物质文化遗产	2011 年
30	中国珠算	非物质文化遗产	2013 年

注：为了更好地了解与掌握有关世界遗产的知识，我们成功申报了广东省高等院校“151”工程专题学习网站建设课题，并已初步完成了该网站的建设。请登录“中国世界遗产”专题学习网站：http：//sjyc. jnuedu. cn/。

【本章小结】

1. 旅游资源的理论核心是旅游资源对旅游者具有吸引力。在众多对旅游资源所作的定义中，具有较强科学性的是《旅游资源分类、调查与评价》这一国家标准中对旅游资源概念的界定，即“自然界和人类社会凡能对旅游者产生吸引力，可以为旅游业开发利用，并可产生经济效益、社会效益和环境效益的各种事物和因素”。

2. 旅游资源的特征主要有：种属的多样性、分布的地域性、结构的组合性、时代性和季节变化性、永续性和不可再生性。

3. 旅游资源按照不同的需要、原则及标准可以有不同的分类。本书介绍的主要的分类标准有：《旅游资源分类、调查与评价》标准，风景资源的规模、级别、价值及管理范围，旅游者的需求心理以及旅游资源的功能四种。

4. 世界遗产可分为物质性遗产与口头和非物质文化遗产，其中物质性遗产又可分为世界文化遗产、世界自然遗产、世界文化和自然双重遗产及文化景观。截至 2013 年，全世界共有 981 处遗产地被列入《世界遗产名录》，其中包括 193 处自然遗产、759 处文化遗产以及 29 处文化与自然双重遗产。中国有 45 处，居世界第二位，其中文化遗产 27 项，文化景观 4 项，自然遗产 10 项，文化和自然双重遗产 4 项。

【关键词】

旅游资源　旅游资源特征　旅游资源分类　知识体系　世界遗产

【思考与练习】

1. 简述旅游地理学的学科性质。
2. 试论旅游资源概念的不同表述并加以比较分析。
3. 旅游资源的特征有哪些？试分析旅游资源与其他资源比较在开发上的异同。
4. 旅游资源的分类方法主要有哪几种？
5. 试以某地为例，按照旅游资源的属性及其组成要素进行分类。
6. 世界遗产分为哪几类？其分类标准是什么？
7. 简述中国的世界遗产及其分布。

第二章　地文景观

【本章要点】

1. 地文景观的主要类型：以岩性分类的各类地文景观，以成因分类的各种地貌类型，以形态分类的各种地文景观。
2. 岩溶地貌的分布、类型，中国著名的岩溶地貌旅游地。
3. 丹霞地貌的特点及分布，中国著名的丹霞地貌旅游地。
4. 海岸地貌的类型及分布，中国著名的海岸旅游资源。
5. 雅丹地貌、地震遗迹的特点及分布。
6. 山地资源的类型及旅游价值。
7. 名山的概念、特点及类型，我国著名的各类风景名山。
8. 泰山、华山、嵩山、恒山、衡山的特点及旅游吸引力所在。

第一节　地文景观的主要类型

地文景观是指由内营力和外营力长期共同作用而形成的各种地质地貌景观形态，包括地质、地貌等自然地理要素组成的各类景观类型，如岩石、化石、典型地层、构造形迹、地震遗址、山岳、洞穴、海岸及各种特异地貌等，在整个地理环境中具有原生性和基础性的特点，并以其原始天然、姿态万千而成为重要旅游资源。

地文景观有以下分类：①以不同岩性所形成的景观进行分类；②以不同形成原因所构成的景观特性进行分类；③以不同形态结构进行的分类。总体分类见表 2－1。

表 2－1　地文景观的分类

分类标准	主要类型
岩　性	花岗岩地貌、玄武岩地貌、流纹岩地貌、石英砂岩峰林地貌、石灰岩地貌、红色砂砾岩地貌、变质岩地貌
成　因	流水地貌、冰川地貌、风沙地貌、海岸地貌、岩溶地貌、丹霞地貌、黄土地貌、火山地貌
形　态	平原、高原、山地、丘陵、盆地

一、以岩性分类

地质学一般将构成地壳的岩石分为岩浆岩、沉积岩和变质岩三大类。岩浆岩又称“火成岩”，可分为火山侵入岩（花岗岩）和火山喷出岩（玄武岩、流纹岩等）等类型；沉积岩又称“水成岩”，可分为石灰岩、砂页岩、砾岩等类型；变质岩为原来的岩石因温度、压力的升高，使其结构、矿物成分、岩理等在固体状态下发生改变而形成，中国的泰山、嵩山、五台山等均为此岩性。

（一）花岗岩地貌

花岗岩大块岩体也常因表面剥蚀而形成“石蛋”奇观，地貌学上称为“球状风化”。中国众多名山名川景观中，由花岗岩所构成的景观最多，常见于山顶和海边。山东邹城的峄山，全山几乎都为“石蛋”垒叠而成。福建厦门的鼓浪屿日光岩、海南三亚的“天涯海角”则为海滨巨石兀立的典型。

（二）玄武岩和流纹岩地貌

这两种岩石都是火山熔岩喷出地表后流动冷却凝结而成的，在凝结过程中形成种种不同颜色、拟人拟物的形态，有人称之为“象形地貌”或“造型地貌”。玄武岩地貌最典型的为黑龙江的五大连池旅游区，这一带的熔岩景物如蟒蛇、海龟、大熊、石塔、波浪、涵洞，应有尽有，人称“火山地貌天然博物馆”。流纹岩地貌是火山喷出岩山体长年侵蚀而造成的，其“象形”多表现为山体本身而不是地表的岩石。浙江的雁荡山就是这种地貌的杰出代表。

（三）石英砂岩峰林地貌

石英砂岩是一种比较坚硬的砂岩，此类地貌所形成的风景特征以棱角分明、峰林奇特为特点，以湖南省西北部的武陵源风景区（张家界、天子山、索溪峪）最为优胜。这一带山如石笋、峰如刀削、拔地插天，景色鬼斧神工，美不胜收。

（四）石灰岩地貌

石灰岩地貌是由石灰岩等可溶性岩石在地表水、地下水对岩石的化学作用、机械作用过程中所形成的地貌。常见的类型可分为两个系列：地上系列有石芽、石林、峰丛、峰林、孤峰、天生桥、石灰华等；地下系列有溶洞、地下河、地下瀑布、地下廊道、洞穴堆积等。此类地貌在中国分布广泛，尤以滇、黔、桂三省最为集中 。

（五）红色砂砾岩地貌

红色砂砾岩地貌亦称丹霞地貌，是由一系列硬度较小、易受风化的红色砂砾岩，在风化剥落、流水侵蚀、重力崩塌等作用下，所形成的方山、奇峰、赤壁、溶洞等特殊地貌形态。其景观特点是山色丹红如霞，山体形状如柱，拔地而起，俊秀挺拔，奇特优美。广东仁化丹霞山是此种地貌的命名地，具有典型的特征。因此，2004 年仁化丹霞山被评为首批世界地质公园之一。

二、以成因分类

影响地表的外营力主要是地球大气层中的空气和水的作用，两者在太阳热能的影响下对地表产生侵蚀、搬运和堆积作用。因此，各种外力地貌一般都有侵蚀地貌和堆积地貌两类形态。它主要包括流水地貌、黄土地貌、冰川地貌、风沙地貌、海岸地貌、岩溶地貌、丹霞地貌等类型。

（一）流水地貌

由地表水的侵蚀、搬运和堆积作用而形成的地貌。其中，因河流切穿山地而形成的峡谷是最富有观光价值的一种地貌形态，以重庆、湖北两省市间的长江三峡景色最为典型和著名。大河的中下游常形成的大面积冲积平原和三角洲也是流水地貌最常见的景观。

2005 年，《中国国家地理》杂志评出了中国最美的十大峡谷，包括：雅鲁藏布大峡谷、金沙江虎跳峡、长江三峡、怒江大峡谷、澜沧江梅里大峡谷、太鲁阁大峡谷、黄河晋峡大峡谷、大渡河金口大峡谷、太行山大峡谷、天山库车大峡谷。

（二）黄土地貌

一种特殊的沟谷流水地貌，主要分布在中国黄土高原地区。这一带广泛分布着黄土层，一般认为它主要是由风力从西北广大沙漠地区搬运而来的第四纪堆积物，质地均一，富直立性而垂直节理发育，因此最易被流水侵蚀而流失，造成举世罕见的黄土地貌。

黄土高原的主要地貌形态是沟谷地貌和谷间地貌。沟谷除河流的支干河谷外，还有为数众多的大小沟壑。谷间地貌按形态、面积和切割程度分别呈现“塬”（面积较广的黄土高地）、“梁”（两条平行沟谷间的长条状高地）、“峁”（孤立的黄土丘陵）等各种形态。

（三）风沙地貌

干旱和内陆地区由强风、流沙、间歇性地表水等因素造成的特殊风化、侵蚀和堆积地貌，通称风沙地貌，包括风蚀地貌和风积地貌。广大内陆地区广泛分布的深厚疏松的沙质堆积物，经风力吹荡、翻动和再堆积，形成沙漠、砾漠（戈壁）、风蚀洼地等各种形态，其中可为旅游业利用的类型主要有：雅丹地形、沙丘、沙漠、戈壁、响沙等。

中国是沙漠广布的国家，温带荒漠广泛分布在西北和内蒙古的广大干旱、半干旱地区，总面积 168 万平方公里，约占全国土地面积的 17.5%。由于气候和水文条件的差异，中国北部不同地区沙漠性质总的趋势是：自西向东，流动沙丘逐渐减少，固定、半固定沙丘逐渐增多，植被覆盖度也逐渐增大。

中国气候最干燥、沙漠面积最大的地区是新疆的塔里木盆地。盆地内塔克拉玛干沙漠面积达 33.76 万平方公里，占全国沙漠总面积的 43%。盆地东部的罗布泊洼地西北部在强劲的东风吹蚀下，风蚀地貌发育得特别明显，地表形态主要是风蚀土墩与风蚀凹地，两者相间，排列有序，称为“雅丹”，维吾尔语意为“排列有序的土丘”。

宁夏中卫沙坡头被公认为中国成功开发的“沙漠公园”的典型。中国四大响沙是指：

甘肃敦煌鸣沙山、宁夏中卫沙坡头、内蒙古银肯响沙湾和新疆哈密巴里坤四个地方的响沙。

2005 年，《中国国家地理》杂志评出了中国最美的五大沙漠，即巴丹吉林沙漠腹地（上帝画下的曲线）、塔克拉玛干沙漠腹地（大地的天体营）、古尔班通古特沙漠腹地（大漠的血脉）、鸣沙山月牙泉（千年的守望）和沙坡头（拽住沙流的脚步）。

（四）冰川地貌

冰川地貌主要是由冰川的侵蚀和堆积作用形成的地貌，前者有冰斗、角峰、刃脊、冰川槽谷、峡湾、羊背石等冰蚀地貌形态；后者有冰碛丘陵、鼓丘和冰砾扇等冰碛地貌形态。此外，冰体融化所形成的冰桌、冰桥、冰兽、冰蘑菇等也有较大观赏价值。中国西部许多高山都发育有冰川地貌，包括现代冰川。我国冰川面积占亚洲冰川面积的一半以上，也是世界上山岳冰川面积最大的国家。冰川地貌目前有一些已开发为旅游区，如四川贡嘎山、甘肃祁连山、新疆阿尔泰山的喀纳斯冰川湖、天山的托木尔峰等。贡嘎山海螺沟冰川景观非常奇特，其最大冰瀑布落差达 1 080 米，仅次于加拿大国家冰川公园的冰瀑布（1 100 米），还有可容百人的冰川桥。在观赏冰川奇观的同时，游人又可洗温泉浴或在露天游泳池中游泳。因此海螺沟是独具魅力的旅游地，1987 年，海螺沟建立国家冰川森林公园。在新疆天山一号冰川可以看到冰峰、冰川、冰舌，还可以进入冰洞观测，其观测数据已收入联合国的数据库。

（五）火山与熔岩地貌

火山是地下的岩浆及火山口周围碎屑物喷出地表堆积成的山体。熔岩地貌则是岩浆经火山喷出或地表裂隙溢出地表冷却凝固所形成的地貌，如火山锥、火山弹，怪石嶙峋的火山熔岩“石林”。中国的火山与熔岩地貌景观以黑龙江五大连池最具代表性，其被誉为我国近代火山景观中保存最完好的一座“火山地貌博物馆”。

三、以形态分类

（一）平原

通常把海拔高度在 200 米以下，内部相对高差在 50 米以下的地形区称为平原。如人类自远古以来主要的栖息地就是由河流冲积而成的平原。中国的长江中下游平原、珠江三角洲平原、黄淮海平原都具有利于河湖的汇聚、田园风光与园林景观的营造旅游价值。

（二）高原

指海拔高度在 500 米以上，在我国是在 1 000 米以上，有相对统一的高原面，边缘高差显著大于内部高差的大地形单元。高原以其高亢、辽远的空间美感，以及特殊的高原气候、自然环境和民俗特征，给人带来特殊的体验和神秘感，因此具有观光、休养、考察、探险等多种旅游价值，如青藏高原以其独特的高原景观魅力吸引着无数的游客。

（三）山地

通常把海拔超过500米，坡度较陡的地形称为山地。山地是五大基本地貌中最富有多样性造型的自然景观资源，雄、奇、险、秀、幽及其组合变化，是山地景观地貌的主要审美特征。

（四）丘陵

通常把海拔高度低于500米，相对高度小于200米，坡度较缓的地形称为丘陵。丘陵起伏比山地和缓，但两者难以截然分开。因此丘陵部分地具有山地的旅游价值，同时可能具有更丰富的人文景观。丘陵也容易被开发成果园和茶园，发展观光农业条件最好。中国的江南丘陵是该地形的典型代表。

（五）盆地

通常把四周高、中间低，相对高差一般在500米以上的地貌类型称为盆地。盆地往往是众水汇集之地，多具有与冲积平原相类似的旅游价值。四川盆地就是该地形比较典型的代表。

第二节　岩溶地貌

岩溶地貌是地表石灰岩等碳酸盐类岩石受水和二氧化碳的溶解作用及伴随的机械作用共同形成的各种地貌形态，如石芽、峰丛、峰林、溶斗、落水洞、暗河、溶洞、溶蚀洼地等。因近代岩溶地貌研究始于克罗地亚伊斯的利亚半岛北部的喀斯特高原，国际上将这种地貌称为“喀斯特”地貌。

岩溶发育地区，往往形成奇峰林立、山石嶙峋的奇景。中国是世界上岩溶地貌发育较完全、分布较广的国家之一。碳酸盐类岩石分布面积约130万平方公里，约占全国总面积的1/7，以西南的广西、贵州和云南东部地区分布最为集中。此外，湖北和湖南两省西部、重庆市、山东、山西等地区分布面积也很广泛，只是由于各地气候、岩性等条件不同，岩溶发育程度差异较大，一般在南方湿热条件下岩溶地貌能得到最典型的发育。风景如画的广西桂林山水就是这种地貌的典型代表。20世纪80年代以来，在全国广大石灰岩分布地区陆续发现大型溶洞，洞内钟乳石、石笋、石柱等岩溶沉积物琳琅满目、美不胜收，都已建设成为旅游胜地。例如，广东的凌霄岩、古佛岩、宝晶宫，浙江的瑶琳洞、灵栖洞，江苏的善卷洞、灵谷洞，江西的龙宫洞、玉壶洞，贵州的织金洞、龙宫洞，辽宁的本溪水洞，安徽的太极洞，湖北的腾龙洞，北京的石花洞等等。本节以桂林山水、云南路南石林和贵州织金洞为例评述这种地貌的旅游意义。

一、桂林山水

桂林山水旅游区位于广西东北部，北起兴安，南到阳朔，由漓江一线相连，形成了桂林—漓江—阳朔的旅游热线。漓江流域是广西东北岩溶峰林发育地带，特别是桂林至阳朔间80余公里沿江两岸一带，奇峰罗列，绿水萦绕，青山浮水，景色奇丽，宛如山水画卷，自古即有“桂林山水甲天下”之誉。

桂林自然风光之美，前人对之评价和赞美甚多，最具有代表性的名句要数唐代韩愈的“江作青罗带，山如碧玉簪”一联。后人也多以“山青、水秀、洞奇、石美”来概括。有的则着重点出其山、水、洞三项，称之为“桂林三绝”。

桂林、阳朔一带地貌上属于峰林溶蚀谷地和孤峰溶蚀平原地带，是亚热带岩溶地貌的典型代表。其地形的主要特点是在江岸和平坦地面上矗立着一座座峭拔挺立的峰峦，“四野皆平地，千峰直上天”。这些山峰有的孤峰拔地而起，如独秀峰，犹如擎天大柱耸立于桂林市中心，高60余米，古人题之为“南天一柱”；有的山峰成簇而立，组成“峰林”，如漓江东岸的七星山，七峰列峙，状若北斗，因而得名；有的山峰连绵成片，称作“峰丛”，群峰如千重剑戟，直指碧空，非常壮观。桂林诸峰千姿百态，成为惟妙惟肖的自然雕像，因此多以形象得名，如象鼻山、老人山、猴山、骆驼山、马鞍山等。漓江沿岸和阳朔诸山也多如此。

漓江是桂林山水的重要组成部分。漓江位于植被覆盖较好的石灰岩地区，泥沙量低，水中的石灰质又使泥沙凝聚沉淀，因此终年“澄江似练”，映得群峰碧翠，倒映清明。舟行江中，也成一景。

溶洞是岩溶地貌的突出标志之一。桂林一带奇穴异洞遍布，“无山不洞，无洞不奇”。这里不仅山山有洞，而且常常从山脚到山顶溶洞遍布，犹如多层楼阁。例如，七星山西侧山腰的著名岩洞七星岩，洞分3层，游程800余米，下层为现代地下河，长年流淌。位于光明山南侧山腰的芦笛岩，洞内钟乳石、石笋、石柱、石幔、石花琳琅满目，五彩缤纷，被称为“大自然艺术之宫”。

由绿水、青山、奇洞组成的桂林风景，随着季节、早晚、晴雨的不同，又能变幻出各种不同的形态。

唐代以来，这里即成游览胜地。历代文人学士赞美之词不绝于史，据统计，仅诗词就有4 000余首。在这一带奇峰异洞之间留下计约2 000件的石刻题记，使桂林这一山水仙境同时成为珍贵的文物宝库。

在桂林，几乎无山无洞不存在题刻或摩崖造像。例如，独秀峰唐刻“独秀新开石室记”、清刻“南天一柱”和“紫袍金带”；普陀山护碑亭中唐颜真卿的“逍遥楼”碑、宋李彦弼的“湘南楼记”等；七星岩内隋刻“栖霞洞”榜书、唐刻“玄玄栖霞之洞”、宋范成大的“碧虚铭”、明张文熙的“第一洞天”等；隐山的“隐山铭”、南宋陆游的“诗境”、五代刻“十六尊者像”、清摹刻唐吴道子的“观音像”；象鼻山宋张孝祥的“朝阳亭诗并序”、范成大的“复水月洞铭”、陆游的“诗札”等；叠彩山唐元晦的“叠彩山记”和“望山记”、宋朱晞颜的“访叠彩岩”诗、明刘台的“叠彩山”诗和唐宋摩崖造像等等。西山和伏波山还珠洞的唐代摩崖造像对研究南方古代宗教文化艺术有重要价值。七星山龙隐岩题刻密布，明人称此地“壁无完石”。其中宋刻占一半以上，特别重要的是北宋著名刻石“元祐党籍碑”，此碑因当时刻后不久即令销毁，此处成为全国仅存最完整的一块。此外还有石曼卿、米芾、程节、颜延之、黄庭坚等名士刻石100余件。此地现称“桂海碑林”，是桂林石刻精华集中之地。

二、路南石林

路南石林位于云南省路南彝族自治县境内，距昆明约100公里。石林总面积广达27平方公里，常供游览的中心区也达80公顷，是石林最集中的地方。在“林区”1公里的游程上，一片奇峰林立，高的20~30米，低的5~10米。有的孤峰高耸，有的众柱成行、高低错落、如笋如柱、似塔似人，形象层出不穷，有“母子偕游”、“凤凰梳翅”、“万年灵芝”等名称。石峰之间，深狭的溶沟构成曲折回廊，洞穿的峰壁犹如窗户，还有晶莹的溶蚀湖以及迷宫般的溶洞。其中，以狮子亭、剑峰池、莲花峰、石林玉湖、大叠水瀑布、月湖、芝云洞地下石林等处最为引人入胜。

美丽的山水往往伴随着神奇的传说，石林也不例外。人们说石峰上的道道裂纹是撒尼（路南彝族的自称）英雄金芬若戛“调山赶石”所留下的鞭痕。路南又是撒尼爱情故事《阿诗玛》的故乡，人们把小石林区碧波湖畔的一尊人形石峰看作是这位善良、聪明、美丽的农家姑娘的化身。彝族长诗《阿诗玛》千百年来逐渐成为丰富完整的文艺作品，据此改编而成的电影《阿诗玛》也受到各族人民与中外人士的欢迎和喜爱。

2007年6月27日，路南石林与贵州荔波、重庆武隆“捆绑”申报的“中国南方喀斯特”被列入世界自然遗产。

三、贵州织金洞

溶洞是岩溶地貌极具代表性的形态之一，它是可溶性岩类内部裂隙被水侵蚀而形成的大型廊道，除发育于滇、黔、桂一带的集中分布地区外，还常见于局部岩溶地区，因此溶洞遍布全国，难以计数。久负盛名者有北京云水洞，辽宁本溪水洞，江苏善卷洞，浙江金华三洞、瑶琳洞和灵栖洞，安徽太极洞，福建玉华洞，江西龙宫洞，湖南月波洞，广东凌霄岩，广西伊岭岩、芦笛岩和都乐岩，贵州织金洞和龙宫洞等。

贵州织金洞原称“打鸡洞”，位于黔西织金县城东北23公里的官寨乡，此洞被洞穴专家们称为“溶洞之王”。如此称誉，原因在于此洞较其他溶洞有多项特殊性。

织金洞属于高位旱溶洞，多层次、多阶段、多类型，全长有十多千米，已勘查部分长6.6千米，已开发面积达0.35平方公里，相对高差150多米，一般高宽40~100米，最宽跨度175米，最大洞厅面积3万多平方米，洞内岩溶沉积物品类四十余种，几乎包括了溶洞所有沉积物类型。其中，最为罕见的是卷曲石和月奶石。卷曲石状若水晶，晶莹透明，自由弯曲生长，甚至倒向生长，内部中空，外表有铜针状绒毛分布。卷曲石的奥秘引起世界洞穴界人士的极大关注。月奶石外观似石，用手一捻即成水渣，吸水力极强，干燥后则极为坚硬。据研究为洞穴生物参与形成，堪称洞穴沉积物中罕见的珍品。

目前洞内已开发“迎客厅”、“讲经堂”、“万寿宫”等11个景区、47个洞厅、150多个景点。“万寿宫”内“三星聚会”，“讲经堂”内“罗汉听经”，石质人形无不栩栩如生。全洞最激动人心的景物要数“金塔宫”内的塔林世界。在1.6万平方米的洞厅内，耸立着重重叠叠的“金塔”、“银塔”，把整个洞厅分隔成11个厅堂。石笋、石幔、石帷、石鼓等形态与塔群交相呼应，溶洞景物壮观之至。

此外，广东肇庆七星岩也是具有较大旅游吸引力的岩溶景观；四川黄龙则是中国最大的露天岩溶钙华景观，密布3 400多个彩池，乳黄色的石灰华堆积成的“岩溶边坝”犹如梯田，其景色同美国黄石公园相似，但规模稍逊。

一些溶洞不仅有丰富多彩的岩溶凝聚物，而且有的地下河可以行船，有的地下瀑布轰然作响，有的云雾缭绕，有的凉风习习，有的敲击石钟乳或石幔会发出悦耳的声音……所以，在溶洞中可以领略到形态、色彩、声音、动态等种种美感。

第三节　丹霞地貌

丹霞地貌属于红层地貌，是发育于侏罗纪至第三纪的水平或缓倾斜的厚层红色砂砾岩之一，沿岩层的垂直节理由水流侵蚀及风化剥落和崩塌后退，形成顶平、身陡、麓缓的方山、石墙、石峰、石柱等奇险的丹崖赤壁地貌。这种地貌的形态有类似岩溶之处，所以曾被人们称为“假岩溶”。丹霞与岩溶的根本区别在于岩性的不同和侵蚀方式以物理过程为主。丹霞地貌的分布以南方为主，北方次之。主要集中在广东、福建、江西、广西北部、湘南等地，尤其是以南岭山地和武夷山地最为集中，其杰出代表为广东丹霞山、金鸡岭和福建武夷山。

一、丹霞山和金鸡岭

（一）丹霞山

丹霞山位于粤北仁化盆地锦江一带，北距仁化县城8公里，与西樵、罗浮、鼎湖等山合称“广东四大名山”。丹霞山是世界“丹霞地貌”命名地。丹霞山由680多座顶平、身陡、麓缓的红色砂砾岩石构成，“色如渥丹，灿若明霞”，以赤壁丹崖为特色。据地质学家研究表明：在世界已发现的1 200多处丹霞地貌中，丹霞山是发育最典型、类型最齐全、造型最丰富、景色最优美的丹霞地貌集中分布区。“锦江”—“锦岩”—“锦石”为其代表。

锦江纵贯盆地南北，切割丹霞层，形成岗丘。锦江河面海拔90米，两旁围以崖壁岗丘，临江拔起，高差多在200～400米。在8公里的流程内，两岸有呼名的岩岗就有22座，最高的是巴寨（海拔626米），其次有平头寨（海拔584米）、扁寨（海拔516米）等岩岗。所谓“寨”，是指顶部平齐、四壁陡峭的方山地形。体积较小的直立岩峰，高的称为“岩”（如燕岩、锦岩等），矮的称为“石”（如人面石、八仙石等）。岗丘之间有深200～300米的峡谷，多受岩层节理面控制。

丹霞层中钙质丰富的岩层发育着多处岩洞。丹霞山有“三十六洞”，其中最大的是锦岩，沿砂岩层有4个岩洞悬临江边。在盆地边缘，倾角较大的岩层多发育成单斜式丘陵，如上天龙、屯军寨等。上天龙的长条形单斜山脊起伏如龙，脊上散立岩块，状如人形，故称“十八罗汉”。

丹霞山也是一座文化名山。清初高僧澹归和尚曾在此建寺修行，其墓在海螺峰下。山间除众多峰石奇观外，尚有古镌刻题咏等多处胜迹。

丹霞山又称中国红石公园，公园主要分为丹霞景区、韶石景区、巴寨景区、仙人迹景区与锦江画廊游览区。到现在为止，已开发有丹霞景区的长老峰游览区、阳元石游览区和翔龙湖游览区。

2010 年 8 月 2 日，在巴西首都巴西利亚召开的第 34 届世界遗产大会上，以广东丹霞山为首申报的中国丹霞世界自然遗产，成为中国的第 8 项世界自然遗产。中国丹霞是一个系列提名的世界自然遗产，提名地包括广东丹霞山、贵州赤水、福建泰宁、湖南崀山、江西龙虎山、浙江江郎山等 6 个省的 6 处国家级风景名胜区。

（二）金鸡岭

金鸡岭位于广东乐昌市坪石镇，紧靠京广铁路坪石车站。山顶屹立着著名的“金鸡石”，岭上还有万古金城、一线天、老鹰岩、狮子岩、石窗、姐妹岩等丹霞景物。据民间传说，太平天国时，洪秀全之妹宣娇曾驻守此岭并大败清兵于山下。岭上所以有瑞霄泉、拴马坪、点将台、练兵场等名胜古迹，成为广东“八大名景”之一。金鸡石是丹霞充分发育遗留下来的较硬岩体组成的“石蛋”，其鸡背、鸡头和鸡身实际上由大小不同的 3 个石蛋堆叠而成。金鸡岭由第三纪红岩构成，第四纪以来经受武水水系切割侵蚀，逐渐形成今日景观。如今整个山体仍继续受侵蚀并处于变化之中。

二、武夷山

武夷山风景名胜区位于福建省与江西省的交界处，绵延 500 多千米，平均海拔 1 000 米以上，景区面积约 70 平方公里。这里是典型的丹霞地貌，亿万年大自然的鬼斧神工，形成了红岩挺秀、碧水流淌、奇峰峭拔、千姿百态的美景，被誉为“奇秀甲东南”。武夷山历来有“碧水丹山”、“三三六六”的概括。“六六”指的是 36 座著名峰岩，秀拔奇伟，千姿百态，其中三仰峰海拔 717. 7 米，是景区的主峰。“三三”指九曲溪，源于西部三保山，迂回曲折，在山间流程 7. 5 公里而注入祟阳溪。历来把溪流分称九曲，“曲曲山回转，峰峰水抱流”。两岸千峰倒影，尽收碧波之中，呈现出一幅“碧水丹山”的天然美卷。

武夷山享有众多盛名：1982 年，武夷山被列为国家重点风景名胜区；1987 年，武夷山自然保护区被联合国教科文组织列入世界“人与生物圈”计划；1992 年，国务院批准设立武夷山国家旅游度假区；1999 年 12 月 1 日，武夷山被联合国教科文组织世界遗产委员会列入《世界自然遗产和文化遗产名录》。

武夷山也是一座历史悠久的文化名山，古人称：“东周孔丘，南宋朱熹，北有泰岳，南有武夷。”南宋理学家朱熹曾在此居住 40 多年，设帐授徒，著书立说，使这里成为我国东南文化的中心，被誉为“道南理窟”；道家也把这里称为“第十六洞天”。所以，集儒、道于一身的深厚文化积淀，以及古越人的架壑船棺、汉代的古城墟、宋代的古瓷窑遗址和元代的御茶园等历代遗迹，使武夷山成为人们访古探奇、寻幽览胜之地，在人文景观上得天独厚。

武夷山还是一座生物资源富饶的宝地。武夷山自然保护区是我国东南地区现存面积最大、保留最为完整的中亚热带森林生态系统。这里属中亚热带南缘，区内峰峦叠嶂，高低悬殊，绝对高差达1 700米。良好的生态环境和特殊的地理位置，使其成为地理演变过程中许多动植物的“天然避难所”，故而物种资源极其丰富。据20世纪80年代统计，武夷山已知植物3 728种，主要树木1 000多种，为欧洲大陆树木种数的7倍。种子植物类数量在中亚热带地区位居前列，有中国特有属27属31种，有28种珍稀濒危种列入《中国植物红皮书》。武夷山的古树名木具有“古、大、珍、多”的特点，如武夷宫880年树龄的古桂、坑上980年树龄的南方红豆杉等，具有极高的科研和保存价值。森林中野生动物种类400余种，其中兽类近百种，爬行动物和昆虫种类更多，因此有“蛇的王国”和“昆虫世界”之称。其生物资源之丰富，实为中外罕见。武夷山区优越的自然条件十分有利于茶树的生长。本地所产的“武夷岩茶”历史悠久，驰名中外。武夷岩茶属于乌龙茶类，是介于绿茶和红茶之间的半发酵茶，有“水仙”、“乌龙”、“肉桂”、“大红袍”等10多个品种。其中，“大红袍”以两棵大茶树的幼叶制成，号称“茶中之王”，是岩茶中最为名贵的品种。

第四节　海岸地貌

海岸地带受风浪、沿岸海水流动、潮汐和生物、气候、入海河流等因素的作用，在地壳构造运动及岩性的共同影响下形成的地貌，称为海岸地貌。海岸地貌可分为侵蚀型海岸地貌和堆积型海岸地貌。海岸风光及其康乐度假条件是最富有吸引力的旅游资源之一。从旅游利用的角度，可将海岸地貌分为基岩海岸、沙岸、生物海岸三种类型。

基岩海岸为侵蚀型海岸地貌，形成的海蚀洞、海蚀穴、海蚀柱、海蚀崖、海蚀蘑菇等类型，是海岸受海浪侵蚀产生后退的标志，典型的如海南岛三亚“天涯海角”胜景。在海岸后退过程中，海蚀崖现象十分普遍。有的海蚀崖上常留有海蚀穴，如浙江普陀山的潮音洞、梵音洞。有些岬角上的海蚀穴被海浪凿通而形成海蚀拱桥。岬角崩解后留下的岩石成为海蚀柱，如海南的南天一柱、青岛的石老人。

沙岸海滩地带最适于开展“三S”工程，若沙质纯净、沙粒粗细相宜、沙滩坡度适当，一般都会成为良好的浴场和海滨旅游胜地，如海南的亚龙湾、广西北海银滩、广东闸坡的十里银滩等。

生物海岸又有红树林海岸、珊瑚礁海岸之分。人们往往称红树为“胎生”。在海岸带中有大片红树林，不仅蔚然可观，而且海产丰富，能为旅游者提供丰富鲜美的海产品。同时还成了大量鸟类的栖息地，从而形成很好的观鸟场所，如广州番禺新垦的湿地公园、珠海淇澳岛红树林湿地公园等。珊瑚自古即被视为宝玩，其形态有鹿角状、枝状、板状等，颜色有白、红、绿等，富有观赏价值。珊瑚礁区域往往是鱼类的理想生活环境，因而珊瑚礁海岸会成为价值很高的海底观光和潜水旅游胜地。世界上著名的以观赏珊瑚和鱼类为特色的旅游地当属澳大利亚之大堡礁，海南亚龙湾附近的野猪岛海域是我国最重要的珊瑚礁保护区，也是最为瑰丽的海底世界。

以杭州湾为界，以南多岩岸，但也不乏沙岸，其中以海南、广西北海、广东汕头、福建厦门、台湾基隆等海滨最为著名。台湾东海岸太鲁阁一带高200余米的陡崖及其嶙峋的怪石举世闻名，其野柳风景区以绮丽的海蚀景观与典型的地质现象令人称绝。

杭州湾以北多沙岸，以河北北戴河、南戴河，辽宁大连，山东青岛、烟台等最为著名，长岛、乳山、荣成等则为近年新开发的海滨旅游胜地。但杭州湾以北也不乏岩岸，如大连金石滩岩石造型奇诡、丛立如林，成为海上石林。

在广东省雷州半岛、海南省北部和台湾省北部，还分布有一些由火山熔岩形成的海岸，黑褐色的岩礁、小型熔岩洞穴和某些熔岩造型也颇有迷人之处。

生物海岸则只分布于温热地带，主要在福建、广东、海南，尤其是南海诸岛，有些岛礁完全是珊瑚堆积而成。

2005 年，《中国国家地理》杂志评出了中国最美的八大海岸：亚龙湾（跌落在地上的天空）、野柳（海浪留在大地上的作品）、成山头（腹地对大海的渴望）、东寨港红树林（留在陆地上的碧浪）、昌黎黄金海岸（沙漠与大海的吻痕）、维多利亚海湾（万丈红尘映碧海）、崇武海岸（惠安女眺望大海的地方）、大鹏半岛海滩（临近闹市的一块野地）。

第五节　其他地貌

一、雅丹地貌

“雅丹”，源于维吾尔语，意为“排列有序的土丘”。雅丹地貌是古河湖中地层因强大的风力侵蚀和搬运、堆积作用而形成的地貌，常呈现风蚀垄脊、土墩、风蚀沟槽、洼地等形态，具有较高美学观赏价值。此种地貌出现于多大风、干涸的古湖盆或湖积平原、戈壁滩。中国新疆的罗布泊、乌尔禾为此种地貌的典型。每当大风狂吼时，卷起漫天沙尘，日月无光，不辨方向，风声犹如鬼哭狼嚎般，俨然一个恐怖世界。大风停息之后，风蚀垄脊、土墩、风蚀沟槽、洼地犹如城堡、街巷及其他形象。而当再一场大风之后，一切都会变了模样，故乌尔禾的雅丹地貌被称为“魔鬼城”。

2005 年，《中国国家地理》杂志评出了中国最美的三大雅丹：乌尔禾（风爱坎坷不喜平）、白龙堆（群龙聚首天涯）、三垅沙（开进戈壁的舰队）。

二、地震遗迹

中国是多地震国家之一，历史上和现代都曾发生过多次大地震。因此中国也是地震观测和地震预报研究历史最早、成就最显著的国家之一。

虽然地震是一种破坏性极大的自然灾害，但人们为了了解自然、寻求预测地震的有效方法，对地震遗迹非常重视。它们不仅是科学家考察的对象，也是游人关心的问题。

地震遗迹是指地球局部震动或颤动后遗留的痕迹。地震遗迹旅游资源的分布与地震发生地一致，即发生破坏性地震的地方，才可能产生地震遗迹类旅游资源。此类旅游资源不仅包括地震对自然景观和人文景观造成的破坏痕迹，还包括人类改造地震遗迹而形成的震后建设新貌和各种纪念性的地震标志。将地震遗迹旅游资源开发成景点后，可以为普及地震预防知识，推广抗震措施，开展地震科学考察提供便利。

海南岛北部沿海曾于1605年7月13日午夜发生震级里氏8级、裂度11度的大地震。琼山区有72处村庄地陷沉入海底，琼州海峡内陷16公里、宽2~8公里的东寨港和演州海即为当时陆陷成海处，至今仍可见海底村庄遗迹。此处已开展海底考察和观光旅游。

1976年7月28日，河北唐山发生里氏7.8级地震，造成24万人遇难。2007年5月，唐山市政府有关部门宣布，将在40公顷地震遗址上建设地震遗址纪念公园。唐山地震遗址纪念公园位于唐山市岳各庄路北侧，占地0.4平方公里。公园以机车车辆厂原有的铁轨为纵轴，以正在建设的纪念大道为横轴，划分为遗址区、水区、碎石广场区和树林区四个区。

2008年的“5·12”汶川大地震给四川人民带来巨大的伤痛，废墟、变形的山脉等地震遗存提醒活着的人们这里曾经发生的一切。在党中央、全国人民的帮助下，地震灾区已经圈定4个地震遗址公园的范围。

1976年唐山大地震、2008年汶川大地震都保留下部分遗迹，可以有效地用来发展地震遗迹旅游。

第六节　山地资源

中国地貌的总轮廓是西高东低，自西向东逐渐下降，构成巨大的阶梯状斜面。地貌的最高一级阶梯是青藏高原，由极高山、高山和大高原组成，海拔平均4 000~4 500米，有“世界屋脊”之称。青藏高原的外缘至大兴安岭、太行山、巫山和雪峰山这一连线之间为第二阶梯，海拔1 000~2 900米，主要由广阔的高原和大盆地组成，包括内蒙古高原、黄土高原、四川盆地、云贵高原、塔里木盆地和准噶尔盆地。第三阶梯由东北平原、华北平原、长江中下游平原和广大的东南丘陵组成，海拔多在500米以下。第三阶梯东部是大陆向海洋延伸的大陆架，水深大都在200米以内。中国东西这种巨大的高差，造成中国东西不同区域之间巨大的自然环境差异，也必然造成巨大的人文环境差异。另外，巨大的高差，尤其是相邻地区之间高差的悬殊性，使中国呈现出多奇景和险景的地貌。

就“大地形”而言，平原仅占中国国土总面积的12%，盆地占19%，高原占26%，山地和丘陵分布最广，约占43%。山地丘陵地区崇山峻岭，千姿百态，拥有十分丰富的旅游资源。中国广义的山地占国土总面积的2/3以上，而且构成山地的岩石类型齐全，其景观千差万别，在旅游活动中发挥着各自的优势和作用。

一、山地资源的分类

按照不同的分类标准，中国山地资源有以下几种分类：

（一）按旅游功能划分

1. 科考、登山型山地资源

中国西部高山地貌气候特殊，风光景物奇异，雪峰、冰川、动植物举世罕见，是中外游人和科学考察人员向往之处。全世界14座海拔8 000米以上的高峰，在中国境内和边境线上的就占9座。其中，有“世界第三极”之称的珠穆朗玛峰、世界第二高峰乔戈里峰分别耸立在中国西南和西部边陲。这些大山成了中国发展登山旅游的得天独厚的巨大资源。20世纪80年代以来，中国登山协会陆续宣布一批高峰对外开放，其中部分山峰的名称、高度如表2-2所示。

表2-2　中国部分山峰名称及高度

山峰名称	海拔高度（米）	所在地区
珠穆朗玛峰△	8 844.43	中尼边界
希夏邦马峰△	8 012	西藏境内
乔戈里峰	8 611	中巴边界
加舒尔布鲁木峰△	8 068	中巴边界
布洛阿特峰	8 047	中巴边界
慕士塔格山	7 546	新疆境内
公格尔山	7 719	新疆境内
公格尔九别峰	7 595	新疆境内
博格达峰△	5 445	新疆境内
贡嘎山△	7 556	四川境内
四姑娘山△	6 250	四川境内
阿尼玛卿峰△	6 282	青海境内

注：△表示该区含有其姐妹峰。

在中国兰州—昆明一线以西，绝大部分山地为高山和极高山，特别是青藏高原周边的山地很多高峰海拔在6 000米以上，珠穆朗玛峰、乔戈里峰、希夏邦马峰都是海拔8 000米以上的高峰。海拔在6 000米以上的高峰还有很多，如贡嘎山、慕士塔格山、四姑娘山等等。这些山峰险峻峭拔，终年冰雪覆盖，冰川发育，山地气候多变，是开展体育登山旅游和探险旅游的最佳场所。

2. 观赏型山地资源

中国风景名山遍布全国，千姿百态，是我国壮美河山的代表。中国风景名山可分为花岗岩名山、丹霞风光、其他自然因素为主要成因的名山等类型（详见本章第三节、第七节、第八节）。

3. 度假休养型山地资源

这类山地主要是以低山和丘陵为主，由于森林植被与生态环境比较优越，地势也相当开阔，可作为休养、疗养、度假、避暑的胜地。

（二）按海拔高度划分

山地按其海拔高度可分为极高山、高山、中山、低山及丘陵等级别，中山和低山、丘陵往往因为环境宜人、风景秀丽而吸引游客，高山和部分极高山则是科学研究和登山旅游的理想场所。详见表2-3。

表 2－3　中国山地、丘陵分级表

名称	切割程度	绝对高度（米）	相对高度（米）	适合旅游的类型
极高山		>5 000	>1 000	科学研究和登山运动
高山	深切割的	3 500～5 000	>1 000	
	中等切割的		500～1 000	
	浅切割的		100～500	
中山	深切割的	1 000～3 500	>1 000	风景观赏
	中等切割的		500～1 000	
	浅切割的		100～ 500	
低山	中等切割的	500～1 000	500～1 000	
	浅切割的		100～500	
丘陵		<500	<100	

二、山地的旅游价值

地貌按其形态，分为平原、盆地、高原和山地（包括丘陵）。一般地说，前三类地形人类开发利用时间较长，多有人文景观，而山地和丘陵则较多地保留着自然的本来面目，是重要的旅游场所。因此，在各种地貌形态中，山地的旅游价值较高。

花岗岩山体常因断层发育而形成悬岩陡壁，或因大块岩体“球状风化”而造成“石蛋”奇观；砂砾岩因水的侵蚀而变得奇峰林立；石灰岩地区则多峰林、溶洞和千奇百怪的岩溶沉积物。因此，山地常多奇峰怪石，即所谓的“山色”。

对于一般旅游者而言，山地的旅游价值主要在中低山，其旅游价值主要表现为：

1. 峰峦起伏，风景秀丽，自然风光迷人

（1）山体峻拔陡峭、奇峰怪石形成了婀娜多姿的“山色”。

（2）山地降水多于平地，常形成泉流、瀑布、积雪或冰川，增加了观赏和活动内容。

（3）因空气湿度大，山区多云雾，可观赏云海、日出等奇景。

（4）植物种属多样，山地较高者并有垂直分布现象。有的山区富有野生动物资源，因而成为自然植物园和动物园。

中国风景名山大多为中低山，如黄山（海拔 1 800 多米）、武夷山（海拔 717 米）、华山（海拔 2 160 米）、峨眉山（海拔 3 099 米）。

2. 气候宜人，为盛夏避暑胜地

（1）气温随海拔高度增加而递降，海拔每上升 100 米气温下降 0.6°C，因此，山地气温一般低于同纬度平原地区。

（2）山区一般远离城市和工业中心，环境污染较少，空气清新，噪音小，给人以安静和舒适之感，能收到良好的旅游和休憩的效果。

（3）山区自然植被一般保存较好，负离子含量高，环境幽静，有利于身心健康。

（4）此种高度也是多数游人可以较为方便到达的，所以它们是最受游人青睐的旅游地。

因此，中国四大避暑胜地：江西庐山、浙江莫干山、河南鸡公山、河北北戴河，有三处是山地，仅北戴河是海滨。

3. 自然与人文环境的结合使山更具特色

“自古名山僧占多”，宗教、皇帝的封禅活动、文人雅士的游访均留下了众多的人文遗迹，使山更具特色。例如，“五岳”、“四大道教名山”、“四大佛教名山”。迄今为止，中国重点风景名胜区中，仅以山地风光为主的即占50%以上，其中绝大部分属于中山和低山。

第七节　风景名山

一、名山的概念及特点

名山是山地旅游资源中具有特别重大旅游意义的类型。所谓名山，指自然风光秀美，景物奇特，可供游人欣赏、游览的山地、丘陵，一般都是经过人类长期的宗教、文化等活动的影响而形成了丰富的人文景观。

名山一般具有以下特点：

第一，自然美。这种美感是雄、秀、奇、险、幽等美感的总称。

第二，具有科学和生态学价值。

第三，具有历史文化价值。传统名山是历史文化遗产的重要组成部分。“五岳”最大的特点是自然山体与人文景观（尤其是古建筑和摩崖石刻）浑然一体，交相辉映，共同构成完整的“户外博物馆”或“天然历史文化宝库”。

2005年，《中国国家地理》杂志评出了中国十大名山：南迦巴瓦峰（云中的天堂）、贡嘎山（风停止了脚步）、珠穆朗玛峰（心灵的守望）、梅里雪山（雪神的仪仗队）、黄山（上帝的盆景）、稻城三神山（香格里拉的地标）、乔戈里峰（遥远的秘境）、冈仁波齐峰（众神居住的地方）、泰山（华夏的图腾）、峨眉山（从盆地升向天庭）。

二、名山的类型

中国是一个多山的国家，而且历史悠久，各地区、各阶层人士富有旅游传统。20世纪80年代编制的《中国大山名山主峰图》收录记述名山有779座。卢云亭在《现代旅游地理学》一书中把这些名山按海拔高度、景观形态、形成时代和名山级别进行了分类。本节就不同岩性所形成的风景名山及其特点，分别介绍我国的著名山岳。

（一）花岗岩名山

花岗岩是分布十分广泛的酸性侵入岩，岩体造型丰富，质坚形朴，常形成山地的核心；花岗岩高山的景观特点是：主峰明显，群峰簇拥，峭拔危立，雄伟险峻。中国的泰山、黄山、华山、衡山、九华山、崂山、千山、天台山、盘山等，几乎全部或大部分是由花岗岩组成。此外，厦门鼓浪屿的万石山、浙江普陀山、海南岛天涯海角等景区，均属花岗岩名丘，其特点是高度小，起伏和缓，岩石表面受到球状风化作用，浑圆多姿，或具有一定造型。

黄山是花岗岩名山的代表。

安徽黄山位于皖南低山丘陵的核心部分，以光明顶为中心的154平方公里范围，是黄山风景的精华部分，被划为黄山风景名胜区，是中国十大风景名胜中唯一的山岳风景区。

在黄山无数胜景中，怪石、奇松、云海、温泉号称黄山“四绝”。

黄山怪石，因黄山为花岗岩断块山，在几百万年的漫长岁月中，由于日晒雨淋、风化剥蚀、水流侵蚀和重力作用，逐渐演变为怪石林立、岩壁峥嵘的奇特地貌。以光明顶以西的平天矼为界，分为前后两部分。前山山势雄峻，溪谷深入山体；后山则因岩石垂直节理发育、侵蚀强烈而怪石林立、奇景无双，所以有“前山雄伟，后山秀丽”的评说。散花坞石峰林立，其中有一圆柱状石柱，矗立云海，顶尖如削，又长出奇松一株，称为“梦笔生花”。在西海的排云亭前，奇石更是名目众多，如“仙人晒靴”、“天女绣花”、“仙女打琴”、“武松打虎”、“仙人踩高跷”等。始信峰东麓有著名的石笋矼，怪石林立，瘦削参差，形态各殊，逞异竞奇。因此，黄山的石笋与雁荡山的龙湫、庐山的瀑布一起被古人评为“天下三奇”。

黄山奇松，遍布峰壑，一般生长在海拔800~1 800米的高度，是植物学上一个著名的独立品种。黄山山松能扎根于岩石之中，具有叶色浓绿，枝干曲生，树冠扁平，盘根于石的特点。黄山“无石不松，无松不奇”。因峰峦顽石纵横堆叠，阻碍山松顺直生长，因此多发育成不对称的“旗形树冠”。黄山名松，以著名的迎客松为代表。这棵古松雄伟高大，树龄已逾千年，立于玉屏楼侧旁，一枝长臂低垂，姿态优雅，酷似热情主人笑迎来客。其他如玉屏峰的送客松、蒲团松，北海至始信峰一带的黑虎松、接引松等，也都在黄山名松之列。

云海也是黄山奇景之一。所谓云海，是指在一定条件下形成的云层，其云顶高度低于山顶高度，当人们在高山之巅俯首云层时，看到的是漫无边际的云，如临大海之滨，波起峰涌，浪花飞溅，惊涛拍岸，故称这一现象为“云海”。云海的形成，有其原因和规律：黄山山高谷低，林木繁茂，日照时间短，水分不易蒸发，因而湿度大，水汽多，雨后常见缕缕轻雾自山谷升起。日出和日落时所形成的云海五彩斑斓，称为“彩色云海”，最为壮观。

黄山温泉，为一断层泉，终年不涸不溢，水温经常保持在42℃左右，水质清澈，可饮可浴。由于动力变质作用，岩石和地下水都处于高温高压之中，使其中的碳酸盐分解产生二氧化碳随泉水溢出，因此，黄山温泉具有相当高的疗养价值。历史上许多文人如李白、贾岛、徐霞客、石涛等人，都曾在黄山温泉沐浴，并留下了大量赞美的诗文。

自古以来，黄山就以“四绝”闻名于世。这四者或静或动，有机结合，共同构成黄山变幻无穷的风景特色。泰山的雄伟、华山的险峻、衡山的云雾、庐山的飞瀑、峨眉的奇秀，黄山莫不兼而有之。因此，黄山有“震旦国中第一奇山”之称。明代著名旅行家徐霞客有“五岳归来不看山，黄山归来不看岳”的评价。黄山奇丽的风光发挥着其巨大的旅游价值，并且正走向世界。1990 年，黄山以世界自然和文化双重遗产身份列入联合国的《世界遗产名录》。

（二）石英砂岩名山

石英砂岩名山以武陵源为代表。

“武陵源”一词是指湖南省西北部的张家界、桑植、慈利三县、市交界处一片约 264 平方公里的山谷峰林地带，山岩以坚硬的石英砂岩为主，杂有小面积的石灰岩。

武陵源地区在构造上是一个比较完整的盆地，周围均有古老地层形成的高大山体环峙，要绕过一山又一山的屏障，才能见到神话般的怪石凌云的奇景。这种“远看不见山，见山在眼前”的特色，与在岩溶平原上可以由远及近地欣赏峰林的情趣大不一样。

武陵源风景区包括三大区域：张家界、天子山和索溪峪。其中，张家界是中国第一个国家森林公园，常作为整个风景区的代表。张家界以奇峰林立为主要特色。这里的峰峦具有形象、险峻两大特点。2 000 多座石峰大小不一，形态各异，相对高度多在 100～200 米之间。群峰拔地而起，在层云低垂的日子里，如同一根根耸入云天的石柱一般。沿金鞭溪而行，两岸石峰壁立万仞，如刀劈斧砍，险峻异常。

“山因水更奇，水因山更秀。”张家界水系发育，沟谷纵横，较大的溪谷河流有 5 条，最大的金鞭溪全长 20 多公里，西北流入慈利县后称为索溪，最后注入澧水。由于溪水流域森林茂密，基岩为不透水层，所以“久旱不断流，久雨水碧清”。

“不到黄石寨，枉到张家界。”黄石寨是整个景区的最高点，也是张家界集奇撮胜之处，因山势像一只雄狮，又称为“黄狮寨”。在此极目远望，张家界的千峰万壑、云海、林海尽收眼底。类似黄石寨这样的台地，在张家界还有腰子寨等 10 多处，当地称为“寨”。距黄石寨不远的金鞭岩，山峰拔地而起，直入蓝天，酷似一根插在地上的金鞭，山峰和近旁的溪流因此以“金鞭”为名。

张家界地貌的形成有以下几个特点：

第一，岩层厚度大。晚古生代这里为海滨沉积环境，地壳连续缓慢下沉的速度与接受沉积的速度大体相当，这就为厚层石英砂岩的形成奠定了物质基础。成岩后，继而升高，使整个湘西北、鄂西南和重庆东南部连成一片高原。

第二，石英砂岩性单纯，硬度大而较脆，形成诸如金鞭岩之类的柱状群峰。

第三，多峡谷、嶂谷地貌。这里处于澧水等 3 条支流的分水岭地带，河流以强烈的下切为主，但因石英砂岩的不透水性，地表水系发育，沟谷密度大，形成深切的峡谷、嶂谷地貌。

张家界的山峰相对高差不大，还不足以构成明显的垂直地带性分布，基本上属于中亚热带北部常绿阔叶林植被区。组成的植被种属，既有毛红椿之类的热带型树种，又有冷杉、雪松等寒带型树种，体现了过渡性地带特点。据原张家界林场的调查，木本植物种类有 517 种，其中有不少古老孑遗树种。在观赏树种方面，有早春开花、花形如鸽的“中国鸽子树”——珙桐，有常绿形美、花白飘香的国内稀有树种巴东木莲，有枝叶浓绿茂密、种子鲜红可爱的红豆杉，有树形苍老古雅的“活化石”银杏，还有台湾松、鹅掌楸、白玉兰等。湖南省 4 种珍贵用材树樟、棕、楠、桐，这里都有，仅楠木种类就有 16 种。其他稀有珍贵树种呈个体分布。张家界山高林密，人为破坏少，为野生动植物的生存、栖息和繁衍提供了较为理想的环境条件。这里属于华中、西南两个动物亚区的过渡地带，珍禽异兽的种类很多。据统计，林区有鸟类41种、兽类27种。

以张家界为代表的整个武陵源风景区奇山异水、林木禽兽同生共荣，浑然一体，构成一幅鬼斧神工、风韵动人的画卷，与庐山、黄山、五岳等名山相比，有过之而无不及。1992年，武陵源被联合国教科文组织列入《世界遗产名录》。

（三）流纹岩名山

雁荡山是浙江东南部著名的旅游胜地，属致密坚硬的火山流纹岩山体，在外力作用下，形成丰富多彩的造型地貌和变幻造型地貌景观，被称为中国“造型地貌博物馆”。雁荡山以奇峰、怪石、飞瀑、幽洞、深谷闻名于世，有一百零二峰、六十一岩、四十六洞、十八瀑、二十八潭等风景点，共380多处。雁荡山寺庙众多，据记载有十院、十八古刹、十六亭。相传，当时大能仁寺“日食游客千余人”。历史上许多文人也常来雁荡山游历，南朝诗人谢灵运在这里写下了许多优美的诗篇，北宋科学家沈括写有《雁荡山记》，明代画家唐伯虎画有《雁荡》长幅图画，徐霞客曾两次到雁荡山游览考察。灵峰、灵岩、大龙湫被称为雁荡“三绝”。

灵峰高270余米，与旁边的倚天峰合称合掌峰，夜间观望如男女两人相依，故亦称夫妻峰。大龙湫是中国最高的飞瀑，从190米的连云峰顶飞流而下，十分壮观。蔡元培有诗句“天下之瀑十之九，最好唯有大龙湫”。因水自极高处飞落，水帘如丝，随风散落，显得轻盈可爱。而盛夏雨后，飞瀑如发怒的银龙，轰然疾下，气势之猛震天动地。从大龙湫远望连云张嶂口，可以看到云波雾海中，一艘大船扬帆前进，这就是一帆峰，高260余米，是雁荡诸峰最奇观者。雁湖岗是雁荡第二高峰，海拔1 046米，其顶原有雁湖。此处离海只有10余公里，站在山巅东望，红日犹如从海中跃出，十分壮观。雁湖岗四周还有西石梁大瀑、梯云瀑、梅雨瀑等胜景。显胜门在雁荡山北麓，实为一峡谷，两侧山岩笔立，高200多米，中间峡谷只有6~7米，形势极险。

雁荡山景，有“合掌”、“夫妻”、“一帆”、“剪刀”、“双笋”、“果盒”、“接客僧”、“僧拜石”、“犀牛望月”、“老猿披衣”等数不尽的奇观，而且步移景变，时过境迁，变化无穷，令人称绝。

第八节　五岳名山

“五岳”是中国五大名山的总称，也就是以中原地区为中心，居于东、西、南、北、中方位的五座大山。五岳之封是帝王巡疆守土，封禅祭天，显示功业的产物。它始于汉武帝，至汉宣帝才确定今山东泰山为东岳，陕西华山为西岳，河南嵩山为中岳，安徽潜山县的天柱山为南岳，河北曲阳县的大茂山为北岳。隋文帝时改湖南衡山为南岳。明代又改山西浑源县的恒山为北岳，但因恒山路远难行，仍在曲阳行“遥祭”之礼。清顺治年间才移祀浑源，最终成为今日之五岳。

中国名山甚多，为何独选这五岳为祭祀之所？究其原因大概如下：

第一，从地理位置看，始终不变的东、西、中三岳和北岳都位于黄河流域，而黄河流域是中华民族文化的摇篮，也是历代王朝的心脏地区。

第二，从地形条件看，五岳海拔虽多在2 000米以下，但恒山崛起于桑干盆地南端，嵩山屹立于豫东平原西隅，衡山危耸于衡阳盆地北缘，华山突兀于渭河平原东侧，泰山则巍然挺拔于一望无际的华北平原上，周围少有更高的山峰与它们抗争，因而显得分外雄伟挺拔。

第三，由于皇帝的封禅活动给五岳名山增添了无数寺庙宫观、碑碣刻石和古柏苍松，并多附有缥缈离奇的神话传说，加上大自然本身具备的山水、花木、云海、日出等胜景，使其成为我国传统的游览胜地。

第四，千百年来僧人道士的修行筑庙，善男信女的烧香许愿，名人雅士的赋诗作画，给五岳留下了众多的人文遗迹，故明代旅行家徐霞客有“五岳归来不看山”的赞叹。

中国历史上多有佛道两家共争一山的事例。这种争夺互有得失，佛家占山略多，但道教也争得不少名山胜地，如所谓的“十大洞天”、“三十六小洞天”、“七十二福地”等。中国“五岳”名山所祀的山神都属于道教崇信的神祇。因此“五岳”实际上都属于道教名山范畴。

一、东岳泰山

泰山位于山东省泰安市，总面积426平方公里。主峰天柱峰在泰安城北，海拔1 532.7米（据国家测绘局2007年4月公布的数据），是鲁中南丘陵的最高峰。

泰山，古称“岱山”或“岱宗”。古人以东方为万物交替、日月升华之地，所以泰山有“五岳独尊”、“五岳之长”的美誉，为全国名山之首。历代帝王把泰山当成神的化身，登基之初和太平之年多来泰山封禅祭祀天地，在山区建庙塑神，刻石题字，赐予泰山许多封号，留下不少古迹。历代文人也多爱慕泰山，春秋孔子，汉代司马迁，唐代李白、杜甫，宋代苏轼，明清时代的宋濂、姚鼎等著名人士都曾游历泰山，为后人留下大量优美诗文，这些都使泰山成了天然的历史文化博物馆。

泰山是中国大型山岳公园之一，可分为岱庙、南麓、东路、岱顶和西路5个游览区，其中岱庙是旅游者登泰山之前的必游之地。岱庙与故宫、避暑山庄、孔庙同为中国四大古建筑群，是历代帝王封禅泰山、举行大典的场所，建筑格局为宫殿式。主殿天贶殿与故宫太和殿、孔庙大成殿并称我国三大古建筑殿宇，殿内供奉东岳泰山之神。

泰山东路开筑于南坡山谷之中，峰回路转，林荫夹道，沿途风光优美，古迹众多。登山路线自岱庙正北的岱宗坊开始，经一天门、红门宫、万仙楼、烈士纪念碑、斗母宫、经石峪、柏洞、壶天阁、中天门、五松亭、朝阳洞、对松亭、十八盘，最后到达山顶南天门。经石峪是泰山名胜之一，在一片大石坪上刻有《金刚经》全文，字大半米，字体篆隶兼备，历代尊之为“大字鼻祖”、“榜书之宗”。据郭沫若鉴定，“为北齐人所书”，是珍贵文物。

中天门是登山之半途，东西两路在此会合，是上下山的枢纽地。由此北望岱顶，十八盘犹如云梯高筑。

南天门雄踞盘道的尽头。到南天门前要走两个“十八盘”险路，南为“慢十八盘”，北为“紧十八盘”，中间设有“升仙坊”，蹬道近1 827级，坡度70°～80°。故古诗曰：“迂回十八盘，举步上青天。”南天门始建于元代，门下临崖，拔地通天，险峻异常。从此处到“极顶”仅1公里，称为“天街”，是泰山名胜最集中的地方。

碧霞祠是岱顶规模最大的古建筑群，建于宋代。为防止高山风霜侵蚀，整个建筑以铜铁铸件和土木砖石相结合而建成。大殿供奉泰山神碧霞元君。碧霞祠东北，唐摩崖碑劈崖而立，附近崖壁有宋真宗功德碑等众多历代刻石，如洋洋大观的书法展览馆，故称“大观峰”。

玉皇顶，是泰山最高峰。山顶玉皇宫内有“极顶石”，上刻泰山高度：1 545 米。玉皇顶东南有日观峰，在此可观赏“旭日东升”、“晚霞夕照”、“黄河金带”、“云海玉盘”四大奇观。峰有巨石向北伸出，俗称“探海石”。登上天柱峰，四顾远近景色，周围群山都在脚下。杜甫诗曰：“会当凌绝顶，一览众山小。”

1987 年底，泰山以自然和文化双重遗产的身份列入了联合国的《世界遗产名录》。

二、西岳华山

西岳华山位于陕西西安以东 120 公里的华阴市，古称太华山，海拔 2 154. 9 米，是中国国家级风景名胜区。在五岳之中，华山以险著称，登山之路蜿蜒曲折，长达 12 千米，到处都是悬崖绝壁，所以有“自古华山一条道”之说。

华山是秦岭支脉（华山山脉，又叫小秦岭）分水脊北侧的花岗岩石山。约在白垩纪时期，这一带地壳发生强烈活动，许多地方有花岗岩入侵。华山岩体就是这次入侵产生的一个“岩株”。华山岩株的范围东西长约 15 千米、南北宽约 10 千米，边缘带节理发育，给风化剥蚀创造了条件，加之东西两侧河流下切和南北两个断层错动，就使“太华之山，削成四方”，成为一座高大壁立的“柱峰”，并且雕塑出许多陡峭、峻险、雄奇的花岗岩地形来。

华山五峰中又以东峰（朝阳）、西峰（莲花）、南峰（落雁）三峰较高，东峰是凌晨观日出的佳处，西峰的东西两侧状如莲花，是华山最秀奇的山峰，南峰落雁峰是华山最高峰。三峰以下还有中峰（玉女）和北峰（云台）两峰，玉女峰相传曾有玉女乘白马入山间，云台峰顶平坦如云中之台，著名的“智取华山”的故事就发生在这里。

东峰又名“朝阳峰”，海拔约 2 096. 2 米，顶端有朝阳台，可观日出美景。峰东南侧有小孤峰，顶平如台，名“下棋台”。峰东壁悬崖垂直裂缝被水冲成小沟，又因化学风化形成几条悬垂色带，远望如巨人指印，称为“仙人掌迹”。

西峰海拔 2 082 米，因峰顶有片石似莲瓣，又名“莲花峰”或“卫队芙蓉峰”。峰顶西有“巨灵足迹”，还有长形巨石裁为三段，传为沉香“劈山救母”之所致。

南峰在三峰中海拔最高，有 2 160 米。峰南有断层深壑与南面山岭相隔，更显华山孤峰突兀。仰天池、黑龙潭等人工贮水石穴使峰顶景色更多奇绝。峰上苍松翠柏，林木葱郁。

华山之巅，气温日较差可达 25℃，冬季长达 6 个月之久，降雪期先后可有 200 多天，这些条件有利于岩石冻裂和剥蚀。上述富有神话色彩的岩石奇观，都是花岗岩在温度和水的共同作用下形成的地貌景观，而“巨灵足迹”的形成还有人工刻凿之功。

华山的名胜古迹也很多。庙宇道观、亭台楼阁、雕像石刻随处可见，比较著名的古迹有玉泉院、真武宫、金天宫（白帝祠）等。华山以北 7 公里处的西岳庙是古时祭祀西岳华山神的庙宇。五岳之中，仅华山为道家独占，其余四岳均为道佛共居一山。

三、中岳嵩山

嵩山位于河南省登封市北。高峰有3处：东为太室山，海拔1 491.7米；中为峻极峰，海拔1 359米；西为少室山，主峰海拔1 512米，是嵩山最高峰。

嵩山自然景观优美，山体从东至西横卧，故有“华山如立，中岳如卧”之说。太室山和少室山各有36峰，共计72峰，峰峰有典。在72峰之外，山上还有谷、洞、潭、瀑等各类景致。夏季层峦叠嶂，满山俱是郁郁苍苍的林木；冬季雪后，漫山银装，景色绝佳。

在嵩山南麓，名胜古迹遍布，历代曾多次兴建庙宇和书院。东部的中岳庙为中国最早的道教庙宇之一，是历代祭祀“中岳山神”的地方。庙宇布局严谨，沿中轴线而上有中华门、峻极殿、天中阁等11进建筑，面积0.1平方公里，是河南省最大的寺庙殿宇。庙门前500米处的太室阙，是著名的“汉三阙”浮雕之一。另两处称为少室阙和启母阙，都是汉代雕造的庙道门阙。中岳庙以西约5公里的嵩阳书院，是我国古代四大书院之一。院内现存两株五人合抱有余的古柏，曾被汉武帝封为“大将军”和“二将军”。院前西南隅有唐碑1尊，高8米许，是嵩山最大石碑。

嵩山西南麓山坳还有几处禅林点缀着山色。嵩岳寺塔在登封城西北5公里，始建于北魏，是中国现存早古老的砖砌佛塔。塔高40余米，共15层，外形浑圆，塔身中空，别具一格，建成至今1 400余年，仍巍然屹立在崇山峻岭之中。

因此，嵩山有中国六最之说：禅宗祖庭——少林寺，现存规模最大的塔林——少林寺塔林，现存最古老的塔——北魏嵩岳寺塔，现存最古老的石阙——汉三阙，树龄最高的柏树——汉封“将军柏”，现存最古老的观星台——元代观星台。

少室山群峰突兀争秀，有“九鼎莲花”之称。北麓山坳中的少林寺古刹是佛教禅宗的发源地，在中外佛教史上都享有盛誉。少林寺始建于北魏太和年间。寺内现存建筑有山门、客堂、达摩亭、白衣殿、地藏殿、千佛殿等，近年又修复了大雄宝殿。千佛殿又名“毗卢阁”，殿内有著名的明代“五百罗汉朝毗卢”壁画300余平方米。白衣殿内有清代少林拳谱和“十三和尚救唐王”等壁画。壁画技法朴实，形象生动，色彩运用也很成熟，为中国传统武术重要流派——少林拳法的研究提供了宝贵的资料。少林寺内还存有唐以来的碑碣石刻300余件。寺西0.5公里处有塔林，现存自唐至清千余年间历代和尚的砖石墓塔220多座，是中国最大的墓塔群。

四、北岳恒山

恒山位于山西省浑源县境内，主峰天峰岭，海拔2 016.1米，被誉为“绝塞名山”。恒山是著名的道教圣地和旅游胜地，为首批国家级重点风景名胜之一。恒山扼关带水、地险山雄，为历代兵家必争之地。北魏道武帝曾发兵数万在此劈山开道，作为进退中原的门户。北宋名将杨业曾驻兵恒山，镇守三关。至今，当年栈道遗迹尚存，并流传着杨家将大战洪州的动人故事。

恒山主峰坐落在山西浑源城南，双峰对峙，浑水中流。东面称天峰岭，又名玄岳峰，西面称翠屏山或翠屏峰，构成一道绝塞天险，是古代由大同入倒马关、紫荆关的交通咽喉。明代旅行家徐霞客曾游历到此，面对雄险形势惊叹不已，在他的游记中写道：“伊阙双峙，武夷九曲，俱不足比拟也。”

玄岳峰海拔2 052米，古称太恒山，也称“元岳”、“紫岳”，汉代又称“常山”。据传舜帝北巡时，即封为“北岳”，但直到明清时代才正式成为帝王祭山之所。这里还是中国道教圣地之一，全山名胜古迹甚多，旧有“恒山十八胜景”之称。从北麓的浑源古城至玄岳峰顶，山路共12公里，沿途苍松翠林、庙观楼阁、奇花异草、怪石幽洞，景色殊绝。飞石窟、姑嫂崖、苦甜井、果老岭、纯阳宫等都与民间故事或道教传说相关。恒宗殿、会仙府、九天宫、北岳寝宫为恒山主体建筑。琴棋台、白云洞、紫芝峪、大字湾、会仙崖、“金鸡报晓”、“玉羊游云”、“岳顶松风”、“夕阳返照”等人文和天然奇观也为游人乐道，古人在恒山碑石上刻有“东岱大夫之松，西华仙人之掌，南衡龙书蛇篆，北恒金鸡玉羊”的名句。

恒山风景名胜区保留了众多珍贵的文物古迹。从亿万年前的动植物化石，到新石器时代的彩陶文化遗址，从春秋时代的青铜器文物，到近现代的革命文物，种类多样，数量可观。现有全国重点文物保护单位1处，山西省重点文物保护单位8处，县级重点文物保护单位40多处。许多文物古迹的结构、造型、装饰、雕刻、彩画等方面在中国古建筑史上有着重要地位和文物价值、科研价值和艺术观赏价值。特别是罕见的北魏高空古建筑，国之瑰宝、举世闻名的悬空寺，为“恒山十八景”之首。“危岩缀虚空，石阁轻如纸”，镶嵌在万仞峭壁之间，奇绝险巧，令古今中外的游人叹为观止。悬空寺凭险构筑于河西翠屏峰的腰部崖壁，从谷底上望，只见几座殿宇攀附在悬崖绝壁之上。悬空寺的建筑，以崖壁凿眼悬梁铺石为基，整个建筑物全落在飞梁构成的地基上，绝大部分殿宇楼阁后部或两侧以岩代木，建筑物与崖体有机结合，浑然一体，构思奇特，巧夺天工。内部结构也曲折迷离，或以栈道飞渡，或以暗道相通，有的经石级攀登而上，有的越石壁穿窗入室，回旋转折，别有洞天。

悬空寺始建于1 400多年前的北魏后期，经金、明、清三代重修。全寺主要有3组建筑，前为道教“三宫殿”，中间是佛教“三圣殿”，最后是集儒、释、道三教于一堂的“三教殿”。如此三教合一的安排，在中国寺庙建筑中也别具一格。

五、南岳衡山

南岳衡山位于衡阳市以北50公里处，海拔1 300. 2米。广义的“衡山”是指衡山山脉，它是绵亘于湖南中南部的一系列花岗岩断块山地，北起长沙岳麓山，南到衡阳回雁峰，称为“南岳七十二峰”。狭义的“衡山”，一般称为“南岳”，是指主峰祝融峰及其邻近的风景区，主要在衡阳市南岳区境内。

衡山风景名胜区有赤帝、驾鹤、集贤、华严、朱明、䃅掷钵、天柱、金荀、芙蓉、烟霞、紫盖、莲花、祝融诸峰。从山下南岳大庙到极顶祝融峰游程15公里。南岳名胜古迹大都分布在登山道路两侧。

衡山是“五岳”中唯一位于南方者，地处湘南，气候温暖湿润，植物繁茂，青山如画，处处堆绿。在这青山画卷上添笔着墨的，则是衡山云雾，有“七分山水三分云”的评说。清代人魏源在比较五岳名山形态后，形象地指出：“恒山如行，岱山如坐，华山如立，嵩山如卧，唯有南岳独如飞。”因此，衡山以“五岳独秀”著称。

衡山历史悠久。相传虞舜南巡、夏禹治水都曾到过衡山，至今衡山仍留有禹王城等古迹，即所谓“南衡龙书蛇篆”。由于远离古代中国的政治中心黄河流域，有些朝代曾把南岳之祀迁往别处，如汉武帝时，曾祀安徽天柱山。但是，自隋代以来，南衡之设相沿不变。衡山另有一个与北方四岳不同的特点，即全山佛寺遍布，有祝圣寺、藏经殿、方广寺、上封寺、南台寺、福严寺等多处佛寺。衡山也多历代名士高僧的题刻碑石，并保存完好，其中有李商隐题“南岳第一泉”（水帘洞）、李泌题“极高明”（福严寺），石曼卿题“释迦文佛”（南台寺），以及观音岩、虎跑泉等处石刻。

主峰祝融峰，海拔 1 290 米，为“南岳七十二峰”之首。相传祝融氏（火神）葬于此。登峰俯视，众山俯立，景色雄奇。峰顶庙殿名“祝融殿”，香火甚旺，云烟缭绕。其旁“天半祝融”、“一日千里”、“山耸天止”、“乾坤胜览”等题刻，均描绘山势之高峻。峰顶有望日台，是观日出最佳处。藏经殿在赤帝峰下，相传明太祖曾送来《大藏经》一部藏于此。现殿为 1933 年重建。近旁古木参天，林壑幽深，环境秀美。方广寺在莲花峰下，地处深山，峰峦环峙。古人言：“不游方广，不知南岳之深。”水帘洞在紫盖峰下，水源来自峰顶，流经山间，汇入石池，垂下形成高达 7 米的瀑布，鸣雷溅雪，蔚为奇观。

祝融峰之高，藏经殿之秀，方广寺之深，水帘洞之奇，被称为“南岳四绝”。

全山最雄伟的建筑是南岳大庙，占地 9 800 平方米。它与泰安岱庙、登封中岳庙并称于世，是中国五岳庙中规模最大、布局最完整的古建筑群之一。大庙创建于唐代，现存正殿为清光绪八年（公元 1882 年）重建。内外有石柱 72 根，象征南岳 72 峰。全殿金碧辉煌，雄伟高大，有极高的艺术价值，是研究中国古建筑的难得资料。

【本章小结】

1. 地文景观是指由地质、地貌等自然地理要素组成的各类景观类型，包括岩石、化石、典型地层、构造形迹、地震遗址、山岳、洞穴、海岸及各种特异地貌等。地文景观可以从不同的角度进行分类：从岩性的角度可以划分为花岗岩地貌、玄武岩地貌、流纹岩地貌、石英砂岩峰林地貌、石灰岩地貌、红色砂砾岩地貌、变质岩地貌；从成因上可以分为流水地貌、冰川地貌、风沙地貌、海岸地貌、岩溶地貌、丹霞地貌、黄土地貌、火山地貌；从形态上可分为平原、高原、山地、丘陵、盆地。

2. 所谓岩溶地貌是指地表石灰岩等碳酸盐类岩石受水和二氧化碳的溶解作用及伴随的机械作用共同形成的各种地貌形态，如石芽、峰丛、峰林、溶斗、落水洞、暗河、溶洞、溶蚀洼地等。国际上将这种地貌称为“喀斯特”地貌。中国是世界上岩溶发育较完全、分布较广的国家之一，以桂林山水、云南路南石林和贵州织金洞最为典型，具有重要的旅游价值。

3. 丹霞地貌属于红层地貌，是发育于侏罗纪至第三纪的水平或缓倾斜的厚层红色砂砾岩之一，沿岩层的垂直节理由水流侵蚀及风化剥落和崩塌后退，形成顶平、身陡、麓缓的方山、石墙、石峰、石柱等奇险的丹崖赤壁地貌。丹霞地貌的分布以南方为主，北方次之。主要集中在广东、福建、江西、广西北部、湘南等地，尤其是以南岭山地和武夷山地最为集中，其杰出代表为广东丹霞山、金鸡岭和福建武夷山。

4. 海岸地带受风浪、沿岸海水流动、潮汐和生物、气候、入海河流等因素的作用，在地壳构造运动及岩性的共同影响下形成的地貌，称为海岸地貌。海岸地貌可分为侵蚀型海岸地貌和堆积型海岸地貌。从旅游利用的角度，可将海岸地貌分为基岩海岸、沙岸、生物海岸三种类型。其中，生物海岸又有红树林海岸、珊瑚礁海岸之分。

5. 雅丹地貌是因强大的风力侵蚀和搬运、堆积作用而形成的地貌，常呈现风蚀垄脊、土墩、风蚀沟槽、洼地等形态。此种地貌出现于多大风、干涸的古湖盆或湖积平原和戈壁滩。中国新疆的罗布泊、乌尔禾为此种地貌的典型。

6. 中国的山地资源极其丰富，按旅游功能可划分为科考、登山型山地资源，观赏型山地资源和度假休养型山地资源。山地按海拔高度可分为极高山、高山、中山、低山及丘陵等级别，不同高度的山地有着不同的旅游利用价值。对于一般旅游者而言，山地的旅游价值主要在中低山，其旅游价值表现为：峰峦起伏，风景秀丽，自然风光迷人；气候宜人，是盛夏避暑胜地；自然与人文环境的结合使山更具特色。

7. 名山是指自然风光秀美，景物奇特，可供游人欣赏、游览的山地、丘陵，一般都经过人类长期的宗教、文化等活动的影响而形成了丰富的人文景观，具有自然美、科学和生态学价值及历史文化价值。黄山、武陵源、雁荡山分别是我国花岗岩名山、石英砂岩名山和流纹岩名山的典型代表。

8. 五岳指的是东岳泰山、西岳华山、中岳嵩山、北岳恒山和南岳衡山。它们有着不同的旅游特色，并且被选为古代祭祀封禅之所。

【关键词】

地文景观　花岗岩地貌　风沙地貌　冰川地貌　黄土地貌　流水地貌　岩溶地貌　丹霞地貌　海岸地貌　风景名山　五岳

【思考与练习】

1. 简述地文景观的类型、成因和特点。
2. 简述中国著名的各类地貌旅游胜地名称及其分布。
3. 简述名山的类型、分布及其旅游价值。
4. 中低山的旅游价值有哪些?
5. 简述五岳名称的由来。为何独尊五岳?
6. 简述五岳的旅游特色。

第三章 水域风光

【本章要点】

1. 水体的特性及其水体旅游的观赏功能、疗养功能、品茗功能、娱乐功能。
2. 水体旅游资源的分类及其江河、湖库、瀑布、泉水、湿地、滨海景观的旅游价值。
3. 中国著名的水域风光。

第一节 水景与旅游

水是自然界分布最广、最活跃的因素之一，它存在于水圈、大气圈、生物圈和岩石圈中。水以形、声、光、影、色、味及其动静态等美学特征而成为具有很高旅游价值的自然旅游资源，它能为游客提供多种旅游享受。俗话说，山是水的筋骨，水是山的血脉，风景胜地大多数以有水为佳，溪流、瀑布使山地变得生动活泼，云雾使群山若隐若现，似有似无，产生缥缈朦胧之美。水滋润了花木，养育了动物，从而使景色秀丽，充满了生机，北宋画家郭熙曾说："山无云则不秀，无水则不媚。"

一、水资源的特性

凡能吸引旅游者进行观光游览、体验、参与的各种水体及水文现象，我们都可视为水体旅游资源。水是地球上最奇妙的物质，它是地球上以三种聚合态——液态、固态、气态——存在于自然界的唯一物质：有液态的海洋、河流、湖泊、地下水、涌泉、瀑布，有固态的冰川、积雪，有气态的云雾等。中国水域风光资源非常丰富，不仅为工农业生产、交通运输和人民生活提供了良好的条件，更能调节气候，而且为旅游事业提供了不可缺少的资源。

水是自然景观的"雕塑家"，许多地貌，特别是岩溶地貌、海岸地貌、冰川、雅丹地貌等，水在其形成过程中起着不可忽视的作用。水又是大自然的"美容师"，自然界中的资源都与水有着直接或间接的关系，或靠水点缀，或因水衬托，或依水而秀美幽雅，或因水而增添生机，因而水被誉为"风景的血脉"。水能美化和净化环境，在一定程度上调节温度和湿度，从而使得温差相对缩小，呈现出冬暖夏凉的特点，故水滨宜于避暑。

相比较而言，在各种旅游资源中，因水而开展的旅游项目最丰富，水能为游客提供游泳、潜水、驶帆等各种娱乐活动和疗养、品茗的条件与场所。如今度假旅游、休闲旅游的首选旅游地往往都与水有关。

二、水体的旅游功能

（一）观赏

自然风景区大多以有水为佳。许多瀑布、湖泊、溪流、泉水，以其自身优美的景色而成为独立的极具价值的风景名胜区，如黄果树瀑布、杭州西湖、九寨沟等。而且水景也表现出了它的组合性，如水与山、水与动植物、水与季节气候、水与人类活动等，共同组合成为景色多变的水体风景名胜。“桂林山水甲天下”就是水与山有机结合的典型。

（二）疗养

温泉、矿泉、海水、湖泊等均具有疗养功能，水中含有的微量元素和海洋上空气中含有的氧气和臭氧均对人体健康有利。早在3 000年前的西周时代就已在陕西临潼开发了骊山温泉。汉代张衡的《温泉赋》中就已阐明温泉有治病、防病、延寿之功能。现在，中国温泉资源的开发经历了三代旅游产品的更新，温泉资源的开发受到了广泛的重视。

（三）品茗

人们既重视茶叶的质量，更重视水的质量。杭州“龙井茶”、“虎跑水”并称“西湖双绝”。水质清醇的泉水既可供品茗，还可供酿造。中国的许多名酒佳酿使用的都是优质的水体。例如，中国名酒茅台酒的酿造就与贵州赤水河的优质水源有密切关系。

（四）娱乐

碧波荡漾的江河、清澈透明的湖泊、水温在34℃以上的温泉、夏日的海滨，既可供欣赏又可体验，且形式多样，最为丰富，如游泳、潜水、驶帆、垂钓、漂流、探险以及疗养、品茗等，都是体验性的旅游活动。

第二节　江河胜景

一、河川的旅游价值

河流即沿地表线形低凹部分集中的经常性或周期性水流，规模较大的叫江、河，规模较小的叫溪、川。河川的旅游价值表现为以下四点：

（1）观光游憩河段，特别是指河水清澈，河谷形态奇特，两岸植被茂密、景色秀美，近岸地带人文资源丰富，可进行岸边或水上游览的河段。通常为河流的中游地段。

（2）在河流的上游地段，由于河床纵坡大，水流湍急，适于开展运动性、参与性很强的水上漂流活动。漂流河段就是指河流中可以开展水上漂流、探险活动的河段。河川漂流探险是近几年逐渐兴起的一种旅游形式，它以全程参与、有惊无险、野趣无穷的魅力，吸引着越来越多的游客，也成为各地旅游开发的热点。例如，广东的九龙十八滩、德庆盘龙峡漂流、和平热水漂流、南昆山漂流等。

（3）河口观潮。钱塘江大潮是仅次于亚马孙河口的位居世界第二位的大潮，具有很强的可观性，每年农历的八月十五至十八是钱塘江大潮的最佳观潮期，从古至今均有盛大的观潮活动，届时会有大量的游人前往观潮。

（4）水网水乡景观。河流出海口的三角洲地带，水网密集，形成了秀丽的水乡景观。

二、江河景观

中国山高水长，河网密布，径流资源十分丰富，大小河流总长度约有 43 万千米，其中，长度在 1 000 千米以上的就有 20 条，全国径流总量将近 27 000 亿立方米，占世界河川径流总量的 6.8%。江河横溢，美景不胜枚举，其中著名的旅游河川有长江、黄河、漓江、万泉河、连州地下河等。

（一）长江

长江是中国第一大河，也是世界第三大河，其长度仅次于尼罗河和亚马孙河，全长 6 300千米。它发源于青海唐古拉山各拉丹冬雪山，流经青海、西藏、云南、四川、重庆、湖北、湖南、江西、安徽、江苏和上海 11 个省、自治区和直辖市。长江水量充沛，沿河旅游资源丰富，景点星罗棋布，素有旅游“黄金水道”之称。其中，最能代表其大江气势的景观，集中于三峡。

“青山遮不住，毕竟东流去”形成风光绮丽的长江三峡，“三峡”是瞿塘峡、巫峡和西陵峡的总称。它西起重庆奉节白帝城，东至湖北宜昌南津关，全长 193 公里，构成了地球上罕见的“山水画廊”。其中，瞿塘峡居西，长约 33 千米，是三峡中距离最短、江面最窄的一个峡，以雄著称，有“夔门天下雄”之说。巫峡居中，全长 42 公里，是三峡中最整齐的一段，又称“大峡”。两岸岩石受江水强烈侵蚀，山势峭拔，以秀著称，闻名遐迩的“巫山十二峰”屹立于南北两岸，千姿百态，优美神奇，是三峡美景中最迷人的地段。巫峡两岸山连山，加以变幻的烟云，又以幽深著称。西陵峡居东，长约 120 公里，是三峡中最长的峡段，滩多流急，以险峻著称。三峡工程开始后，新建立的三峡库区将是一个风景名胜密集区，有纪念大禹治水的黄陵庙、古代悬棺、古栈道、刘备托孤的白帝城、屈原故里、王昭君故里、三游洞等古迹。还有中国旅游胜地四十佳之一的葛洲坝水利枢纽工程，以及举世瞩目的三峡水利枢纽工程，更给世人展现一处“高峡出平湖”的壮美胜景。近年来又开发了神龙溪、格子河石林、无源洞和江北恐龙等新景点。

长江三峡风景名胜区，还包括“小三峡”和“小小三峡”这两段难得的山水胜景。

小三峡，位于长江支流大宁河上，全长 50 公里，由龙门峡、巴雾峡、滴翠峡组成，游人赞美它的风光“不是三峡，胜似三峡”。其特色主要有四：一是山高峡深，河面虽不及长江干流宽阔，两岸山峰却十分陡峭，因而显得特别幽深；二是山青水碧，由于小三峡两岸植被保护完好，河水清碧远远胜过黄色的长江，当人们行进在小三峡间，顿觉山清水秀，心情格外舒畅；三是沿线文物古迹多而密集，特别是岩壁上那连续不断的古栈道方孔和战国悬棺、船棺，更给人以神秘之感；四是两岸岩溶地貌发育，钟乳石和奇洞分布广泛，姿态万千。

小小三峡，位于大宁河支流马渡河上，由三撑峡、秦王峡和长滩峡等构成。那里峡窄、水浅、流急，是漂流旅游的理想之地。随着日后长江三峡工程全面建成，水位升高，小小三峡可进入性将进一步增强，旅游价值也将更高。

（二）黄河

黄河是中国第二大河，全长 5 464 千米，发源于青藏高原巴颜喀拉山北麓海拔 4 500 米的约古宗列盆地，流经青海、四川、甘肃、宁夏、内蒙古、山西、陕西、河南、山东 9 个省、自治区，最后注入渤海，流域面积 75 万多平方公里。

黄河流域地势西高东低，大致分为三级阶梯，逐级下降。最高一级阶梯为青藏高原，海拔在 4 000 米以上；第二级阶梯为黄土高原，海拔在 1 000 ~ 2 000 米；第三级阶梯为华北平原，海拔在 100 米以下。黄河流域幅员辽阔，地形复杂，各地气候差异较大，从南到北分属湿润、半湿润、半干旱和干旱气候。

黄河流域是中华民族的发源地。从中石器时代起，黄河流域就成了我国远古文化的发展中心，拉开了黄河文明发展的序幕。美丽而古老的黄河，是中华民族的摇篮。唐朝大诗人李白对黄河赞叹道："黄河之水天上来，奔流到海不复回。"

黄河中游有著名的壶口瀑布，雷霆万钧，奔腾而过。著名的龙门，水流湍急，相传鲤鱼如果能跳过龙门就可成龙，产生了"鲤鱼跃龙门"的故事。

黄河自孟津之后的下游河段形成了世界闻名的"地上悬河"。这里河道宽阔，水流缓慢，携带的泥沙大量沉积下来，使河床不断抬高。为了防止河水泛滥，河堤也不得不一再加高，自郑州黄河花园口一段起，河床平均比两岸地面高 4 ~ 5 米，有的地方甚至高达 10 米。

（三）漓江

漓江是中国西江的二级支流，发源于广西兴安境内的南岭，流经桂林、阳朔这两个著名的岩溶山水风景区。两岸挺拔的山峰凌空而起，漓江晶莹的流水碧波回环，酷似一条青罗带，蜿蜒于万点奇峰之间。它不仅有"山清、水秀、洞奇、石美"四绝，而且还有"深潭、险滩、流泉、飞瀑"的佳景。一路风光，美不胜收，为山水甲天下的桂林增色不少，人称"百里漓江，百里画卷"。

（四）九曲溪

九曲溪发源于武夷山自然保护区，是武夷山水的代表，是武夷山风景区的灵魂，全长 62.8 千米，被赞为"三三秀水清如玉，六六奇峰翠插天"。山与水的完美结合是九曲溪最突出的特色。曲折萦回的九曲溪贯穿于丹崖群峰之间，如玉带串珍珠，将 36 峰，99 岩连为一体，构成"一溪贯群山，两岸列仙岫"的独特自然美景。两岸危岩嶙峋，峭壁千寻，山水映衬，错落有致，移步换景，行舟看景，妙趣横生。自星村乘竹筏观山，极目皆图画，丹山、碧水、绿树、蓝天、白云相映成趣，呈现出武夷山自然风光五彩缤纷的色彩美。沿途看到奇峰相叠、嵌空而立，那高低相错的山峦，如旌旗招展，那气势磅礴的岩峰，如万马奔腾，展示了大自然中极富韵味的参差美。坐筏游江使人尽览两岸灵秀，满目水光山色，情趣盎然。

（五）三江并流

三江并流位于云南省西北部境内，占地1.7万平方公里，是中国面积最大的世界自然遗产地。“三江并流”是指金沙江（长江）、澜沧江（下游为境外的湄公河）、怒江（下游为缅甸的萨尔温江）从青藏高原并行从北至南奔腾而下，穿过大小雪山、云岭和怒山山脉，形成“三江并流，四山并立”的自然奇观。该区域为国家重点风景名胜区，面积41 000多平方公里，其中“三江并流”区域海拔变化呈垂直分布，从海拔760米的怒江甘热河谷到海拔6 740米的卡格博峰，有众多的雪山、冰山、冰川、高山湖泊，开阔的高原以及典型的高山峡谷地貌。

（六）海南万泉河及其漂流

万泉河是宝岛海南的母亲河，是海南的第三大河，全长162千米，宛如一条翡翠的玉带，自五指山峰漂流而下，至琼海市的博鳌入海口投入大海的怀抱。它所经过的上游河段落差较大，怪石嶙峋，两岸风光神奇秀美，是最具代表性的热带雨林景观。河两岸典型的热带雨林景观和巧夺天工的地貌令人叹为观止。经专家考证，万泉河是中国未受污染、生态环境优良的热带河流，被誉为中国的“氧谷”。

万泉河漂流长约15千米。河面最狭窄处约8米，最宽处约100米，水深1～10米。漂流万泉河既有惊时穿激流越险滩的激情澎湃，又有缓时两岸风光尽收眼底的诗情画意。游客乘橡皮艇顺流而下，有落差各异的激流险滩，有神形绝妙的奇峰异石，有银河奔泻的飞流瀑布，有椰竹掩映的苗寨村舍，河中蝴蝶翩跹、岩燕飞翔、野鸭游弋、山鸟啾鸣，与两岸古朴、善良、勤劳耕作的苗寨居民一起组成一幅美妙的山野图画，令游人疑似置身桃花源中，恍若步入人间仙境。

（七）格凸河古河道遗址

格凸河位于贵州省西南紫云苗族布依族自治县境内，景区内有连绵的峰林，幽深的峡谷，恢宏的溶洞，纵横交错的地面地下河流，古河道遗址崩塌而形成的“盲谷”原始森林，还有“洞居活化石”洞中苗寨及原始古朴的悬棺洞葬等。景区集山、水、洞、石、林、木组合之精髓，浑然一体，雄奇险峻，相得益彰，是名副其实的“喀斯特天然公园”。格凸河喀斯特地貌在近百平方公里的风景区内，有大穿洞、小穿洞、大河、黄家湾四处独特景点群，且相映成趣，形成格凸河流域立体旅游圈。喀斯特洞厅为世界第二大喀斯特洞厅；古河道遗址，看似凯旋门，飞机都能穿行而过，它是地质学、地理考古学专家所认定的国内乃至世界为数极少的也是世界最高的古河道遗址，具备极高的欣赏价值和科考价值。

（八）本溪水洞

本溪水洞风景名胜区位于辽宁省本溪市，是世界最大的充水溶洞。总面积42.72平方公里，水洞面积0.036平方公里，全长2 300米。本溪水洞是数百万年前形成的大型石灰岩充水溶洞，洞内深邃宽阔，是世界上已发现的最长的充水溶洞，已开发地下暗河长3 000米，水流终年不竭，清澈见底，洞顶和岩壁钟乳石发育较好，千姿百态，泛舟游览，使人流连忘返。

（九）连州地下河

连州地下河位于连州市北面，是华南亚热带喀斯特地貌的典型洞穴，以其神秘瑰丽的石钟乳及洞穴暗河而蜚声中外。地下河洞内上下共分三层，全长1 860米，最高处47.8米，最宽处53.6米，可供游览的面积达0.043平方公里。洞内四季气温常年保持在18℃左右。地下暗河位于下层，水流由北向南，经过三个峡谷：龙门峡、莲花峡、香蕉峡，全长1 400米。它穿过四座山头的底部，最宽处有10米，最窄处仅1.6米，水深1～7米，沿河两岸布满石钟乳、石柱、石幔等，形态万千，有飞象过河、八仙过海、地下龙宫、海狮迎宾等石景。而陆地第二层和第三层则有佛光普照、关公神像、南天门、汉白玉鹊桥、孟姜女哭长城、仙人洞、伊甸园等景点，令人流连忘返。

第三节　湖库姿色

湖泊是陆地上的洼地积水形成的水域宽阔、水量交换缓慢的水体。地球上的湖泊总面积占全球大陆面积的1.8%左右。中国目前面积在1平方公里以上的湖泊有2 600余个，面积合计为74 277平方公里。湖泊分布具有范围广而又相对集中的特点，主要分布在东部平原、青藏高原及蒙新地区。

2005年，《中国国家地理》杂志评出了中国最美的五大湖，即青海湖（陆心之海）、喀纳斯湖（上帝的调色板）、纳木错（与神耳语的地方）、长白山天池（盛怒之后的平静）和西湖。

一、湖库类型

湖泊可以从不同的角度进行类型的划分，总体分类见表3－1。

表3－1　湖库的分类

分类标准	主要的类型
湖盆的成因	构造湖、火山口湖、堰塞湖、冰川湖、喀斯特湖、河迹湖、海迹湖、风蚀湖、人工湖
湖泊的性状	观光游憩河段、沼泽和湿地、潭池

（一）按成因分类

陆地上的蓄水凹地为湖盆，湖盆的积水部分叫湖泊，按湖盆的成因可将其分为：构造湖、火山口湖、堰塞湖、冰川湖、喀斯特湖、河迹湖、海迹湖、风蚀湖和人工湖。

1. 构造湖

因地质活动所造成的凹陷盆地蓄水形成的湖泊，其特点是湖岸平直、岸坡陡峻、湖形狭长、深度较大，常呈串珠状分布。中国构造湖多分布于云贵高原、青藏高原、柴达木盆地及新疆、内蒙古等地。典型的构造湖如云南滇池、洱海，长江中下游的洞庭湖、鄱阳湖、巢湖。

2. 火山口湖

因火山喷发后遗留的火山口积水成湖。其特点是湖泊外形近似圆形或马蹄形，深度也较大。例如，吉林省的长白山天池湖水面积 9.82 平方公里，是中国最大的火山口湖。天池宛如一块碧玉镶嵌在群峰中央，从而成为长白山的象征，也是游人游览长白山的最佳去处。其他的如广东湛江湖光岩、云南腾冲大龙潭火山口湖。

3. 堰塞湖

由山崩滑坡、泥石流、火山熔岩流等阻塞河流而形成的湖泊。东北地区分布较多。黑龙江省的镜泊湖是中国最大的火山堰塞湖。五大连池则是熔岩在流淌过程中多处堵塞白河河道，形成几经收放、串珠状的湖泊。

4. 冰川湖

由冰川冲击作用形成凹地，积水成湖。该类湖泊多分布于高山高原或高纬度地区。中国的冰川湖主要分布于青藏高原和新疆等地，如新疆阿尔泰山的喀纳斯湖、陕西太白山的大爷海等。

5. 喀斯特湖

石灰岩地区的溶蚀洼地积水而成，特点是无一定排列方向，面积不大，水不深，形状多呈圆形或椭圆形。中国喀斯特湖主要集中分布在喀斯特地貌发育的黔、桂、滇等省区，如贵州威宁草海、广东肇庆星湖、云南中甸的拉帕海。

6. 河迹湖

因河流改道而在废弃的河道中积水成湖。大多位于大河中游平原地区，并与河流相通，不仅在水文性质上与河流有密切的联系，而且许多湖泊本身就是河流作用的产物。湖形似弯月，与众不同，且视野开阔，水产丰富，如湖北的洪湖、广东惠州西湖、内蒙古的乌梁素海。

7. 海迹湖

海迹湖也称泻湖，由于沿岸沙嘴、沙洲的不断向外伸展，最后封闭海湾，形成湖泊。如果陆上水流不断注入，可变为淡水湖，主要分布于滨海三角洲冲积平原地区，如西湖、太湖。

8. 风蚀湖

在干旱、半干旱地区，因强风侵蚀而形成的洼地积水而成。其特点是面积大小不一，湖水较浅，主要分布于沙漠地区，如甘肃敦煌鸣沙山月牙泉、毛乌素沙地的湖泊、内蒙古西部的嘎顺诺尔湖和苏古诺尔湖。

9. 人工湖

人工湖又称水库，是指人工修筑的具有拦洪蓄水、调节径流等多种功能的蓄水区域。中国已成为世界上兴修水库最多的国家，如北京密云水库、安徽太平湖、浙江千岛湖、广东万绿湖等。

（二）按湖泊的性状分类

1. 观光游憩河段，即可供观光游览的河流段落
2. 沼泽和湿地

按照《湿地公约》，湿地是指不问其为天然或人工，长久或暂时性的沼泽地、泥炭地或水域地带，静止或流动，淡水、半咸水或咸水体，包括低潮时水深不超过 6 米的水域。地表常年湿润或有薄层积水，生长湿生和沼生植物的地域或个别段落。沼泽湿地主要分布于东北的三江平原、大小兴安岭、若尔盖高原及海滨、湖滨、河流沿岸等，山区多木本沼泽，平原为草本沼泽。

3. 潭池，即四周有岸的小片水域

二、著名湖泊旅游地的必备条件

湖泊深受广大游客喜爱，要成为著名旅游地必须具备以下一个或几个条件：

（一）位置佳

如杭州西湖、扬州瘦西湖、济南大明湖等湖泊位于市区或城市附近，交通便捷，可进入性好，游人旅游省时、经济，投入小，收效大，可多次往返，客源充足。

（二）面积大

湖泊的面积足够大，使人视野开阔，极目天际，心胸舒展，有益于身心健康。

（三）海拔高

如长白山天池、天山天池山巅之湖往往海拔较高，其水源补给以大气降水为主，具有幽深、静谧的特点，加上变幻莫测的天气，或流传甚广的怪兽之说，给湖泊蒙上神秘的面纱，给人以神奇、奥秘之感，激发人们进一步探索和研究的兴趣。

（四）层次多

湖泊的层次主要是由岛屿、长堤、桥梁等决定，岛屿可丰富湖景内容，使游客有四面临水之趣，也是赏景的最佳之地。例如，千岛湖水域面积 575 平方公里，受岛屿的分割，整个景区分为中心、东南、西南、东北湖区和若干外景景区。

（五）内涵丰富

著名的湖泊风景区同时也是自然风光与人文景观的有机结合、空间美与时间美密切结合的综合体。不同旅游动机的旅游者从中都能找到满足自己需求的旅游对象。

三、中国的湖泊与池沼

湖泊通过其形、影、声、色、奇变化的多样性展示着特有的美感，吸引游人前往观

赏，探索其奥秘，同时湖泊还可开展垂钓、驶帆、游泳、品尝水鲜等多种水上活动。相对于河流而言，湖泊具有更集中的旅游功能，湖中多岛屿的大湖旅游价值则更高。中国可作为旅游资源开发的湖泊数量丰富、类型多样、各具特色。

（一）镜泊湖

镜泊湖位于黑龙江省宁安市西南的牡丹江上游，南北长约45千米，东西最宽处仅6千米，面积为95平方千米，是中国最大的火山堰塞湖，湖形狭长。镜泊湖风光秀丽，其中吊水楼瀑布咆哮直泻，银花四溅；点缀在湖中的葱绿岛屿与北岸的“镜泊山庄”相互辉映，还有大孤山、小孤山、白石砬子、老鸹砬子、城墙砬子、珍珠门、道士门等景色。湖西北45公里处的张广才岭南坡分布有茂密的“地下森林”（即火山口森林），仿佛地下绿宫一般，堪称天下奇观。

（二）大理洱海

大理洱海位于云南省西部大理白族自治州点苍山东麓，是云南第二大湖，因湖形似人耳状，被称为洱海。湖南北长约40千米，东西平均宽为5～6千米，面积为246平方公里。洱海有“银苍玉洱”的特有风韵，是指湖水清碧似玉，水天一色，与白雪皑皑的苍山之巅相互辉映；洱海盆地素有“风、花、雪、月”四大奇景的美名，是指下关的风、大理的花、苍山的雪和洱海的月。点苍山位于洱海西侧，十九座陡峭的山峰嵯峨壁立，山上有冰川谷和冰斗的遗迹。每到冬季，山腰云雾弥漫，终日不散，横亘百里，称为玉带云，是洱海奇特的风光。雪湖交相辉映，并有云雾奇观相伴，点苍山云弄峰下有著名的蝴蝶泉。洱海还有三岛、四洲、五湖、九曲之胜。湖的东岸由石灰岩构成，经长期侵蚀，形成断崖、深湾、岛屿，三岛九曲之胜大都集中于此。

（三）杭州西湖

杭州西湖位于杭州市西面，邻近市区。西湖山水之胜，景色之美，自古扬名于海内外，为中国十大风景名胜古迹之一，亦被称为中国湖泊之冠。西湖身略呈椭圆形，南北长3.3千米，东西宽2.8千米，水域面积5.6平方公里，湖中有长2.8千米的苏堤和1千米的白堤，将西湖分隔成外西湖、里西湖和北西湖三部分。西湖三面环山，一面临城，湖中和谐地点缀着一山二堤三岛。一山就是孤山，二堤为苏堤和白堤，三岛是小瀛洲、湖心亭和阮公墩。

自古以来人们一直用最美好的语言赞颂西湖，其中传颂了700余年、最广为人知的美景首推“西湖十景”，它源于南宋画家对西湖山水画的题名。这十景是苏堤春晓、平湖秋月、断桥残雪、曲院风荷、雷峰夕照、南屏晚钟、花港观鱼、柳浪闻莺、双峰插云、三潭印月。

1985年9月22日，杭州市园林文物局协同新闻、旅游部门正式公布了“西湖新十景”，分别是吴山天风、满陇桂雨、玉皇飞云、云栖竹径、九溪烟树、龙井问茶、黄龙吐翠、宝石流霞、阮墩环碧、虎跑梦泉。

1. 吴山天风

吴山天风位于西湖东南面，山体延入市区，仅高94米，然而景秀石奇，历来是文人雅集之地，耐人寻味。

2. 满陇桂雨

桂花是杭州市的市花。满觉陇是杭州产桂最集中的地方，每到金秋花开时节，金桂花芳，丹桂飘香。

3. 玉皇飞云

玉皇山高242米，从山下林海亭起，登石阶有2 000余级，盘山公路绕山两周半，长四千多米，可直达山顶。山顶最高处建有“登云阁”，登此阁可左眺钱塘江，右瞰西子湖，令游人有飘飘欲仙之感。

4. 云栖竹径

云栖竹径位于杭州城西南五云山西麓的云栖坞里。云栖竹林茂密，古树众多。从云栖石牌坊进入，就可以置身于石径幽窄，翠竹成荫，泉水叮咚的自然美景之中。

5. 九溪烟树

九溪烟树即著名风景点“九溪十八涧”，地处西湖三面云山西南隅，平面呈“丫”字形，一端连接烟霞岭南，一端贯连钱塘江。在山顶望江亭眺望钱塘江，“之”字形弯曲的江流形状尽收眼底，远处烟波浩渺、水天一色。

6. 龙井问茶

龙井位于西湖西翁家山的西山麓。龙井之水的奇特之处在于搅动它时，水面上就出现一条分水线，仿佛游丝一样不断摆动，人们以为是“龙须”，然后又会慢慢消失。龙井不但有名泉，还有名茶。龙井茶是我国十大名茶之一。

7. 黄龙吐翠

黄龙吐翠位于西湖北山栖霞岭北麓。黄龙洞翠竹茂密，有刚劲挺秀的毛竹、竿细色深的紫竹、矮茸可爱的菲白竹，以及罕见的形方带刺的方竹等，品种颇多，株株吐翠，故名“黄龙吐翠”。在苔藤常绿的陡壁上，雕有一只鼓目、掀鼻、张口、翘须的黄色大龙头雕塑。龙嘴吐出清泉，下注水池，水声叮咚如琴瑟奏鸣。

8. 宝石流霞

“宝石”是指西湖北岸的宝石山。山体属火成岩中的凝灰岩和流纹岩，阳光映照下，其色泽似翡翠玛瑙，故称“宝石山”。尤在朝霞初露或落日余晖时，亭亭玉立的保俶塔和紫褐色山岩呈现岚光霞彩流溢的迷人景色，得名“宝石流霞”。

9. 阮墩环碧

阮公墩是西湖中一座绿色小岛，岛上建有云水居、亿芸亭、环碧小筑等竹屋茅居，“环碧庄”形成颇具特色的“绿树花丛藏竹舍”的水上园林。因岛外碧波粼粼，岛山草木葱葱，故称环碧庄。

10. 虎跑梦泉

虎跑梦泉位于西湖西南大慈山的白鹤峰下，以泉水甘洌醇厚闻名，有“天下第三泉”之称。以虎跑泉水冲泡龙井茶叶，茶叶清香四溢，茶味沁人心脾，此二者乃闻名遐迩的“西湖双绝”。

（四）太湖

太湖古称震泽，位于长江三角洲南侧的低洼地带，地跨江苏、浙江两省，北倚无锡，东邻苏州，南引湖州，西接宜兴。湖周405千米，面积近2 428平方公里，是中国第三大淡水湖。太湖以旷秀取胜。湖中现有大小岛屿51个，岛上与湖周山峰号称“七十二峰”，形成一幅湖中有湖、山外有山的壮阔图画。无锡的鼋头渚、梅园、蠡园，苏州的洞庭西山、洞庭东山和石湖等，都是以太湖风光为依托而形成的著名景点。

（五）新疆喀纳斯湖

喀纳斯湖位于新疆阿尔泰山友谊峰南侧的群山之中，属北冰洋水系的高山湖，蒙古语意为“美丽而神秘的湖”。该湖居于喀拉斯中段的谷地中，海拔1 300米，是中国最著名的冰川湖，以秀丽的自然风光誉满中外。湖身呈狭长形，最深处88米多，面积37.7平方公里。湖面稳定，水位变幅小，水色湛蓝，水源由西北友谊峰上的喀拉斯冰川融水补给。令人称奇的是，这个湖竟是一个变色湖，湖随季节和阴晴的变化而呈现五彩之色，秋季的喀纳斯湖景色更为迷人。

相传，有位蒙古族牧民赶着十多匹马到喀纳斯湖边饮水，结果全被“湖怪”吞食。再加上马、牛、羊在湖边神秘失踪的事每年都有发生，因此，喀纳斯湖频现“湖怪”的传说且广为流传。1985年，新疆大学生物系师生在湖边山上往下看时，只见湖面上卧着几十条巨型大红鱼，每条间隔几十米左右，仅鱼头宽度就在1米以上，鱼体长约10～15米，体重超过4吨。2004年9月5日至15日，中国科考探险队等单位在喀纳斯湖举行喀纳斯湖怪大揭秘活动，喀纳斯湖怪的神秘面纱正在一步步地被揭开中。

（六）广东肇庆星湖

星湖位于广东省肇庆市内。肇庆星湖风景区包括七星岩、鼎湖山两大景区，为我国首批国家级风景名胜区之一。七星岩由散落在广阔湖区的七岩、八洞、五湖、六岗组成，以山奇水秀、湖山相映、洞穴幽奇著称。湖面面积约8 000亩，大小和西湖相近。整个湖面被湖堤划分为五个湖：东湖、青莲湖、中心湖、波海湖、里湖。湖堤总长20余千米，堤上杨柳、凤凰木成行。景区内七座挺拔秀丽的石灰岩山峰布列如北斗七星，故名七星岩。石室岩早在几百年前就以风景幽奇而闻名全国，是星湖游览中心，为七星岩景区名胜古迹较集中之处。岩顶名嵩台，相传是天帝宴请百神之所。岩下有一特大的石室洞，洞内穹隆宽广，石乳、石柱、石幔遍布其间。洞中有地下河，可泛舟游览。石室洞内最著名的还是石刻，洞口有唐李邕所书的《端州石室记》碑刻。洞内摩崖石刻林立，计有270余处，上自唐宋，下至明清，且多出自名家之手，故有“千年诗廊”之称。石室洞右侧有水月宫，它始建于明朝，1957年重修，依山傍水，红墙绿瓦，与岩前五龙亭、飞龙桥遥相辉映。石室岩上的揽月亭和水月宫倒映入湖，其景甚妙，被誉为“水月岩云”。湖区北部的阿坡岩东麓下有双源洞，长270多米，内有两源合一的地下河，曲折幽深，奇岩怪石，瑰丽奇特，游人可乘小艇入洞游览。

（七）广东惠州西湖

惠州西湖位于广东省惠州市区内，被赞为“山川秀邃，五湖环城，浮洲四起，景色宜人”。由西湖景区、红花湖景区、金山湖景区构成。该风景名胜区范围19.6平方公里，保护范围52.5平方公里。其中西湖景区素有“苎萝西子”之称，自形成发展至今已有1 000

多年的历史，以“五湖”、“六桥”、“八景”而闻名。红花湖景区主要由红花水库、大石壁水库和东西入口公园组成，是结合中型水库的建设，利用独特的地形环境条件，配套建设，综合利用，集防洪、供水、旅游度假等功能于一体的新景区。

第四节　瀑布景观

瀑布，是指水流从悬崖或陡坡上倾泻而下所形成的水体景观，或者说是河流纵断面上突然产生波折而跌落的水流。它是河床不连续的结果。瀑布，通常由三个要素构成，即水流、陡坎和深潭。瀑布是一种宝贵的自然资源，具有多方面的利用价值。

2005年，《中国国家地理》杂志评出了中国最美的六大瀑布，包括藏布巴东瀑布群、德天瀑布、黄河壶口瀑布、罗平九龙瀑布、诺日朗瀑布和黄果树瀑布。

一、瀑布的旅游价值

瀑布有重要的观赏价值，主要从三方面得到反映：一是瀑布自身所具有的动态、形、声、色景观特色；二是瀑布与周围自然景观的完美组合；三是瀑布特有的文化内涵。

（一）景观特色突出，吸引力强

瀑布的最大特点在于将山水完美地结合在一起，形态、声势、色彩三者俱佳。在形态方面，悬挂瀑布形若垂帘幕布，或飞泻而下，或遇石后呈散状、片状而落，或受阻后分流呈人字形、多节形；崖壁、洞穴配合构成水帘状、迷雾状等，各有特色，给人以雄、险、奇、壮之感。在声势方面，瀑布或如雨声，或如雷鸣，或如万马奔腾，足使游人惊心动魄，同时对景观起到了良好的“配音”效果。在色彩方面，瀑布下落时或似“白练”，或似“堆雪”，真是美不胜收。此外，瀑布弥漫的水雾，在阳光的照射下，还会呈现出缤纷的彩虹。

（二）与其他自然要素结合，更能形成美景

瀑布与山石峰洞、林木花草、白云蓝天、文物古迹等环境要素协调配合，形成了千岩竞秀、万峰急流、美若仙境的奇妙世界。例如，黄果树风景名胜区，不仅有雄伟壮观的瀑布，而且周围还有茂密的林木，幽深的峡谷，山清水秀，环境优美。庐山的谷帘泉、三叠瀑，广西德天（跨国）瀑布等都是自身美与其他自然要素结合而美景更盛的典型例子。

（三）丰富的文化内涵

中国许多瀑布景观，留下了不少文人墨客的诗文、题记、摩崖石刻，其本身具有的艺术价值，不仅成为景观的一个重要部分，而且也提高了瀑布的观赏价值。例如，唐代诗仙李白的诗《望庐山瀑布》，早为世人所熟知；他描写壶口瀑布的诗句“四时雾雨迷壶口，两岸波涛撼龙门”；他描写九华山瀑布的诗句“天河挂绿水，秀出九芙蓉”等，早已成为脍炙人口的篇章。浙江省青田县的石门瀑布自南朝宋景平元年（公元423年），永嘉太守

谢灵运称道之后闻名于海内，许多文人墨客题诗留刻，摩崖石刻布满瀑布左壁。清代袁枚曾作《浙西三瀑记》，唐朝李白和近代诗人郭沫若都曾作诗赞美石门洞瀑布。

二、瀑布的类型

瀑布的类型多种多样，分类方法各有千秋，主要分类如表 3－2 所示。

表 3－2　瀑布的分类

分类标准	主要的类型
瀑布的水流量的洪枯多寡	常年性瀑布、季节性瀑布和偶发性瀑布
瀑布的跌水次数	单级瀑布和多级瀑布
瀑布的分布特点	孤立型瀑布和群体型瀑布
瀑布产生的环境条件差异	江河干支流型瀑布/地下飞瀑、山岳型瀑布

下面重点介绍最后一种分类的瀑布特点：

（一）江河干支流型瀑布/地下飞瀑

江河干支流型瀑布/地下飞瀑以流水的侵蚀和溶蚀等外力作用为主导因素而形成，如河床岩石软硬不一，较松软的岩石易被流水侵蚀掉，从而形成高低差异很大的地势差别；或因为河流干支流的岩性不同，干流的下切速度较快，因而与支流形成了较大的地势高差，当河流支流由高处跌宕而下时便形成瀑布，如黄河的壶口瀑布、湖南芙蓉镇的王村瀑布等；此种情况出现在溶洞中时，便形成地下飞瀑，如猛洞河小龙洞、浙江冰壶洞的地下飞瀑等。

（二）山岳型瀑布

山岳型瀑布是泉水从山中涌出，经过断崖山洞，飞流直下而形成。例如，庐山的三叠泉瀑布，它因三级跌水而得名，世称“庐山第一奇观”，总落差 600 余米，是我国落差最大的瀑布。此外浙江雁荡山的大龙湫也以落差高达 190 米而成为最知名的山岳型瀑布之一。

三、中国著名瀑布

瀑布的大小、气势主要取决于地势落差和水量。秦岭—淮河以南地区，由于跌宕起伏的地形及潮湿的气候，因而形成的瀑布较多，特别是在雨季，山区常可见到“山中一夜雨，处处挂飞泉”的胜景。中国著名的三大瀑布分别是：黄果树瀑布、壶口瀑布和吊水楼瀑布。

（一）贵州黄果树瀑布

黄果树瀑布位于贵州镇宁、关岭布依族苗族自治县的白水河上，是白水河上九级瀑布群中规模最大的一个，其宽达81.2米，高为66.8米，为中国第一大瀑布，素有天下奇景之称。

黄果树瀑布飞泻而下直捣犀牛潭，激起千万银箭冲天飞升，风回气转，弥漫盘旋，在阳光照射下，在半空架起夺目的虹桥。黄果树瀑布有两奇：一是瀑上瀑，即主瀑之上有一高约4.5米的小瀑布，造型极其优美；二是水帘洞，即主瀑之后钙华岩壁之内的一个瀑后溶洞，长134米，横贯瀑布两侧，并有“天窗”三处，乃世界独有。

黄果树瀑布，不仅景色瑰丽，而且在瀑布成因的地质学研究上，也具有重要的典型价值。

（二）黄河壶口瀑布

壶口瀑布位于山西省吉县西45公里处的九曲黄河中游，作为中国唯一的大河瀑布，是中国第二大瀑布。黄河巨流一路奔腾，到山西吉县与陕西宜川一带，被两岸群山挟持，约束在狭窄的石谷中，河面由300米宽骤然收缩为30余米，聚拢的河水坠入深潭，落差20多米，山鸣谷应，宛若茶壶注水，巨壶沸腾，故名壶口，且有“天下黄河一壶收”之说。由于瀑布巨大的冲刷、切蚀作用，跌水处逐渐向上游后退，每年上移2～4厘米，根据古籍记载可知，2 700多年来，跌水位置从龙门移至壶口，共上移了3 000多米，因此形成了壶口观瀑布三部曲，自上而下是：瀑布上方河面宽阔，水流缓慢，水平如镜；瀑布水流如注、潭水如沸、击浪成雾；瀑前两岸壁立，峡谷幽深，湍流而去，其景象在中国瀑布中最为雄伟。

壶口瀑布有三绝：夏季，黄河水量大增，这时由于下游水位下降，落差加大，那泥浆似的浊流飞奔深潭，激起一束束百丈水柱，像箭一样直射苍穹，刹那间，一支支水柱又化作细小的水珠四处飞溅，此即壶口一绝——“水中螺”；小螺随着水雾的升高，颜色由黄变灰，由灰变蓝，远望如烟如云，真是“收束一曲水，放出半天云”，这正是壶口第二绝——“水底冒烟”；若在上午9～11时，这迷人的“白雾”在阳光照射下还会幻化成一道七彩的“天桥”，跨越黄河两岸，构成壶口的第三绝——“七色彩桥”。

由于柯受良、朱朝晖相继在此飞越黄河，壶口瀑布更强烈地吸引了无数旅游爱好者。壶口瀑布正在向世人昭示着中华民族精神的黄河魂。

（三）镜泊湖吊水楼瀑布

镜泊湖吊水楼瀑布位于黑龙江省宁安市西南镜泊湖与其下游的牡丹江交汇之处。它是镜泊湖水从其北面的熔岩裂口漫溢而出泻入松花江所形成的。它实际上是同坠一潭的两个瀑布，高20～25米，宽42米左右，洪水时节有200余米。四季之中，以冬夏之景风韵尤殊。夏季，水势汹涌磅礴，直坠岩壁陡立、难以测量的深潭，轰声如雷，蔚为壮观。冬季，湖面结冰，水瀑凝成冰帘，银装素裹，分外妖娆。冬观冰挂是吊水楼与壶口瀑布的又一奇观。

（四）九寨沟瀑布群

九寨沟的瀑布，沿三条山沟成群分布，由诺日朗瀑布、树正瀑布和珍珠滩瀑布及无数小瀑布组成，千姿百态，妙不可言。其中最大、最为赏心悦目的是诺日朗瀑布，宽约100

米，高约30米，像一道水流的屏障，如水帘、白绢，气势壮观。其中最绚丽者为树正瀑布，宽约百米，高数十米，水花四溅，云蒸霞蔚，好似一个身披彩霞的少女。

（五）广西德天（跨国）瀑布

德天瀑布位于中越边境广西大新县硕龙乡德天村，距离县城78公里，距省会南宁市仅140多公里。横跨中国、越南两个国家，是亚洲第一、世界第二大的跨国瀑布。与越南板约瀑布相连，宽200多米，纵深60多米。它源起广西靖西县归春河，终年有水，流入越南又流回广西，经大新县德天村处遇断崖跌落而成瀑布。

瀑布上游，河水时急时缓，时分时合，迂回曲折，在参天古木间，花草掩映，百鸟低回，江水忽遇断崖，飞泻而下。站在瀑布之下，水汽蒸腾，上接云汉，其滚滚洪流，折而复聚，飞泻而下，连冲三关。涛声回荡于山间，声若巨雷，数里可闻，仰望瀑顶，群峰若浮动，巨瀑如海倾，水沫飞溅，如万斛明珠，若遇晴日，彩虹横跨瀑布，为雄奇的瀑布增添了几分娇媚。流水从80米高的与越南接壤的高浦汤岛上飞泻而下，一波三折，形成了三级瀑布，气势磅礴，蔚为壮观！瀑布宽达100米，因为落差大，发出轰隆隆的鸣响，摄人心魄，1公里之外都能听得真切。

（六）广东德庆盘龙峡瀑布群

盘龙峡瀑布群位于广东省肇庆市德庆县，是亚洲罕见、广东最大的瀑布群，周围自然形成的大小瀑布100多个，其中双龙瀑布是广东落差最大的瀑布。瀑布群由东西两边的瀑布组成，左边是90米高的腾龙瀑布，右边是60多米高连绵在一起的聆天、烟雨、盘龙瀑布，两侧近100个大小瀑布汇集在一起，整个瀑布群落差300多米，水流长达5.3千米，范围约1平方公里。其中，聆天瀑布飘逸秀美，如西施浣纱；腾龙瀑布气势雄浑，如游龙在天，飞流直下；烟雨瀑布飞花碎玉，烟雨缭绕，三帘瀑布在盘龙峡底汇成激流飞雪、狂似野马。盘龙峡瀑布群特点是数量多、水量大、瀑布大小各异，落差大，分布集中，整体感好，立体感强。

第五节　泉水价值

地下水的天然露头称为泉。泉水不仅为人类提供了理想的水源，同时构成了许多观赏景观，是重要的旅游资源。中国是世界上泉水最多的国家之一。泉点主要分布在西藏、云南及粤、闽、台地区，且以矿泉和温泉居多。

一、泉水的旅游价值

（一）观赏价值

泉水的喷涌和汇集使地方气候温润，植物茂密，有效地美化了环境。泉水的一些特殊性状，可引起游人观赏的兴趣。中国以泉为主体资源而闻名的旅游地或景点很多，如陕西华清池、太原晋祠、甘肃酒泉公园、云南大理蝴蝶泉等。

（二）医疗保健价值

这是矿泉最重要的价值体现。矿泉水中含有的多种对人体有益的矿物质或微量元素，再加上一些泉水的温度较高，能起到很强的医疗功效。温泉中的氢元素是放射性气体，其放射性能对治疗神经衰弱、心律不齐、血压高或血压低、糖尿病、内分泌紊乱等多种疾病都具有较好的疗效。此外，泉水的压力和浮力有利于肢体关节功能的恢复；较高的水温，能舒筋活血、化瘀消肿。

中国利用温泉治病的历史悠久，疗养地遍及全国。其中著名的有西安市临潼华清池温泉、鞍山市的汤岗子温泉、福州市汤坑温泉、云南安宁温泉、江苏南京市汤山温泉、湖北应城汤池温泉、广东从化温泉、黑龙江五大连池药泉等。

（三）品茗酿酒价值

矿泉水在地下经过多次过滤，水质纯净、色清味纯，口感一般较好，用来泡茶效果则更好。杭州的虎跑泉以质纯味甘著称，龙井茶以色香味俱佳闻名，用虎跑泉水泡龙井茶被誉为“西湖双绝”。而酿酒对水源的要求也特别高，纵观中国的名酒佳酿（如茅台、五粮液、莲花白、乳泉酒、惠泉酒、青岛啤酒等），多用泉水作为其水源。

二、泉水的类型

（一）冷泉

冷泉是指水温低于20℃或低于当地年平均气温的出露泉。冷泉常以水质清醇甘洌而供饮用或作为酿酒的水源。在中国的冷泉中，安徽寿县闻人喊声而涌的喊泉和无为县闻人拍手或谈笑而翻滚如同笑声的笑泉、四川广元缩水洞投石而悄然隐退的含羞泉、湖南嘉禾的珍珠泉和石门的鱼泉，以及云南大理蝴蝶泉、山东济南趵突泉等均具有特殊观赏价值。酿造青岛啤酒的崂山神水泉，酿造四川五粮液的金鱼泉等则具有特殊功效；也有用于泡茶寻味最好的全国七大名泉（镇江中冷泉、无锡惠山泉、杭州虎跑泉、上饶陆羽泉、扬州瘦西湖泉、庐山招隐泉、怀远白乳泉）。

（二）地热或温泉

地热或温泉是指水温超过20℃或超过当地年平均气温的地下热水、热气和出露泉。中国地热或温泉主要分布在闽、粤、琼、云南及西藏等省区。由于温泉水来自地壳深处，含有一定数量的特殊化学成分、有机物和气体，或具有较高水温，能影响人体生理机能，具有保健作用。温泉中以热泉和高热泉的洗疗效果最好，如鞍山市的汤岗子温泉、湖北应城汤池温泉等。此外，中国著名的温泉还有广东从化温泉、海南兴隆温泉、福建的福州温泉以及台湾的北投温泉和阳明山温泉等。

三、中国名泉

（一）泉城

1. 济南（72 泉群）

山东济南市素以泉城闻名天下，至今已有 2 000 多年的历史，是中国历史文化名城之一。济南很早就有“齐多甘泉，甲于天下”的美誉。金代曾有人立“名泉碑”，列举济南名泉 72 个。“家家泉水，户户垂杨”、“四面荷花三面柳，一城山色半城湖”，这是中国古代诗人对泉城济南绮丽风光的描述。众多清冽甘美的泉水，从城市当中涌出，汇为河流、湖泊。在泉涌密集区，呈现出“人在石上走，清泉石下流”的旖旎风光。

泉水，是济南的市魂。济南泉水，或以形、色、声、姓氏、传说、动植物、乐器、珍宝取名，或因无名而名，各具情趣。诸泉千姿百态，各具风采，它们或如沸腾的急湍，喷突翻滚；或如倾泻的瀑布，狮吼虎啸；或如串串珍珠，灿烂晶莹；或如古韵悠扬的琴瑟，铿锵有声……趵突泉、黑虎泉、珍珠泉、五龙潭四大泉群，72 名泉及其他泉水汇流而成的大明湖和满城的树绿花香，构成闻名天下的独特泉城风貌；千佛山、四门塔、灵岩寺等名胜古迹，李清照、辛弃疾等历史名人，使济南成为一座受世人瞩目的历史文化名城。

2. 福州（温泉城）

福州市是福建省省会，是有着 2 000 多年悠久历史的国家级历史文化名城。福州背山、依江、面海，气候宜人，地理环境优越，雅称榕城、温泉城，还有“江南胜地”之美誉。福州具有独特的古城风貌，市内有山，有江，三山鼎峙，闽江迂回东流。四周翠微环绕，东有鼓山，西有旗山，北有莲花，南有五虎，风景秀丽，青山如玉，共有 50 多处受国家保护的名胜古迹。福州还有得天独厚的分布广、水量大、水温高、适于疗养的优质温泉。在市内 1 公里长的温泉带上，分布有大量已开发的温泉浴资源。

（二）五大历史名泉

1. 镇江中冷泉

中冷泉又名南零水，早在唐代就已天下闻名，素有“天下第一泉”之称。之所以称其为天下第一泉，是因为该泉“水质轻，无涩味，清甜有余，赛过甘露”。唐人刘伯刍把它推举为全国宜于煎茶的七大水品之首。“锅瓶愁汲中濡（原字‘而’为三个‘口’字）水（即南零水），不见茶山九十翁。”这是南宋诗人陆游的描述。文天祥也有诗写道：“扬子江心第一泉，南金来北铸文渊。男儿斩却楼兰首，闲品《茶经》拜羽仙。”

所谓“天下第一”，不过是古代的文人墨客甚至是帝王官宦游历到泉边，觉得哪个泉好，就封它个“天下第一”，因此有考证的“天下第一泉”就有七处之多，分别是：济南的趵突泉、镇江的中冷泉、北京的玉泉、庐山的谷帘泉、峨眉山的玉液泉、安宁碧玉泉、衡山水帘洞泉。在这几个天下第一的名泉中，趵突泉、中冷泉、玉泉和谷帘泉是最为著名的。

2. 无锡惠山泉

惠山泉于唐大历十四年（公元 779 年）开凿，迄今已有 1 200 余年历史。唐人张又新在《煎茶水记》中说："水分七等，惠山泉为第二。"元代大书法家赵孟頫和清代吏部员外郎王澍分别书有"天下第二泉"，刻石于泉畔。这就是"天下第二泉"的由来。惠山泉分上、中、下三池。上池呈八角形，水色透明，甘醇可口，水质最佳；中池为方形，水质次之；下池最大，系长方形，水质又次之。历代王公贵族和文人雅士都把惠山泉视为珍品。相传唐代宰相李德裕嗜饮惠山泉水，常令地方官吏用坛封装泉水，从镇江运到长安（今陕西西安），全程数千里。此外，此泉也因二胡名曲《二泉映月》而为世人所知。

3. 杭州虎跑泉

虎跑泉位于西湖以南的虎跑山下，相传为猛虎伸爪刨（古"跑"、"刨"通）出的清泉。虎跑泉的北面是林木茂密的群山，地下是石英砂岩，岩石经风化作用，产生许多裂缝，地下水通过砂岩的过滤，慢慢从裂缝中涌出。该泉水可溶性矿物质较少，总硬度低，每升水中只有0.02毫克的盐离子，故水质极好。经古人赏鉴，水质居天下第三。虎跑泉水的表面张力很大，可以浮托起平放的硬币。更令人惊异的是，茶杯的水面可以凸出达3毫米而不溢出。虎跑泉附近是著名的龙井茶产区，游客可在此据名泉沏名茶。龙井茶、虎跑泉水被合称为茶事"双绝"。

4. 苏州虎丘泉

苏州虎丘的陆羽井，井口一丈见方，四壁镶石，俗称观音泉。唐人张又新在《煎茶水记》中将苏州虎丘寺石水（即观音泉）列为第三泉。该泉甘冽，水清味美。元人顾瑛称其是"雪雯春泉碧，苔侵石青"，也是陆羽当年烧水煮茶品茶之处。

5. 济南趵突泉

趵突泉位于济南市区中心，西门桥南约0.5公里处，与大明湖、千佛山并称济南三胜，素称"七十二泉"之首，有"天下第一泉"之誉。泉自三窟中"怒起趵突，似三柱鼎立，并势争高，不肯相下"，因之"跳跃唐突，如有激之者"，而得名趵突。池内三股清泉大如车轮，昼夜喷涌，又如白雪三堆。池水澄碧，游鱼可数。泉北有泺源堂，泉西南有建于明代的观澜亭，侧立"趵突泉"、"观澜"、"第一泉"等明清石碑。泉南为半壁水榭，泉东为来鹤桥，这些古建筑都是丹柱画梁，飞檐兽脊，溢金流彩，金碧交辉，与透绿的泉水相映成趣。

（三）其他名泉

1. 五大连池药泉

五大连池药泉位于黑龙江省德都县，是中国著名度假疗养胜地。药泉是五大连池药泉山周边几处矿泉的总称，包括南饮泉、北饮泉、翻花泉、龙眼泉和南洗泉。各泉水流如注，终年不竭。泉中含有大量一氧化碳和硫、钠、钙、镁、锰、铁等离子和锶、钡、镭、氡等微量元素，具有很高的医疗价值。南饮泉和北饮泉，为饮疗泉，水温只有2℃～8℃，其味甘辛而清凉，可治疗神经衰弱及胃、肾、肝和心血管等疾病。南洗泉和翻花泉同为浴疗泉，其中翻花泉对治疗牛皮癣等皮肤病有奇特功效。

2. 云南大理蝴蝶泉

蝴蝶泉位于大理点苍山云弄峰麓神摩山下，处于洱海大断裂的北东盘，该盘在地下水溶蚀作用下，形成了众多的落水洞和溶洞，受大气降水和地表水补给，形成了岩溶含水层。该含水层中的地下水，沿溶蚀管道流动，在与冲、洪积物接触部位，受细粒松散物阻截，溢出地表后形成蝴蝶泉。蝴蝶泉的水从岩缝沙层中浸透出来，水质特别清洌。蝴蝶泉周围，蝴蝶种类繁多，每年阳春三月到五月间，蝴蝶大的大如巴掌，小的小如蜜蜂，成串悬挂于泉边的合欢树上，五彩缤纷。尤其是旧历四月十五，更是盛况空前，不仅蝴蝶多得惊人，而且品种繁多，如凤尾蝶、大瓦灰蝶等等，应有尽有，汇成了蝴蝶的世界。这一天被白族人民定为蝴蝶会。在白族人民心中，蝴蝶泉是一个象征爱情和忠贞的泉。每年蝴蝶会，四方白族青年男女都要到这里，“丢个石头试水深”，用歌声找到自己的意中人。

3. 广西桂平乳泉

乳泉位于广西桂平市西约1公里的西山风景区内。据清《浔州府志》记述，其泉“清洌如杭州龙井，而甘美过之。时有汁喷出，白如乳，故名乳泉”。乳泉喷乳时，常伴有泉水叮咚之声，宛若琴声，故称“乳泉琴韵”。乳泉为一裂隙泉，泉水清澈透明，甘洌爽口，冬不竭，夏不溢，水位和水温常年保持一定，水深0.6～0.7米，水温为21℃～22℃。泉水中含有对人体有益的微量元素，且矿化度低，属天然优质饮水。用乳泉水泡沏西山茶，奇香扑鼻；用乳泉水酿制的乳泉酒，被誉为“广西茅台”。乳泉水水分子密度高，表面张力大。

4. 河北野三坡鱼谷泉

鱼谷泉位于河北省涞水县境内的国家级风景名胜区——野三坡，其中心区有一眼“鱼骨洞泉”，是永久性独眼巨泉，泉水从山石窟中流出，喷泉口直径约30厘米，水质极为清澈，自然流量为每秒0.3立方米以上。每年农历谷雨前后，泉口会随水喷出活蹦乱跳的鲜鱼，数量不少，每年达2 000斤，甚为可观。这种鱼如候鸟一样，年年按时流出，9月，又复归山洞越冬，成为京畿鱼泉奇观，又称河北“八大怪泉”之一。

（四）温泉

1. 西安华清池

西安以东的临潼，有骊山，因形如骊马而得名，骊山北麓是唐代华清宫遗址，是历史悠久的温泉旅游区。骊山温泉水温43℃，无色透明，略有硫化物气味，水中含钾、钠、氯、硫酸根等离子，并含一定的氡，宜于沐浴疗养。骊山温泉早在2 700多年前的周代就已被发现和开发，周幽王、秦始皇、唐玄宗先后在此修建离宫，因唐代宫名而称为“华清池”。关于华清池温泉，白居易在《长恨歌》中这样写道：“春寒赐浴华清池，温泉水滑洗凝脂。”描绘的是当年帝王、贵妃们在此寻欢作乐的生活情景，有助于今日游人了解此处温泉品位之高、开发之早。此地至今仍为温泉旅游的胜地。

2. 广东从化温泉

“从化温汤好，岭南第一泉。”广东从化温泉分布于流溪河河床及其东岸，有泉眼10余处。水温一般在60℃左右，其中以礁石泉、沙滩泉最著名。泉水中含有钙、镁、钾、钠、氧、二氧化硅等化学元素和矿物质，其中尤以富含氡为特色，对神经痛、神经衰弱、关节炎、某些皮肤病和妇科病、慢性胃炎和肠炎等消化系统疾病、脊椎炎、早期高血压等均有不同程度的疗效。

3. 海南兴隆温泉

兴隆温泉是海南岛最早开发、最具规模的温泉。早在1949年以前当地居民就利用它来洗浴。1994年正式开发利用，现有泉眼20多处，水温四季保持60℃。兴隆温泉水中可溶性二氧化硅和氟的含量较高，可称为“氟硅泉”。温泉水中还含有丰富的矿物质，对皮肤病、关节炎和神经衰弱症等有很好的治疗作用。

4. 青藏高原地热泉

青藏高原拥有丰富的地热资源，总量至少有每秒55万大卡，藏南谷地就占到每秒42.7万大卡。其中，最著名的有拉萨西北的羊八井地热田、昂仁的搭各加地热田、措美的古堆地热田、当雄的布荣地热田等。

羊八井地热田位于拉萨市西北约90公里处。热田内部地热出露形式多种多样，有热水湖、喷气孔、地热蒸汽、沸泉、热水沼泽、泉华等。热水湖面0.007 35平方公里，最大深度16米。湖面水温44℃～45℃，湖上气雾弥漫，气柱高50～60米，沸泉水温高达92℃。羊八井地热田天然热流量为每秒10.7万大卡。它的发现，证实了西藏地区有建设地热蒸汽站的广阔前景。现在，发电机组总容量已达5万千瓦。

搭各加地热喷泉位于昂仁县西部冈底斯山南麓。这是一处间歇喷泉，但活动频繁，没有固定的喷发期和间歇期。每次喷发高度为1米到10余米不等。大喷发往往继之于一系列短促的喷发和停歇之后。一声巨吼，汽水柱可喷射到20米左右的高度，柱顶汽团翻腾，直冲蓝天，景象蔚为壮观。

第六节　湿地利用

湿地是地球上具有高度多样性的独特生态系统，它与海洋、森林并列为世界三大生态系统。根据1980年11月24日至29日在意大利的卡利亚里召开的第一届《湿地公约》（《拉姆萨尔公约》）缔约国大会和以后各次会议通过的决议，湿地是这样定义的：“湿地是，不问其为天然或人工，长久或暂时性的沼泽、湿原、泥炭地或水域地带，带有或静止或流动，或为淡水，半咸或咸的水体，包括退潮时水深不超过6米的海域。”中国各类湿地分布广泛，为旅游业的发展提供了雄厚的资源。

一、湿地的旅游价值

（一）调蓄环境价值

1. 流量调节

湿地具有初级的洪水控制的功能。在多雨或河流涨水的季节，湿地能储存来自江水、径流或地下水源的过量水分。湿地调节流量和控制洪水有两种方式。首先，洪水被储存在土壤内或以表面水的形式保存于湖泊和沼泽中，这就直接减少了下游的洪水量；其次，湿地植被可减缓洪水流速，因此避免了所有洪水在同一时间到达下游。这两种方式降低了下游洪峰的水位，并使河溪一年中的水流量比没有湿地时保持更长的时间。

2. 防止盐水侵入

在地势较低的沿海地区，下层基底是可渗透的。淡水楔一般位于较深咸水层的上面，通常由沿海淡水湿地所保持。淡水楔的减弱或消失，会导致深层咸水向地表上移及土壤盐碱化，因而影响生态群落和当地居民的水供应。另外，从河流或小溪向外流出的淡水限制了海水的回灌。然而，随着过多抽取或排干周围的湿地，淡水流量减少，海水逐步回灌，因此会剥夺当地居民、工农业及生物群落的淡水供应。

3. 保护海岸线及控制侵蚀

湿地植被的自然特性可防止或减轻自然力对海岸线、河口湾和江河岸的侵蚀。其作用主要有三种：植物根系及堆积的植物体对基底的稳固作用；削弱海浪和水流的冲力；沉降沉积物。例如，红树林防浪护岸是通过消浪、缓流和促淤来实现的。有防风作用的湿地植被可使建筑物、作物和天然植被免遭强风或盐风的破坏。孟加拉国政府已认识到红树林对减轻海啸的重要性，所以开始着手制订恢复红树林的宏伟计划。

4. 滞留沉积物，排除养分及有毒物

某些湿地特别是沼泽地和洪泛平原的自然属性，如植被、大小、水深等，有助于减缓水流的速度，利于沉积物的沉降。这种沉降与有毒物质及养分的排除密切相关，因为这些物质常常附着在沉积物颗粒上。滞留沉积物有净化水质的作用，有益于社区及其下游地区保持良好的水质，防止具有防洪和运输作用的水道变浅；滞留沉积物还有造陆的作用，通过恢复养分和土壤质量，使这些湿地内的农业受益。营养物随沉积物沉降之后，通过湿地植物吸收，经化学和生物学过程转换而被储存起来。许多湿地在转移和排除营养物方面要比陆地生境的效率高。例如，由于沼泽能有效地排除水流中的营养物，所以很多天然湿地被用来处理废水。

5. 影响小气候

湿地的水分蒸发和植被叶面的水分蒸腾作用可保持当地的湿度和降雨量。在有森林的湿地中，大量的降雨通过树木被蒸发和转移，返回大气中，然后又以雨的形式降到周围的地区。例如，附近沼泽产生的晨雾可减少土壤水分的流失。

6. 固定碳，保护全球生态系统

湿地由于其特殊的生态特性，在植物生长、促淤造陆等生态过程中积累了大量的无机碳和有机碳。由于湿地环境中，微生物活动弱，土壤吸收和释放二氧化碳十分缓慢，形成了富含有机质的湿地土壤和泥炭层，起到了固定碳的作用。科学家研究显示，湿地固定了陆地生物圈35%的碳素，总量为770亿吨，是温带森林的5倍；单位面积的红树林沼泽湿地固定的碳是热带雨林的10倍。

（二）观鸟旅游价值

湿地是生物多样性极为丰富的生态系统，生长、栖息着众多动物和微生物，其中有许多是珍稀特有的物种，是生物多样性丰富的重要地区和濒危鸟类、迁徙候鸟以及其他野生动物的栖息繁殖地。中国是湿地生物多样性最丰富的国家之一，亚洲有57种处于濒危状态的鸟，在中国湿地发现31种；全世界有鹤类15种，中国湿地鹤类占9种。在湿地，不仅鸟的数量多，而且分布集中，很多湿地被誉为珍禽王国、候鸟天堂。这些湿地有许多都被开辟为旅游目的地，成为开展观鸟生态旅游的重要场所。例如，黑龙江省扎龙自然保护区建有标本馆、观鹤楼等设施，每年都有大批旅游者前往。青海湖鸟岛是候鸟迁徙的中转站，约有189种30万只鸟在这里生存繁衍，其中繁殖鸟类最大的种群有棕头鸥、鱼鸥、斑头雁和鸬鹚。该地还是鸟类迁徙的重要通道，每年春秋两季，大量的水禽都来此栖息和停歇，它既是我国重要的鸟类保护区，也是重要的观鸟旅游场所。

（三）自然景观观光价值

湿地生态系统有丰富的自然风光，正在逐步成为人们观光旅游、休闲娱乐的好地方。例如，中国黄河三角洲国家级自然保护区内有东部平原面积最大的刺槐林景观，罕见的天然实生柳林景观，大面积连片分布的柽柳林景观和芦苇荡景观，有很强的视觉冲击力，具有极高的旅游观赏价值。另外，许多湿地结合有开阔的水体，如中国著名五大淡水湖之一的洞庭湖，自古就有“八百里洞庭”之说，是与水体结合在一起的湿地景观。其随水位变化有明显差异，夏季可供观水量增大，秋冬季节洲滩密布，岔流众多，是典型的内陆湖泊湿地风光。

二、湿地的类型

（一）《湿地公约》湿地分类系统

《拉姆萨尔公约》中的“湿地类型分类系统”是第四届缔约方大会（瑞士蒙特勒，1990）作出的建议，是要求成员国和执行局统计全球各种类型湿地的数量和面积时使用的分类系统。具体分类见表3－3。

表3－3　湿地分类系统

湿地系	湿地类	湿地型	湿地体
海岸湿地	海域	潮下	1. 浅海水域：低潮时水深不足6米的永久性无植物生长 2. 海草床：潮下水生植被层 3. 珊瑚礁
		潮间	1. 岩石海滩 2. 碎石或沙滩 3. 光板滩涂：潮间无植被的泥沙和盐碱滩 4. 咸水滩涂：潮间有植被的滩涂，包括大陆架上的红树林
	河口	潮下	河口水域：河口永久性水域和三角洲河口系统
		潮间	1. 潮间带海涂：具有稀疏植物的潮间泥、沙或盐碱滩 2. 潮间带沼泽：包括盐碱草甸、潮汐半盐水沼泽和淡水沼泽 3. 潮间森林：包括红树林、聂帕榈和潮汐淡水沼泽林
	泻湖		半咸至咸水湖，有一个或多个狭窄水道与海相通
	盐湖	内陆排水区	永久性和季节性的盐水或碱水湖滩沼泽

（续上表）

湿地系	湿地类	湿地型	湿地体
内陆湿地	河流	永久性的	1. 河流：永久性的河流和溪流，包括瀑布 2. 内陆三角洲
		暂时性的	1. 季节性河流：季节性与间歇性流动的河流和溪流 2. 河流洪泛平原
	湖泊	永久性的	1. 永久性淡水湖：面积 0.08 平方公里以上 2. 永久性淡水池塘：面积 0.08 平方公里以下
		季节性的	季节性淡水湖：面积 0.08 平方公里以上，包括洪泛平原湖
	沼泽	非林地的	1. 潜育沼泽：无机土壤上的永久性淡水沼泽 2. 泥炭沼泽：永久性的泥炭沼泽 3. 沼泽化草甸：无机土壤上的季节性淡水沼泽 4. 泥炭藓沼泽：包括灌木或苔藓和富营养泥炭地 5. 高原沼泽：高山和极地湿地 6. 淡水泉沼泽：周围有植物的淡水泉和绿洲 7. 地热湿地
		有林的	1. 灌木沼泽：以灌木为主的淡水沼泽 2. 淡水森林沼泽：季节洪泛林地 3. 有林泥炭地：森林泥炭沼泽
人工湿地	养殖		养殖池塘：包括鱼塘和虾塘
	农业		1. 池塘：包括农用池塘、蓄水池、小型水池 2. 灌溉田和灌溉渠道：包括稻田、水渠、沟渠 3. 季节性洪泛耕地
	采盐		盐池，蒸发池
	蓄水区		1. 弃采地蓄水区：包括采石坑、取土坑、采矿池 2. 废水处理区：包括污水处理场、沉淀池、氧化塘
	城市和工业水源地		1. 水库 2. 水电坝

（二）中国湿地的主要类型及分布

1. 沼泽湿地

中国的沼泽以东北三江平原、大兴安岭、小兴安岭、长白山地、四川若尔盖和青藏高原为多，各地河漫滩、湖滨、海滨一带也有沼泽发育，山区多木本沼泽，平原为草本沼泽。

2. 湖泊湿地

主要分布于长江及淮河中下游、黄河及海河下游和大运河沿岸的东部平原地区湖泊，蒙新高原地区湖泊、云贵高原地区湖泊、青藏高原地区湖泊、东北平原地区与山区湖泊。

3. 河流湿地

因受地形、气候影响，河流在地域上的分布很不均匀，绝大多数河流分布在东部气候湿润多雨的季风区，西北内陆气候干旱少雨，河流较少，并有大面积的无流区。

4. 近海与海岸湿地

中国近海与海岸湿地主要分布于沿海的12个省（直辖市、自治区）。近海与海岸湿地以杭州湾为界，杭州湾以北除山东半岛、辽东半岛的部分地区为岩石性海滩外，多为沙质和淤泥质海滩，由环渤海滨海和江苏滨海湿地组成；杭州湾以南以岩石性海滩为主，主要河口及海湾有钱塘江—杭州湾、晋江口—泉州湾、珠江口—河口湾和北部湾等。

5. 人工湿地

主要分布于中国水利资源比较丰富的东北地区、长江中上游地区、黄河中上游地区以及广东等。中国的稻田广布亚热带与热带地区，淮河以南广大地区的稻田约占全国稻田总面积的90%。近年来北方稻区不断发展，稻田面积有所扩大。全国现有大中型水库2 903座，蓄水总量1 805亿立方米。另外，人工湿地还包括渠道、塘堰、精养鱼池等。

三、中国著名湿地

（一）扎龙国家级自然保护区

扎龙国家级自然保护区位于黑龙江省齐齐哈尔市境内，属北温带大陆性季风气候，是同纬度地区景观最原始、物种最丰富的湿地自然综合体。1979年建立省级自然保护区，1987年晋升为国家级，1992年被列入《世界重要湿地名录》，主要保护对象是丹顶鹤和其他野生珍禽及湿地生态系统，被誉为鸟和水禽的“天然乐园”。总面积2 100平方公里。扎龙是中国著名的珍贵水禽自然保护区，嫩江支流乌裕尔河到此失去河道，漫溢成大片湖泊、沼泽和草甸，苇丛茂密、鱼虾众多，是水禽理想的栖息地。湿地内水路纵横，芦苇蔽日，为两栖类动物、鱼类、昆虫和各种禽鸟提供了庇护场所，是中国丹顶鹤最大的繁育基地。

（二）广东珠海淇澳岛的红树林海岸地带

珠海淇澳岛位于珠江口内西侧，岛上风景优美，素有“淇澳八景”：赤岭观日、鹿岭朝霞、松涧流泉、金星波涛、鸡山返照、岬洲烟雨、婆湾晚渡、蟹珠夜月。岛上有着面积约为0.3平方公里的红树林，是珠海市森林覆盖率最高的地方之一，有“绿之岛”的美誉。珠海的红树林主要分布于淇澳岛、横琴岛和红旗西堤、磨刀门和鸡啼门水道出海口附近堤岸，其中，位于淇澳岛西北部大围湾滩涂的面积最大，是该市目前保存最完整、最集中的连片林区，也是珠江三角洲不可多得的一片红树林湿地，同时还是全国少有的紧靠大城市的红树林区之一。红树林是鸟类的栖息场所，这里更是观鸟的好地方。据了解，这里保守估计有6万个鸟巢，每年有超过10万只候鸟来此越冬，是中国三大候鸟迁徙路径之一，每年候鸟迁徙之时，吸引了大量旅游者和鸟类爱好者前往观看，成了珠海的特色旅游景观。

此外，中国许多河流的滩涂、湖沼亦普遍分布有各类湿地，例如广东番禺新垦湿地公园。这些湿地往往海产丰富，每年冬季均有大量的候鸟在此停留，因而成为了很好的观鸟旅游场所。

（三）汕尾湿地

汕尾湿地，位于汕尾市海丰县沿海地带，由同属黄江流域的公平区、大湖区和东关联安围区组成鸟类省级自然保护区，面积为11 590.5公顷。2008年湿地被联合国正式批准为国际重要湿地。特殊的区位情况，使得它同时拥有滨海湿地和库塘湿地特征。这两类湿地在我国自然保护区网络中占有重要地位，这也使得保护区鸟类具有多样性。另外，与传统意义上的保护区不同，海丰鸟类省级自然保护区是一个没有红线的保护区。在保护区里，还驻扎着不少村落，村民在这里耕作养殖，在候鸟时期，未收获的养殖塘为候鸟提供了很好的觅食环境。中国鸟类学会副理事长、华南濒危动物研究所高育仁教授生前这样形容说："一进入海丰境内，就能见到白鹭横越公路飞翔，牛背鹭跟着水牛在田里活动，到处是鸟语花香。"

（四）广州南沙湿地

广州南沙湿地位于珠江三角洲，地处广州最南端珠江四大口门（虎门、蕉门、洪奇门和横门）出海口交汇处，是广州市面积最大的湿地，也是候鸟的重要迁徙路线之一。由于位于珠江四大口门交汇处，处于咸淡水混合状态，因而湿地主要选种适应这种咸淡水环境的红树和能净化海水的芦苇。同时，为了增加湿地植物的观赏性，湿地还选种了一些颜色上有对比性的树种，例如红色树叶的红乌桕，黄色树叶的千层金，黄色花瓣的美国槐、黄槿等。由于南沙湿地在开发建设和日常维护中比较注重红树林建设和优化水质，特别是在一期湿地范围内划出三分之一的区域将其设置为浅滩专供候鸟觅食，因而吸引了数以十万计的候鸟来湿地栖息过冬。根据华南濒危动物研究所的统计，来南沙湿地过冬的候鸟数量占广州市候鸟总数的50%以上，其中还包括许多珍贵的鸟类品种。这里野鸭成群、苍鹭伫立，共同构成广州南沙、香港米埔、深圳福田的珠江口湿地水鸟迁徙繁殖区域，被誉为珠江三角洲的"候鸟天堂"，每年数以万计的候鸟和留鸟资源构成南沙湿地景区的旅游核心吸引力。

（五）杭州西溪湿地

杭州西溪国家湿地公园为湿地生态公园，被誉为"杭州之肺"，距西湖5公里，是罕见的城中次生湿地，占地面积约10.08平方公里，开放区域3.46平方公里。这里生态资源丰富、自然景观质朴、文化积淀深厚，曾与西湖、西泠并称杭州"三西"，是目前国内第一个也是唯一的集城市湿地、农耕湿地、文化湿地于一体的国家湿地公园。西溪之胜在于水。水是西溪的灵魂，园区约70%的面积为河港、池塘、湖漾、沼泽等，正所谓"一曲溪流一曲烟"，整个园区六条河流纵横交汇，其间分布着众多的港汊和鱼鳞状鱼塘，形成了西溪独特的湿地景致。为加强生态保护，在湿地内设置了费家塘、虾龙滩、朝天暮漾三大生态保护区和生态恢复区。入口处设湿地科普展示馆，园区内有三个生物修复池和一块湿地生态观赏区。西溪还是鸟的天堂，园区设有多处观鸟亭，为游客呈现群鸟欢飞的景观。2009年11月3日，浙江杭州西溪国家湿地公园被列入《世界重要湿地名录》。

（六）中国十大魅力湿地名单

2013年5月10日，中央电视台大型公益活动"美丽中国·湿地行"正式启动，主题为"湿地，生命因你而美丽"。活动旨在展现我国在湿地保护领域所取得的成就，探索湿地保护的经验，从而唤起公众珍爱湿地、守护湿地的意识，推动我国湿地保护事业的发展。活动期间，中央电视台中文国际频道制作播出了50集大型系列片《走遍中国·湿地行》，通过网络投票等方式评选出了中国"十大魅力湿地"。具体名单见表3－4。

表3－4　中国十大魅力湿地名单

名称	植被类型	动物类型	活动类型	美誉
山口（广西北海）红树林国家级自然保护区	红树林：红海榄、木榄群	沙蟹、招潮蟹、儒艮（美人鱼）、中华白海豚	禁渔禁猎、种植红树	美人鱼故乡、北部湾上的绿色银行
扎龙国家级自然保护区（黑龙江齐齐哈尔）	沼泽和草甸，苇丛	丹顶鹤	丹顶鹤野化繁殖	中国最大的丹顶鹤繁育基地、丹顶鹤的乐园
辽宁双台河口国家级自然保护区	碱蓬草、芦苇	黑嘴鸥、黑脸琵鹭、斑海豹	石油开采与湿地保护和谐相处	世界第一大苇田、红地毯
新疆巴音布鲁克国家级自然保护区	草原	天鹅	新疆最重要的畜牧业基地之一	天鹅故乡
杭州西溪湿地公园	水生植物、乔木	白尾海雕、白头翁、喜鹊、黑水鸡、绿头鸭	目前国内第一个也是唯一的集城市湿地、农耕湿地、文化湿地于一体的国家湿地公园	具有"杭州之肺"和"副西湖"美誉
宁夏石嘴山沙湖自然保护区	芦苇	娃娃鱼	"沙、水、苇、鸟、山、荷"六大景源有机结合	水绕沙丘天下绝
云南（红河）哈尼梯田国家湿地公园	水稻、玉米	稻田养鱼	农业文化景观、人工湿地	"在中国仅有，在世界罕见"的农业文化景观
闽江河口（福建福州）湿地国家级自然保护区	红树林、滨海盐沼、滨海沙生植被	"吉祥三宝"：黑嘴端凤头燕鸥、勺嘴鹬、黑脸琵鹭	湿地保护、水产养殖	神鸟天堂
山东微山湖国家湿地公园	芦苇、荷花	四鼻鲤鱼	捕鱼、退渔还湖转行运输业	中国北方水乡、中国北方最大的淡水湖
澳门湿地	莲花（莲花宝地—龙环葡韵）、凤尾藓、红树林	黑脸琵鹭、树蛙、蜻蜓、斗鱼、七间鲤、五线无须鲃	湿地保护	莲花宝地—龙环葡韵

表 3-5 国家4A、5A级湿地景区名单

景区等级	省份	景区名称	进入年份
5A	新疆	天山天池风景名胜区	2007
	宁夏	石嘴山市沙湖旅游景区	2007
	浙江	杭州西溪湿地旅游区	2012
	江苏	溱湖国家湿地公园	2012
	江苏	沙家浜国家湿地公园	2013
	江苏	天目湖景区	2013
	安徽	八里河景区	2013
	云南	普达措国家公园	2012
4A	湖南	洋湖湿地公园	2013
	湖南	张家界宝峰湖风景区	2003
	北京	雁栖湖旅游风景区	2002
	黑龙江	扎龙国家级自然保护区	2002
	黑龙江	镜泊湖旅游风景区	2002
	内蒙古	包头市南海湿地景区	2008
	吉林	松花湖风景名胜区	
	浙江	下渚湖国家湿地公园	
	浙江	淳安县千岛湖风景区	
	浙江	湖州太湖旅游度假区	2004
	贵州	红枫湖风景名胜区	
	安徽	六安市万佛湖风景区	2006
	山东	微山湖国家湿地公园	2011
	山东	黄河口湿地生态旅游区	
	山东	寿光林海生态博览园	
	江苏	盐城大纵湖旅游度假区	
	江苏	虞山—尚湖风景区	
	广西	桂林市两江四湖景区	2005
	广东	惠州西湖风景名胜区	

第七节 滨海景观

地球上70.9%的面积为海洋，海洋的中心部位为洋，边缘部分为海。海洋相连所形成波澜壮阔的海面及其海风、潮汐、海市蜃楼、海洋生物变幻等自然现象，具有使人们开阔胸怀、激发情感、强身健体等特殊功能，也是开展多种科学考察活动和观光游览的广阔天地。这里所说的滨海景观是指由海滩和与其相连的海域所构成的具有观光、体育健身和休憩疗养功能的复合景观海域。

在现代旅游业中，海滨的阳光（SUN）、海水（SEA）和沙滩（SAND）景观被称为

"三S"景观，并已经成为最受人们欢迎的旅游资源。很多拥有"三S"景观的国家，都成了世界旅游大国，像地中海沿岸的西班牙和意大利等。中国沿海各省市基本上都具备"三S"海洋旅游要素，同时中国跨纬度广，因此海滨旅游资源跨热带、亚热带和温带三个气候带，加上不同的海岸地貌，使海滨旅游资源呈现出多姿多彩、类别丰富的特点。

目前，中国由北往南，已经形成了数以百计的海滨旅游度假胜地，其中不乏久负盛名的风景名胜区。中国海滨旅游最大的潜力在海南，因为这里不仅沙细滩平，基本没有污染，还有突兀于海中的岩石可供观赏，更主要的是气候良好，一年四季都适宜进行海水浴。亚龙湾、大东海、石梅湾、月亮湾、棋子湾等，都有条件发展为世界级观光度假区。其他已对外开放的著名海滨旅游胜地主要有辽宁大连金石滩，河北北戴河、昌黎，山东青岛，浙江普陀山，福建厦门，广东汕头，以及台湾的台北和台南等地。

亚龙湾国家旅游度假区是中国著名的滨海旅游胜地。亚龙湾地处海南岛三亚市城东处的南海之滨，拥有世界上最美丽的海滩和海水，月牙形的海湾及四季如春的气温使它在中国的12个国家级旅游度假区中拥有无与伦比的地位，并被誉为"不是夏威夷，胜似夏威夷"。1992年10月，国务院批准建立亚龙湾国家旅游度假区，总面积为18.6平方公里，是一个拥有滨海浴场、豪华别墅、会议中心、高星级宾馆、度假村、海底观光世界、海上运动中心、高尔夫球场和游艇俱乐部等的国际一流水准的旅游度假区。亚龙湾气候宜人，冬可避寒、夏可消暑，自然风光优美，青山连绵起伏，海湾波平浪静，湛蓝的海水清澈如镜，柔软的沙滩洁白如银。亚龙湾属典型的热带海洋性气候，全年平均气温25.5℃，绵软细腻的沙滩绵延伸展，海滩长度约是美国夏威夷的3倍。海水能见度高，海底珊瑚礁保存十分完好，生活着众多形态各异，色彩缤纷的热带鱼种，属国家级珊瑚礁重点保护区。海湾面积66平方公里，可同时容纳10万人嬉水畅游，数千只游艇游弋追逐，可以说这里不仅是滨海浴场而且也是难得的潜水胜地。

【本章小结】

1. 水体旅游资源是指凡能吸引旅游者进行观光游览、体验、参与的各种水体及水文现象的旅游资源。水资源形态多样，对岩溶地貌、海岸地貌等多种地貌及自然界的资源都有着重要的作用。水体的旅游功能有观赏功能、疗养功能、品茗功能以及娱乐功能。

2. 河流的旅游价值主要在于观光和漂流，不同的河流区段有着不同的旅游利用价值。中国著名的旅游河川包括长江、黄河、漓江、九曲溪、三江并流、海南万泉河及其漂流、格凸河古河道遗址、本溪水洞以及连州地下河，它们具有重要的旅游价值。

3. 中国的湖泊主要分布在东部平原、青藏高原以及蒙新地区。湖库从成因上可以分为：构造湖、火山口湖、堰塞湖、冰川湖、喀斯特湖、河迹湖、海迹湖、风蚀湖和人工湖；从湖泊的性状上可以分为：观光游憩河段、沼泽和湿地以及潭池。中国可作为旅游资源开发的湖泊丰富，以镜泊湖、大理洱海、杭州西湖、太湖、新疆喀纳斯湖等为代表。

4. 瀑布通常由水流、陡坎和深潭三个要素构成，具有重要的观赏价值，主要体现在三方面：瀑布自身所具有的动态、形、声、色景观特色，瀑布与周围自然景观的完美组合以及特有的文化内涵。瀑布可以按水流量的洪枯多寡、跌水次数、分布特点以及产生的环境条件差异等标准进行类型的划分，其中常用的以及重要的是最后一种分类，在此标准下可以将瀑布分为江河干支流型瀑布/地下飞瀑和山岳型瀑布。中国瀑布资源较多，最为著名的三大瀑布是贵州黄果树瀑布、黄河壶口瀑布和镜泊湖吊水楼瀑布。

5. 泉水具有可观赏价值、医疗保健价值和品茗酿酒的价值。泉水的类型可以划分为冷泉和地热或温泉。中国著名的泉城有济南和福州，而五大历史名泉则为镇江中冷泉、无锡惠山泉、杭州虎跑泉、苏州虎丘泉和济南趵突泉。其他名泉中又有五大连池药泉、云南大理蝴蝶泉等。此外，中国的温泉资源也较为丰富，最具代表性的有西安华清池、广东从化温泉、海南兴隆温泉和青藏高原地热泉。

6.《湿地公约》中将湿地定义为“不问其为天然或人工，长久或暂时性的沼泽、湿原、泥炭地或水域地带，带有或静止或流动，或为淡水，半咸或咸的水体，包括退潮时水深不超过6米的海域”。主要类型有海岸湿地、内陆湿地和人工湿地。湿地有着多种作用，其中调蓄环境和观鸟的旅游价值最为突出，为旅游活动的开展提供了重要的资源。

7. 滨海景观是指有海滩和与其相连的海域所构成的具有观光、体育健身和休憩疗养功能的复合景观海域。

【关键词】

水体旅游资源　江河　湖泊　瀑布　泉水　湿地

【思考与练习】

1. 水体的旅游价值有哪些？
2. 江河旅游价值主要体现在哪里？中国江河代表景观有哪些？
3. 湖泊旅游资源的分类方法主要有哪些？有哪几种类型？
4. 湖泊旅游资源与旅游有何关系？中国有哪些名湖？
5. 瀑布的旅游价值体现在哪里？有哪几种类型？中国有哪些名瀑？
6. 泉水旅游资源与旅游有何关系？有哪几种类型？中国名泉有哪些？
7. 湿地有哪几种类型？其旅游价值体现在何处？

第四章　天象资源

【本章要点】

1. 大气景观的成因以及基本类型。
2. 天象景观的概念、类型及其特点。
3. 气候景观的类型、特点；中国气候特点、气候旅游资源分布。
4. 气象气候优越的主要旅游城市：哈尔滨、昆明、吉林、三亚、漠河。
5. 中国著名的避暑胜地：庐山、莫干山、鸡公山、北戴河。

第一节　大气景观

一、大气景观的成因

地球圈气象与气候的变化对大气景观的形成起着重要的作用。变化多样的气象气候导致了大气旅游资源的灵活多变，从而形成了丰富多彩的大气景观，例如，对流层大气中的水，在不同的环境条件下所发生的三态变化，以及因大气密度不同而产生光线折射的幻影，从而丰富了景观的内容和色彩的变化，形成了绮丽多彩的大气景观。大气旅游资源不仅构成了很多常见的自然景色，而且在特殊的条件下可形成罕见的自然奇观，如佛光、海市蜃楼等。

二、基本类型

（一）雨景

雨景是我们旅游途中最常见到的一种大气景观，文人墨客对雨景的描述不计其数，雨景也成为人们一种重要的审美对象。雨景在中国不同的地方、不同的季节，给人的感觉是不同的。中国以优美雨景吸引游客的胜地很多，如烟雨江南、夜雨巴山、细雨桂林等都是通过雨来烘托景色，雨景交融，成为一道亮丽的风景线。

（二）云雾景

云雾的积聚和流动，可以形成变化多姿的云雾景观，描写云雾景的文章和诗赋很多，如“山无云则不秀”强调了云雾对构景的重要意义。中国著名的云雾景观有黄山云海、西湖十景之一的“双峰插云”、峨眉山十景之一的“罗峰晴云”、蓬莱十景之一的“狮洞烟云”和太白山八景之一的“平安云海”等。另外，庐山的瀑布云、大理点苍山的玉带云和望夫云也很有名。

（三）云霞景

霞是日出日落时阳光投过云层，由于散射的作用，使天空的云层呈现黄、橙、红等色彩的自然现象。霞光就是阳光透过云雾射出的色彩缤纷的光芒。霞和霞光多出现在日出和日落时，常与山地水汽、云雾等相伴随，主要有朝霞、晚霞、彩云、雾霞等。中国著名的霞景有浙江东钱湖十景之一的“霞屿镇岚”、江西彭泽八景之一的“观客流霞”、鸡公山十景之一的“晚霞夕照”等。另外，夏日的雨后，浓云消散，当斜阳重现，会在阳光照射的对面出现彩虹。有些虹带的外圈，还会出现与其排列相反的彩带，即霓（也称副虹）。霓的成因与虹相似，是阳光多反射了一次所造成的。在特殊的情况下，还可以出现四条、五条并存的神奇现象。

（四）冰雪景

雪是中纬度地区的冬季和高纬度地区常出现的一种特殊的天气降水现象，和其他自然景观相映衬，如高山、森林、草原等，形成奇异的冰雪风光。雪是具有特殊色彩美的气象景观，在特定环境中对旅游者产生很强的吸引力。中国著名的雪景有东北的林海雪原、燕京八景之一的“西山晴雪”、嵩山八景之一的“少室晴雪”、九华山十景之一的“平冈积雪”、西湖十景之一的“断桥残雪”、台湾八景之一的“玉山积雪”以及关中八景之一的“太白积雪”等。

（五）雾凇、雨凇景

雾凇又名树挂，是一种白色的固体凝结物，由过冷的雾滴附着于地面物体上迅速冻结而成，经常出现在有雾、风小的严寒天气。雾凇中雾滴与雾滴之间的空隙很多，使得雾凇呈完全不透明的白色。有的似腊梅，有的似水仙，有的似菊花，千姿百态。每年 1 月到 2 月的 60 余天里，中国吉林市的滨江两岸，由于气温低，多偏南风，空气湿度大，常常在行道树枝上结成洁白的雾凇，因此被誉为著名的“吉林树挂”。

雨凇与雾凇类型比较相似。它通常形成在树枝、电线上，并总是在物体的迎风面上增长，且在受风面大的物体上凝聚最多。它多半是温度在 0℃ ~6℃时，由于冷却雨接触物体表面而形成。中国出现雨凇日数最多的地方是峨眉山，一年平均有 135 天，最多时达 167 天。庐山的雨凇也很奇特，与云海、日出、夕阳、宝光、蜃景合称“天象六景”。

（六）风景

风是空气相对于地面的运动，是气象变化的主要因素。这种景只能感受而不能观赏，大多是衬托其他风景的。古时有不少景观的命名是表现风之美的，如碣石山十景之一的“石洞秋风”、峨眉山十景之一的“白水秋风”以及大理四绝之一的“下关风”。

（七）佛光

佛光是某些山岳中一种特有的自然现象。中国的庐山、峨眉山、泰山、黄山以及华山都出现过佛光，其中峨眉山的金顶佛光最为著名，是峨眉山的十景之一。当浓雾弥漫时，在日光灿烂的早上或傍晚，游客站在曙光台，在与太阳相反的云幕上会出现自己的身影，外绕以巨大的彩色光环，这就是金顶佛光，也称宝光。佛光实际上是太阳通过空气中悬浮的无数水滴发生衍射的结果，由于各山岳的具体环境条件不同，佛光出现的次数和美丽程度也不同，因为峨眉山的云雾较多，空气的湿度大，而且风速小，所以佛光也最美妙精彩。

（八）蜃景

蜃景分为两种，即海市蜃楼和沙漠蜃景，是大气中由于光线的折射和反射作用而形成的一种自然现象。远处建筑物将太阳光反射出来，通过折射率不同的空气层时就会发生折射或全反射，这时就可以看见空中或地面以上有远处物体的影像，这种现象多在夏季的沿海或沙漠一带出现。但在沿海和沙漠看到的景象却不同：在海上看到的是景物的正像，叫“上现蜃景”；在沙漠看到的则是远方景物的倒像，叫“下现蜃景”。中国山东的蓬莱仙阁是著名的观赏海市蜃楼的地方，一年当中出现海市蜃楼的奇观可有 20 多次。中国新疆地区的戈壁滩亦可经常见到沙漠蜃景。

（九）极光景

极光是指高纬度地区高空出现的一种辉煌瑰丽的彩色发光现象，一般呈带状、弧形、幕状或放射状，明亮时多为黄绿色，微弱时一般是白色，有时带红、蓝、灰紫色，或兼而有之。它是由太阳发出的高速带电粒子使高层空气分子或原子激发而致的发光现象。中国黑龙江的漠河地区、新疆阿勒泰地区每年都能看到极光。

第二节　天象奇观

一、天象奇观的成因

在某些特殊的条件下，可以看到一些奇特的自然景观，如日月食、日月并升、极昼极夜等现象。这些现象，是由于地球作为太阳系的一个星球，在太阳系内与太阳、月球等天体做相对运动而产生的，并且还有一定的规律性，人们借助一定的手段可以预测得到。

二、基本类型

（一）极昼极夜景观

这类景观是地球环绕太阳公转而产生的一种自然现象，极昼是指高纬度（极地）地区夏季特有的持续24小时的白昼现象。太阳整日沿地平线环行，中午升到南方，离地平线稍高；午夜落到北方，接近地平线又冉冉升起，夕阳与朝晖紧紧相连，太阳终日不落。冬季与此相反，太阳终日不出，长夜漫漫，谓之“极夜”，也称“永夜”。在南北两极，每年各有半年的极昼和极夜。

近年来中国各地的游客，在每年的夏至前后纷纷前往“中国的北极村”——黑龙江省漠河游览，都抱着去看极昼的目的，实际上并不能看到这种完全没有黑夜的景象。由于漠河地处的纬度已略偏南，这里的“白夜”已不太“完整”，但仍能吸引众多的游客。

（二）日月并升景观

日月并升，又叫“日月合璧”、“日月合朔”，历来为海内外游人所神往。中国可观赏到日月并升景观的最佳地点是在杭州湾北岸的浙江省海盐县南北湖畔的云岫山鹰巢顶。此外能观赏到这一景观的地点大致集中在浙北和苏南太湖东侧，如浙江省平湖市乍浦镇九龙山的临海山顶、杭州市的葛岭初阳台、苏州洞庭西山山顶、苏州西部天平山顶莲花洞等。

从这几年奇景出现的过程中，人们注意到，时间最短时只有5分钟，最长31分钟，一般是15分钟。每次出现的景象也不相同：有时是日月重叠同时升起于江海之上，但太阳直径略大于月亮，太阳外圈显露一红色光环；有时月影先在日轮中跃动，不久月影消失，或月影跳出日轮，在太阳四周跃动；有时月亮先出，太阳随后升起，托住月影一起跃动；有时太阳先出，不久月亮出现，围绕太阳蹦来蹦去，上下左右晃动。

有人分析，所谓的日月并升，很可能是太阳光线折射造成的假象。江海上空天气变化较剧烈，冷暖气流垂直移动频繁，在大气底部各层中传播，便会产生异常的折射现象。这时地平线上的太阳，可能会呈现出各种扭曲的怪状，如帽子状、三角状、不规则的圆柱状等。有时会上下闪动，有时会出现复合形象，仿佛好几个太阳闪烁跳动。这种现象在气象学中被称为“地面闪烁”。西欧北海沿岸一带经常能看到这种现象。

（三）日月食景观

日食和月食都是一种自然现象，是由于太阳、地球和月亮的运动而形成的。地球不停地绕太阳转，月亮又不停地绕地球转；地球和月亮本身不发光，当太阳光照在它们上面时，在它们背向太阳的一面，会拖着一条叫做影锥的圆锥形黑影。当月亮运行到太阳和地球之间，如果太阳、月亮和地球正好处于或接近一条直线时，在地球上被月亮影锥扫过的地区，会看到月亮挡住了太阳的部分或全部，就形成了日食。当月亮转到太阳的对面，地球正好位于太阳和月亮之间，如果三者也正好或几乎成一条直线，月亮就被地球影锥所遮住，使部分月面或整个月面照不到太阳光而形成月食。

日食发生在朔（农历初一），月食发生在望（农历十五或十六）。然而，事实上并不是每个月的朔和望都会发生日食和月食。这是因为，月亮绕地球运行轨道平面和地球绕太阳运行轨道平面，有一个平均5.09°的倾角。因此，在大多数的朔日里，月亮虽然运行到太阳和地球之间，但月影扫不到地球，就不会产生日食。同理，在大多数的望日里，也不会发生月食。只有当朔、望日出现在地球和月亮两个轨道交点附近时，才会发生日食和月食。太阳、月亮、地球三者相互的距离随时在变化，所以产生的日食有全食、偏食和环食三种，而月食只有全食和偏食两种。

（四）流星雨与陨石景观

在各种流星现象中，最美丽、最壮观的要属流星雨。流星雨以辐射点所在的星座命名，如仙女座流星雨、狮子座流星雨等。历史上出现过许多次著名的流星雨：天琴座流星雨、宝瓶座流星雨、狮子座流星雨、仙女座流星雨等。中国在公元前687年就记录到天琴座流星雨，“夜中星陨如雨”，这是世界上最早的关于流星雨的记载。

流星雨的出现是有规律的，它们往往在每年大致相同的日子里重复出现，因此它们又被称为“周期流星”。由于在行星际空间有许多流星体组成的“流星群”，当地球与流星群相遇时，就会有大量的流星进入地球大气层，形成壮观的流星雨。流星群可能是彗星物质扩散到轨道上形成的，就像比拉彗星碎裂后形成了仙女座流星雨一样。

另外一种稀有天象景观是陨石，根据陨石本身所含的化学成分的不同，大致可分为三种类型：铁陨石，也叫陨铁，它的主要成分是铁和镍；石铁陨石，也叫陨铁石，这类陨石较少，其中铁、镍与硅酸盐大致各占一半；石陨石，也叫陨石，主要成分是硅酸盐，这种陨石的数目最多。

陨石包含着丰富的太阳系天体形成演化的信息，由地球上已知的化学元素组成，在一些陨石中找到了水和多种有机物。这成为“地球上的生命是陨石将生命的种子传播到地球的”这一生命起源假说的一个依据。通过对陨石中各种元素的同位素含量测定，可以推算出陨石的年龄，从而推算太阳系开始形成的时期。陨石可能是小行星、行星、大的卫星或彗星分裂后产生的碎块，它能携带这些天体的原始信息。著名的陨石有中国吉林陨石、中国新疆大陨铁、美国巴林杰陨石、澳大利亚默其逊碳质陨石等，它们也成了科普旅游的热点景观。

第三节　气候景观

一、气候与旅游

气候是某地区多年（一般指至少30年或更长时间）常见的和特有的天气状况的综合，它的形成，主要受太阳辐射、大气环流、地面状况、人类活动等因素的影响，但太阳辐射始终是形成气候的最基本因素。气候包括经常出现的正常的天气情况和特殊年份出现的极端的天气情况。中国地域辽阔，地形复杂，造就了多种多样的气候类型，进而为多种旅游产品的开发提供了充足的条件。夏季避暑、冬季避寒、溜冰滑雪、漂流潜水等各具特色，对游客产生了极大的吸引力。

气候具有直接的造景功能，如冬天人们喜欢去海南岛旅游，是因为海南具有温暖的气候；夏天庐山、莫干山、鸡公山等是人们心目中的理想避暑胜地，就因为其凉爽的气候资源。同时，气候还有间接的育景的作用，如中国南北方的园林建筑和民居住宅，都根据当地气候的特点设计建造。在南方，炎夏多雨，各类建筑都着眼于通风、防潮、避雨、遮阳；而华北地区的封闭式院落，外墙厚实，北向门窗少而小，以避冬季西北寒风的侵袭。

二、气候旅游资源的特点

（一）地域性

地理纬度、海陆分布、地形起伏对大范围的气候的形成起着决定性的作用。气候的地带分布，促使各地的气候资源具有鲜明的地域性。地处热带的海南岛，年平均气温23℃～25℃，终年长夏无冬，四季常青，是中国冬季避寒的最佳场所。而位于中国黑龙江哈尔滨市以东195公里的亚布力，不仅纬度较高，而且东临太平洋，又位于地球上最大的陆地——亚欧大陆的东部，因此形成了独特的中温带大陆性季风气候，年平均气温2℃～10℃。积雪期为110天左右（11月～4月），是中国著名的滑雪中心。

（二）组合性

气候旅游资源不能孤立开发，常常要与其他旅游资源相结合。例如，中国处于热带、长夏无冬的地域不小，但并非都能开发成避寒胜地。除气候条件优越外，蓝天、碧水、沙滩、民族风情、山岳风光等，都是重要的支撑与组合。

（三）配（背）景性

气候景观虽然可以供人们观赏和体验，给人带来许多美感，但它不具有具体的形象，一般无相对稳定的实体，多数只能作为旅游区（点）的配（背）景。

三、气候景观基本类型

（一）热带气候景观

热带气候景观主要分布在赤道两侧的低纬度地区，最具代表性的是南美亚马孙河流域、马来西亚沙捞越的热带雨林景观，突出特点是年均气温较高，最低月均气温都超过18℃，气温年差较小，年降雨量750～1 000毫米，甚至更多，植物生长茂盛，动物种类繁多。另外，非洲的刚果河流域、印度南部、中南半岛、澳大利亚北部、中国海南岛及台湾岛等气候景观都属于这种类型，每年都会吸引大量的旅游者前往游览、观赏、探险等。

（二）干燥气候景观

干燥气候景观主要分布在温带大陆内部，其景观主要为干燥的草原和沙漠，气候干燥少雨。非洲的撒哈拉沙漠南北边缘、阿拉伯半岛和中国的内蒙古中西部草原、新疆的塔克拉玛干沙漠等都属于这种类型。这类特殊的气候景观可以开展专项特殊旅游，例如科学考察、沙漠探险。

罗布泊，曾是中国第二大咸水湖，它位于新疆塔克拉玛干沙漠的东部，西起塔里木河下游，东至河西走廊，南邻阿尔金山，北到库鲁克山。今日的罗布泊，自然条件极其恶劣，不仅没有人烟，就连生物也难以生存。沿岸裸露的湖底，布满盐层，有的地方坚硬的盐峭耸立，如石林一般。盐峭都是正多边形的结晶体，高达 80 厘米，直径 50 厘米，上部周围翘起，中间凹下，好似荷叶，地面沙碱土下面，埋藏着盐的大块结晶体，以及丰富的钾盐、石膏、镁等矿物。湖底已干涸，残留的湖水也很浅，沼泽连片，人若误陷其中，便不能自拔，十分危险。它的干涸与西北干旱化之间的关系一直是个科学之谜。罗布泊以其独特的气候景观和神秘性每年都吸引大量科研人员和探险旅游者进行科考、旅游等活动。

（三）温带多雨气候景观

温带多雨气候景观主要分布在中低纬度地区的亚热带、温带，突出代表是以“3S”（即阳光、海水、沙滩）产品著名的旅游胜地——地中海气候景观。夏季气温较高，冬季并不寒冷，最低月平均气温在 3℃ ~ 18℃之间，没有长期的积雪，年降雨量 600 ~ 1 000毫米，甚至更多。它可以分为温暖冬干气候、温暖夏干气候和温暖常湿气候。一年中大部分时间气候适宜，特别适合出行旅游。中国大部、非洲东部、澳大利亚东部、美国西南部沿岸、欧洲大部气候景观都属于这种类型。

（四）湿润寒冷气候景观

湿润寒冷气候景观主要分布在北半球，北纬 45 度 ~ 70 度之间的温带及寒温带，例如中国的东北、俄罗斯的西伯利亚、芬兰、瑞典、加拿大等。其特点是冬季较长且严寒，最低月平均气温在 -3℃以下，气候湿润，冬季有稳定的积雪覆盖。这类景观由于其特殊性，可以开展专项旅游，如滑雪、冰雕展览等。

中国比较著名的这类气候景观是黑龙江亚布力滑雪场，1996 年 2 月，这里成功地举办了第三届亚洲冬季运动会，被誉为中国唯一的“雪上亚运村”。其占地面积 2. 55 平方公里，最高处海拔 1 374. 8 米，地貌独特，雪质丰厚，雪道面积 0. 4 平方公里。亚布力白天气温在 -20℃左右。雪质为粒状雪，积雪期为 170 天，积雪最深可超过 1 米。封闭的原始森林古木参天，野生动物马鹿、黑熊、野猪、狍子、野鸡、飞龙等出没在滑雪场。优越的地理位置和环境，适宜的气候条件，使其成为中国目前最大的综合性雪上训练中心和著名滑雪旅游胜地。

（五）极地气候景观

极地气候景观主要分布在极地及近极地地区，例如，加拿大北部、格陵兰岛、南极大陆等。该气候的特点是全年气温比较低，气温较高的月份平均气温也在 10℃以下，有的终年积雪结冰。这类气候景观不利于开展普通旅游，但可以在气温较高的月份开展一些特殊旅游，例如科学考察、冰雪体育运动等。

四、中国气候特点

（一）类型复杂多样

中国地域辽阔，南北跨度比较大，跨了将近60个纬度，具有热带、亚热带、暖温带、中温带和寒带多种热量带，这是形成中国气候类型复杂多样性的基础。

中国位于世界最大的大陆——亚欧大陆的东部，同时又濒临世界最大的大洋——太平洋，海陆热力差异突出，对我国气候产生了深刻的影响。从东南沿海往西北内陆，气候的大陆性特征逐渐增加，依次出现湿润、半湿润、半干旱、干旱的气候区，这是中国西北地区特别干旱、植被稀疏的根本原因之一。

（二）大陆性季风气候显著

大陆性气候的特点是受大陆影响大，受海洋影响小。中国是世界上季风气候最发达的区域之一。在大陆性气候条件下，太阳辐射和地面辐射都很大。冬季受亚洲高压的控制，温度很低，盛行寒冷、干燥的偏北离陆风；夏季则受西北太平洋副热带高压的控制，温度高，气压低，盛行由海上来的潮湿温暖的偏南气流，温湿多雨。因此气温年变化很大，在一天内也有很大的变化，气温年、日较差都超过海洋性气候。

五、中国气候旅游资源分布

中国是世界上气候旅游资源最为丰富的国家之一。气候景观主要有东部季风区、西北内陆区和青藏高原区，而各类型区内又因为所处温度带和干湿状况组合不同，以及地形地势的差异，形成更为复杂多样的气候景观类型。

（一）东部季风区

在中国，习惯上把夏季风所影响的范围和地区，称为季风区；把夏季风影响不到或影响不明显的地区，称为非季风区。两者之间的界线大体是大兴安岭、阴山、贺兰山、祁连山东段，横穿巴颜喀拉山和冈底斯山一线，此线东南一侧为季风区，西北一侧为非季风区。东部季风区中，由于各地纬度及地形差异，气候景观也有很大不同。

1. 岭南地区

岭南地区为热带和南亚热带气候景观区，是全国热量和水分最充足的地方。林木葱茏，四季花开，沿海椰林沙滩，四季风景宜人。农业生产以水稻和甘蔗为主，在乡村可见到传统的干栏式住宅。主要包括两广、福建、海南、台湾等省区。

2. 长江流域季风区

长江流域季风区是世界上典型的亚热带季风气候区，冬温夏热，四季分明，全年都可以进行旅游。但夏季因为气温较高，往往成为旅游淡季。主要包括四川盆地、云贵高原、长江中下游平原以及江南丘陵等地形区。其中包括被称为长江沿岸“三大火炉”的南京、武汉和重庆。

3. 黄河中下游地区

黄河中下游地区属中国暖温带半湿润地区，冬季寒冷干燥，夏季闷热多雨，都不是旅游的理想季节。一年中旅游的黄金季节是在9～10月份，秋高气爽；而春游的高峰在4～5月份，春暖花开，大地一派生机。本区旅游有春、秋两个旺季和冬、夏两个淡季。春季因多风沙，旅游条件又不如秋季。

4. 东北地区

东北地区绝大多数地方属于中温带，有少量的寒温带和暖温带。除小兴安岭和长白山区降水较多，为湿润地区以外，其余皆为半湿润地区。本区冬季严寒漫长，夏季虽然不像黄河中下游地区那样闷热，但有些天数气温也会在35℃以上，因此冬、夏两季都不是旅游的最佳季节。春、秋两季比较短，但气候适宜，都是旅游旺季。本区冬季长达半年，“千里冰封，万里雪飘”。为了使冬季旅游淡季不淡，各地积极开发冬季旅游项目，以吸引广大的中外游客。例如，吉林省举办“雾凇节”，黑龙江省开发滑冰场、滑雪场、狩猎场及每年的冰雪节盛会。

（二）西北内陆区

因深居内陆，降水稀少，中国西北部为干旱和半干旱地区。主要包括内蒙古、甘肃、宁夏和新疆等地。在这里既有温带草原景观，又能体验“早穿皮袄午穿纱，围着火炉吃西瓜”的以吐鲁番为代表的干旱内陆气候。同时也有吸引着科考探险旅游、特殊体验旅游的重要旅游资源。

（三）青藏高原区

青藏高原平均海拔在4 000米以上，是中国高寒气候区，气候非常独特。这里冬寒夏凉，气温年较差小，但昼夜温差大。气压低，太阳辐射强，日照长。如西藏的首府拉萨，是我国有名的“日光城”。这种高寒气候风光可称得上全球绝景。纯朴的藏乡风情，神秘的宗教色彩，明媚的高原风光，使这里成为很多游客的向往之地。

第四节　气候优越的旅游城市

一、冰城——哈尔滨

哈尔滨，素有“丁香城”的美誉，位于松辽平原的松花江中游地区，是一座从来没有城墙的城市。早在22 000年前的旧石器时代晚期，这里就有人类活动。哈尔滨是金国的发祥地、国家批准的历史文化名城、全国省会城市中面积最大的城市，中国东北北部地区政治、经济、科技、文化和交通中心，辐射全省旅游景区的交通枢纽，也是以冰雪、避暑旅游为主要特色的多功能旅游城市。哈尔滨是世界冰雪文化发源地之一，素有“冰城”之称，其主要旅游区（点）有：

（1）哈尔滨冰灯游园会。始于20世纪60年代初，是哈尔滨人用松花江原生冰进行冰雪艺术创作的活动，艺术家们用自己的灵气，雕塑出千姿百态的冰雕艺术作品，再辅以现代科技手段，便构成了独具北国特色的冰灯艺术。冰灯作为中国北方的民间艺术品，清初已产生，嘉庆年间就有冰灯盛景。现冰灯已发展成为冰雕、冰花、冰建筑等多种表现形式。在哈尔滨兆麟公园举办的一年一届的冰灯游园会，每年从1月5日开始，一直延续到2月末。

（2）哈尔滨太阳岛。20世纪80年代初，一首《美丽的太阳岛上》唱出了太阳岛的品位，唱出了太阳岛的名气。该岛位于哈尔滨市区松花江北岸，与斯大林公园隔江相望的太阳岛，是闻名中外的旅游区，面积3.8平方公里。

（3）玉泉狩猎场。距哈尔滨62公里，位于长白山余脉张广才岭西麓，东接松峰山自然保护区，西临红星水库旅游区，北靠风光秀丽的大杨树岭，是中国目前最大的封闭式狩猎场，狩猎游览区面积约30平方公里。猎区内野生动物、飞禽资源十分丰富，有狍子、黄羊、兔、刺猬、松鼠等十几种野生动物，还有飞龙、山鸡等飞禽，并有人工圈养和放养的马鹿、梅花鹿千余只。

二、春城——昆明

昆明，云南省省会，具有2 400多年的历史，是云南省政治、经济、文化、科技、交通的中心，同时也是我国著名的历史文化名城和优秀旅游城市。昆明地处云贵高原中部，市中心海拔1 891米，南濒滇池，三面环山，属于低纬度高原山地季风气候。由于受印度洋西南暖湿气流的影响，日照长，霜期短，年平均气温15℃，气候温和，夏无酷暑，冬无严寒，四季如春，气候宜人，是极负盛名的“春城”。

昆明还是自然景观和人文景观的荟萃之地。昆明一年里四季如春，鲜花四季盛开，每年的12月到来年的3月，一群群躲避北方海域寒风的红嘴鸥，万里迢迢从远方飞来，落栖在昆明城中。悠久的历史、独特的地质结构，为昆明留下了众多的文物古迹和风景名胜。昆明市目前已形成了以世博会为中心的集自然风光和民族风情为一体的多功能的四季皆宜的旅游胜地。

主要旅游区（点）包括世博园、翠湖、大观楼、滇池、路南石林、云南民族村等。

世界园艺博览园设在昆明东北郊的金殿风景名胜区，距昆明市区约4公里。博览园占地面积约2.18平方公里，植被覆盖率达76.7%，其中有1.2平方公里灌木丛茂密的缓坡，水面占10% ~15%。共有9个国家和国际组织分别在这里建起了自己的专题展示园（台），国内许多省市区也都建有能集中反映本地区园林艺术的展示场所。可以说，这里是一个汇集了全世界园艺风景的超大型博览场所。博览园主要由5个展馆、6个专题展园、34个国内展园和33个国际展园组成。

三、江城——吉林市

吉林市地处东北腹地长白山脉向松嫩平原过渡地带的松花江畔，三面临水、四周环山。吉林市有“远迎长白，近绕松花”的形势。由于不同时期的大地构造运动，以及江河的侵蚀、剥蚀和堆积，形成了中山山区—低山丘陵区—峡谷湖泊区—河谷平原区的地貌，地势由东南向西北逐渐降低的地理景观。

吉林市原名“吉林乌拉”，为满语地名，意为沿江的城池。康熙皇帝于1674年东巡吉林时，巡视水师营后，挥笔作诗，名曰《松花江放船歌》。因其中有“连樯接舰屯江城”的诗句，故吉林市素有“北国江城”之称。

具有鲜明山水风光特色和深厚历史文化底蕴的吉林市，旅游资源丰富，旅游发展空间广阔。松花江低回慢转，呈S型穿过市区。环绕的群山和回转的江水，形成“四面青山三面水，一城山色半城江”的天然美景。其主要旅游区（点）有：

（1）人间仙境美雾凇。每到冬季，在冰雪世界里，吉林市更以其雾凇奇观、梦幻仙境吸引众多海内外的游人。特别是南国游客，到此观冰天雪地不冻江，赏天下绝绣雾凇景。吉林雾凇和长江三峡、桂林山水、云南石林并称为中国四大自然奇特景观。其他三处是亿万年前地球内部运动形成的特殊地貌景观，而吉林雾凇是气象奇观，它的形成只有60年历史。吉林雾凇每年均可出现60天左右，具有极大的旅游利用价值。

（2）天外来客世界奇观。目前，全世界收集到的陨石，分量最重的是1 770公斤，那就是吉林陨石雨中的“吉林一号”。排在第二位的美国“诺顿”重1 079公斤，第三位“长岛”重564公斤，第四位“澳大利亚”重500公斤，第五位“吉林陨石二号”重400公斤。

（3）青山绿水松花湖。松花湖位于吉林市南15公里。在20世纪30年代前，松花湖并不是湖，而是第二松花江的主干流，它发源于著名的长白山天池。天池西北有一个缺口，湖水从此流出，经68米落差直泻而下，形成壮观的长白山瀑布，瀑布落地后成为第二松花江的源头，所以古时人们就称“松花江水天上来”。

四、避寒胜地——三亚

三亚市地处海南岛最南端，也是中国最南端的城市，是建设中的国际热带海滨风景旅游新城。全境北靠高山，南临大海，地势自北向南逐渐倾斜，形成一个狭长状的多角形。境内海岸线长209.1千米，有大小港湾19个。主要港口有三亚港、榆林港、南山港、铁炉港、六道港等。主要海湾有三亚湾、海棠湾、亚龙湾、崖州湾、大东海、月亮湾等。有大小岛屿40个，主要岛屿10个，面积较大的有西瑁洲岛2.12平方公里，蜈支洲岛1.05平方公里。

三亚市区环境极为独特，山、海、河三种自然美景集中一地，三面环山，形成环抱之势，山岭绵延起伏、层次分明；同时，山脉的延伸将市区分成若干青山围成的空间，为城市不同地区提供了各具特色的空间景观环境。海上回望，群山如绿色屏障辉映出三亚市的妩媚多姿。众多山头也提供了眺望大海、河湾和城市景观的制高点。三亚面临南海，海湾较多，众多海湾各有佳景。处于市区的大东海、小东海、三亚湾与市民的生活关系最为密切。海上的东、西二岛为宽阔的海面增加了层次感。三亚有东、西两条河穿过市区，两条河交叉南汇于南边海，北汇于中岛端，上游水网纵横交错，两岸自然生长的红树林绿影婆娑。三亚地处低纬度地带，受海洋气候的影响较大，属热带海洋季风性气候，年平均气温25.4℃。这里四季如夏，可谓“三冬不见霜和雪，鲜花四季常盛开”，是中国最佳旅游休闲度假地。

主要旅游区（点）包括南山文化旅游区、蜈支洲岛、亚龙湾、蝴蝶谷、天涯海角、西岛等。

亚龙湾国家旅游度假区，地处海南岛三亚市城东25公里处的南海之滨，拥有世界上最美丽的海滩和海水，月牙形的海湾及四季如春的气温使它在中国12个国家旅游度假区中拥有无与伦比的地位，“不是夏威夷，胜似夏威夷”。1992年10月，国务院批准建立亚龙湾国家旅游度假区，总面积为18.6平方公里，其中起步区为4.29平方公里。这里长夏无冬，年平均气温25.5℃，年平均海水温度25.1℃，四季皆宜海水浴；沙滩平缓宽阔，沙粒洁白细腻；海水清澈湛蓝，能见度可达9米。其规划项目有海滨浴场、豪华别墅、会议中心、高级宾馆、度假村、免税店、海底观光世界、海上运动中心、高尔夫球场、游艇俱乐部等，是中国高标准、高质量建设的一个国际水准的国际旅游度假地。

五、“不夜城”——漠河

漠河县位于大兴安岭北麓，黑龙江上游南岸，在祖国的最北端，是中国纬度最高的县城。1981年，国务院正式批准其建县，境内有汉、蒙、回、满、朝鲜、鄂温克、鄂伦春、锡伯、土家等11个民族。有“白夜”和“北极光”两大天然奇景。

白夜是中国境内漠河独有的自然景观。由于纬度高，随着季节的变换，到每年的夏至时，会发生昼长夜短的极昼。在极昼出现时，晚11时天色仍然发亮，人们可以在白夜里看书、写字而无须点灯。当到午夜后的1～2时，夜幕降临，但天稍黑一阵儿又开始放亮。此时晚霞与朝晖在北方的天宇上交相辉映，其白夜之景十分壮观。因此游人多称漠河为“不夜城”。

在漠河上空的北面经常出现绚丽多彩的北极光奇景。北极光在北面天空开始出现时，是一个由小至大、颜色变幻不定的光环，色彩臻至最灿烂艳丽时，光环慢慢移向东边，由大变小，逐渐消失。漠河是中国唯一能欣赏到“北极光”的地方。北极光的形状很多，在漠河出现时，人们看到的有条状的、带状的、伞状的、扇状的、片状的、葫芦状的、梭状的、圆柱状的、球状的等等。北极光的颜色是赤、橙、黄、绿、青、蓝、紫各色相间，色彩分明。由初升到消逝，其间变幻神奇莫测，五颜六色，缤纷绚丽。在漠河观测极光，仅在每年夏至前后9天中而且必须在夜间。白天即使有极光出现，因阳光亮度大，极光亮度小，所以是看不到的。又因漠河地处高纬度区域，在每年的夏至前后便会产生白夜的极昼现象，白夜的出现为看极光提供了有利条件。

第五节　避暑胜地

一、江西庐山

庐山位于江西省北部，北濒长江，东南临鄱阳湖，自然风光奇特秀丽。相传在周朝时有匡氏七兄弟上山修道，结庐为舍，故名庐山。庐山有“匡庐奇秀甲天下”之称。方圆

302平方公里的风景区内，有16个大自然奇观，474个景点，171座山峰逶迤相连，峰峦叠嶂。巍巍的庐山，远看一山飞峙大江边，近看千峰携手并肩紧相连，横看铁壁铜墙立湖岸，侧看擎天一柱耸云层间，正如宋代大文豪苏东坡诗："横看成岭侧成峰，远近高低各不同。不识庐山真面目，只缘身在此山中。"

庐山气候宜人，盛夏季节是高悬于长江中下游"热岛"中的"凉岛"，七月平均气温仅22.6℃，日最高气温常在30℃以下，是全国著名的避暑胜地。在季节变化上，则表现为夏季凉爽，秋季早到，冬无酷寒，春季晚来。唐代诗人白居易诗曰："人间四月芳菲尽，山寺桃花始盛开。常恨春归无觅处，不知转入此山中。"庐山由于高耸于江湖之间，雨量丰富，年降水量1 950～2 000毫米。山中湿度大，云雾颇多，千姿百态，变幻无穷，有时山巅常高出云层之上，从山下看山上，庐山虚无缥缈，若隐若现，宛如仙境；从山上往下看，脚下茫茫云海，浩瀚无涯。有时山上晴天，山下降雨，颇有情趣。明代哲学家王阳明有诗曰："昨夜月明峰顶宿，隐隐雷声在山麓。晓来却问山下人，风雨三更卷茅屋。"因这优越的气候条件，庐山植物生长茂盛，是天然的植物园。

庐山又是中国著名的佛教圣地，东汉明帝时成为中国佛教中心之一。山上寺庙超过300处，其中号称庐山"三大名寺"的西林寺、东林寺、大林寺和"五大丛林"的海会、秀峰、万杉、栖贤、归宗等，是庐山著名的佛教建筑。历代许多帝王和文人也都慕名到庐山游历。据传夏禹王疏九江，秦始皇南巡都曾登临过庐山；陶渊明、李白、杜甫、白居易、苏轼、陆游、范仲淹、王阳明等历代大文豪都曾纷纷为其赋诗填词。据统计，现存历代名人歌颂庐山的诗词4 000多首。岳飞、文天祥、李时珍、徐霞客等也曾到此。山上的历代名家书法、碑刻均有很高的艺术价值。庐山文化是中国旅游文化的瑰宝。

自1895年英国传教士李德立花200两白银强租牯岭长冲河一带约8 000亩土地为避暑地后，俄、美、英、法、德、意、日、瑞典、瑞士、丹麦、挪威、葡萄牙等20多个国家的商贾名流和国内各界人士，都争相来此建立度假别墅940多栋，有英国式、美国式、俄国式、瑞典式、瑞士式、日本式等，真可称为"世界别墅建筑艺术博物馆"，因而成为驰名中外的旅游避暑胜地。最著名的有张学良住过的67号瑞典式的别墅；蒋介石和宋美龄住过的180号别墅"美庐"，享有"天下无庐美此庐"的誉称；新中国成立后，毛泽东和江青也曾多次在此庐下榻；还有周恩来和邓颖超住过的446和442号别墅；邓小平住过的286号和彭德怀住过的176号等。

三叠泉是"庐山第一奇观"，故有"未到三叠泉，不算庐山客"之说。三叠泉瀑布总高300余米，依着山势分上、中、下三级，但又一气呵成，从山头凌空下泻，宛如一幅水帘悬挂长空，故又名"水帘泉"。三叠泉形成于七里冲宽谷与九叠峡谷相交的裂点上，并循着冰川琢成的冰阶转折成三叠，上叠形如飘雪拖练，中叠势如碎玉摧冰，下叠（高140多米）状如玉龙走潭，是庐山众多瀑布中气魄最雄伟、姿态最秀丽的奇景，故有"匡庐瀑布，首推三叠"之说。

1996年，联合国教科文组织遗产委员会批准庐山作为"世界文化景观"列入《世界遗产名录》。

二、浙江莫干山

莫干山位于浙江省德清县，属天目山余脉，主峰塔山海拔约 758 米，素有“清凉世界”之美誉，与北戴河、庐山、鸡公山并称中国四大避暑胜地。莫干山东南距杭州 60 公里，东北距上海 200 公里，气温要比上海、杭州低 6℃ ~7℃。

莫干山的得名源于一个动人的传说。相传，吴王阖闾命干将、莫邪夫妇在三个月内铸成两支宝剑。可是，铁水在炉中沸腾，就是不凝聚，莫邪舍身跳入炉中，殉祭炉神，铁水始凝固，宝剑才铸成，雄名干将，雌名莫邪。铸剑的地方就在此山中，故名莫干。

莫干山的中心区，包括塔山、中华山、金家山、屋脊山、莫干岭、炮台山等，植被覆盖率高达 92%，修篁丛生，万竿夹道，遍山竹海，流泉飞瀑无处不见，更有挺拔参天的日本冷杉及宋代银杏，频添幽趣。登中华山、塔山均可看日出、云海。剑池最宜观赏飞瀑流泉。旭光、云逸、清凉、观瀑等 20 多处亭台，散建在莫干湖、碧坞龙潭、天泉山和石门卡等景点中。主峰塔山海拔约 758 米，风景秀丽，尤以“天下雅秀”闻名于世。竹、泉、云“三胜”和清、绿、凉、静“四优”，构成了莫干山的主要特征，被誉为“江南第一山”。

莫干山人文景观丰富。明清之际，曾有“水乡佛国”的说法。清末民初兴建的数百幢别墅，风格各异，被称为“世界建筑博物馆”。

莫干山属亚热带季风型气候，森林覆盖率在 90% 以上。据不完全统计，莫干山的高等植物有 108 科 404 种，其中有自然分布的国家二级濒危保护树种——香果树，60 年代开始引种的日本冷杉、金钱松、水杉等；昆虫有 22 目 153 科 1 102 处，其中有不少以莫干山命名的新种，国家二、三级野生保护动物有金钱豹、黄麂、灵猫、穿山甲、猴面鹰等，也不时出现。

莫干山山峦起伏，风景秀丽多姿，绿荫如海的修竹，清澈不竭的山泉，星罗棋布、风格各异的别墅、亭台和胜迹，构成了清秀妩媚的自然风光，在中国山地风景名胜中占有独特的位置。

三、河南鸡公山

鸡公山位于河南省信阳市南 38 公里的豫鄂两省交界处。京广、京珠、107 国道沿山麓西侧穿过，面积 287 平方公里，海拔 800 多米。早在 1 400 年前的北魏时期就有文字记载，明清以来，更有许多名人骚客登山观赏，留下了大量的赞美诗篇。鸡公山作为供人们避暑游览的山岳，始于 20 世纪初，兴盛于二三十年代，建设发展历史逾百年。1982 年列入全国第一批 44 个国家级重点风景名胜区，1988 年被国务院批准为国家级自然保护区。

佛光、云海、雾凇、雨凇、霞光、异国花草、无日不风、青分楚豫被称为鸡公山的八大自然景观，素以“山明水秀，泉清林翠，气候凉爽，风景幽奇，别有天地”而驰名。海拔不高，但位置独特，特别适宜疗养避暑。鸡公山是由奇峰怪石、泉溪瀑布、珍花异草、山村田园和风韵殊异的楼台亭榭等诸多元素构成的旅游区，被誉为“中国避暑胜地，豫南云中公园”。盛夏无暑，气候凉爽，夏季平均气温 24℃，“午前如春，午后如秋，夜如初冬”，享有“三伏炎蒸人欲死，清凉到此顿疑仙”之美传。不仅如此，由于地质构造变动，形成了鸡公山千姿百态的奇峰怪石，大者嶙峋耸峙，小者造化精灵，皆具怪、巧、奇、美的特点。

早在20世纪初，先后有24个国家的近千名外交官和传教士以及国内的军阀巨贾，来此兴建了近300幢风韵殊异的度假别墅和园林。这些多民族、多国别的建筑群落，依山作势，交相辉映，时有“万国建筑博览会”之称。其“环境优美，格调高雅，欧美风情，名流汇聚”的历史风采，在全国山岳型风景区中是数一数二的。鸡公山还处于南亚热带与北温带的过渡地带，南北植物均可在这里安家落户，植被覆盖率高达87%，有各类植物2 000多种，其中仅中草药就占600多种，被称为“天然植物园”和“天然中草药园”。

四、河北北戴河

北戴河位于河北省秦皇岛市西侧，海拔151.6米。从北戴河口向东到老虎石长约5公里，海岸平直，发育了宽二三十米的平缓沙质海滩。老虎石是伸入海中的小山包，由于靠岸一侧为波影区，泥沙最易堆积，形成连岛沙洲与岸滩相连。自老虎石向东，联峰山地势变低，但到了海边又有几个突入秦皇岛湾的岬角。由于海浪侵蚀，海岸后退，形成陡峻的海蚀崖和残留海面的礁石，这就是金山嘴和鹰角石的主要景观。鹰角石俗称鸽子窝，崖巅建有鹰角亭。自老虎石至鹰角亭，又是长约5公里的洁净沙滩，海滩总长达10千米。

岸边激浪把砂粒分选，粗粒被堆积滩上，细粒则带入海中，天长日久，形成粗砂堆积的海滩。海滩是天然的海水浴场。老虎石两侧一带通称“中海滩”，北戴河20多处海水浴场大多设在这一带。海滩向后，有高出海滩2米的一级海蚀阶地，宽约10～30米。其后又有一层岩石裸露的平台，是为二级海蚀阶地。这些都是陆地上升、海岸后退的证据。这种阶地为建设休养楼房和浴场休息处创造了良好的条件。这一带建有众多的疗养院、休养所、文化宫、海滨公园和各种购物服务设施。联峰山被辟为“莲蓬山公园”，山上有观音寺、钟亭、望海亭等名胜。

从气候看，北戴河海滨南临大海，海水比热容大，又有波浪作用和一定透明度，吸收大量太阳辐射热，因此对滨海地带气候有调节作用。7月平均气温比同纬度的北京等地低2℃左右，冬天相对暖和。渤海有好几支海流，其中一支暖流从东南方向流经秦皇岛港后沿海岸向西南方向流动。这支海流流势强而稳定，夏季与北上的黄海冷水团在北戴河海滨一带相会，使夏季盛行的偏南风掠过海面吹送到海滩，凉爽宜人。由于濒海，这一带气候不仅冬暖夏凉，而且不像华北大部分地区那样干燥，也不像南方那样潮湿，正是恰到好处。这一带海岸，潮流为不规则的一日潮，潮差仅1米上下；附近入海河流少且短小，流量、泥沙量都不大，海水清澈洁净，夏季水温较高，适宜游泳——这些都为北戴河海滨旅游提供了良好的条件。

北戴河的气候宜人，冬无严寒，夏无酷暑，暑期平均气温只有24.5℃，空气清新，滨海地区每立方厘米空气含负离子4 000多个，高于一般城市的10～20倍。所以从清光绪年间开始，这里就逐渐发展成为避暑游览胜地。

【本章小结】

1. 气候气象的多变性导致了大气旅游资源的多样性，从而产生了丰富的大气景观。其基本类型有：雨景、云雾景、云霞景、冰雪景、雾凇和雨凇景、风景、佛光、蜃景及极光景。

2. 天象奇观是在某些特殊条件下，可以看到的一些奇特的自然景观，是由于地球作为太阳系的一个星球，与太阳、月球等天体作相对运动而产生的现象，并具有一定的规律性，主要包括：极昼极夜景观、日月并升景观、日月食景观、流星雨与陨石景观。

3. 气候是某地区多年常见的和特有的天气状况的综合，具有地域性、组合性和配（背）景性的特点。气候对旅游资源的开发有重要作用，具有直接的造景功能和间接的育景的作用。它的基本类型有热带气候景观、干燥气候景观、温带多雨气候景观、温润寒冷气候景观以及极地气候景观。中国气候的特点是类型复杂多样、大陆性季风气候显著。中国气候旅游资源分布可分为东部季风区、西北内陆区、青藏高原区。

4. 中国气候优越的旅游城市有“冰城”哈尔滨（冰灯游园会、太阳岛、玉泉狩猎场）、“春城”昆明（世博园、翠湖、大观楼、滇池、路南石林、民族文化村等）、“江城”吉林市（雾凇、陨石、松花湖）、避寒胜地三亚（南山文化旅游区、蜈支洲岛、亚龙湾、蝴蝶谷、天涯海角、西岛等）、“不夜城”漠河（白夜、北极光）。

5. 江西庐山、浙江莫干山、河南鸡公山以及河北北戴河是中国的四大避暑胜地，在中国的旅游业中有着突出的旅游优势。

【关键词】

大气景观　天象景观　气候景观　避暑胜地

【思考与练习】

1. 大气景观的成因是什么？指出其具体的类型。
2. 什么是天象景观，它和大气景观的成因有何不同？
3. 天象景观有哪些基本类型，有何特点？
4. 气候与旅游有何关联？
5. 气候旅游资源的类型有哪些？并举例说明。
6. 中国气候的特点怎样？气候旅游资源可分为哪几个区域，具体特点有哪些？
7. 中国气象气候优越的旅游城市的特征及主要旅游区（点）。
8. 中国四大避暑胜地的自然成因及主要旅游优势。

第五章　生物景观

【本章要点】

1. 中国生物资源概况、特点；生物旅游资源的功能、分类。
2. 古树名木的特点，我国的古树名木；草原与草地的旅游价值，花卉的旅游功能，国花、市花；植物园、观赏花园、森林公园；以植物为主题的旅游节庆活动。
3. 陆地动物、水生动物、鸟类动物、昆虫；动物园、动物放养观赏区。
4. 生态旅游概念、类型、规范，中国著名的生态旅游区；自然保护区的概念、类型，自然保护区的三个圈层；中国自然保护区概况。

第一节　生物资源概述

一、中国生物资源概况

从发展旅游的角度看，生物资源具有多种多样的休闲娱乐、观赏游览、科学考察、美化环境等功能，同时与其他各类自然旅游资源和人文旅游资源一起，组成有趣生动的旅游区（点）。中国从南到北，跨越赤热带、热带、亚热带、暖温带、中温带、寒温带6个温度带，呈现出相应的热带雨林与季风雨林、亚热带常绿林、暖温带落叶阔叶林、中温带针阔混交林、寒温带针叶林自然景观，多带的自然地带是中国自然旅游资源形成的广阔背景。中国地域辽阔、地貌复杂、气候多样、古地理环境优越，形成了丰富的动植物资源。

（一）植物

中国有高等植物32 000多种，仅木本植物就有7 000多种，其中乔木树种约2 000种，尤其是裸子植物，全世界共有12科、71属、近800种，中国就有11科（其中南洋杉科为引种栽培）、41属、240多种。裸子植物中的银杏、银杉、金钱松、台湾杉、白豆杉等，是中国特有的珍稀植物；被子植物有珙桐、香果树、昆栏树、连香树、鹅掌楸、水青树等。木本植物已有300多种被列入国家重点保护对象，其中金花茶、银杉、桫椤、水杉、望天树等为一类保护树种。中国植树历史悠久，在一些名山、寺庙等风景区内完整地保留着不少千年古树，具有很高的历史价值和观赏价值。

中国的观赏花卉种类繁多。1986年，我国评出了“中国传统十大名花”，包括牡丹、月季、梅花、菊花、杜鹃、兰花、山茶、荷花、桂花、水仙10种。据农业部有关部门统计，中国花卉种植面积从2 000年的1 470平方公里增加到2009年的8 341平方公里，增长约406倍，中国花卉种植面积已经跃居世界第一位。中国的四方竹、罗汉竹、凤尾竹、斑竹、慈竹、楠竹、台湾竹等，具有很高的观赏价值。竹林的地理分布范围很广，南自海南岛，北至黄河流域，东起台湾岛，西迄西藏的聂拉木地区，并且在合适的栽培条件下还可向南、向北转移。中国的草原资源也极其丰富，主要有草原、稀树草原、草甸、疏灌草丛等四种类型。

中国植被的分布有着明显的水平地带性和垂直分布规律。植物受地形、气候因素的影响，从东南向西北依次出现森林、草原、荒漠三大基本区域。大致从大兴安岭经黄土高原东南边缘到横断山脉至藏南，此线以东为森林区域；从内蒙古自治区中部向西南到青藏高原西部一线以西为荒漠区域；以上二线之间为草原和高山灌丛、草甸区域。

（二）动物

中国的动物区系组成丰富，特产种属多。据统计，中国陆栖脊椎动物有2 070种，占全世界的10%，其中兽类414种，鸟类1 175种，爬行类315种，两栖类196种；鱼类2 000多种；昆虫类中的蝴蝶约500种。被国家列为一级保护动物的有68种，包括大熊猫、朱鹮、金丝猴、黄腹角雉、羚牛、野象、野牛、野骆驼、东北虎、白鳍豚、丹顶鹤、白唇鹿、白鹳、褐马鸡、扬子鳄等。其中，大熊猫为世界濒危种类，朱鹮为亚洲特有种类（在我国只有1 000只左右），塔里木沙漠深处的野生双峰驼、长江中下游的扬子鳄和白鳍豚、世界现存最大的两栖类动物大鲵等，都是十分珍稀而古老的物种。

在地区分布上，东部属耐湿动物群，蒙新地区是耐旱动物群，青藏高原地区是耐寒动物群。草原荒漠地区的黄羊、羚羊、野牛、野马、野骆驼等为重要食用肉的来源。温带森林及森林草原地区，包括寒温带森林地带，主要动物有驼鹿、狼獾、猞猁、紫貂、雷鸟等。青藏高原上的牦牛、野牛、藏羚、岩羊是中国特有的抗寒有蹄类动物。高地森林草原地区，生活有大熊猫、小熊猫、金丝猴、牦牛、藏羚、白唇鹿、雪豹等。亚热带和热带森林草原生活着水栖哺乳动物白鳍豚、爬行类的扬子鳄以及长臂猿、叶猴、熊猴、野象、野牛、绿孔雀等其他动物。

二、生物旅游资源的特点

（一）组景生动性

生物相对其他自然资源而言，是最富有生气的组成部分。生物的色彩、形态、发声、习性、运动等特征引起人们的美感，具有直接的感染力。如动物的奔腾飞跃、鸣叫怒吼，植物的开花结实、摇曳仰俯及其在风雨中的低吟高唱，都使景观变得生机勃勃。

（二）构景组合性

除人工兴建的动物园、植物园以及以生物为主题的专项活动外，生物旅游资源难以独立构成单一景区。通常生动的景区是生物旅游资源与其他自然资源和人文资源的多重有机组合。

（三）功能多样性

相对地质、水体、气象气候等自然资源，生物旅游资源在组景上具有更大的灵活性。例如，在中国古典园林中，通常利用植物实现其夹景、框景、障景、隔景等造园手法。此外，生物因具有各自的生态、习性、色彩、造型等特征，从而可以满足人们各种观赏目的和娱乐、狩猎、垂钓、疗养、造型、交易、考察、食用等的需要。

（四）资源再生性

生物的繁殖功能、可驯化功能和空间移置性决定了生物资源的可再生性。生物具有繁殖能力，这一特点决定其在经济利用上的可持续性；生物的可驯化性和空间位置可移置性，决定了人们可以在局部改变环境条件的基础上，通过驯化、移置、栽培、饲养野生动植物，构建动物园、植物园和农村田野风光等生物景观，同时还能作为园林造景、美化城市的衬景。

（五）分布地域性

受生物地域分异规律的控制，不同地方形成不同特点的生物景观。例如，热带的植物叶大、常绿、秋冬不落叶；寒带的植物多为针状叶，秋冬落叶；热带的动物皮毛不如寒带的厚等。

（六）系统脆弱性

生物及其自然生态系统在抗干扰的能力上较为脆弱。灾害性的环境变迁，通常会使动植物遭到迫害，严重的会导致不少生物死亡甚至整个物种灭绝，例如，地质时期白垩纪时灾变环境，使称霸一时的恐龙灭绝；人类过度的干扰破坏也会导致生态系统的破坏、物种的灭绝。

（七）景观季节性

生物随季节变化会发生形态和空间位置的变换，从而形成旅游景观季节性的特点。例如，不同的植物会在不同的季节开花，春季的茶花、樱花、牡丹花，秋季的菊花，冬季的梅花等；不少植物的叶色随季节变化而更换色彩，如香山红叶；不少动物随季节有规律地进行南北迁徙，出现了生物空间位置随季节变化等胜景，如冬季飞往南方的候鸟群等。

（八）文化冶情性

在人类历史的发展长河中，人们通常根据生物的某些特征或是生物与某些特殊的历史事件、有关人物，赋予其一定的文化意义。例如，岁寒三友的松、竹、梅不畏严寒的精神，成为人们在逆境中前进的力量源泉；孔雀和大象是傣族人民追求美丽和威武的象征；某些参天古树因与历史人物联系在一起，成为人们表达对历史人物悼念、崇敬的感情载体。

三、生物旅游资源的功能

（一）观赏功能

植物的形态、色彩、活动习性、寓意等强烈地吸引着旅游者。就形态而论，植物的花、叶、果实，动物的特殊形状成为风景区中观赏亮点的一部分。就色彩而论，植物的茎、叶、花色彩斑斓，随季节变化更加五彩缤纷；动物的斑斓色彩同样吸引着旅游者的目光，如北极熊雪一般的白色绒毛、黑叶猴如乌金般的毛发、斑马极具规律的黑白条排列的皮毛等。

（二）美化、净化环境功能

植物对其所在的环境起着突出的装饰作用。植物堪称是山水的肌肤、风景的容颜，能给风景带来“秀”、“丽”、“幽”、“森”等方面的突出意境。植物也能起到改善环境、保护环境的作用，是大自然的制氧工厂。植物还能起到减弱噪声的作用，在方圆 1 亩的森林中心，几乎听不到外面汽车的马达声。植被覆盖率高的地区通常具有清新的空气、静谧的环境和悦目的色彩，有利于人的健康，尤其是对呼吸系统、神经系统和视觉系统有明显的保健作用。

（三）保健和休疗养功能

生物的保健和休疗养功能突出体现在森林和草地环境改善能力方面。此外，一些野生药用动植物吸收天地之精华，本身具有医疗的功效。绿色植物在阳光下吸收二氧化碳，释放出氧气，可以净化空气，同时也能吸收二氧化硫、氯化物、氨气及各种含汞、铅的有毒气体和尘埃，并能杀灭病菌，还能减弱噪音强度，如一个 90 米宽的林带，可降低噪音 6 个分贝。另外，森林和绿化程度高的地区，空气中富含负离子，能促进人体的新陈代谢，振奋精神，提高人体免疫力。目前兴起的森林旅游，其重要内容就是进行“森林浴”，意为沐浴于林内的洁净空气之中，由自然环境调节精神，解除疲劳，抗病强身，发挥森林的医疗功能。

部分植物的根、茎、皮、叶、花和果实可用作中草药，如人参、当归、天麻、三七、大黄等；部分动物资源能为人们提供药材或制作药品，成为重要的旅游商品，如蛇胆川贝液具有祛风镇咳、散结化痰的功能，用麝香、虎骨等制成的麝香壮骨膏具有镇痛、消炎功能等。

（四）造园功能

植物是园林中不可缺少的因素，在中国的园林中经常利用高大的植物来达到夹景、隔景、障景的效果，利用植物的特殊形状来达到框景、对景的效果，而在西方园林中则大量使用花坛、花圃和绿篱。任何园林都需要利用植物的配置来表现某种特殊的观念和制造特殊的意境。为了发挥植物的功能，并保存特有品种，培育新种，人们顺应自然规律，模拟自然环境，加以艺术改造，建造公园、园林等各种人工生态环境。

（五）精神美学的功能

人们根据生物的某些习性、品格或某种特定的生活环境，通常赋予其某种含义。例如，松、竹、梅被誉为岁寒三友，象征着不畏严寒、坚强不屈；红豆象征着思慕和依恋；荷花象征出淤泥而不染；梅、兰、竹、菊并称花中四君子。不同地区还以本地区独特的生物资源为主题，开展规模较大的旅游节庆活动，如广州春节花市、洛阳牡丹花会、大连国际赏槐会、杭州桂花节、深圳荔枝节、海南椰子节等。不少动植物因其蕴含的含义或是含有某种特殊的情结而成为一个国家、一个民族、一个城市的象征，国花、国鸟、国树等均寄托着人们的精神追求。

生物旅游资源除上述几大功能外，根据资源及其周边环境条件，可开展诸如垂钓、狩猎、骑马、赛马、体验放牧等游乐活动。生物世界博大精深，生态系统多样复杂，其间奥秘无穷、趣味无尽，因而又具有吸引人们去求知、探奇、科考的旅游功能。

四、生物旅游资源的分类

国家质量监督检验检疫总局于 2003 年 2 月 24 日颁布了新的《旅游资源分类、调查与评价》（GB2003），于 2003 年 5 月 1 日开始实施。在该标准中，生物景观分成 4 个亚类，11 种基本类型。表 5－1 所示是该标准中生物景观的分类体系。

表 5－1　生物景观的分类

主类	亚类	基本类型
C 生物景观	CA 树木	CAA 林地 CAB 丛树 CAC 独树
	CB 草原与草地	CBA 草地 CBB 疏林草地
	CC 花卉地	CCA 草场花卉地 CCB 林间花卉地
	CD 野生动物栖息地	CDA 水生动物栖息地 CDB 陆地动物栖息地 CDC 鸟类栖息地 CDE 蝶类栖息地

显然，在该标准中生物景观的分类是根据自然生物旅游资源的生物学特征而作的相应划分。在旅游开发规划中，在对当地旅游资源进行调查评价时，通常也将以生物为主题而创造形成的植物园、动物园、田园风光，以及借某一生物资源为题形成的旅游节庆活动等人工生物旅游资源作为资源评价体系中不可或缺的一部分。

第二节　植物景观

在生物界中，以植物群落的构成风貌最为突出。植被是自然环境特征的重要标志，构成一个地区的主要风光。当旅游者形成“山清水秀”、“热带雨林”、“温带草原景色”等概念时，其中植物起着关键性的作用。

一、古树名木

古树名木通常是指树龄较大、知名度高、造型奇特、属珍稀树种、与知名人物或事件有关的树木。

中国具有特殊观赏价值和历史价值的古树名木繁多。例如，相传为黄帝手植的黄帝陵前的“轩辕柏”，树龄5 000年以上，有“柏树王”之称，是中国古树的代表；另一棵为“挂甲柏”树，亦称“将军柏”，因树皮像古代战士的盔甲而得名；台湾“阿里山神木”古红桧树，粗壮的树干高达60米，树龄3 000年以上，堪称中国最古老的红桧树；广东新会天马河的一颗古榕树占地达0.01平方公里，树上栖息着数以千计的白鹤和灰麻鹤，被称为“小鸟天堂”；黄山松为黄山四绝之一，“迎客松”被称为中国国宝；曲阜孔林树龄多在数百年至2 000多年，堪称中国最大的名贵古树园；仅北京地区树龄在100年以上的古树名木就可数以万计。

（一）奇特树木

树木的奇特是相对于某一自然环境下的人们而言的，是由植物生长的区域分异规律所决定的。此外，树木因其最高、最古老等某一绝无仅有的特征而具有独具一格的魅力。树木因其独具的特征而成为奇观，例如：

味精树。云南贡山有一棵高约8丈，粗大的阔叶树。这棵无人知名的大树有一奇特功能：煮肉炒菜时，只要摘一片树叶或刮一片树皮置于锅内，其味就格外鲜美。

气象树。安徽和县境内，有一棵能预报当年旱涝的“气象树”。该树高约8米，主干粗矮，凹凸不平，树围3米多，树冠呈伞状，覆盖面积约0.000 1平方公里。群众称它为“朴树”，实为榆树的一种。

共生树。陕西山阳县有一株三层怪树。此树树身高大，主干为栗子树，其余共有8种树：上层是桂花、松、柏；中层是核桃、大枣、橘子；下层是石榴、桃。这棵树，春季鲜花开放，秋季果实累累，冬季松柏苍翠。

柏抱槐。山东省邹城孟庙是游览胜地，这里古木众多。柏抱槐位于孟庙东侧的“知言门”外，树干周围长约41米，是一巨槐生长在古柏之中，纠缠连理、抱合一体，上面枝叶茂密，槐绿柏黛。

有“中国之最”称号的树木如：

最贵的树。这种树是产于云南省西双版纳中的柚木树。由于柚木树具有不生虫、不变形、不干裂的优点，所以出售时是以斤论价的。

最古老的树种。世界上最古老的树种是中国的银杏树，这种树最早出现在地球上是距今一亿六千万年以前的侏罗纪时期。

最毒的树。中国最毒的树是“见血封喉”，产于云南南部。树高可达30米，树皮或树枝破裂后，流出剧毒的汁液，人畜吃了会中毒死亡，误入眼中会使双目失明。

最粗的树。该树产于西藏自治区，被称作“通麦栋”的树，是中国最粗的树，它的直径可达8米。

（二）珍稀树木

“物以稀为贵”，珍稀树木具有很高的旅游价值。中国的珍稀树木在世界上都占有令人瞩目的地位，被公认为“世界树木宝库”。特有的珍稀树种水杉、银杏、鹅掌楸被列为世界三大“活化石”，银杉、珙桐、桫椤、水杉、望天树、秃杉被列为一级保护植物。

（三）风韵树木

树木因其某种特殊的风韵，而成为人类社会文化中另一种事物或精神的象征者。其中某种树因最具风韵或是具有某种特别意义，而被定为一个国家的“国树”。如表5－2描述了部分花木的象征意义，表5－3列出了部分国家的“国树”。中国的候选国树为银杏。

表5－2　部分花木的象征

名称	象征	典故
竹	气节	四季青翠，姿态潇洒自若，有宁折不屈的气节
荷花	清白	出淤泥而不染
菊、梅	傲骨	深秋时节傲霜怒放；不畏严寒，独步早春
兰	高尚	叶四季碧绿，挺伸似剑，花色脱俗，香气清幽
松柏	坚贞	岁寒，然后知松柏之后凋也
白杨	悲伤	白杨亦萧萧，肠断白杨声
柳	依恋	枝叶软如丝，风起时柔条千缕、依依飘飘
红豆	思慕	红豆生南国，春来发几枝？愿君多采撷，此物最相思
梧桐	爱情	古代传说梧是雄树，桐是雌树。梧桐同长同老，同生同死
桃李	门生	桃李满天下
海棠	闺秀	《群芳谱》中说：“其花甚丰，其叶甚茂，其枝甚柔，望之绰然如处女。”
棠棣	兄弟	《群芳谱》中称：“棠棣……萼上承下覆，有亲爱之义，故以喻兄弟。”
桃	寿考	《汉武帝故事》中说，王母曰：“此桃三千年开花，三千年结子。”
牡丹	富贵	花雍容华贵，姹紫嫣红，国色天香，独占万卉之魁，故称富贵花
桂花	荣誉	《晋书·欲洗传》中洗答武帝曰：“臣举贤良对策天下第一，犹桂林之一枝。”古代称应试及第为“折桂”，后人又以称荣誉

表5－3　部分国家的国树

国家	国树	国家	国树
中国	银杏（待定）	也门	咖啡
美国	橡树	黎巴嫩	黎巴嫩雪松
韩国	松树	以色列	油橄榄
缅甸	柚木	瑞典	欧洲白蜡

（续上表）

国家	国树	国家	国树
泰国	桂花树	意大利	月季杜鹃
印度	菩提树	古巴	王棕
阿富汗	黑桑	巴西	芸实
沙特阿拉伯	枣椰树	新西兰	四翅槐
塞内加尔	猴面包树	澳大利亚	桉树

二、草原与草地

草原具有旷柔兴盛的美，是开展野营、狩猎、骑马等旅游项目的上乘之选。中国草原主要分布于西部半干旱地区及高寒地区，包括内蒙古、青海、西藏、天山四大草原。内蒙古草原属典型的温带草原，干湿季荣枯变化大，其中以呼伦贝尔大草原为主的东部草甸草原草长可达1米。青藏地区草原均属高寒草原，草类矮小，但面积辽阔，有雪山、湖泊映衬，风光旖旎。天山草原分布在天山南北坡森林带上下，上为高寒草原，下为温带草原。在内蒙古高原周围的东北、华北地区也有局部温带草原。此外，川、滇部分高山高原及南方的高山地区还有局部亚高山草甸分布。这类靠近经济发达地区的草场往往具有较大的旅游开发价值。

2005年，《中国国家地理》杂志评出了中国最美的六大草原，即呼伦贝尔草原、伊犁草原、锡林郭勒草原、川西高寒草原、那曲高寒草原和祁连山草原。

三、花卉

（一）花卉的观赏功能

花卉有各式各样的形状和大小，而在色彩上更是千变万化。单朵的花又常排聚成大小不同、式样各异的花序。由于上述这些复杂的变化，就形成了不同的观赏效果。例如，艳红的石榴花如火如荼，形成热情兴奋的气氛；白色的丁香花似乎赋有悠闲淡雅的气质；雪青色的繁密小花如六月雪、薄皮木等，则形成了一幅恬静自然的图画。不同的花会散发出不同的花香，可分为清香（如桂花）、浓香（如白兰花）、淡香（如白玉兰）、幽香（如树兰）等。

（二）花卉的精神享受功能

人们根据花的某些独有的特征将它类比为某种品质，如刺玫瑰象征热情，百合花象征纯洁，红茶花象征天生丽质，鸡冠花表示爱情，紫罗兰象征诚实，白菊象征心意的真诚，桂花表示光荣，紫丁香象征初恋，豆蔻表示离别之情，水仙表示对上级、长辈的尊敬，橄榄象征和平，紫藤表示对客人欢迎，白桑象征智慧，黑桑象征朋友间的生死与共，柠檬表示挚爱，翠菊表示追忆、怀念，黄月季象征胜利，杜鹃表示思乡之情等。

（三）名贵花卉

一些花卉为人们所特别钟爱，或是因为它的历史价值，或是因为其本身极高的观赏价值，或是因为其对国民经济有重大的作用等，并将其定为国花。表5－4为部分国家的国花。

表5－4　部分国家的国花

国家	国花	国家	国花
中国	牡丹（待定）	墨西哥	仙人掌
阿根廷	赛波花	葡萄牙	薰衣草
埃及	莲花	日本	樱花
澳大利亚	金合欢	瑞典	铃兰
巴西	毛蟹爪兰	泰国	睡莲
朝鲜	金达莱	土耳其	郁金香
德国	矢车菊	西班牙	石榴花
法国	香根鸢尾	希腊	油橄榄
菲律宾	茉莉	匈牙利	郁金香
芬兰	铃兰	伊朗	突厥蔷薇
哥伦比亚	热带兰	意大利	雏菊
加拿大	枫树叶	印度	莲花
罗马尼亚	玫瑰	印度尼西亚	茉莉
美国	山楂	英国	玫瑰（蔷薇）

中国很多城市的市花，是与悠久的文明紧密相连的，如《老残游记》里描写的“四面荷花三面柳，一城山色半城湖”的济南，市花就是荷花；《马可波罗游记》里赞美的“繁华的刺桐城——泉州”，以刺桐作为这座古港的标徽。表5－5所示为中国部分城市的市花。

表5－5　中国部分城市的市花

城市	市花	城市	市花
常州	月季	洛阳	牡丹
北京	菊花	上海	白玉兰
长春	君子兰	南京	梅花
成都	木芙蓉	三明	杜鹃
大连	月季	汕头	金凤花

（续上表）

城市	市花	城市	市花
丹东	杜鹃	绍兴	兰花
佛山	白兰花	苏州	桂花
福州	茉莉	无锡	梅花
广州	木棉花	武汉	梅花
桂林	桂花	西安	石榴
杭州	桂花	湛江	紫荆花
开封	菊花	郑州	月季
昆明	山茶花	济南	荷花

中国赏花、育花的历史有几千年之久，还形成了一些著名的赏花旅游胜地。洛阳、菏泽每年举办的“牡丹花会”，形成了一年一度的大规模旅游盛会；中山小榄的菊花会每60年举办一次，盛况空前；西南高山高原地区的杜鹃花、山茶花、报春花等更是形成了天然的高山花园。

四、植物园、观赏花园

植物园是以植物科学研究为主，以引种驯化、栽培实验为中心，培育和引进国内外优良品种，不断发掘扩大野生植物资源在农业、园艺、林业、医药、环保、园林等方面应用的综合研究机构和展览性公共绿地。综合性植物园主要由两大部分组成：以科普为主而结合科研与生产的展览区和以科研为主而结合生产的苗圃试验区。此外，比植物园规模要小，以花卉四季变幻景象为主题的观赏花园也成为吸引旅游者的观光资源之一。从规划布局上，综合性植物园的展览区主要包括植物进化系统展览区、经济植物展览区、抗性植物展览区、水生植物区、岩石区、树木区、专类区及温室区等几部分。这里简要介绍几个具有代表性的植物园。

（一）北京植物园

北京植物园位于北京西山卧佛寺附近，1956年经国务院批准建立，规划面积4平方公里，以收集、展示和保存我国华北、东北、西北地区的植物资源为主，集科学研究、科学普及和游览功能为一体。现已建成开放面积约2平方公里，由植物展览区、名胜古迹游览区、科研区和自然保护区组成。植物展览区包括观赏植物区、树木园、盆景园、温室花卉区；观赏植物区由牡丹园、芍药园、月季园、碧桃园、丁香园、木兰园、集秀园（竹园）、海棠栒子园、绚秋苑、宿根花卉园、水生植物园和正在筹建中的梅园等12个专类园组成；树木园由银杏区、松柏区、槭树蔷薇区、椴树杨柳区、木兰小檗区和正在兴建的悬铃木麻栎区、泡桐白蜡区组成；盆景园于1995年建成开放；2000年1月1日，对外开放的温室花卉区展示来自世界各地的数千种热带、亚热带植物，是目前亚洲最大的植物展览温室。园内引种栽培植物10 000余种（含品种），近150万株，占地900亩左右，收集栽种植物

3 000余种，是目前中国北方最大的植物园，也是专门从事植物引种驯化理论研究和实验的科研基地。名胜古迹游览区由卧佛寺、樱桃沟、隆教寺遗址、“一二·九”纪念亭、梁启超墓地、曹雪芹纪念馆等组成。

（二）华南植物园

华南植物园位于广州市天河区龙洞，占地面积3.33平方公里，建于1929年，是中国历史最久、种类最多、面积最大的南亚热带植物园。全园分为试验区和展览区两部分。它既是热带、亚热带珍稀濒危植物引种保存和植物资源推广利用的科研基地，又是普及植物科学知识和参观游览的园地。园内目前引种热带、亚热带植物6 000种，根据植物的分类系统和生态习性建成了棕榈植物区、孑遗植物区、竹类标本区、阴生植物区、药用植物区、裸子植物区、经济植物区、园林植物区、热带温室植物区、抗污染植物区和苗圃等园区，以及世界上收集种类最齐全的姜园和木兰园等15个各具特色的专类园。华南植物园从1980年起向公众开放，1986年曾被广州市评为“羊城新八景”之一，1995年被有关机构评为“中华之最”——全国最大的南亚热带植物园。

（三）广州云台花园

云台花园坐落在广州白云山风景名胜区南面的三台岭内，总面积0.12平方公里，是中国最大园林式花园，被称为“花城明珠”。云台花园以花木、绿化为主，四季百花吐艳，是西式风格的、观赏性极强的新式花园。花园的整体布局以正对着大门的宽大台阶为轴心来展开，中间由特制玻璃铺砌而成。在轴心线的两侧，云台花园分别排列出不同的功能区，几百种中外名贵花卉被巧妙地种植在不同的功能区里。中轴线的东侧，在种植各种花卉的同时，还依地势起伏培植了大面积的草坪。中轴线的西侧是谊园和茶室。谊园中心是一巨大的地球石雕，以地球石雕为圆心，在一巨大的圆周内，分布着广州的友好城市的市花及其所在国的国花。

此外，位于顺德陈村的花卉博览世界、番禺区的百万葵园，也以其规模和新的展示形式成为知名的花卉观赏区（点）。

五、森林公园

森林，因其天然古朴的自然风貌，深为旅游者所青睐。森林可开展多种旅游活动，如森林浴、健身旅游、狩猎、探险、疗养、科学考察等。2005年，《中国国家地理》杂志评出的中国最美的十大森林包括：天山雪岭云杉林、长白山红松阔叶混交林、尖峰岭热带雨林、白马雪山高山杜鹃林、波密岗乡林芝云杉林、轮台胡杨林、西双版纳热带雨林、荔波喀斯特森林、大兴安岭北部兴安落叶松林和蜀南竹海。

近年来，为提升人们的生活质量，扩大消费市场，促进社会经济发展，中国建立了2 583处森林公园，成为世界上拥有森林公园数量最多的国家。中国著名的森林公园有张家界国家森林公园、哈尔滨森林公园、北京大兴区半壁店森林公园、上海共青团森林公园、昆明西山森林公园，以及山东泰山、威海，广东流溪河、沙洲角，浙江千岛湖，湖北咸宁陆水和崇阳等地的森林公园。其中，有19处加入“国际生物圈保护区网”，7处列入

《国际重要湿地名录》，张家界、九寨沟、黄龙、泰山、武夷山 5 处被列为世界自然遗产。森林公园是森林资源与生态环境建设的重要基地和开展生态旅游的重要场所，是旅游开发不可忽视的新方向。

六、以植物为题材的旅游节庆

以观赏名花、名木、佳果为内容的节庆活动，如广州春节花市、洛阳牡丹花会、北京香山旅游节、大连国际赏槐会、杭州桂花节、深圳荔枝节、慈溪杨梅节、海南椰子节等，正逐渐成为吸引旅游者的重要资源之一。以生物为主题的活动项目和旅游节庆的完美结合，往往为旅游者增添无穷的乐趣。例如，在第五届萧山杜家杨梅节上，旅游者在品尝美味杨梅的同时，还观赏到了近百余只千姿百态、轻轻盈盈的桃花水母在玻璃鱼缸里翩翩起舞。

世界园艺博览会于 2013 年 5 月 10 日至 10 月 31 日在中国锦州龙栖湾新区举行，会期 174 天，共设置各类展园 108 个，本届以“城市与海，和谐未来”为主题，将让人们充分领略在海天一色中，好山、好水、好家园的人间美景。

第三节 动物景观

动物资源也是供人们娱乐、观赏、狩猎和垂钓的重要旅游资源，以其习性、叫声、色彩、神态、智能等灵活多样的造景功能，为游者带来无尽的乐趣。按照新的国家旅游资源分类标准，将动物资源分为水生动物、陆地动物、鸟类、昆虫类等。

一、陆地动物

陆地动物主要是指那些生活在陆地上的爬行动物、哺乳动物等。中国的陆地动物中具有不少的珍稀动物，如中国国宝大熊猫，中国独有的金丝猴，世界屋脊的白唇鹿、羚羊、华南虎等；另有一些陆地动物因其本身的体态、色彩、发声和生活习性等具有很好的旅游价值。

（一）珍稀动物

中国国宝——大熊猫。大熊猫是世界上最珍贵的动物之一，也是中国特有的珍稀动物，主要栖于四川、甘肃、陕西，海拔 2 600 ~ 3 500 米的高山竹林中，以竹笋、嫩竹为食，身体胖软，头圆颈粗，耳小尾短，四肢粗壮，行动傻钝，一对八字形的黑眼圈犹如戴着一副墨镜，非常惹人喜欢。它是研究生物进化的活化石，中国把它视为国宝。

中国独有的金丝猴是灵长类中最漂亮的动物，圆头长尾，青面蓝鼻，鼻孔朝天，肩背毛光亮如黄金金丝，因而得名。它们生活在中国海拔 1 400 ~ 3 000 米的部分高山密林中，擅长攀树，动作灵活，聪明过人。

世界屋脊之鹿——白唇鹿。生活在鄂陵湖和扎陵湖地区，因鼻端两侧和一唇为纯白色而得名。白唇鹿特别温驯，给它喂草时，它会亲昵地闻闻你的手，任你抚摩、拍照。

（二）观赏动物

1. 观形动物

这种动物的体形千奇百怪、各具特色。例如，中国的东北虎，体形雄伟，颇有山中之王的气度；雄狮，体形高大，毛色壮观，具有王者之风范；长颈鹿，两腿修长，头高昂，给人典雅华贵的感觉；云南大象，四腿如柱，身躯魁梧，给人沉稳之感；俗称“四不像”的麋鹿，尾巴似马而非马、角似鹿而非鹿、蹄似牛而非牛、颈似骆驼而非骆驼，其体形更是耐人寻味；武夷山区的“角怪”，又叫“崇安髭蟾”，头部长有三只角，世界独一无二。

2. 观色动物

中国以斑斓色彩吸引游客的动物比比皆是。有的为纯一色彩，如北极熊，雪一般的白色绒毛给人以洁白无瑕的感觉；黑叶猴从头到脚闪亮的黑色毛发如乌金一般。有的为多种色彩的组合，如海南岛的坡鹿，背部有一条黑褐色的条带，条带下点缀着若干平行排列的白斑，肋和腿呈土黄色，腹、胸、脚趾一片雪白，色彩极为美观。

3. 观态动物

人们也常为动物的行为所吸引。猛虎下山之威武，骏马奔腾之矫健，猿猴攀缘之灵巧，大象出森林之雄壮，熊猫行走之憨态等动物的行动常常令人赞叹不已。

（三）迁移动物

为了繁殖、捕食和寻找更为舒适的环境，许多陆地动物都有随季节变化而迁移的本能。生活在北半球寒带及北极圈内的野生驯鹿是最有名的迁移动物，每年深秋，成千上万头驯鹿汇集成巨大的鹿群向南迁移至冻土带边缘的森林地带。陆地动物这种大迁移的场面极其壮观，通常能引起旅游者一睹为快的热情。

二、水生动物

水生动物主要包括以水环境为主要生活场所或是生活在近水区域的动物，有鱼类、爬行类、哺乳类等。其中中华鲟、扬子鳄、大鲵、白鳍豚等为我国的珍奇保护动物。

中华鲟——为海栖鱼类，如同大麻哈鱼、鲥等溯河性鱼类一样产卵时溯河而上，由海中沿长江而上溯至四川的合江和屏山一带江段产卵。它的头尖、吻长、身上披有五行大而硬的骨鳞，体长3米有余。中国古代称之为“覃”。

扬子鳄——属于短吻鳄的一种，主要生活在中国长江中下游一带。它的身体像穿了一层盔甲，只有杀伤力很强的枪弹才能穿透。和所有的爬行动物一样，扬子鳄也是冷血动物。为了保持一定的体温，它们必须经常晒太阳。

大鲵——俗名“娃娃鱼”。从个头大小来看，大鲵可称为两栖动物中的“巨无霸”。大鲵不仅体形大，模样也奇，可以说是“丑八怪”。大鲵的主要食物是水中的鱼、虾、蟹、蛙和水生昆虫。

白鳍豚——属哺乳动物，白鳍豚的配偶期是在冬末初春，怀孕期比较长，大约要一年时间。每胎只产一只，靠吸食乳汁长大。白鳍豚背部是浅灰蓝色，腹部是纯白色。鳍的上下两面，分别与背面和腹部的颜色相近。身体呈纺锤形，有一个三角形的背鳍和两片掌形的胸鳍。

水中的世界由于动物的存在而变得更加纷繁多彩，有趣而生动。凶猛的皱唇鲨令人不寒而栗，婀娜多姿的珊瑚礁鱼宛若美丽动人的仙子，美丽的大海葵如绽放的秋菊，古老而顽强的绿海龟在向人们诉说着它的故事……对海狮、海豹、海豚等大型海洋动物独特的生活习性、优美的泳姿、奇特的外形等的观赏成为人们了解海底世界的渠道之一。人们根据水生动物的生活环境的特点，模拟水中生态环境，兴建的集科普教育、观赏娱乐、餐饮购物于一体的现代化模拟水世界，如亚洲最大的海洋水族馆——上海海洋水族馆等，越来越受到人们的欢迎。

三、鸟类动物

许多动物发出的悦耳之声能激发人们的听觉美感。“鸟语花香”一词道出了绝大多数鸟是大自然“歌唱家”的奥秘。夜莺、黄山八音鸟、北部草原的古百灵、云南鸡足山的念佛鸟等均以其美妙之声成为吸引游客的旅游资源。

鸟类的啁啾之声为人们的生活增添了情趣，鸟类形形色色的外表装点着万紫千红的大自然，而且闯进了我们的精神世界。人们把鸳鸯、天鹅看作爱情的化身；把丹顶鹤、鹭鸶比作长寿的象征；把孔雀、喜鹊视为吉祥的征兆；把黄燕、杜鹃当作物候的标志；把家燕比作恪守信义的挚友；把候鸟迁飞比作离别的情思……

鸟类历来是音乐家和民间艺人创作的素材。幽雅深沉的《空山鸟语》，活泼轻快的《云雀》，都是模仿和美化鸟类鸣叫的佳作。中国民间乐曲《百鸟朝凤》更是一首生动、形象的百鸟大合唱。在中国西南一些少数民族，至今仍流传着羽饰的鸟舞，如傣族的孔雀舞、白族的白鹤舞、纳西族的云雀舞、藏族的金雀舞等。

人们还根据喜好，选择那些珍贵稀有的特产鸟类或具有重要价值和意义的鸟作为象征国家的国鸟。表5－6为部分国家的国鸟。

表5－6 部分国家的国鸟

国家	国鸟	国家	国鸟
中国	红腹锦鸡、丹顶鹤（待定）	美国	白头海雕
津巴布韦	津巴布韦鸟	奥地利	家燕
肯尼亚	公鸡	德国	白鹳
埃及	雄鹰	波兰	雄鹰
荷兰	白琵鹭	爱沙尼亚	家燕
法国	公鸡	瑞典	乌鸫
英国	知更鸟	挪威	河乌
卢森堡	戴菊莺	丹麦	云雀、白天鹅
爱尔兰	砺鹬	冰岛	白隼（矛隼）
新西兰	几维鸟	日本	绿雉（日本雉）
智利	康多兀鹫	缅甸	妙声鸟
澳大利亚	琴鸟、笑翠鸟	印度	蓝孔雀

大部分鸟类会随气温的变化而进行大规模的迁徙活动，进而形成了不少的观鸟胜地。例如，在巍山有一处被称为“鸟道雄关”的鸟类迁徙必经之地——隆庆关垭口，是千百年来候鸟聚集迁徙的通道之一，刻有“鸟道雄关”四个大字的明代石匾竖立在垭口一侧。每到仲秋季节，迁徙候鸟从高纬度地区向低纬度地区飞来，成千上万只鸟结队而行，它们白天以太阳为航标，夜晚凭星月作指引，按既定的路线，飞往缅甸等东南亚地区。隆庆关附近的山林就成了候鸟停息、补充食物的中转驿站。又如，番禺新垦的湿地公园，每逢冬季就会有大量的候鸟聚集于此。

四、昆虫类

昆虫是地球上种类和个体数最多的动物类群，至今被正式命名和描述过的150多万种生物物种中，昆虫就有90多万种。昆虫分布范围极其广泛，无论高山、平原、沙漠、湖泊、海洋，处处都有它们活跃的身影。可见地球上昆虫资源相当丰富。

不同种类、不同个体的昆虫，各具不同的特色：有的具有色彩艳丽的外表，有的具有婀娜多姿的舞姿，有的具有勇往直前的骑士风，有的具有文静柔弱的淑女姿态，有的拥有动听的歌喉，有的能发出奇异的光等等。利用昆虫旅游资源开发昆虫旅游景点，对丰富旅游内容、拓宽旅游者的知识视野、发展旅游业都有着极其重要的意义。

昆虫王国中最美莫过于蝴蝶，被人们赞誉为“虫国的西施”、“大自然的舞姬”。目前，全世界蝴蝶种类在14 000～16 000种之间。中国是世界上蝴蝶资源较为丰富的国家之一，已知蝴蝶有1 758种，且分布很广。目前已有部分景区根据蝶类的生物学特性，将其集中网养在适宜生长、繁殖的某一空间，即建成一个“蝴蝶园”的景观，如英国西南部的布克法斯特雷的“蝴蝶乐园”，台湾的“蝴蝶谷”，云南昆明的“斯美蝴蝶博物馆”，海南三亚市亚龙湾国家旅游度假区内的“蝴蝶谷”等，都是成功的典范。

五、动物园、动物放养观赏区

动物园是指集中饲养、展览和研究种类较多的野生动物及附有少数优良品种家禽家畜并进行科普教育与科学研究的场所。目前，中国城市动物园已发展到230家左右，以北京、上海、广州三大动物园规模最大，驯养的动物最多。另有一些专门性的动物观赏区，如大连蛇岛、武夷山蛇园、海南南湾猴岛、青海湖鸟岛等等。

（一）北京动物园

北京动物园位于北京西城区西直门外大街。明代时本是皇家庄园，清光绪三十二年（公元1906年）扩建成农事试验场，栽培各种植物，驯养观赏动物，称万牲园。新中国成立后经全面整修扩充，辟为西郊公园，1955年更名为北京动物园。动物园占地面积约0.86平方公里，水面0.086平方公里，有犀牛馆、河马馆、狮虎山、熊山、猴山、象房、羚羊馆、长颈鹿馆、熊猫馆、海兽馆、猩猩馆、两栖爬虫馆、鸣禽馆、小动物园、鹿园等，展出我国珍奇动物如大熊猫、东北虎、金丝猴、麋鹿等及来自世界各地的代表性动物是中国最大的动物园。

（二）番禺香江野生动物世界

番禺香江野生动物园坐落于广州番禺大石镇的香江野生动物世界，是集动植物保护研究、养殖加工、旅游观光和科普教育于一体的大型旅游景观，也是中国目前唯一由私营企业投资管理的大型野生动物园，是国家5A级旅游景区。动物园除国内所饲养的动物品种外，还从南非和泰国引进了大批珍贵动物，如角马、黑羚和泰国鳄鱼等。开业之初，全国绝无仅有的2只白狮子和8只白老虎全部落户该园。自1997年底开业，一年内已繁殖10只小白虎，目前存栏白虎总量将近100头，占世界白虎总数的一半以上，被人们亲切地称为“白虎工厂”。园内建筑多以原木、松皮、葵叶为材料，使之“野”味十足。全园分为乘车游览区和步行游览区两部分：其中步行游览区路径设计为一个“白”字，乘车游览区设计为一个“虎”字，以体现该园的最大特色。乘车游览区分为非洲原野区、猛兽区和亚洲原野区，牧有羚羊、长颈鹿、马、鸵鸟、狮、虎、熊、豹、骆驼和牦牛等。步行区分别有鸳鸯湖、鹤群、天鹅湖、红鹳、白老虎、猴山、鳄鱼村、鹦鹉等。番禺香江野生动物世界是中国极富影响力的野生动物园。

（三）青海湖鸟岛

青海湖鸟岛位于青海湖西北角，布哈河入湖口附近，海北藏族自治州刚察县境内，又名蛋岛或小西山。长约500米，宽约150米，面积不足1平方公里，高出水面7.6米。为了拯救即将消失的鸟岛，1983年青海省人民政府拨出专款，建造人工环岛湖，并修建了暗道、地堡和瞭望台等设施，以保护鸟岛，并便于观赏。每年4—5月春暖花开时节，各类水禽从东南亚、印度、巴基斯坦、尼泊尔以及中国南方等地，成群结队飞来岛上筑巢栖息，生儿育女，繁衍后代，到9月底10月初，又成群结队飞回南方越冬。鸟的种类有斑头雁、棕头鸥、鱼鸥、秋沙鸥、赤麻鸭、鸬鹚、天鹅等30余种，数量10余万只。据1977年鸟岛管理站对4种主要繁殖鸟——斑头雁、棕头鸥、鱼鸥和鸬鹚的统计，平均每亩巢区就住着1 000只大鸟，这样的密度举世罕见。

第四节　生态旅游与自然保护区

一、生态旅游

（一）生态旅游的内涵

生态旅游（Ecotourism）一词是由国际自然保护联盟（IUCN）特别顾问、墨西哥专家H. Ceballos Lascurain于1983年首次提出的，并在1986年墨西哥召开的一次国际环境会议上被正式确认，此后，伊丽莎白·布（E. Boo，1990），Gunn（1991），加拿大环境咨询委员会（CEAC）（1992），Scace（1992），Grifone和Usher（1993），美国的生态旅游学会员会（CEAC）（1992），Scace（1992），Grifone 和 Usher（1993），美国的生态旅游学会（Ecotourism Society，1993），Valentine（1993），Allcock，Jones，Lane & Grant（1994），Buckley（1994），Ercan Sirakaya、Vinod Sasidharann 和 Sevil Sonmez（1999），世界旅游组织（WTO，2000）等对生态旅游概念做了探讨。

生态旅游的内涵研究主要在于三个层面：

第一，作为旅游发展理念的生态旅游。这主要是从区域发展的角度提出来的，区域发展包括经济、社会、环境、人口等方面的发展。生态旅游作为一种旅游发展理念，认为只有同时具有保护资源和促进社区经济发展功能的旅游才是生态旅游。

第二，作为旅游产品的生态旅游。这主要是从旅游业的角度提出的，生态旅游产品是指在生态资源优势地区开发的，能满足旅游者体验生态环境、丰富生态知识等需求，并有助于维护生态平衡的旅游产品。生态旅游产品开发就是要将旅游对环境的不利影响控制在最低限度，而尽量发挥其有利影响。

第三，作为旅游消费方式或行为方式的生态旅游。这主要是从旅游者角度提出来的，不管是旅游发展模式，还是旅游产品，最终都将归结到旅游者的活动上来。所谓生态旅游消费方式或行为方式，是指在旅游活动过程中，旅游者以自然资源和生态环境为价值取向，以生态学原则指导自身行为，尽量减少自身活动对生态环境的破坏或不良影响，是一种对生态环境负责任的旅游消费方式或行为方式。

正如世界旅游组织秘书长弗朗加利在世界生态旅游峰会的致辞中指出的，“生态旅游及其可持续发展肩负着三个方面的迫在眉睫的使命：经济方面要刺激经济活力、减少贫困；社会方面要为最弱势人群创造就业岗位；环境方面要为保护自然和文化资源提供必要的财力。生态旅游的所有参与者都必须为这三个重要的目标齐心协力地工作”。

（二）生态旅游的类型

在生态旅游概念界定上的分歧，导致对生态旅游类型划分上的多样化。Linberg 将生态旅游分为两方面：一方面分为中坚的（hard-core）和专注的（dedicated）生态旅游；一方面又划分为主流的（mainstream）或临时的（casual）生态旅游。澳大利亚昆士兰（Queensland）生态旅游战略将其划分为自助型生态旅游和大众型生态旅游。Orams 将生态旅游划分为积极主动型和消极被动型两种。主动型生态旅游是指有着更为严格标准的生态旅游，它的开展有利于环境质量的提高，代表着强调资源基础得以改善的可持续发展的形式。相比之下，被动型生态旅游则是仅仅维持资源现状，不对自然或人文环境造成负面影响的可持续旅游模式。此外还有人把生态旅游分为大众化和替代性的生态旅游。澳大利亚国家公园管理局（ANPS）在生态旅游划分时，根据资源开发和可能造成的环境影响强度不同，采用 0 ~5 级的 6 级分类系统。

国外对生态旅游类型的划分，主要依据两个标准：一个是参与的生态旅游者的数量，另一个是生态旅游者的活动对环境的影响，而且比较偏重后者。同时，这两方面又是相互关联的。一般而言，游客数量的增多对生态环境的影响会增大。

中国具有发展生态旅游的良好条件：一是拥有巨大的客源市场，且随着人们生态意识的觉醒，对生态旅游的需求将不断增长；二是拥有丰富的生态旅游资源。截至 2013 年底，中国被列入联合国“人与生物圈”计划的自然保护区已达 32 个；截至 2013 年底，中国已建立407处国家级自然保护区。这些保护区集中了我国自然生态系统和自然景观中最精华的区域，是生态旅游的理想处所。

二、自然保护区

在国际上通常意义上的自然保护区，是国家用法律形式确定的长期保护和恢复自然综合体及以自然资源整体为主而划定的一定空间范围，包括地域或水域。在其所属范围内，严禁任何直接利用自然资源的经营性生产活动。

我国通常将自然保护区定义为：为了保护各种重要的生态系统及其环境，拯救濒于灭绝的物种，保护自然历史遗产而划定的进行保护和管理的特殊地域的总称。它与风景名胜区在功能上有着本质的区别：风景名胜区是为了满足人们休闲生活的需要。1872年，美国建立了世界上第一个国家公园——黄石公园，它也是世界上第一个自然保护区。自此以后，世界各国陆续建立了许多自然保护区。1956年，我国在广东省肇庆市建立了以保护南亚热带季雨林为主的我国第一个自然保护区——鼎湖山自然保护区。

（一）自然保护区的类型

根据自然保护对象及保护目的的不同，我国自然保护区大致可分为以下几种类型：

（1）以保护完整的综合自然生态系统为目的的保护区：如长白山自然保护区（以保护温带山地生态系统及自然景观为主）、武夷山自然保护区（以保护亚热带生态系统为主）、西双版纳自然保护区（保护热带自然生态系统）。

（2）以保护某些珍贵动物资源为主的保护区：如黑龙江省的扎龙以保护丹顶鹤为主，四川的卧龙以保护大熊猫为主。

（3）以保护珍稀孑遗植物及特有植被类型为目的的保护区：如广西花坪和重庆金佛山自然保护区，以保护化石植物银杉等珍贵树种为主。

（4）以保护自然风景为主的保护区：如四川九寨沟、重庆缙云山、辽宁凤凰山、江西庐山等。

（5）以保护特有的地质剖面及特殊的地貌类型为主的保护区：如黑龙江的五大连池、山东的山旺万卷化石产地、四川的黄龙寺、云南的腾冲火山温泉等。

（6）以保护沿海自然环境及自然资源为目的的自然保护区：如保护海滩上特有的红树林的海南省东寨港和清澜港。

（二）自然保护区的功能分区

自然保护区功能区划应该以科学性与实践性相结合为原则：保护第一，保持或恢复自然状态；核心区与缓冲区景观同质，保持核心区与缓冲区的生态完整性；实验区在有效保护的前提下，对资源进行适度开发，并成为带动周围更大区域实现可持续发展的示范地；有利于管护。

进行生态功能分区，目的是通过对游客的分流，避免旅游活动对保护对象造成破坏，从而使旅游资源得以合理配置和优化利用。自然保护区，一般可划分为核心区、试验区及缓冲区，还可较详细地划分为核心区、游憩缓冲区、密集旅游区及服务社区。核心区是严格受保护的区域，严禁各种资源开发活动，只为科学研究和保护工作人员的科研和保护所用，禁止一般游客进入。缓冲区是少数游客游览的对象，只允许步行或独木舟一类的简单交通工具进入，区内限制永久性建筑的建设。密集区是游客集中活动的区域，要以控制污染性工业和美化工程为目标，并对各种旅游污染严格控制和清理。服务社区是游客休息的集中场所，各类交通工具可以通达，但应位于保护区边缘或外部比邻区。这种分区可以保护景观尺度上的自然栖息地和生物多样性，并不危害敏感的栖息地和生物。

（三）自然保护区旅游开发应注意的问题

1. 正确处理保护与旅游开发的关系

自然保护区的旅游开发必须在保护的原则下进行。在那些需要绝对保护的自然保护区，如某些濒危动植物保护区及一般自然保护区的核心区，不宜进行旅游开发。在缓冲区与过渡区，在不给保护区带来破坏的情况下，可在一定的范围内进行旅游开发。因而，自然保护区的旅游开发，必须评估该自然保护区能否开展旅游，在多大范围内开展旅游，从旅游活动的范围、内容、方式、路线、景点等方面，做出明确的规定和合理的规划安排。

2. 做好保护意识宣传

在自然保护区内开展旅游活动，必须围绕建立自然保护区的根本目的及环境保护，向自然保护区工作人员及旅游者进行一系列针对性的宣传，提高保护意识和自觉性。例如，可宣传建立自然保护区的目的、意义，环境保护的重要性，生态旅游的内涵，有关自然保护区与环境保护的法规、奖罚政策及旅游须知、注意事项等。宣传形式可灵活多样，如利用电视、广告，设立固定宣传标语、口号，利用导游图、门票、食品袋印制环境保护警语，利用导游员进行宣传等。

3. 加强管理

在自然保护区进行旅游开发，加强管理是关键。首先，必须要有一定数量，素质较高的专职管理人员，以便经常进行保护工作的策划、监督、检查；其次，旅游开发要坚持生态学原则，各项旅游设施及景点建设，要与环境相协调；最后，要坚持依法管理，严格管理，要有具体的管理措施及一定的奖罚政策。对违反国家有关自然保护区及环境保护法规的，特别对有意破坏资源与环境者，要依法处理；对保护工作作出贡献的管理人员、游客、导游人员等，可以给予奖励与表彰。

（四）中国自然保护区概况

中国的自然保护区事业作为保护自然资源与生物多样性的重要手段，从无到有，蓬勃发展。截至 2012 年底，中国已建各种类型、不同级别的自然保护区 2 669 个，总面积 14 979 万公顷，陆地自然保护区面积约占国土面积的 14.94%，保护区占国土面积比例已超过世界发达国家和地区的水平。其中，国家级自然保护区 363 个，面积 14 338 万公顷。以自然保护区为主体的生物多样性就地保护网络基本形成。为提高自然保护区管护成效，中国还提出了自己的生物多样性主题，即“生物多样性与自然保护区。中国自然保护区作为宣传教育的基地，通过对国家有关自然保护的法律法规和方针政策及自然保护科普知识的宣传，极大地提高了我国公民的自然保护意识。

中国具有代表性的自然保护区有：

1. 广东鼎湖山国家级自然保护区

鼎湖山国家级自然保护区位于广东省肇庆市境内，面积11.33平方公里，1956年经国务院批准建立，是中国建立的第一个自然保护区。1980年加入联合国教科文组织国际“人与生物圈”保护区网，主要保护对象为南亚热带常绿阔叶林及珍稀动植物。

该区地处热带北缘，是中国南亚热带季风常绿季雨林保存比较完整的地区，区内的天然森林为世界上特殊的森林类型之一，林中动植物资源丰富，种类繁多，高等植物有2 400多种，属于国家重点保护的植物有桫椤、苏铁、格木、野荔枝、鸡毛松等数十种。本区特有植物种类亦较多，单以鼎湖山命名及“模式标本”产于此地的植物就有20多种。保护区内复杂的森林植被和丰富的食源，为各种动物栖息和繁殖提供了理想的场所，高等动物有100余种，属于国家重点保护的动物有豹、苏门羚、蟒等。该保护区具有很高的科研价值，是开展生态系统定位研究的理想场所。

2. 贵州梵净山国家级自然保护区

梵净山国家级自然保护区位于贵州省的江口、印江、松桃三县交界处，面积419平方公里，1978年建立省级自然保护区，1986年晋升为国家级自然保护区，同年加入联合国教科文组织国际“人与生物圈”保护区网，主要保护对象为亚热带森林生态系统及黔金丝猴、珙桐等珍稀动植物。

梵净山是武陵山脉的主峰，最高海拔2 572米，具明显的中亚热带山地季风气候特征。本区为多种植物区系地理成分汇集地，植物种类丰富，古老、孑遗种多，植被类型多样，垂直带谱明显，为我国西部中亚热带山地典型的原生植被保存地。区内有植物种数2 000多种，其中高等植物有1 000多种，国家重点保护植物有珙桐等21种，并发现有大面积的珙桐分布；脊椎动物有382种，其中国家重点保护动物有黔金丝猴等14种，并为黔金丝猴的唯一分布区。梵净山不仅是珍贵的生物资源库，也是中国历史上佛教名山之一，自然风光奇特，人文历史遗迹保存较多，为尚待开发的旅游胜地。

3. 巴音布鲁克天鹅湖

巴音布鲁克天鹅湖位于新疆维吾尔自治区和静县境内，面积1 000平方公里，1980年经新疆维吾尔自治区人民政府批准建立，1988年晋升为国家级自然保护区，主要保护对象为天鹅等珍稀水禽及其栖息繁殖地。

该区地处天山天格尔峰下的巴音布鲁克草原上，四周群山环绕，海拔有2 400米以上，为山地高位盆地。驰名中外的“天鹅湖”就在盆地的东南部，是由众多相互串联的小湖组成的大面积沼泽地。这里河沟纵横、水草丰茂、水质清澈、环境幽静，每年4月前后都有成千上万的天鹅等珍禽来此栖息繁衍，除天鹅外，还有其他鸟类70多种，是我国天鹅等珍稀水禽重要栖息繁殖基地。

4. 四川卧龙国家级自然保护区

卧龙国家级自然保护区位于四川省阿坝藏族羌族自治州汶川县境内，面积2 000平方公里，1975年经国务院批准建立，1980年加入联合国教科文组织国际“人与生物圈”保护区网，主要保护对象为大熊猫及森林生态系统。

该区地处岷江上游、邛崃山的东坡，属中亚热带湿润气候，最高峰海拔6 250米，相对高差达5 000米，为青藏高原向四川盆地过渡的高山峡谷区。本区的地带性植被属于中亚热常绿阔叶林，但随着海拔的升高而形成的水热条件的变化，植被类型相应出现规律的垂直化。在海拔2 100～3 600米的温带针阔叶混交林带和亚高山针叶林带，云杉、冷杉林下生长成片茂密的箭竹，为珍稀孑遗动物大熊猫最适宜的生存环境。本区动植物区系组成复杂，资源丰富，高等植物有1 810种，其中国家重点保护植物有珙桐、香果树、红豆杉等；高等动物有白唇鹿等40多种。保护区自建立以来，在大熊猫的保护和研究方面取得了显著成绩，已成为大熊猫研究的中心。

5. 海南岛的南湾猴岛自然保护区

南湾猴岛位于海南省陵水县南约14公里的南湾半岛。它依山傍水，三面环海，形状狭长，总面积为10.2平方公里，大小12个山头连绵起伏。山上大小岩洞无数，奇岩怪石嶙峋。南湾猴岛上的动植物种类繁多，森林覆盖率达95%，生态资源极为丰富。全岛生长着茂密的阔叶林和灌木丛林，四季花果飘香，风景秀丽，气候怡人。岛上生活着近2 000只活泼可爱的猕猴，属国家二类保护动物。南湾猴岛是中国也是世界上唯一的热带岛屿型猕猴自然保护区。

为保持猴岛的神秘性，突出猴岛的特色性，猴岛景区始终强调在保护猴岛的原生态环境的前提下，有规划、有限度地合理开发建设南湾猴岛生态景区。走进猴岛景区，所见之处各种植物搭配错落有致、独具匠心，游客仿佛置身于绿的世界；顽皮、可爱的猴儿们在绿荫下、树枝间扑腾纵跃、追逐打斗，旁若无人地嬉戏。

猴岛景区内的跨海观光索道将神秘的南湾猴岛、迷人的热带港湾、浓郁的“疍家民俗风情”、喧闹的渔港风光串成一线。活泼可爱的野生猕猴、生动有趣的猴艺表演、创意新颖的生态服务设施，使南湾猴岛逐渐成为海南省著名生态旅游品牌。

作为地球最为精华的部分，自然保护区受到越来越细致的保护。中国是世界自然资源和生物多样性最丰富的国家之一，因此，自然保护区保护工作对世界生物多样性保护具有十分重要的意义。截至2013年底，中国被列入联合国“人与生物圈”计划的自然保护区已达32个：吉林长白山自然保护区（1980）、广东鼎湖山自然保护区（1980）、四川卧龙自然保护区（1980）、贵州梵净山自然保护区（1986）、内蒙古锡林郭勒草原自然保护区（1987）、福建武夷山自然保护区（1987）、湖北神农架自然保护区（1989）、新疆博格达峰自然保护区（1990）、江苏盐城沿海滩涂珍禽自然保护区（1992）、云南西双版纳自然保护区（1992）、浙江天目山自然保护区（1996）、贵州茂兰自然保护区（1996）、黑龙江丰林自然保护区（1997）、四川九寨沟自然保护区（1997）、浙江南麂列岛自然保护区（1997）、广西山口红树林生态自然保护区（2000）、甘肃白水江自然保护区（2000）、四川黄龙自然保护区（2000）、云南高黎贡山自然保护区（2000）、河南宝天曼自然保护区（2001）、内蒙古赛罕乌拉自然保护区（2002）、内蒙古达赉湖自然保护区（2002）、黑龙江五大连池自然保护区（2003）、四川亚丁自然保护区（2003）、西藏珠峰自然保护区（2004）、陕西佛坪自然保护区（2004）、黑龙江兴凯湖自然保护区（2005）、广东车八岭自然保护区（2006）、广东封开黑石顶保护区（2006）、井冈山自然保护区（2012）、广西猫儿山自然保护区（2012）、陕西牛背梁国家级自然保护区（2012）。

【本章小结】

1. 生物旅游资源具有休闲娱乐、观赏游览、科学考察、美化环境等功能，同时与其他各类旅游资源组成有趣生动的旅游区（点）。其主要包括：自然生物旅游资源——植物、动物自然保护区；人工生物旅游资源——植物园、动物园、田园风光。在《旅游资源分类、调查与评价》这一标准中将生物景观分为树木、草原与草地、花卉地和野生动物栖息地这4个亚类，并进一步划分为11种基本类型。

2. 生物旅游资源具有组景生动性、构景组合性、功能多样性、资源再生性、分布地域性、系统脆弱性、景观季节性和文化冶情性的特点。同时，具有观赏、美化和净化环境、保健和休疗养、造园和精神美学的功能。

3. 植物景观主要有古树名木（奇特树木、珍稀树木、风韵树木）、草原和草地、花卉、植物园和观赏花园（北京植物园、华南植物园、广州云台花园）、森林公园以及以植物为题材的旅游节庆；而动物景观则主要有陆地动物（珍稀动物，观形、观色、观态动物，迁移动物）、水生动物、鸟类动物、昆虫类及动物园和动物放养观赏区。

4. 生态旅游是目前旅游业中研究的热点，分歧也较多。关于生态旅游的内涵研究主要在于三个层面：作为旅游发展理念的生态旅游，作为旅游产品的生态旅游以及作为旅游消费方式或行为方式的生态旅游。生态旅游概念界定上的分歧导致了其类型划分上的多样化。国外对生态旅游类型的划分，主要有两个标准，即参与的生态旅游者的数量和生态旅游者的活动对环境的影响，而且比较偏重后者。

5. 在国际上通常意义上的自然保护区，是国家用法律形式确定的长期保护和恢复自然综合体及以自然资源整体为主而划定的一定空间范围。包括地域或水域。在其所属范围内，严禁任何直接利用自然资源的经营性生产活动。我国通常将自然保护区定义为：为了保护各种重要的生态系统及其环境，拯救濒于灭绝的物种，保护自然历史遗产而划定的进行保护和管理的特殊地域的总称。自然保护区，一般可划分为核心区、试验区及缓冲区，还可较详细地划分为核心区、游憩缓冲区、密集旅游区及服务社区。

6. 根据自然保护对象及保护目的的不同，我国自然保护区大致可分为以下几种类型：以保护完整的综合自然生态系统为目的的保护区，以保护某些珍贵动物资源为主的保护区，以保护珍稀孑遗植物及特有植被类型为目的的保护区，以保护自然风景为主的保护区，以保护特有的地质剖面及特殊的地貌类型为主的保护区和以保护沿海自然环境及自然资源为目的的自然保护区。

7. 自然保护区旅游开发应注意正确处理保护与旅游开发的关系，利用多种形式和手段做好保护意识宣传，并进一步加强管理。

8. 中国的自然保护区发展较好。截至2013年底，中国被列入联合国“人与生物圈”计划的自然保护区已达32个；截至2013年底，中国已建立407处国家级自然保护区。其中具有代表性的自然保护区有：广东鼎湖山国家级自然保护区、贵州梵净山国家级自然保护区、巴音布鲁克天鹅湖、四川卧龙国家级自然保护区和海南岛的南湾猴岛自然保护区。

【关键词】

生物资源　生物旅游资源的分类　古树名木　植物园　动物园　生态旅游　自然保护区

【思考与练习】

1. 为什么说生物旅游资源是美化、活化、净化人类环境的主角？
2. 简述生物旅游资源在旅游中的应用。
3. 生物旅游资源的特点有哪些？
4. 动、植物旅游资源各可分为哪几类？
5. 什么是自然保护区？如何利用自然保护区开展旅游？
6. 综合分析我国高原自然环境的旅游吸引力所在。
7. 中国在进行生态旅游开发时应注意哪些问题？

第六章　历史古迹

【本章要点】

1. 各类遗址的旅游价值、名称、地点。
2. 七大古都的旅游价值及特色，主要旅游区点；中国著名古城、古镇名村风貌及特色。
3. 中国四大古水利工程；中国著名的古桥梁及天文设施。
4. 中国典型的汉族民居及其特色，著名民居及其旅游价值；少数民族住宅及其特色。
5. 古代建筑的主要构建及等级；古代建筑的主要形式；古城池、长城、宫殿、礼制建筑、楼阁的特点及其旅游价值，代表性建筑。
6. 古典园林的基本类型、特征、组成要素、构景手法；著名的皇家园林与私家园林及其特点；东西方园林风格的差异。
7. 陵墓的旅游价值及其构成；历代帝王陵墓封土形制、布局的演化；各朝代帝王陵的特点及分布，现存著名帝王陵寝。

第一节　文物遗址

中国是世界文明古国，有文字记载的历史已超过 3 000 年。悠久的历史，独具特色的中华文明，创造了令人赞叹不已的史前文化，留下了丰富的人文旅游资源。

一、古人类文化遗址

古人类文化遗址是指从人类形成到有文字记载历史以前的人类活动遗址，包括古人类化石、原始聚落遗址等。这些遗址反映了几百万年的人类进化史，可以划分为旧石器时代和新石器时代两个阶段，不同时代的人类活动各有其文化特征。中国是世界上古人类遗址最多、保存最完整的国家之一。

（一）旧石器时代古人类文化遗址

旧石器时代是指距今 250 万年到距今 1 万年的历史时期，可以划分为三个发展阶段，如表 6－1 所示。

表 6－1　中华旧石器时代三个阶段

阶段	名称	距今时间	遗　址
直立人阶段	猿人	30 万年以前	云南元谋（250 万年）、陕西蓝田（115 万年）、北京周口店（40 万～50 万年）
早期智人阶段	古人	30 万～4 万年前	陕西大荔（20 万年）、广东马坝（13 万年）、山西丁村（16 万～21 万年）、山西许家窑（10 万～12.5 万年）
晚期智人阶段	新人	4 万～1 万年前	广西柳江、四川资阳、北京山顶洞等

（二）新石器时代古人类文化遗址

新石器时代指以磨制石器使用为主的原始社会中后期，持续约 6 000 年，可以分为母系氏族公社和父系氏族公社两大阶段。目前为止，根据全国已发现的 7 000 多处遗址，可按时间、空间特点归纳为中华新石器文化序列表，如表 6－2 所示。

表 6－2　中华新石器文化时间空间序列表

主要空间区域	区域中心	文化类型及时间序列
黄河中游文化区	关中、晋南、豫西	前仰韶文化—仰韶文化—河南龙山文化 （前 6 000～前 5 000 年）（前 5 000～前 3 000 年）（前 3 000～前 2 000 年）
黄河下游文化区	山东	青莲岗文化—大汶口文化—山东龙山文化 （前 5 400～前 4 400 年）（前 4 300～前 2 500 年）（前 2 500～前 2 000 年）
长江中游文化区	江汉平原	皂市（下层）文化—大溪文化—屈家岭文化 （前 5 000～前 4 000 年）（前 4 000～前 3 300 年）（前 3 000～前 2 600 年）
长江下游文化区	太湖平原	河姆渡文化—马家浜文化—良渚文化 （前 5 000～前 4 000）（前 4 300～前 3 300 年）（前 3 300～前 2 000 年）

二、古城池遗址

中国作为文明古国，漫长的历史演替，城市屡兴屡毁，留下了众多的古城池遗址。自商周以来历朝历代的古城池遗址中，著名的有殷商都城殷墟遗址、周朝都城丰镐遗址、齐国都城临淄遗址、汉长安城遗址、洛阳汉魏古城遗址、西藏古格王国遗址等，尤以西北丝绸古道上古城遗址为多，如武威黑水国城堡遗址、敦煌沙州古城遗址以及新疆高昌古城、交河古城、楼兰古城等。这些古城池因其辉煌的历史和苍凉的现状往往成为旅游热点。

(一) 楼兰遗址

楼兰遗址地处罗布泊西岸，是丝绸古道必经之地，后被流沙埋没，城墙残存，城中有佛塔、住宅、古水道等遗迹，出土有大量文物，被誉为“沙漠中的庞贝”，对研究中西交通和文化交流极其有价值。

(二) 交河故城

交河故城位于吐鲁番市以西 10 公里，四面环水，故城状如柳叶，为一河心洲。南北长约 1 650 米，东西最宽处约 300 米。交河故城于 1961 年经国务院批准被列为全国重点文物保护单位。

交河故城是目前世界上最大最古老也是保存得最好的土建筑城市。与所有古城不同的是，交河故城有三奇：一奇是它仅有两个城门，南门和东门。南门为主门，原有建筑已荡然无存，只剩一个巨大的豁口；东门，被河道长期下切阻断在悬崖上而名存实亡。二奇是交河故城三面临崖，天险自成，没有古城常有的城墙。三奇是城内屋宇殿阁，均是平地下挖而成，几乎不用木料。

三、名人故居和活动遗址

国内外目前保存较好的多为近代的历史名人故居，主要为 1840 年鸦片战争以来的历史名人故居和活动遗址。

对历史名人故居和活动遗址的开发方式主要有两种：一是建筑物以原样保存，室内用具陈设依历史名人使用时的原样布设，以突出历史名人的生活工作场景与历史背景；二是以原建筑物为基础，通过适当的空间重组，建立故居式博物馆、展览馆、纪念馆等，通过图片、文字、文物形式展示历史名人的生平经历。

中国的历史名人故居以东部地区为多。尤其是北京市、广州市等地现存有许多中国近代史上风云人物的活动场所，如孙中山行馆、宋庆龄故居、徐悲鸿故居、鲁迅故居、郭沫若故居等。

四、革命遗址及纪念地

中国历史上曾经发生过许多对历史进程产生重大影响的历史事件和人物，后人在其发生地建立纪念馆及其他纪念性设施。革命遗址及纪念地是当今中国红色旅游的基础。红色旅游是我国 20 世纪 90 年代兴起的专项旅游产品，是以革命圣地和革命纪念地为主要吸引物的旅游活动。2004 年 2 月，中共中央作出了“要积极发展红色旅游”的重要指示，6 月，国家旅游局颁布了《关于推进发展“红色旅游”工作意见的报告》，提出要在全国范围内重点建设以十大“红色旅游基地”、20 个“红色旅游名城”、100 个“红色旅游景点景区”为主体的“红色旅游”骨干体系。近现代以来我国主要的革命遗址及纪念地如表 6－3 所示。

表 6-3　革命遗址及纪念地

革命遗址	纪念地及代表物
鸦片战争纪念地	广东虎门炮台、广州三元里抗英遗址、珠海淇澳白石街
辛亥革命纪念地	广州黄花岗烈士陵园、武昌起义军政府旧址、南京孙中山大总统办公旧址、云南陆军讲武堂旧址
北伐战争纪念地	广东肇庆叶挺独立团团部旧址、武汉汀泗桥战役旧址
土地革命纪念地	“八一”南昌起义总指挥部旧址、井冈山革命根据地旧址、瑞金苏区中央政府旧址、广西百色红七军军部旧址等
抗日战争纪念地	革命圣地延安、平型关战役遗址、卢沟桥抗日战争纪念馆、安徽泾县新四军军部旧址、重庆八路军办事处旧址、南京日寇大屠杀纪念馆
解放战争纪念地	辽宁锦州辽沈战役纪念馆、重庆中美合作所集中营旧址、江苏徐州淮海战役烈士纪念塔、南京梅园新村及雨花台烈士墓园

第二节　古都名城

据六世纪初的《水经注》载，上起上古，下迄北魏，中国古都约有180处。自北魏到清朝，其间又经历了数代王朝的更替，列国的消长，于是又增加了许多古都。

在这些都城中，有规模宏伟、举世罕见的宫殿、寺观、坛庙建筑群；有被誉为世界奇迹的考古新发现；有规模浩大、独具风格的帝王陵寝；有声名远扬的中国古典园林；有巧夺天工、闻名中外的石窟雕塑艺术宝库；有绚丽多姿的传统文化、手工艺品和风物特产等等。总之，在这些城市的地面和地下保存着大量璀璨的历史胜迹和文物。

一、七大古都

中国历史上的七大古都地理位置及旅游资源如表 6-4 所示。

表 6－4　七大古都地理位置及旅游资源

古都	地理位置	旅游资源
北京	城处燕京要塞，西拥太行，北枕燕山，东濒渤海，南面敞向华北平原，是连接我国东北、西北和中原的枢纽。	(1) 皇家建筑。宫殿王府、皇家园林、坛庙陵寝 (2) 宗教寺观。碧云寺、卧佛寺、广济寺、谭拓寺、戒台寺、法源寺、雍和宫、白云观等 (3) 古代文化遗存。八达岭长城、周口店北京猿人遗址 (4) 近现代文化景观。包括名人故居、各类博物馆、著名街市及郊外风景区等 北京拥有世界遗产 5 处，全国重点文物保护单位 35 处，市级文物保护单位 154 处。其中，故宫、颐和园、天安门、十三陵、长城、天坛、北海、雍和宫、周口店遗址等最为著名。新中国成立以来，北京日新月异，昔日的帝都又融入了现代化城市的气息，街道宽阔，高楼林立，环境优美，是全国政治、文化、科技、交通中心
长安	位于关中平原中部偏南，北临渭河，南依终南山。	古陵墓、古遗址等文物古迹最为突出。如蓝田猿人遗址，半坡遗址，丰镐遗址，阿房宫遗址，汉长安遗址，唐长安遗址，唐建大雁塔，小雁塔，明建钟鼓楼，明城墙，秦始皇陵及汉唐皇陵，西安碑林，陕西省历史博物馆，秦兵马俑博物馆等。此外还有骊山国家级风景名胜区等
南京	江苏西南部，位于长江南岸，踞紫金山麓，东接富饶的长江三角洲，南靠宁镇丘陵，西倚皖赣山区，北连江淮平原	中山陵依山而建，结构严整；夫子庙建筑群古色古香；中华门气势宏伟，设计巧妙；灵谷寺、石象路、三国东吴所筑石头城遗址、明代朱元璋的陵墓（明孝陵）以及革命纪念地雨花台
开封	位于河南省东部，东距黄海 500 公里，西距省会郑州 72 公里，南为平畴，北依黄河，在中国版图上处于豫东大平原的中心	国务院首批公布的国家级历史文化名城。开封的仿古建筑群风格鲜明多样，宋、元、明、清、民初各个时期特色齐备，新建的宋都御街古朴典雅；“铁塔”、龙亭、相国寺、繁塔、禹王台、镇河铁犀等古迹；开封是有名的书画之乡、戏曲之乡，历史上曾产生过“苏、黄、米、蔡”四大书法派系，又是豫剧祥符调和河南坠子的发源地；汴绣、汴绸、草编、玉雕、年画为著名传统工艺品
洛阳	河南省西部，北依邙山、黄河，南临洛河，它东面的虎牢关和西面的函谷关是古代东西交通的咽喉，北面的孟津是古代黄河的重要渡口，南面的轩辕关是洛阳通往江汉平原的重要关口。	龙门石窟、白马寺等。洛阳古墓博物馆是世界上最大的古墓群，此外还有二程墓、白园、关林、周公庙、杜甫祠、仰韶遗址等历史遗迹。洛阳的自然风光同样引人入胜，“天津晓月”、“龙门山色”、“洛浦秋风”、“马寺钟声”等洛阳八景风格不同，景色秀丽，使人流连忘返。洛阳唐三彩为著名传统特产。市花牡丹花素有“甲天下”之誉

（续上表）

古都	地理位置	旅游资源
杭州	中国的东南沿海，长江三角洲南面，浙江省北部，东濒杭州湾、钱塘江入海口，南与绍兴、金华、衢州三市相接，西与安徽省交界，北与湖州、嘉兴两市相邻	杭州是我国的重点风景旅游城市和历史文化名城。全市有2个国家级风景名胜区，即西湖风景名胜区和富春江—新安江—千岛湖风景名胜区；5个国家级森林公园，即千岛湖国家森林公园、大奇山国家森林公园、富春江国家森林公园、午潮山国家森林公园和青山湖国家森林公园；2个国家生态自然保护区，即天目山国家自然保护区和清凉峰国家自然保护区；1个国家旅游度假区，即之江国家旅游度假区。市区国家级文物保护单位有岳飞墓、六和塔、飞来峰石刻造像、白塔、胡庆余堂等5处。历史悠久的杭州还是华夏文明的发祥地之一，人文古迹众多，保存有良渚文化、吴越文化和南宋文化遗址。其中良渚文化遗址是与古长城遗址、古长安兵马俑遗址并列的中国最著名的历史文化遗址
安阳	河南省北部，西倚山西，北接河北，东连山东，有“四省通衢”之称。	安阳是国家历史文化名城，是甲骨文的故乡，又是《易经》的发祥地。出土了15万多片甲骨文、上万件青铜器、54座宫殿遗址，发现有宫殿区、王陵区、平民区、铸铜遗址、手工作坊以及大型祭祀场等。安阳还是岳飞故里

二、著名古城

（一）丽江古城

丽江古城位于中国西南部云南省的丽江纳西族自治县，始建于宋末元初（公元13世纪后期）。古城地处云贵高原，海拔2 400余米，全城面积达3.8平方公里，是一座风景秀丽、历史悠久和文化灿烂的名城，也是中国罕见的保存相当完好的少数民族古城。丽江拥有古老的供水系统，至今仍在有效地发挥着作用。1997年12月3日，在联合国教科文组织第21届世界遗产大会上，中国云南省丽江古城被列入《世界遗产名录》。

1. 大研古城

大研镇位于丽江城北玉龙雪山下，始建于元世祖忽必烈南征大理时期，已有800多年历史。大研镇的传统民宅，多为“三房一照壁”的土木结构瓦房，即主房、厢房与壁围成的三合院，正房多为楼房，上下各三间，门窗多雕镂花草、鸟兽图案，玲珑剔透，美观雅致。

四方街是丽江古街的代表，位于古城的核心位置。它不仅是大研古城的中心，也是滇西北地区的集贸和商业中心。四方街是一个大约100平方米的梯形小广场，五花石铺地，街道两旁的店铺鳞次栉比。其西侧的制高点是科贡坊，为风格独特的三层门楼。西有西河，东为中河。西河上设有活动闸门，可利用西河与中河的高差冲洗街面。从四方街四角延伸出四大主街：光义街、七一街、五一街、新华街，直通东南西北四郊；周围的小巷通幽，从主街岔出众多街巷，如蛛网交错，从而形成以四方街为中心、沿街逐层外延的缜密而又开放的格局。

2. 纳西文化

纳西族是一个古老的民族，他们曾创造了灿烂的古代文化——东巴文化。东巴文化包括象形文字、东巴经、东巴绘画、东巴音乐舞蹈等，是世界上仅存的象形文字。纳西人还擅长诗琴书画，其《白沙细乐》是集歌、舞、乐为一体的大型古典音乐套曲，享有“活的音乐化石”之誉。在古城及周围15座寺庙中，有闻名于世的丽江壁画，具有多种宗教及各教派内容融合并存的突出特点。

（二）平遥古城

平遥古城是中国境内保存最为完整的一座古代县城，是中国汉民族城市在明清时期的杰出范例。平遥古城位于中国北部山西省的中部，始建于西周宣王时期（公元前827年～前782年），明洪武三年（公元1370年）扩建，距今已有2 700多年的历史。迄今为止，它还较为完好地保留着明清（公元1368～1911年）时期县城的基本风貌。

平遥整个城池以市楼为中心，由城墙和各大街小巷组成一个庞大的八卦图案加上城内的古寺、市楼、街道、民宅，向世人展示着传统的文明。人称平遥有三宝，古城墙便是其一。平遥古城墙周长约6公里，有3 000个垛口、72座敌楼。镇国寺是古城的第二宝，该寺的万佛殿建于五代（10世纪）时期，是目前在中国排名第三的古老木结构建筑，距今已有1 000余年的历史。殿内的五代时期彩塑更是不可多得的雕塑艺术珍品。古城的第三宝是位于城西南的双林寺，该寺修建于北齐武平二年（公元571年）。寺内10余座大殿内保存有元代至明代（13～17世纪）的彩塑造像2 000余尊，被人们誉为“彩塑艺术的宝库”。

平遥是中国古代商业中著名的“晋商”的发源地之一。“日升昌”票号是中国第一家专营存款、放款、汇兑业务的私人金融机构。平遥古城于1997年被列入《世界遗产名录》。

三、古镇名村

（一）江南古镇

1. 中国第一水乡——周庄

周庄镇位于苏州城东南38公里的昆山市境内，地处上海、苏州之间的江南水乡腹地，建镇已有900余年的历史。沈厅、张厅、迷楼、叶楚伧故居、澄虚道院、全福寺等名胜古迹，具有很高的历史、文化和观赏价值。

周庄完整地保存着原有的水乡古镇的风貌和格局。全镇60%以上的民居仍为明清建筑，仅占地0.4平方公里的古镇有近百座古典宅院和60多座砖雕门楼。周庄四面环水，河道形成“井”字形。周庄至今仍保存着建自元、明、清三代的石桥14座，当推双桥、富安桥、贞丰桥、福洪桥最有代表性。

2. 千年文化古镇——同里

同里镇位于太湖之畔古运河之东，距苏州城18公里，离上海80公里。清丽古朴的同里有三多：明清建筑多、水乡小桥多、名人雅士多。

（1）明清建筑多。镇内有明清两代园宅38处，寺观祠宇47座，有士绅豪富住宅和名人故居数百处之多。古镇原有“前八景”、“后八景”、“续四景”等20多处自然景观，今尚存“东溪望月”、“南市晓烟”、“北山春眺”、“水村渔笛”、“长山岚翠”诸景。而退思园则是明清建筑的集大成者。

（2）水乡小桥多。同里镇四面环水，镶嵌于五湖之中。“川”字形的15条小河把镇区分隔成7个小岛，而49座古桥又将小岛串成一个整体。建筑依水而立，以“小桥流水人家”著称，素有“东方小威尼斯”之誉，是目前江苏省保存最为完整的水乡古镇。

（3）名人雅士多。同里人世代勤奋苦读，知书达理，教育发达，人文荟萃。自南宋淳祐四年（公元1247年）至清末，同里先后出状元1人，进士42人，文武举人93人。主要景点可以概括为“一园”、“二堂”、“三桥”。“一园”即退思园，1998年水乡古镇和退思园被列入世界文化遗产预备清单。“二堂”即崇本堂、嘉荫堂。“三桥”分别是太平桥、吉利桥和长庆桥。同里人有“走三桥”的习俗，婚宴喜事、生日庆贺、婴儿满月等都要从这三座桥上走过，当地有句俗语：“走过太平桥，一年四季身体好；走过吉利桥，生意兴隆步步高；走过长庆桥，青春长驻永不老。”

3. 乌镇

乌镇位于浙江省桐乡市，是江南水乡三大古镇之一。古风犹存的东、西、南、北4条老街呈“十”字交叉，构成双棋盘式河街平行、水陆相邻的古镇格局。历史上这个小镇曾出过64名进士、161名举人，茅盾（原名沈雁冰，中华人民共和国第一任文化部长）、沈泽民、严独鹤等名人更是为小镇增添了几分显赫。镇东的立志书院是茅盾少年时的读书处，现辟为茅盾纪念馆，为国家级重点文物保护单位。镇上的西栅老街是我国保存最完好的明清建筑群之一。此外，还有修真观戏台、双桥风情、梁苑胜迹、唐代银杏等众多景点。

4. 角直镇

角直镇位于苏州城东南25公里，被费孝通誉为“神州水乡第一镇”，因唐代诗人陆龟蒙（号甫里先生）隐居于此，古称淞江甫里。明代村落聚镇改名角直，将传说中的古代独角怪兽“角端”用于此地，意可辟邪镇风。

角直镇人杰地灵，历来有“桥梁之乡”的美称。5.6公里河道上横架着闻名远近的江南小桥，令人惊叹，最多时达72座半，现存41座，这里是“桥”的世界，古代建桥艺术荟萃于此。保圣寺，位于角直镇西市，距今有1 480多年历史，是江南一座古老的寺院。它与苏州寒山寺、杭州灵隐寺、南京鸡鸣寺等名刹古寺一起见证了千年的变迁。

（二）名村宅院

1. 安徽西递村

安徽省南部的黟县西递村是明清（公元1368—1911年）古民居保存得相当完好的一个村落。到现在，村里保存完好的古建筑还有120多幢。徽派建筑有“无山无水不成居”之说，因此在选择村址时十分注重环境的自然情趣和山水灵气。西递村依山傍水，同自然融为一体。古村落的选址、建设遵循的是有着 2 000 多年历史的周易风水理论，强调天人合一的理想境界和对自然环境的充分尊重。在这种理论指导下的村落选址建设，注重物质和精神上的双重需求，整个村落的整体轮廓与所在的地形、地貌、山水等自然风光取得和谐统一，具有很高的审美情趣，体现了皖南古村落的特有风貌。2000 年 11 月 30 日，西递村被联合国教科文组织列入了《世界文化遗产名录》。

2. 安徽宏村

宏村位于安徽省黟县东北部，始建于南宋绍熙年间（公元 1131 年），至今已有 800 余年的历史，被誉为“中国画里的乡村”。2000 年 11 月 30 日，宏村被联合国教科文组织列入《世界文化遗产名录》。宏村现保存完好的明清古民居有 140 余幢。全村是中国古代依据仿生学建造的，具有独特造型的“牛型村落”——“山为牛头树为角，桥为四蹄屋为身”，被誉为当今世界历史文化遗产的一大奇迹。世界遗产委员会评价：西递、宏村这两个传统的古村落在很大程度上仍然保持着那些已经消失或改变了的乡村的面貌。其街道的风格，古建筑和装饰物，以及供水系统完备的民居都是非常独特的文化遗存。

3. 广东大旗头古村

大旗头古村位于佛山市三水区乐平镇，村内的“古锅耳屋群”现存有一批清末民居，约有 200 余间，至今已有 100 多年历史，因屋墙形似铁锅之锅耳而得名。整条村统一兴建，规划整齐，部分大宅更以双层花岗岩石筑成，中间夹有铁板、铁枝，其坚固程度，耗资之大，构思之巧，令人叹为观止。

全村建筑分三部分，村头为象征“文房四宝”的文塔、水塘、地堂、大地，村前为郑氏宗祠、建威第、郑氏亲祠和振威将军家庙及宽阔的麻石广场、水井，其后是住宅区。整个建筑群为水磨青砖建筑，巷道全为花岗岩石板铺砌。其建筑、排污、防盗、逃生等方面的规划相当合理，令人称奇。该村是华南地区保存最完好、最有代表性的清代民居建筑群落。现在村里还有慈禧太后亲笔书写的牌匾。

4. 山西常家宅院

榆次常家是“晋商王朝”中的佼佼者，常家开辟了中国茶商的第一条“丝绸之路”，并创造了 200 年的辉煌奇迹。常家宅院共有两条街：“西街”、“后街”。经过近 200 年的完善，形成这两条街，深宅大院 100 余处，房屋 4 000 余间，楼房 50 余幢，占地 60 万平方米。

从布局上看，主体建筑以雄浑方正的北式庭院为主体，每个正院均分内外两进，外院南房倒座一律临街，东侧辟各式门楼。常家宅院的绮丽，主要展示在三个方面：

首先是每所方正院落的里院正中都建有一座木结构的牌楼，飞檐斗拱小巧玲珑；

其次是院落之间与院落之后，大多建有花园、菜园，有小门与正院相通；

第三是在每个院落中触目可见的砖雕、木雕、石雕和木构件上的彩绘艺术，别具风采。常家庄园是一个宏大的建筑群体，它使原先四个自然村连成了一片。

5. 山西乔家大院

乔家大院位于山西祁县。乔家大院始建于清乾隆年间，后又在清同治、光绪年间及民国初年多次增修，时间虽跨越了两个世纪，却保持了建筑风格的浑然天成。乔家大院占地 8 724. 8 平方米，由 6 幢大院 19 个小院共 313 间房屋组成。从高处俯瞰，整体为双喜字形布局，城堡式建筑。四周高 10 余米的全封闭水磨砖墙内，院与院相衔，屋与屋相接，鳞次栉比的悬山顶、歇山顶、硬山顶、卷棚顶及平面顶上，都有通道与堞墙相连。全院以一条平直甬道将6幢大院分隔两旁，院中有院，院内有园。1986年，祁县将乔家大院辟为祁县民俗博物馆，以岁时节令、衣食住行、婚丧礼仪、农商活动为主题的42个展室，2 000余件展品，较系统地反映了明清时期山西晋中一带的民间风俗。乔家大院现为国家级文物保护单位，国家4A级旅游区，是中国大院旅游的发祥地。其设计精巧，工艺精湛，被誉为“北方民宅建筑的一颗璀璨的明珠”。

2005年，《中国国家地理》杂志评出了中国最美的六大乡村古镇，包括：丹巴藏寨、哈尼村落、图瓦村、黎平肇兴侗寨、婺源、云南昆明大研镇。

第三节　水利路桥

一、中国四大古水利工程

中国历史上先后兴建的水利工程以京杭大运河、都江堰、坎儿井、灵渠最为重要。它们对地区乃至全国的经济、政治发展曾起过或仍在起着重大作用，是古人因地制宜、科学改造自然的产物，是劳动人民智慧的结晶，现在又是颇有吸引力的重要旅游资源。

（一）四川都江堰

都江堰是中国古代创建的一项闻名中外的伟大的水利工程，位于古四川灌县城西岷江上游，由鱼嘴、飞沙堰、宝瓶口三部分组成。鱼嘴为建于江心的分水堤，由此把岷江水分流导入内外二江，外江为岷江主流，内江经宝瓶口流入川西平原灌溉农田。飞沙堰在鱼嘴与宝瓶口之间，用于泄洪，调节鱼嘴流来的水流量，避免过多涌入内江。宝瓶口是引岷江水入内江的总入水口，由人工凿开的玉垒山，形成离堆。

都江堰水利工程科学地解决了江水的自动分流、自动排沙、自动排水和引水的难题，收到了“行水灌田，泄洪平灾”的功效，是世界水利工程史上的一大奇观。

青城山与都江堰（英文名称：Mt. Qingcheng and Dujiangyan），于2000年被列入《世界文化遗产名录》。

（二）京杭大运河

京杭大运河南起杭州，北至北京，全长1 794公里。南北贯穿京、津、冀、鲁、苏、浙六省市，沟通了钱塘江、长江、淮河、黄河、海河五大水系，为世界最长的人工运河。

大运河对于中国的政治、经济和文化交流，尤其是从古至今一直不可缺少的南粮北运以及在相当长时期以来的北煤南运，都发挥了难以估量的作用，并且是“南水北调”的主要通道之一。在运河上乘坐着仿古龙舟，足可吊古凭今，沿途可观览杭州、苏州、无锡、扬州、镇江等城市的风景园林及江南水乡风光，还可品尝各种湖鲜船菜。

（三）新疆坎儿井

坎儿井是分布于我国新疆干旱地区的特殊水利工程。“坎儿”即井穴，是当地人民吸收内地“井渠法”创造的。它把盆地丰富的地下潜水，通过人工开凿的地下渠道，引上地表用于灌溉和日常使用。坎儿井由立井、暗渠、明渠三个部分组成，在盆地边缘由高向低打若干口立井，再将立井逐次从地下挖通边境成串，水便从地下引出地表。它充分利用有限的地下水资源，为发展绿洲农业起到了极大的作用。

从观赏的角度来看，它们不过是在戈壁滩上的一行行土堆。现在为防止竖井被填掉，井口多加了盖子，连土堆也不明显了。但人们看到在荒漠的戈壁滩上那一片片绿洲时，当暑热难当、干渴难耐而得以痛饮沁人肺腑的清凉的甘泉时，谁能不对坎儿井这一创造发出由衷的赞叹？

（四）广西灵渠

灵渠又名湘桂运河，位于广西兴安县境，是2 100多年前秦始皇为统一岭南，命史禄主持开凿的古运河，主要工程是铧嘴、分水坝（大小天平），连接湘、漓二水，沟通了长江与珠江两大水系。与四川都江堰、陕西郑国渠并称为秦代三大水利工程，是世界上最古老的运河之一。灵渠分南渠和北渠，全长34公里。整个工程由铧嘴、分水坝（即大、小天平）、南渠、北渠、秦堤、泄水坝（即泄水天平）和陡门（又称“斗门”）组成。在兴安县城东南约3公里处的湘江上游海洋河上，首先用巨石筑成形如铧嘴的分水台，将河水分成三七开，三分流入南渠，再注入漓江，七分流入北渠，再注入湘江。故有“三分漓水七分湘”之说。其后用巨石筑起高于水面约1米、长500米的分水坝。其坝身分为两段，北坝长380米，称大天平。南坝长120米，称小天平。两段相接如“人”字，故称“人字坝”。水位低时，水受约束分别流入南、北渠。洪水时，漫过坝顶，泄入两渠中央的湘江故道溢洪。其原理与都江堰的飞沙堰基本相同。为“束水通舟”而设计了陡门，原有陡门共36处，其原理和功能与今之船闸相同，只是设施简单而已。此一工程把漓江和湘江二水连通，也即是把长江和珠江两大水系连通，而且解决了在水程30公里、落差达32米的河道中航运的问题，足见其设计水平之高超。

灵渠地近旅游胜地桂林，为其发展旅游带来了极大便利。

二、古代的道路

中国历史上曾修筑了驰道、驿道、栈道，其规模和工程的难度堪称壮举。史载秦始皇时修“驰道”，供帝王出巡之用。驿道供邮递之用，规格较低，长度在驰道之上。汉代驿道已可通西南少数民族地区，唐有驿路通北方突厥，金有驿路通上京（今黑龙江阿城），元有驿路通西藏，这些驿道多因年久而湮灭。栈道多见于悬崖峭壁处，其特点不在长，而在险。秦汉时凿蜀道，为沟通秦蜀的咽喉。蜀道自古闻名，李白曾有《蜀道难》咏叹。目前已开发以剑门关为中心的蜀道旅游线。长江三峡之栈道，与高峡湍流相映生辉。华山的栈道高悬千仞，令人望而生畏。峨眉山的黑龙江栈道则下临溪流，其上陡壁夹峙，幽曲可爱。

三、古代的桥梁

桥梁是重要的道路工程。中国的建桥历史悠久，13 世纪至 16 世纪，中国的建桥技术和桥型艺术已达到世界先进水平。中国遗存古桥甚多，不胜枚举。河北赵州桥、北京卢沟桥、福建洛阳桥、广东潮州湘子桥并称为中国四大古桥。

（一）河北赵州桥

古代桥梁中以河北省赵州安济桥最为驰名。此桥由隋代李春所建，迄今已有 1 300 多年历史，为“空腔式”拱桥，以并列条石砌就，其间用铁榫联结为一体，是世界上现存最大的单拱敞肩石桥。此种设计既减轻了桥身的重量，又可减少水流阻力，外观亦轻盈美观，乃桥梁史上的一大成就。

赵州桥桥身为单拱弧形，全长 50. 82 米，宽 9. 6 米，跨度为 37. 37 米。桥侧 42 块栏板，有“龙兽之状”浮雕，形态逼真，若飞若动。44 根望柱，形似竹节，部分雕有狮首，精致秀丽。

（二）北京卢沟桥

卢沟桥位于北京市丰台区永定河上，始建于金代，明、清两代曾进行过较大规模的修葺、重建，是北京现存最古老的联拱石桥。卢沟桥全长 266. 5 米，宽 7. 5 米，桥身下分 11 孔涵洞，桥墩呈船形。桥身两侧石雕护栏有望柱 140 根，柱头上均雕刻伏卧石狮，大小共 485 个。1937 年 7 月 7 日，侵华日军在此制造了卢沟桥事变（即“七七事变”），发动了对中国的侵略战争。中国人民伟大的抗日民族自卫战争从此开始。1987 年 7 月 7 日，中国抗日战争纪念馆在桥东的宛平城中心落成并开馆。

（三）福建洛阳桥与安平桥

福建安平桥与洛阳桥均建于宋代，都为梁式石桥，桥上也都建有多座亭、塔，而安平桥更长，原长 2 255 米，现长 2 070 米，为当时世界最长的，有“天下无桥长此桥”之誉。

洛阳桥是我国古代著名的梁式石桥。北宋皇祐五年（公元 1053 年）兴建，嘉祐四年（公元 1059 年）竣工。桥为当年郡守蔡襄主持建造，工程十分艰难。跨洛阳江入海口，桥长 834 米，宽 7 米，有 47 孔石梁横架。该桥首创“筏形桥基”：为适应江海交汇处水急浪大的环境，建桥时沿桥梁中线于江中抛巨石形成宽达 25 米的矮石堤，作为基础；在桥基大种牡蛎，依石而生，胶结成整体，首创生物固桥之先例，为我国古代的重要科学创新。

（四）广东潮州湘子桥

广济桥俗称湘子桥，位于潮州古城东门楼外，系全国重点文物保护单位，它具有集拱桥、浮桥、梁桥于一体的独特风格，与赵州桥、洛阳桥、卢沟桥并称中国著名古桥，曾被著名桥梁专家茅以升誉为“世界上最早的启闭式桥梁”。它建于宋，初为浮桥，由 86 只巨船联结而成，始名“康济”。后历代太守均加以修建，筑建桥墩，改名“丁公桥”、“济川桥”。至明代，遂筑成“十八梭船廿四洲”，更名为“广济桥”。清雍正二年，于西桥八墩和东桥第十二墩放置二只鉎牛，道光廿二年，东墩鉎牛坠入江中。广济桥一度成了货物集散和转运的重要枢纽，“一里长桥一里市，到了湘桥问湘桥”，就是当时的真实写照。

1958 年潮州政府对全桥进行加固维修，并拆除了十八梭船，改建为三孔钢桁架及两处高桩承台式桥梁。1976 年又一次进行扩建，原 7 米的桥面作为车行道，桥两侧各加宽 2 米作人行道。2003 年，广济桥全面维修，2007 年竣工。修复后的广济桥，梁舟结合，联阁重领，是一座美轮美奂、活色生香的文化古桥。

此外，中国著名的古桥还有：苏州宝带桥、程阳风雨桥以及少数民族地区的索桥、溜索、藤桥等。

四、古代的天文设施

中国古代建有不少“观星台”或“观象台”，现存主要有河南登封市周公测景台、元代的观星台和北京的古观象台。登封观星台是中国现存最早、世界上重要的古代天文建筑之一。

（一）古代地震观测设施

中国古文献中关于望星、日食、月食、地震的记载和绘制的星图，在世界均属年代最早、记载最准确的。古代关于日食的记载成为现代推断关键性年份的重要佐证。元代郭守敬和王恂、许衡等所创制的“授时历”，定一年的长度为 365 日 5 时 49 分 12 秒，比现代测定数据仅多 26 秒，其精确度远远领先于当时世界各国历法。

（二）古代的天文设施

几乎各个朝代都设有天文观测中心，并在不同地区设有观测点，研制了精密的观测仪器。现在保存较好并成为旅游点的主要有河南登封市告成镇的周公测景台（唐建）和元代郭守敬所建的观星台、北京的古观象台等。

告成镇自古被视为“地中”，因而历代多在此进行天文观测。周公定都洛阳时，曾在此以土圭测日影。唐代为纪念周公此举而建周公测景台，系在一覆斗形台上立石表，夏至日因太阳直射而石表不见影子。

元代在其附近建观星台，作为全国 27 个观测点的中心，并以观测数据创制了“授时历”。观测横梁投射在圭表上的影子的位置，即可了解太阳与地球位置的变化，以确定季节和时间。台上当时还放置有其他观星仪器和计时的“滴漏壶”等。

北京古观象台初建于元代，保存有古代天文仪器浑仪、简仪、浑象仪、玑衡抚辰仪以及清代来华的比利时传教士奉命制造的经纬仪、天体仪等，成为中国乃至世界保存古代天文仪器最多的天文展览馆。它也是世界上使用年代最久、保存资料最完整的天文和气象观测台。

第四节　民居建筑

民居建筑，是各地民众的居住形式和居室结构的总称，是传统建筑的重要类型之一。各地的民居具有鲜明的区域性和历史文化性。民居建筑，从一个侧面反映人们的生活方式、生产方式、家庭关系以及审美情趣，所以是民俗风情旅游资源的重要内容。

一、汉族民居

（一）北京四合院

中国北方的住宅以北京的四合院最具有代表性，在元代（公元1271～1368年）就已出现了。不过现存的四合院大多数是清代（公元1644～1911年）到20世纪30年代所建的。四合院的“四”字，表示的是东、南、西、北四面；“合”是围在一起的意思。也就是说，四合院是由四面的房屋或围墙圈成的。四合院的房屋是按封建宗派礼教制度的要求配置的。高大、明亮、舒适的正房由家长居住；两侧厢房供子孙居住；倒座作为书房客厅。

（二）福建永定土楼

在福建永定，有一种奇特的客家民居——闽西土楼。这是一种圆形城堡式聚居建筑。一般分内外两层，外层为主圆楼，内层房间数较少。整个土楼外形如地上冒出的大蘑菇，又像现代体育馆。永定县现存这样的圆楼360余座，其中最大最古老的一座称为“承启楼”，建于清康熙年间。该楼圆周长近2 000米，高12.42米，外层、中层、内层共有房间400间，中央还有大厅。这种土楼是土木结构，美观牢固，独具闽西客家风格。

2008年7月，福建永定土楼被列入《世界文化遗产名录》，这是中国第36项世界遗产，也是继武夷山之后，福建又一获此殊荣的文化成果。

（三）陕北窑洞

在黄土高原上的陕北、陇东、豫西和晋东南等地区，还广泛地使用窑洞式住宅。窑洞住宅一般有三种类型：靠崖窑，是在天然的断崖面上开凿垂直于崖面的横洞作为住宅，有的靠崖窑前加建厢房、门楼等地面建筑而形成院落，称为靠崖窑院，主要流行于河南、陕西、山西、甘肃等黄土高原的沟壑地区；地坑院，是在平坦的冈地上开凿一个方形、长方形乃至丁字形的深坑，再沿着坑的垂直面开凿窑洞，形成天井式窑院，这种形式流行于古代河南、山西、陕西、甘肃等黄土高原地区，至今尚存；箍锢窑院，指在地面用砖石土坯等材料建造一层或二层的拱券式房屋，现在豫西、晋中较多。

（四）江南院落

长江流域地处亚热带，住房多建成院落式，以封闭式院落为单位，一般用穿斗式与抬梁式的混合结构。从布局上看，通常沿纵轴线布置。大型住宅在中央纵轴线上建门厅、轿厅、大厅及住房，再在左右纵轴线上布置次要的住房，成为中、左、右三组纵列的院落组群，显得素雅明净。它有纵轴线但又不同于北方的四合院。这种住宅坐向不一定都是坐北面南，比较灵活。江南气候比较潮湿，为了减少太阳辐射，院落东西较宽，南北较窄，围墙高大。为通风多开漏窗，房屋后墙一般也设有窗户。

（五）广州西关大屋

西关大屋是旧广州西关的名门望族、商贾富绅的高檐深宅，兴盛于清末。大屋以其门庭高大，装饰讲究而著称。典型平面为“三边过”（三开间），正间以厅堂为主，从临街门廊—门官厅—轿厅—正厅（神厅）—头房（上有神楼祀天神及祖先）—二厅（饭厅）—尾房，形成一条纵深很长的中轴线。两旁偏间前部左边为书房及小院，右边为偏厅和倒朝房（客房），俗称“书偏”。倒朝房顶为平天台，供晒晾、赏月和七夕拜七姐等用。书偏中后部为卧室、楼梯间和厨房等。相邻大屋常有青云巷（小巷）隔开。特大型的还带有花园、戏台等。立面青砖石脚，色调清雅，正间檐口有木雕封檐板，放口处有脚门、趟栊和大门组成的“三件头”，别具特色。剖面坡屋顶高低起伏，利用小院、天井、敞口厅、青云巷、天窗、侧窗以及可活动的屏门、满洲窗等形成穿堂风，夏日特别阴凉。

（六）广东开平碉楼

开平碉楼的建筑风格和装饰艺术千姿百态，让人叹为观止。有中国传统硬山顶式、悬山顶式，也有国外（特别是欧洲大陆）不同时期的建筑形式、建筑风格，如哥特式、罗马式等等。而大多数碉楼既有这个国家的建筑风格，又有那个国家的艺术特点，很难具体界定。有人认为，在碉楼的总体造型、建筑构件和表现手法上，中国传统的建筑艺术与西方建筑风格融为一体；而西方建筑风格又有多种类型，如古希腊的柱廊、古罗马的券拱和柱式、伊斯兰的叶形券拱和铁雕、哥特时期的券拱、巴洛克建筑的山花、新文艺运动的装饰手法以及工业派的建筑艺术表现形式等等，都融进了开平的乡土建筑之中。2001 年 6 月，开平碉楼被国务院列为全国重点文物保护单位。2007 年 6 月，广东“开平碉楼与村落”被正式列入《世界遗产名录》，成为中国第 35 处世界遗产。中国由此诞生了首个华侨文化的世界遗产项目。

二、少数民族住宅建筑

（一）帐篷、毡包

帐篷由圆形围壁（哈那）和伞形（穹尼）屋顶组成，其上围覆以厚毡，然后用毛绳从四面缚起来。上开天窗作采光和通风用。帐篷型住宅，无论长期性还是临时性居住，一般都便于拆迁。毡包的门一般朝东开。

藏族民居主要有帐篷和碉房两种形式，其中帐篷是西藏牧区最普遍、最古老的一种居住形式。蒙古族民居最有特色的是蒙古包，因用毛毡覆盖，所以又叫“毡包”或“毡房”。新疆哈萨克族牧民绝大多数都按季节转移牧场，住可以拆迁的毡包便于生产和生活。

毡包的屋架用草原上特有的红柳做成圆栅和顶，然后围上用芨芨草编成的墙篱，再包上毛毡，顶部的天窗上苫活动毡子，用来通风。

（二）碉房

碉房是指在陡峭地形处用分层办法修筑的楼房，是藏族地区城市、农村及农牧区的独特民居建筑。平面呈方形，上窄下宽，平顶，一般为二到三层。碉房全用石块砌成，高十多米。不少地区倚山而建，宛如古城堡，十分壮观。羌族地区，一般人居中层，上层堆放粮食、杂物，下层圈养牲畜、堆放杂草沤粪，屋顶为粮食晒台。西藏、川西及青海、甘南一带的藏族碉房，一般为三层，底层为牲畜房与草料房，二层住人，三层为经堂。山区碉房，多有悬挑，高低错落，形成雪山峻岭中最独特的建筑。

（三）干栏式建筑

云南少数民族地区的建筑结构与热带湿热气候相适应，一般为楼阁式的竹木建筑，称为“阁楼”、“竹楼”，古称“干栏”。这种建筑有它独特的优点：一可避免虫害；二能防潮湿；三可避洪水；四利于散热；五便于看管牲畜，而且卫生。因此，阁楼建筑在云南少数民族地区沿用至今。

（四）石头房

云南大理装饰精美的石头房，不仅是白族人民喜爱的民居，也成为当地旅游资源不可缺少的一部分。这种石头房屋结构严谨，气势庄重，装饰精巧，一般有“三房一照壁”、“四合五天井”等几种常见形式。贵州布依族的村寨，也全是石墙石瓦的石屋。

第五节　古代建筑

古代建筑，是古代人民运用建筑技术和艺术营造的生活生产场所，反映了特定历史时期的社会发展和文化意识，是人类文化的物质结晶和凝聚，具有突出的旅游功能：

（1）古代建筑与历史进程密切相关，可满足游客访古探幽的心理；

（2）古代建筑是凝固的艺术，可满足游人欣赏艺术、陶冶情操的心理；

（3）古代建筑又是科学技术的凝聚，可满足游客的求奇、增长知识的心理；

（4）古代建筑类型多样，内涵丰富，可满足游客的求异心理。

一、古代建筑的主要构件及等级

中国古代建筑在多样化的同时表现出强烈的等级观念，敬天法地的崇拜思想、尊祖敬宗的宗法思想、皇权至上的统治思想、以家长为中心的家族思想在古代建筑史上留下了深深的烙印。

（一）建筑基座

建筑基座又叫台基，用于承托建筑物，防水隔潮，并使建筑物向高处延伸以显宏伟之势。在同一中轴线上的建筑物，往往台基有高有低，有尊有卑，其主要区别如下：

台基高 > 台基低；台基级数高 > 台基级数低；须弥座台基 > 其他台基；有栏杆栏板 > 无栏杆栏板。

普通基座，多用灰土、三合土夯筑而成，高度尺余，用于普通建筑。

较高级基座，高度升高，可用砖石，建栏杆，多用于府宅建筑或宫殿中次要建筑。

更高级基座，砖石砌成，下有线脚纹饰，上有汉白玉栏杆，又叫须弥座或金刚座，多用于宫殿、寺庙、佛龛。

最高级基座，多个须弥座叠置而成，多重汉白玉栏杆，为皇家宫殿所专用。

（二）开间

“间”为四柱之间的空间，是中国古代建筑的基本单元，通过面阔和进深来反映建筑物体量的大小。以间组屋，以屋组院，以院组群，是中国古代建筑的主要布局模式。古人以奇数为吉祥，面阔进深多为单数。

开间越多，建筑等级越高。一座建筑物的正面如有横列 10 根柱子，就是 9 间。9 为阳数之极，在清代乾隆以前，以面阔 9 间，进深 5 间为最高级，除皇帝的大殿外，不得如此。皇帝也就称为“九五之尊”。

乾隆时，把皇宫中的太和殿和太庙正殿都增加 2 间，最大的面阔就改为 11 间了。

（三）斗拱

斗拱处于梁柱和其他部件结合部，作用是加大木构件的接触面，增加抗震能力，是我国古建筑特有构件。方形木块为斗，弓形短木上弯为拱，斜置长木为昂，总称斗拱。斗拱可以支撑载梁挑出屋檐，同时其纵横交错重叠富于变化，又成为重要的装饰部件。斗拱彩绘和雕刻更加强化了斗拱的装饰作用，从而出现使用等级的限制。出挑层数越多，斗拱体量越大，外观越气派，而建筑物等级越高斗拱层次越多。

（四）屋顶和屋檐

屋顶是中国古代建筑极富变化、极具艺术表现力的部分，屋顶多与屋檐相配合，共同反映建筑的等级水平。

庑殿顶：皇家重要建筑、宫殿或大殿才可使用。它是四面斜坡、一正脊、四斜脊，局面略有弧度，屋角、屋檐向上翘起。

歇山顶：是四面坡和二面坡的结合。也就是东西两侧的屋面上部转折成垂直的三角形，下部仍为斜坡。有 1 条正脊，4 条垂脊和垂脊下端折向的创脊 4 条。所以又称九脊式。

悬山式：双坡屋顶，1 条正脊，4 条垂脊，屋面悬于山墙之外，又叫挑山顶。

硬山式：双坡屋顶，屋面与山墙平齐以别于悬山式。

攒尖顶：锥形屋顶，根据平面形态可分为圆形攒尖顶和多边形攒尖顶，屋顶汇于中心一点，无正脊，是塔、亭、楼、阁等建筑的常用形式。

卷棚顶：屋顶双坡，但两坡以弧线相接而无正脊。

屋檐根据檐数可分为单檐、双重檐、三重檐。重檐可增加建筑物的立面形态美感，又可减小高大建筑檐面排水对基座的冲击力，所以用“重檐三滴水”表示三重檐。

顶以庑殿顶级别最高，依次为歇山、悬山、硬山；檐以重数越多级别越高。两者结合，形成重檐庑殿顶、重檐歇山顶、单檐庑殿顶、单檐歇山顶的排序。

（五）门前石狮

古时置石狮于宫廷、官府门口，是权势的象征。等级越高，石狮越大，其头顶上的卷毛也越多。一品官官府门口的石狮，头顶卷毛为 13 个，二品为 12 个，三品为 11 个，以此类推，直至七品。七品以下门前不准置石狮。

（六）用料与色彩

屋顶用料以瓦为主，主要有釉质琉璃瓦和灰陶瓦。南北朝时琉璃瓦开始用于建筑，因材料贵重故仅饰于局部，宋元时期开始出现全铺盖使用，级别明显高于灰陶瓦，被皇家建筑所采用。琉璃瓦颜色丰富，以黄、绿、蓝为主。黄色为五色之中心，被尊为帝王之色，黄琉璃就成为皇宫主体建筑的专用色，王公贵族只可用绿琉璃瓦覆顶。民居的屋顶，只能用黑色或青色陶瓦片。

（七）屋脊装饰

古代建筑多在屋脊上饰以动物雕塑，以增加威严和神秘。正脊上的压脊兽名鸱吻，为龙之九子之一，又叫螭龙，喜登高，多塑于屋顶（或刻于碑首），流行于宋，呈张口吞脊之状。垂脊上为垂兽，戗脊曰走兽，宋代开始用走兽装饰。清代皆用单数，故宫太和殿为 11 个，乾清宫为 9 个，坤宁宫为 7 个，东、西六宫为 5 个，小殿为 3 个。

二、古代建筑的主要形式

我国古建筑至今尚无统一的、规范的分类方法和体系，但传统的分类方法有两种：一种是按材料结构分类；另一种是按建筑物的性质和功能分类。本节采用后一种分类体系。

（一）防御工程

1. 古城池

城池是指包围城市的城墙和周围的护城河。

（1）西安古城。

西安古城是在隋唐长安城皇城基础上修建的一座明代古城。建于 1370 年至 1378 年间，距今已有 600 多年的历史。后屡有修葺，是我国保存最好的一座大型古城垣。城墙周长 13.7 公里，城高 12 米，底宽 18 米，顶宽 15 米。城外护城河宽 20 米、深 10 余米。由于城墙厚度超过了高度，显得雄伟浑重。近年重修后，恢复 20 个敌楼和 4 个角楼、城门洞近 40 个。城上布置弓箭、滚木、礌石等防卫工具。南城门下复原吊桥，东城角摆设云梯。同时，还要整修护城河，改造环城林，开通环城路，使之成为城上、地面、水中均有景物的立体环城游览线，成为全国大城市中独有的城堡式公园。

（2）南京城墙。

南京城墙为明代所筑，建于元至正二十六年（公元 1366 年）至明洪武十九年（公元 1386 年）。原建宫城、皇城、外廓已毁，仅剩都城城垣。城墙以地形高低曲折变化修筑，依山傍水，十分壮观。城墙基底填以花岗岩大石条，上筑夯土，外砌巨砖，砖缝用石灰和糯米浆浇灌，墙用桐油和拌和料结顶，工程十分坚固。在 13 座城门中，以正南中华门建筑最宏伟。该门共筑了 3 道瓮城、4 道拱形门，占地 15 000 多平方米，城高 20.45 米，其规模、质量不仅居中国各大古城之冠，而且在世界筑城史上亦属罕见。

（3）平遥古城。

平遥城墙位于山西平遥县，是我国现存最完好的四座古城之一。城外表全部用青砖砌筑，内墙为土筑。城门上原建有高数丈的城门楼，四角各筑角楼，每隔 50 米筑城台一座，连同角楼，共计 94 座，今大多已残坏。城外有护城河。城内街道、市楼、商店等均保留原有形制，是研究我国明代县城建制的实物资料。

迄今为止，这座城市的城墙、街道、民居、店铺、庙宇等建筑，仍然基本完好，原来的建筑格局与风貌特色大体未动。

平遥至今保留着中国第一家银行——日升昌票号的旧址。

1997 年 12 月 3 日，平遥古城被列入《世界遗产名录》。联合国教科文组织世界遗产委员会对平遥古城的评语为：平遥古城是中国汉民族城市的明清时期的杰出范例，平遥古城保存了其所有特征，而且在中国历史的发展中为人们展示了一幅非同寻常的文化、社会、经济及宗教发展的完整画卷。

（4）丽江古城。

丽江又名大研镇，始建于宋末元初，距今已有 800 余年的历史。丽江古城位于云南西北部，是融合纳西民族传统建筑及外来建筑特色的唯一城镇。丽江古城是中国历史文化名城中唯一没有城墙的古城。古城融合了纳西、白、藏、汉各民族建筑艺术的精华。

丽江古城未受中原建城礼制的影响，城中道路网不规则，没有森严的城墙。黑龙潭是古城的主要水源。丽江民居是中国民居中具有鲜明特色和风格的类型之一。闻名遐迩的东巴文化、纳西古乐、白沙壁画等即是重要的内涵。古城内的木府原为丽江世袭土司木氏的衙署，始建于元代（公元 1271—1368 年），1998 年重建后改为古城博物院。

1997 年 12 月，丽江古城被列入《世界遗产名录》。世界遗产委员会评价：古城丽江把经济和战略重地与崎岖的地势巧妙地融合在一起，真实、完美地保存和再现了古朴的风貌。古城的建筑历经无数朝代的洗礼，饱经沧桑，它因融汇了各个民族的文化特色而声名远扬。丽江还拥有古老的供水系统，这一系统纵横交错、精巧独特，至今仍在有效地发挥着作用。

2. 长城

万里长城是中国古代军事防御体系中最大的工程建筑，也是世界奇迹的伟大工程之一。1987 年 12 月，被列入《世界遗产名录》。

修建长城是古代中原政权为防御北方游牧部落向南侵扰而采取的军事防御设施之一。论修筑年代，最早始于公元前 7 世纪的齐楚长城。秦统一之后，秦始皇于公元前 218 年动用大量人力、物力，筑起一条西起甘肃临洮、东到辽东的万里长城。目前保存下来的遗址有山西大同北部一段、内蒙古包头附近一段和甘肃临洮附近一段。汉代为了防卫北部匈奴的侵扰，于秦长城以北筑外长城。外长城西起新疆罗布泊，东北延至鸭绿江，汉长城的规模和筑城技术远远超过前代。明长城西起嘉峪关，东至山海关，总长6 350公里。明代长城不论建筑规模、体系、结构、设施的完善程度和工程技术水平及质量方面都空前绝后，可谓臻于完善。

长城主要旅游点有北京八达岭、居庸关，河北山海关、古北口、金山岭，天津蓟县黄崖关，甘肃嘉峪关等处。其中，山海关、居庸关、嘉峪关被称为长城三大关，八达岭近在京郊，建筑雄伟，游客最多，影响最大。

（二）宫廷和礼制建筑

1. 宫殿建筑

（1）建筑布局。

中国古代宫殿建筑有突出的平面建筑组群规模。层层院落的有序排列，时宽时窄的空间变化，高低错落的建筑组合，更增加了皇帝居所的尊严与神秘。

① 中轴对称。

严格的中轴对称是中国正规建筑组群的传统，皇家建筑尤其如此，不仅宫殿建筑组群，就连本应充满自然、随意的园林中，在宫殿区依然可以看到这种布局的形式。在庞大的宫殿建筑群中，可能会出现几条平行并列的纵向轴线，但宫殿的主体建筑必须布局在中央轴线上，构成九进深的庭院结构。

② 左祖右社。

这本是古代都城的布局规制。即祭祀祖先的庙宇建在皇城外的东边，祭祀土神、谷神的祭坛建在皇城外的西边。明朝永乐皇帝朱棣在营建皇宫时，把祖庙与社稷坛建在了皇城内，位于宫城前方的中轴线两侧。

③ 三朝五门。

根据帝王朝事活动内容的不同，分别在不同规模的殿堂内举行，自古确立了三种朝事活动的殿堂，名为三朝制。所谓五门制，就是在举行大型朝事活动的宫殿庭院前，沿中轴线以五道门及辅助建筑构成四座庭院，作为大朝宫殿前的前导空间。这五道门由内向外依次称为朝门、宫门、宫城前导门、皇城门和皇城前导门。

④ 前朝后寝。

中国古代宫殿是帝王处理国家大事与日常生活的地方。这两种不同行为的活动空间，在宫殿建筑组群布局中有着严格的规定。前朝后寝就是这种布局的规制。即用于各种朝会的建筑位于整座建筑群的前部，称为前朝；帝、后及其子女们生活起居的建筑位于后部，称为后寝。

（2）中国现存最完整的皇家宫殿。

① 北京故宫——紫禁城。

北京故宫，旧称紫禁城，位于北京市中心，占地72万平方米，始建于明永乐四年（公元1406年），历时14年建成。故宫是明、清两代的皇宫，有24位皇帝相继在此登基执政。故宫至今已近600年，是中国现存最大最完整的宫殿建筑群，也是世界最大的宫殿建筑群。故宫建筑群以中轴线为对称，沿中轴线、东西内路、东西外路五条纵向轴线展开。

1925 年，故宫博物院正式成立，延续至今。该院收藏历代文物 91 万件，是世界上最大的博物馆之一。1987 年被列入《世界遗产名录》。

② 沈阳故宫——奉天行宫。

沈阳故宫为清朝初期的皇宫，入关前称盛京宫阙，入关后称奉天行宫。始建于后金天命十年（公元 1625 年），历时 11 年建成，乾隆、嘉庆年间有所扩建，总占地面积为 4.6 万平方米。这是一座融汇了满汉民族建筑风格的宫殿建筑群。

依其自然布局和建筑先后，可分成三个部分：第一部分是清太祖努尔哈赤建都沈阳初期所建的大政殿；第二部分是清太宗皇太极继位后，续建的大内宫阙；第三部分是清高宗乾隆四十八年（公元 1783 年）扩建的。

2. 礼制建筑

（1）礼制建筑的基本构件。

①台基。

普通台基由垒土而成。较高级台基是汉白玉栏杆。更高级台基是金刚须弥座、汉白玉栏杆。最高级台基有多层金刚须弥座、多层汉白玉栏杆。

②面阔与开间："九五之尊"，乾隆年间改面阔 11 间。

③屋顶和屋檐：庑殿顶、歇山顶、悬山顶、硬山顶、攒尖顶。

④色彩：黄色、绿色、灰白色。

⑤门前石狮身上的卷毛：一品官 13 个，每降一级减少一个，7 品以下门前不准置石狮。

（2）礼制建筑举例。

① 太学与辟雍。

太学与辟雍是自西周以来中国的最高学府，专门用来给皇族及高级官员讲解、传授"礼"。辟雍是太学中皇帝讲"礼"的场所，是太学中的主要建筑，位于太学建筑群的中心。自古辟雍建筑由两部分组成，中心是大型的方形建筑，四面开门，周围以圆形水池环绕。目前保存最完整的是北京的国子监。

国子监位于北京东城区成贤街，是元、明、清三代的国家最高学府，始建于元大德十年（公元 1306 年）。建筑坐北朝南，中轴线上分布有集贤门、太学门、琉璃牌坊、辟雍、彝伦堂、敬一亭等。集贤门是正门，太学门是二门，门内以辟雍为中心，与北面的彝伦堂形成院落。其东西两面的廊庑构成四厅六堂。

② 坛庙祠堂。

坛庙建筑在中国古建筑中占了很大比重，其规模之大、建筑之精美也达到了相当高的程度。坛庙是祭祀天地和祖宗神灵的建筑。太庙和社稷坛是皇家专门用于祭祀活动的最早的礼制建筑。随着礼制思想的发展，明代的礼制建筑已发展到了顶峰，北京的礼制建筑胜过以前任何朝代的都城，号称九坛十八庙。清代延续了明制。孔子在维护和巩固封建统治上的重要作用，使之死后获得圣人之称，其祭祀建筑规格亦同帝王。

著名的天坛位于北京东城区永定门内大街东侧，始建于明永乐十八年（公元 1420 年），占地 270 公顷，是中国礼制建筑中规模最大、等级最高的建筑群，已于 1998 年列入《世界文化遗产名录》。社稷坛是帝王祭祀土神与谷神的地方，位于天安门西侧，与太庙左右对称，主体建筑为坐落在中轴线上的社稷坛和拜殿。

著名的庙有很多，其中太庙是唯一保存下来的中国古代太庙建筑。孔庙又称文庙、夫子庙、孔圣庙等，以孔子的故居为庙，以皇宫规格而建，是祭奠孔子的建筑。孔庙及其附近的孔府、孔林，合称“三孔”，同为世界级名胜古迹，是我国三大古建筑群（北京故宫、承德避暑山庄、孔庙）之一，占地300亩。1994年，孔庙被联合国教科文组织列入《世界文化遗产名录》。岱庙位于山东省泰山脚下，是历代帝王举行封禅大典和祭祀泰山神的地方。除东岳泰山设有岱庙外，中国其余“四岳”也设有祭祀山川神灵的岳庙；解州关帝庙隋初建于关羽故里，历代增建，规模宏大，内有结义园、春秋楼等。中国古代尊孔子为“文圣”、关羽为“武圣”，解州关庙为全国关庙之冠。岳王庙在浙江杭州市西湖畔栖霞岭下，现存建筑为清代以后陆续重建的。台湾郑成功庙，在台南市东，是台湾省56座郑庙中规模最大者，清初始建，每年农历正月十六祭奠。

③ 祠。

“祠”和“庙”是同义词，“庙”的级别比“祠”要高，往往是十分重要的人物纪念地才能称“庙”，如岳飞庙、孔庙等。祠或为家祠，或为纪念名人的场所。武侯祠位于四川成都南郊，为纪念三国蜀丞相武侯诸葛亮而建；包公祠位于安徽合肥包河公园香花墩，是纪念北宋名臣包拯的专祠；陈家祠荟萃了岭南民间建筑装饰艺术之大成，以其“三雕、三塑、一铸铁”著称，号称“百粤冠祠”；其他名祠有福建林则徐祠、四川眉山三苏祠、海南五公祠、湖南汨罗屈子祠、山西晋祠等。

（三）楼阁建筑

1. 楼阁的种类

楼阁的种类如表6－5所示。

表6－5　楼阁的种类

分类标准	主要类型
建筑材料	纯木构楼阁、砖木混筑楼阁、石筑楼阁（如碉楼）、砖石混筑楼阁（如长城敌楼）以及金属铸造的楼阁（如宝云阁）
构造	高台式建筑、多层木构楼阁建筑
外形	呈正方形或长方形，有的呈圆形，有的呈十字形，有的呈六角形或八角形，还有的为四方形和八角形交叠在一起的复合形（如成都崇丽阁）
楼层的数量	二层楼、三层楼、四层楼、五层楼……

（1）城门楼和其他军事防御性楼阁。

这类建筑，在我国的楼阁中所占比例较大，至今保存较好的也不少。它们多属于高台式，包括城楼、箭楼、城墙拐角处的角楼（故宫角楼除外），以及长城城墙的敌楼等。

（2）报时性楼阁。

报时性楼阁，指钟楼和鼓楼。钟楼和鼓楼同城楼等一样，也属于高台式建筑。有的钟楼、鼓楼还在高台下辟有门洞，可以通行人马，兼有过街楼的作用，如西安的钟楼、鼓楼等。

（3）藏书楼。

在古代，官宦修建藏书楼，喜好书籍而又有条件的个人，也修藏书楼。现在我国保存最好、修建年代最早的藏书楼宁波天一阁，就是一座著名的私家藏书楼。

（4）供神、祭神楼阁。

这类楼阁至今保存尚好的很多。观音阁、大悲阁、大乘阁、真武阁、文殊阁、普贤阁、文昌阁、魁星阁等，几乎全国各地都有。

（5）戏楼。

戏楼或者叫乐楼，是楼阁建筑中的一种重要类型。在我国的佛寺和道观中建有乐楼、戏楼，在城镇中建有戏楼，在昔日的皇宫中也建有戏楼。皇宫中的戏楼，不但规模大，设计也好。

（6）倡导文教、提倡文风的楼阁。

这类楼阁各地都有。有的楼阁中供奉着文昌帝或魁星的神像，也被称为文昌阁或魁星阁。由此看来，这类楼阁也是供神、祭神中的一种，但其有倡导文教的特殊意义。

（7）观景、赏景楼阁。

在我国，这类楼阁分布很广，南方有，北方也有，但以南方居多。为便于观赏风景，楼阁的体量比较高大，外部多修有平座、栏杆，以利眺览。

2. 中国著名的楼阁

因楼阁四周通常设有栏杆回廊，可供远眺、游憩之用。中国的文人名士将登楼阁、览胜景、吟诗作赋、抒情遣怀视为一项高雅的活动。中国古代著名楼阁首推江南三大名楼。

（1）黄鹤楼。

黄鹤楼位于湖北武汉蛇山，始建于三国，屡毁屡建，虽历朝格调不同，但耸构巍峨、重檐飞翼、势动欲飞之风格贯穿始终。

（2）岳阳楼。

岳阳楼位于湖南岳阳古城上，地处洞庭之滨。现楼为清代建筑，通高 19.72 米，三层三重檐盔顶长方形结构，极目远眺，八百里洞庭尽收眼底。

（3）滕王阁。

滕王阁位于江西南昌西侧，建于唐朝。唐高祖李渊之子滕王李元婴出任洪州都督，耗资巨万，营造城阁，故取名为滕王阁，因唐代著名文学家王勃的《滕王阁序》而闻名中外。

第六节　古典园林

一、园林的旅游功能

中国古典园林的旅游功能是与其丰富的文化艺术内涵分不开的。这种丰富多彩的文化内涵和意境深邃的艺术手法，可给游人以完整的自然美、人工美、想象美等美感，从而吸引众多的游客。

第一，中国古典园林通过综合性的艺术手段，造就了使人们获得理想美的深邃意境。

第二，中国古典园林以高超的造园手法，形成园中有画、画中有园、雅致幽美的境界。

第三，古典园林是人文旅游资源系统中最能反映我国文化特色的一种类型。

总之，中国古典园林既具有艺术观赏价值，又具有历史文化和科学研究价值，具有求乐、求美、求新、求知等多方面的旅游功能。

二、古典园林的基本类型与特征

（一）古典园林的基本类型

中国园林按性质可分皇家园林和私家园林；按建筑风格与特点又可分北方园林、江南园林和岭南园林三大类型。

北方园林以北京为代表，多为皇家园林，其规模宏大，建筑体态端庄，色彩华丽，风格上趋于雍容华贵，如承德避暑山庄、颐和园等。

江南园林以苏州的园林为代表，多为私家园林，其规模小而多奇石秀水，花木修林，亭台楼阁，色彩淡雅，装修精巧，仿效自然，以小见大，景色多样，如拙政园、留园，无锡的鼋头渚等。

岭南园林以广东为代表，其风格介于北方园林和南方园林之间，并吸收了国外造园的手法，因而形成岭南园林轻巧、通透明快的风格，如“粤中四大名园”等。

（二）各类园林的基本特征

1. 皇家园林

皇家园林主要有几个特征：

（1）宏伟浩大的建设规模。如清代清漪园，占地近 300 公顷，承德避暑山庄 560 余公顷，足见其规模之大了。

（2）多姿多彩的建筑类型。皇家园林中多勤政殿，皇帝可以召见大臣处理朝政，行使统治国家的权力。

（3）皇权意识的强烈体现。皇家园林中要体现“普天之下，莫非王土；率土之滨，莫非王臣”的寓意。

（4）在建筑和色彩上保持着皇家建筑特有的风格。

2. 私家园林

私家园林主要有以下几个特征：

（1）个性鲜明。虽然都是住宅的延续与扩展，然而构园因地制宜，风格因人而异。

（2）小巧别致。最大的园林，面积在10亩上下，最小的只有1～2亩。在如此小的空间里，还要包容山水、花木、建筑等。

（3）色彩朴素、高洁、淡雅。为了适应炎热气候中寻找清凉环境的心理需求，这里多用白色墙、黑灰色的瓦和门窗框、栗色的梁柱。

3. 岭南园林

岭南园林是明清时期闽、粤地区发展起来的私家园林。由于其发展历史较短，曾师法北方园林与江南园林，同时又受到近代西方构园方法的影响，集三方造园手法之长，结合本地自然环境的特点，形成独具风格的岭南园林。

岭南园林主要有以下几个特征：

（1）以小巧的庭院为主，但要比江南园林宽敞。

（2）在建筑装饰中喜欢采用西式的彩色玻璃及花砖等。

（3）在园林建筑上，水庭、船厅等形式运用比较多。

（4）园林内的植物以榕树、木棉树和藤本植物为主，具有明显的热带和亚热带景观特色。

保留至今并较为著名的岭南园林主要分布在珠江三角洲一带，有广东番禺的余荫山房、顺德的清晖园、佛山的梁园和东莞的可园。

三、园林构园的基本要素

中国古典园林是由山石、水体、生物、建筑等构景要素组成，按照一定的艺术思想建成的人工生态环境。

（一）山

山是园林中的第一组成要素。在城市里的园林，特别是平原地区，缺少真石山地，故园林中的山多是人工用石头堆叠的假山。

（二）水

水是园林中不可缺少的第二组成要素。在没有自然水域的地方，一般是人工挖掘，名曰凿池。

（三）花木

花木的作用不只是美化环境，更重要的是体现园林主人所追求的意境。

（四）奇石

奇石指的是造型奇特的太湖石。凡园必有石，或弧矗，或堆叠造型，一般用来增加空间内的景致内容。

(五) 建筑

园林建筑除具有宜于观、行、居、游的实用功能外，还有点缀景致、丰富景观内容、隔离空间以达到步移景异的特殊艺术效果。同时建筑还要与自然景观和谐共融。这就要求园林建筑的功能要单一，形式要多样，体量要适中，疏密要得体，彼此要通透。于是在中国古代建筑中，创造了园林建筑系列，包括厅、堂、楼、阁、亭、轩、榭、舫、廊、桥等。

四、园林构景基本手法

(一) 对景

所谓对景即两个景致相隔一定的空间彼此遥遥相对，可使游人观赏到对面景色。

(二) 借景

借景多是立面景观的构景方法。就是将园外甚至远方的景观组合到园内某一方向的立面景观中，使之景深增加，层次丰富，造成在有限空间看到无限景致的效果。

(三) 添景

添景是又一种立面景观的构景手法。在空间比较空旷、景观比较单调而无景深层次感的地方，由于某种景观的添置而改变上述状况。这种构景手法称添景。

(四) 框景

框景是用有限的空间框架去采收无限空间的局部画面的构景手法。

(五) 抑景

“欲扬先抑”是抑景手法的指导思想。即通过某景物对游人视线起暂时的阻挡作用，产生其绕过此物眼前景致豁然开朗的艺术效果。

(六) 漏景

漏景是通过院墙或廊壁上的各种造型的窗或花棱窗，将院内外或廊壁两侧的景致组合在一起，以扩大视野，丰富有限空间景观内容的构景手法。

(七) 障景

障景即在园林中起到屏障作用的景观。为了满足园林主人各方面的行为需求，园中难免有不雅致的场所或器物，为不影响全园的景致，往往在其前方造一景观将其遮挡住。

五、现存的古典皇家园林

（一）颐和园

颐和园位于北京海淀区，距市中心约15公里。清乾隆十五年（公元1750年），乾隆皇帝为其母后祝寿而建，起名为清漪园。1860年，清漪园被英法联军焚毁。1888年，清光绪年间，慈禧利用海军军费和其他款项在遗址上重建，并改名为颐和园。1900年，颐和园遭八国联军严重破坏，1903年修复。1908年，慈禧太后和光绪皇帝去世，颐和园作为皇家园林的使用功能从此结束。1949年新中国成立后，政府修复颐和园，并辟为人民公园。

颐和园是目前世界上建筑规模最大、保存最完整、文化价值最高的一座皇家园林博物馆。颐和园由三部分构成：以仁寿殿为主的政务区；由玉澜堂、宜芸馆、乐寿堂和德和园组成的生活区；风景游览区由万寿山和昆明湖组成。景区风景融合了南北园林艺术的特色，集名苑胜景于一园，是全园的主体与精华。颐和园占地4 300亩，数十处参观点分布在万寿山和昆明湖岸边，周围借景及人工美与自然美的天然巧成，向人们展示了一幅精妙绝伦的具有中国鲜明文化特色的山水画卷。

颐和园是中国古典园林建筑精粹的汇集，是中国古典园林的造园理论与方法集中体现的产物，是勤劳、智慧的中国劳动人民宏伟的艺术杰作。1998年，颐和园作为世界人民共同的遗产被列入《世界文化遗产名录》。

（二）避暑山庄

避暑山庄，又称热河行宫或承德离宫，位于河北承德市北部的群山环抱之中。始建于清康熙四十二年（公元1703年），于乾隆五十七年（公元1792年）竣工，总面积564公顷，蜿蜒起伏的宫墙长达10公里，是中国现存占地面积最大的古代帝王宫苑。

避暑山庄的建筑布局大体可分为两大部分：用于处理政务与日常居住的宫殿区，主要由正宫、松鹤斋、万壑松风、勤政殿四组建筑组成。这里的建筑布局严谨，气氛宁静，青砖灰瓦，不雕不饰，与北京故宫庄严豪华迥然不同。苑景区又可分成湖区、平原区和山区三部分。湖区在宫殿区北面，湖面宽阔，是帝后们娱乐赏景的地方。平原区在湖区北面，绿草如茵，一望无际，呈现出一派蒙古草原风光。山区约占全区面积的4/5，分布在山庄西北部，登上山巅，外八庙历历在目。外八庙为清代建筑，寺庙依山而建，形式各异。全园共72景，分别为康熙以四字题名的36景和乾隆以三字题名的36景。其包容了全国的名苑胜景，融汇了南北园林的艺术特色。

这座秀丽奇绝的皇家园林与金碧辉煌、富丽堂皇的颐和园，在中国乃至世界的园林史上都占有重要的地位。1994年，避暑山庄及周围寺庙（热河行宫）被被列入《世界文化遗产名录》。

六、现存的古典私家园林

中国古典园林是具有高度艺术成就和独特风格的园林艺术体系。历史上，苏州是古典私家园林云集的地方。苏州古典园林是与西方造园体系并驾齐驱的东方园林杰作，是世界园林发展的主要渊源之一，在世界园林发展史上有独特的历史地位和价值。1997 年，以拙政园、留园、网师园、环秀山庄为典型的苏州古典园林，作为中国古典园林体系的杰出代表列入《世界文化遗产名录》。

（一）拙政园

拙政园在苏州市娄门内。现园大致为清末规模，由中（拙政园）、西（补园）、东（归园田居）三部分组成。全园占地面积 52 000 平方米，为现存苏州古典园林之首。拙政园以水景营造为特色，水面占全园面积的 3/5。

中部为拙政园精华所在，总体布局以水池为中心，保持着池广树茂、旷远明瑟的明代规范。园景开阔疏朗，极富自然情趣。形制不同的建筑临水而筑，高低错落，疏密得宜，具有浓郁的江南水乡特色。主要景点有：远香堂、香洲、荷风四面亭、见山楼、小飞虹、枇杷园等。1961 年 3 月 4 日，列入首批全国重点文物保护单位。1997 年 12 月 4 日，被联合国教科文组织列入《世界文化遗产名录》。

（二）留园

留园，坐落在苏州阊门外留园路，现有面积 30 余亩，集住宅、祠堂、家庵、庭院于一体，是苏州四大名园之一，代表了清代风格。该园以建筑之精湛、奇石之完美、园林建筑空间组合艺术之高超为特色。

留园的建筑综合运用了江南造园艺术，以建筑结构见长，善于运用大小、曲直、明暗、高低、收放等变化组合景观，高下布置恰到好处，营造了一组组层次丰富、错落有致、有节奏、有色彩、有对比的空间体系。全园用建筑来划分空间，可分中、东、西、北四个景区：中部是全园的精华所在，以山水见长，池水明洁清幽，峰峦环抱，古木参天；东部以建筑为主，厅堂华丽，庭院精美，奇峰秀石，引人入胜；西、北部环境僻静，山溪曲流，树木葱茏，颇有山林野趣。留园以宜居宜游的山水布局，独具风采的石峰景观，成为江南园林艺术的杰出典范。

（三）环秀山庄

环秀山庄位于苏州市景德路，又名颐园。原为唐代金谷园故址，道光二十九年，汪为仁购建汪氏宗祠，立耕荫义庄，并重修东北部花园，名为颐园，又称环秀山庄。后经咸丰、同治年间战事，园多毁损。光绪年间重修。及至 1949 年，仅存一山、一池、一座“补秋舫”。1984 年 6 月至 1985 年 10 月，进行了较大规模的整修。

环秀山庄占地面积 2 179 平方米，以一座著名的太湖石假山而闻名遐迩。全园景致以山为主，池水辅之，建筑不多。园内最佳处当属戈裕良所叠假山，堪称一绝，占地不过半亩，但山体构造齐全，造型逼真，达到以假乱真的地步。60 米长的山径盘旋起伏，将峡谷、岩洞、石室、曲涧、磴道、飞梁、峰峦、峭壁等巧妙地组合在一起。该山主峰高耸 7 米有余，次峰环立，有主有从，层次分明。一池清水回绕于山峰之下，水光山色相辉映，远观近赏景色皆佳。戈氏叠山运用“大斧劈法”，简练遒劲，结构严谨，错落有致，浑然天成，有“独步江南”之誉。

环秀山庄今在苏州刺绣博物馆内，为江苏省文物保护单位，1997 年底，被联合国教科文组织列入《世界文化遗产名录》。

（四）狮子林

狮子林始建于元代，位于江苏省苏州市城区东北角的园林路，开放面积约 14 亩。狮子林是苏州古典园林的代表之一，拥有国内尚存最大的古代假山群。湖石假山出神入化，被誉为“假山王国”。

狮子林假山是中国古典园林中堆山最曲折、最复杂的实例之一。元末明初建园时，搜集了大量北宋“花石纲”的遗物，经过叠石名家的精妙构思，假山群气势磅礴，以“透、漏、瘦、皱”的太湖石堆叠的假山，玲珑俊秀，洞壑盘旋，像一座曲折迷离的大迷宫一样。假山上有石峰和石笋，石缝间长着古树和松柏。石笋上悬葛垂萝，富有野趣。假山分上、中、下三层，共有 9 条山路、21 个洞口。千姿百态的湖石，多数像狮形，大概有五百来头，有怒吼的，有酣睡的，有嬉戏打闹的，或躺或立，或大或小，或肥或瘦。在假山顶上，耸立着著名的五峰，居中为狮子峰，以其形如狮子而命名。

（五）网师园

网师园，地处苏州古城东南隅阔家头巷，被誉为苏州园林之“小园极则”，堪称中国园林以少胜多的典范。全园面积仅 8 亩多，做到了感觉宽绰而不显局促，主题突出，布局紧凑，小巧玲珑，清秀典雅，成功地运用比例陪衬关系和对比手法，获得较好的艺术效果，是苏州古典园林的代表作品。网师园的造园历史可追溯至 800 年前。1982 年被国务院列为全国重点文物保护单位。1997 年 12 月，被联合国教科文组织列入《世界文化遗产名录》。

网师园是古代苏州世家宅园相连布局的典型，东宅西园，有序结合。即以池水为中心，由东部住宅区、南部宴乐区、中部环池区、西部内园区和北部书房区等五部分组成。全园布局外形整齐均衡，内部又因景划区，境界各异。园中部山水景物区，突出以水为中心的主题。水面聚而不分，池西北石板曲桥，低矮贴水，东南引静桥微微拱露。环池一周叠筑黄石假山高下参差，曲折多变，使池面有水广波延和源头不尽之意。园内建筑以造型秀丽，精致小巧见长，尤其是池周的亭阁，有小、低、透的特点，内部家具装饰也精美多致。

七、现代仿古园林

（一）宝墨园与南粤苑

宝墨园与南粤苑同位于广东番禺沙湾镇紫坭村，宝墨园是一处集清宫文化、岭南古建筑、岭南园林艺术、珠三角水乡特色于一体的广东最大的仿古园林，占地面积 157 亩。园中建筑、园林、山水、石桥等布局合理，浑然一体、和谐自然，构成一幅幅美丽的岭南园林景色。南粤苑占地 100 多亩，是一座山水园林与岭南建筑相融合、艺术珍品与岭南园林并茂的大型山水园林，是宝墨园的“姐妹园”，是宝墨园建设的深化与伸延。

宝墨园内有宝墨堂、聚宝阁、观景楼、艺林苑、紫洞舫、龙图馆、列入世界吉尼斯之最的瓷塑浮雕《清明上河图》、巨型砖雕《吐艳和鸣壁》等景点。园中陶塑、瓷塑、砖雕、灰雕、石刻、木雕等艺术精品琳琅满目。艺林苑中展示的英籍华人赵泰来等人珍藏的古今名画、书法、陶瓷、铜器、玉器等，体现了中华民族文化源远流长，形成了独特的人文景观，是一座中华艺术大观园。全园水景，堪称一绝。众多湖与长河贯通，水清如镜，长流不息，30 多座石桥，横跨旖旎河湖之上，水中聚集的锦鲤，令游人流连忘返。

宝墨园尽显岭南水乡风韵，南粤苑则更集中展示岭南建筑艺术精髓。南粤苑的诞生可谓是番禺旅游的一张新名片，也是沙湾文化古镇的一道亮丽风景线。南粤苑景观秀美，奇石丽水，雕梁画栋，馆阁藏珍。南粤苑利用当地山水特点，将山水园林、岭南建筑、奇石珍品融为一体，曲折逶迤、华彩艳丽的“百转回廊”贯穿南粤苑全园。园内有“巍雄聚秀”大牌坊、九龙壁、迎客轩、舒心阁、四知亭、颐乐亭、汇源亭等华丽建筑群；设置了藏珍聚宝的“赵泰来藏品馆”、“霍宗杰藏品馆”、“云光璀璨珍宝馆”、“玉器馆”和“陶瓷馆”等五个展馆，以及紫水清华、百转回廊、云岩叠翠、清流漱石、桂苑飘香、云岩叠翠、飞瀑松音、乳花岩山水园林美景等 20 个景点，每一个景点都由能工巧匠精心打造，突出了惊、奇、险的特色。南粤苑既具岭南建筑的风格，又有皇家建筑的特色，生意盎然的自然美和艺术美融为一体，是一座深受游客喜爱的大型山水园林。宝墨园突破了中国古典园林在旅游表现手法上的局限性，营造了能契合现代旅游需求的仿古精品园林。南粤苑则展现了沙湾历史文化名镇和禺山风采。南粤苑作为顶级华南园林瑰宝的特色旅游景点，2007 年 12 月底动工修建，历时 1 年零 10 个月，耗资两亿多人民币，于 2009 年 9 月 28 日隆重开园。

（二）粤晖园

粤晖园位于广东东莞市道滘镇大罗沙村。占地总面积 730 多亩，其中水域面积 240 多亩，与奔腾而流的东江水道构成了独特的河湖景观。以“岭南文化”内涵为塑造目标，也被称为岭南第一大观园。该园的总体构思是营造一个传统的岭南园林特色与现代审美情趣相结合的自然山水庭园，不仅是一处规模宏伟、景色秀丽的大型园林，而且也是一块汇集岭南古建筑艺术、园林艺术、雕刻艺术、戏曲艺术、珍藏艺术于一体的珍贵的文化宝地，其深厚的文化底蕴，成为传播岭南优秀文化和对外文化交流的窗口。

粤晖园的园林包含了人们千百年来沉淀累积的关于美好生活方式的智慧，其中最主要的成分之一是对优良传统文化的尊重和继承。粤晖园展出的近百处园林作品，几乎每一处都承载着丰富的文化内涵，包括历史掌故、诗词歌赋、文化收藏、地方风情、绘画雕塑、巨型砖雕照壁“百蝠晖春”等。全园由楼馆、亭台、水榭、曲廊、石桥、假山等 108 个园林景点组成，主要景点有 15 个。其中，“百蝠晖春”巨型砖雕照壁，长 50 米，高 9 米，寓意“九五之尊”，是目前国内最大的砖雕艺术巨作。照壁以岭南传统砖雕技法，表现我国人民对美好生活向往而形成的“福”文化，也是粤晖园“福”文化的灵魂，以此为祖国的昌盛永隆祈福。粤晖园作为岭南文化的大观园，其建筑特色不仅有岭南之秀，也兼具江南之雅、北方之雄。

（三）詹园

詹园，坐落于广东中山市南区北台，105 国道旁，占地百余亩。詹园建筑以苏杭园林为基调，吸取中国古典园林之精髓，强调岭南水乡的布局脉络，结构简洁而凝重，风格古朴而洒脱。庭园层次分明，建筑重视选址，造型洗练简洁，朴实素秀，构成一种通透典雅的格调，于天光云影间映衬出青砖灰瓦、粉墙绿树、斗拱飞檐、回廊曲径。取材多为民间古旧材料，一砖一瓦、一门一窗都凝聚着历史的痕迹，阐释着园林艺术与人文景观融合的高尚审美理念。并使湖洲山、北溪河等自然风光与詹园建筑构成一体，形成天人合一的建筑风格。景区内熙德堂、品曲楼、孝道馆、善源桥、四合院这五大建筑融合南北各地建筑精华。园内无论是明清古董、千年盆栽、钟乳奇石，还是宅门漏窗、匾额屏风、对联壁画，均由园主细心挑选布置。詹园除了宏伟典雅的建筑、瑰丽多姿的花木、精湛雅致的茶艺之外，还有多种艺术表演，如话剧、变脸、杂技、歌舞等。全园突出中华孝道的文化主线。

八、东西方古典园林的风格差异

东西方古典园林风格差异如表6－6所示。

表6－6　东西方古典园林风格差异

西方古典园林	中国古典园林
固定模式	有定法，无定式
1. 选址多在向西倾斜的坡地上 2. 豪华、庞大而集中的建筑位于坡地的顶部，全园有一条顺坡延伸的、以建筑中心为起点的中轴线，控制着全园的布局 3. 道路均为横、竖、斜彼此交叉的直线，将全园分隔成若干形状规则、位置左右对称的小区 4. 道路两旁排列着整齐的树木 5. 中轴线及两侧分布着形态规则的水池	有定法： 1. “师法自然” 2. “融于自然” 3. “顺应自然” 4. “表现自然” 无定式： 1. 选址没有固定的模式，只要求地形有自然的起伏，水源比较充足 2. 园林风格没有固定的模式，只追求三境统一的个性风格。三境，即生境、画境、意境

第七节　帝王陵墓

一、陵墓的构成及其演化

（一）陵墓景观的构成

陵墓景观的构成包括三部分：陵墓建筑，有地面建筑群和地下墓穴以及棺椁；陵墓建筑上的绘画、雕刻等文化艺术；殉葬品。历代帝王和王公贵族的陵墓是现代旅游业开发的主要对象。

（二）古代帝王陵墓的演化

帝王陵墓封土形制自周朝以来，经历了“方上”式、“因山为陵”式和“宝城宝顶”式的演化过程。

1. “方上”式

“方上”式，具体方法是挖坑筑石为基，用黄土层层夯垒成覆斗形，呈三阶逐级收缩的方形夯土台，形状很像倒扣的斗，亦称“覆斗方上”式。沿用这种封土形制的朝代最多，自周朝一直延续到隋朝。

2. “因山为陵”式

“因山为陵”式，就是利用山峰作为陵墓，将墓穴修在山体中，以整座山体作为墓冢，山丘四周筑方形陵墙，四面辟门，门外设石狮，四角建角楼，陵墓气势宏大，雄伟壮观。唐朝帝王陵墓使用这种方式。

3. “宝城宝顶”式

“宝城宝顶”式，是在地宫上方，用砖砌成圆形（或椭圆形）围墙，内填黄土，夯实，顶部做成穹隆状。

（三）古代帝王陵园布局的演化

历代帝王陵墓的陵园建筑群由三部分组成：其一是祭祀建筑群，建在墓冢前方；其二是神道，是一条从陵园大门直达祾恩门的大道；其三是为帝王守护陵墓的人居住的地方，称护陵监。

在隋朝以前，陵园建筑以祭祀建筑与护陵监为主，神道比较短小，石人、石兽数量较少。其中以汉朝的护陵监规模最庞大，全国的官员、富豪均搬到陵区，为皇帝守护陵园。于是一个陵区就形成了一座繁华的城市。

唐朝开始，陵区的神道加长，并确定了神道两侧的石像生数量为 18 对。其中，高宗李治与武则天的乾陵神道最长，石像生最多，在约 8 里长的神道上，除了传统的 18 对石人、石兽外，还有 61 尊臣服于唐朝的少数民族首领和外国使节的石像。

明朝十三陵的陵园主神道长达 7 公里，祭祀建筑群为三进院，同时在宝城宝顶前加盖方城明楼。

二、古代帝陵的选址特点

帝王陵，即古代埋葬帝王和皇后、嫔妃等皇族的坟墓。其特点有三：一是陵墓范围大，环境优美；二是建筑物宏伟辉煌；三是文物众多。在选址上，主要有以下三个特点：

第一，重视所谓“山水风脉”。如北宋统治者在选择北宋陵地时，就根据“五音姓利”说（这种迷信之说将赵姓归音“角”，“角”音利于丙壬方向，这一方向称为吉方，而吉方又要求“山高水来”的山水条件），把陵区分布在高山北麓。

第二，地理位置是不容忽视的重要条件。首先，陵区位置一般都不远离京城。此外，建在山区的陵墓，还要有足够的山间小明堂（小平原），以供子孙后代的发展。

第三，选择水深土厚，没有流沙、硬岩的地方，以保证地下宫殿的施工和建筑的质量。如清道光帝陵墓，原建在东陵，但由于地质条件不好，地宫中进水，最后，不得不拆掉而在西陵重建。

三、陵墓的旅游吸引功能

第一，建筑富丽堂皇。帝王陵寝仿照皇帝宫殿形制修建。例如：秦始皇陵、唐乾陵、明十三陵、清东西陵等。参观后，能给人以雄伟壮观、豪华富丽的感受。

第二，殉葬品丰富，出土文物众多。其中包括许多珍贵文献、器物。

第三，具有较高的科学研究价值。古墓葬不仅能使参观者大饱眼福，更为考古学者了解当时的社会状况、生产水平、文学艺术、科技发展水平等提供了重要的实物依据。

第四，环境优美，风景秀丽，具有避暑、休憩的功能。我国的帝王陵园多选址于“风水宝地”。

四、中国现存的著名古代陵墓

（一）著名的帝王陵寝

1. 黄帝陵

黄帝陵是中原各族共同的祖先轩辕黄帝的陵墓，是中国保留至今最古老的帝陵，初建于春秋时期。黄帝陵封土为丘状土冢，据说为衣冠冢。其高 3.6 米，周长 48 米，占地 200 平方米，周围环以 1.78 米高的砖砌花墙。陵前立一石碑，上书“桥山龙驭”，为明朝嘉靖年间所立，碑前为一八柱祭亭，内立郭沫若手书“黄帝陵”碑。

2. 秦始皇陵

秦始皇陵位于陕西临潼的骊山脚下，是中国古代最大的一座帝王陵墓，也是世界上最大的一座陵墓。作为我国历史上第一个统一封建王朝的统治者，秦始皇从即位（公元前246 年）就开始为自己筑建陵墓，前后长达 37 年，动用刑徒 72 万人，可见营建规模之大。

秦兵马俑坑被誉为“世界第八奇迹”。1987 年被联合国教科文组织列入《世界遗产名录》。

1976 年在第一号坑遗址上修建了秦始皇陵兵马俑坑博物馆，馆内复原了兵马俑坑千军万马的威武阵势。

3. 西汉帝陵

西汉历时 210 年，有 11 位帝王临位，在关中形成了西汉帝陵群，除文帝霸陵和宣帝杜陵在渭河之南外，其余 9 陵呈“一”字形分布于渭河北的咸阳塬上。

4. 唐代帝陵

唐代历 290 年 20 帝，其中 18 位皇帝葬于渭水之北、北山之阳，东西绵延 120 多公里，号称唐十八陵。

5. 北宋帝陵

北宋帝陵地处河南巩义市境内，高山与洛河之间，其一改居山面河、居高临下的布局传统，面高山而背洛水，南高北低，陵台最低，这是因赵姓在五音中属角，“吉自高山来”的风水思想影响所致。宋陵规制整齐划一。南宋帝陵位于浙江绍兴一带，因思归葬中原，营造简陋，今尚存遗迹。

6. 元代帝陵

元代帝王驾崩，多运草原深埋，马踏去迹，不封不树，难觅所在，仅存有成吉思汗陵。成吉思汗陵位于内蒙古伊金霍洛旗的鄂尔多斯草原，伊金霍洛旗境内的甘德利敖包（土石山丘）之上。陵园方圆 7.5 公里，由 3 座蒙古包式大殿和廊庑构成。

7. 明代帝陵

明代帝陵分为三处，即南京明孝陵、北京明十三陵和景泰陵。

明孝陵为明代开国皇帝朱元璋之陵，位于紫金山南麓，复土起坟，并首创宝城宝顶式墓制，影响了明、清两代帝王陵墓的墓制。

明十三陵位于北京昌平天寿山南麓，陵区方圆 40 平方公里，山势环绕，诸陵依山而建，环葬着明代的十三位皇帝，形成了庄严和谐的整体布局。十三陵以地面建筑宏伟的长陵和唯一打开地宫的定陵闻名于世。

8. 清代帝陵

清代帝陵共分三处陵区，即关外三陵（辽宁新宾的四祖永陵、沈阳东郊努尔哈赤的福陵和沈阳北郊皇太极的昭陵）、河北遵化清东陵和河北易县的清西陵。清东、西陵墓群为清朝定都北京后的帝王与后妃的两大陵墓群，是我国现存规模宏大，建筑体系完整的皇家陵墓群。其建筑体系结构与明十三陵基本一样。

（二）中国著名的现代陵墓

中山陵是孙中山先生的陵墓，位于南京市东郊钟山中部第二峰茅山南麓。1926 年 1 月兴建，1929 年春落成，同年 6 月 1 日，孙中山先生的遗体由北京香山碧云寺移此安葬。陵墓呈木铎式，傍山而筑，由南往北逐级升高，依次为牌坊、墓道、陵门、碑厅、平台，最后是祭堂和墓室。墓室海拔 158 米，从墓道入口到墓室距离 700 多米，共有石阶 392 级。祭堂中为孙中山石雕坐像，四周有孙中山革命事迹浮雕，四壁墙上刻有他的遗著《建国大纲》。祭堂后面是球状结构的墓室，正中是圆形大理石圹，中间是长方形墓穴，棺上镌有孙中山长眠卧像。

（三）独特墓葬

中国历史上由于葬法之别，不仅土葬成墓，其他葬法亦可成墓。其墓之奇令人费解，旅游吸引功能独特。

1. 悬棺崖墓

崖墓悬棺葬法，是流行于我国古代一些少数民族的葬法，或利用自然崖壁平台、洞穴、缝隙安固棺木，或打孔设棺柱悬吊棺木。江河之滨，峭壁之上，棺木高悬，充满神秘与悬念。

2. 塔葬墓

塔葬随佛教的传入而兴起，佛门高僧圆寂后，建塔存放遗骨。知名佛教寺院多有塔墓，但以河南少林寺塔林最为有名。少林寺塔林位于寺西，现存自唐以来砖石墓塔220多座，式样繁多，造型各异，既是佛教文化的产物，又是古代砖石建筑和雕刻艺术的精品。

【本章小结】

1. 中国的文物遗址较多，为旅游业提供了丰富的人文旅游资源，包括古人类文化遗址、古城池遗址（楼兰遗址、交河故城）、名人故居和活动遗址、革命遗址及纪念地。

2. 中国著名的七大古都：北京、西安、南京、开封、洛阳、杭州和安阳，它们拥有丰富的旅游资源，并且各有特色。著名的古城又有丽江古城（大研古城和纳西文化）和平遥古城，均被列入了《世界遗产名录》。古镇名村也为我国的旅游业提供了丰富的资源基础，有著名的江南古镇：中国第一水乡——周庄、千年文化古镇——同里、乌镇和甪直镇；同时，有名村宅院：安徽西递村、安徽宏村、广东大旗头古村、山西常家宅院和山西乔家大院。

3. 四川都江堰、京杭大运河、新疆坎儿井和广西灵渠被称为中国四大古水利工程。中国著名的古代桥梁有河北赵州桥、北京卢沟桥、福建洛阳桥和安平桥、广东潮州湘子桥。

4. 所谓民居建筑是指各地民众的居住形式和居室结构的总称，各地的民居具有鲜明的区域性和历史文化性，是民俗风情旅游资源的重要内容。中国典型的古代汉族民居有：北京的四合院、福建永定的土楼、陕北的窑洞、广州的西关大屋、安徽的徽派民居等；而少数民族的住宅独具民族和地方特色，包括北方游牧民族的帐篷、毡包以及南方少数民族的各种干栏式住房、藏族碉房、羌族碉楼等，极具旅游开发价值。

5. 古代建筑的主要构件及等级有：建筑基座/台基、开间、斗拱、屋顶和屋檐、门前石狮、用料与色彩、屋脊装饰。其主要形式包括防御工程（古城池、长城）、宫廷和礼制建筑、楼阁建筑（江南三大名楼）。

6. 园林与山水画、烹饪以及京剧并称为中国文化四绝。中西方的园林有着较大的区别，中国古典园林按性质可分为皇家园林和私家园林，而按建筑风格与特点又可分为北方园林、江南园林和岭南园林。各种类型的园林各具特色，具有重要的旅游价值。山、水、花木、奇石、建筑（厅、堂、楼、阁、亭、轩、榭、舫、廊、桥）是园林构园的基本要素，而园林构景的基本手法有对景、借景、添景、框景、抑景、漏景和障景。

7. 帝王陵墓已经得到了很大程度的旅游利用，其主要由陵墓建筑、陵墓建筑上的绘画、雕刻等文化艺术以及殉葬品三部分组成。中国古代帝王陵墓演化的过程为“方上”式—“因山为陵”式—“宝城宝顶”式。中国现存著名的帝王陵寝有黄帝陵、秦始皇陵、西汉帝陵、唐代帝陵（昭陵、乾陵）、北宋帝陵、元代帝陵、明代帝陵（南京明孝陵、北京明十三陵和景泰陵）、清代帝陵（东陵、西陵）。

【关键词】

历史古迹　古代建筑　礼制建筑　皇家园林　私家园林　封土形制

【思考与练习】

1. 历史古迹旅游资源有哪些类型？各有什么特点？
2. 简述中国古城池的建设特点。
3. 中国七大古都的旅游特色及其历史遗存有哪些？
4. 简述长城三大关、四大古水利工程、四大古桥的名称及其分布。
5. 简述中国四大古建筑和三大殿宇、江南三大名楼的旅游价值。
6. 简述礼制建筑的基本构件及纪念性建筑物。
7. 简述中国著名的民居及其分布特点。
8. 中国“文化四绝”指什么？
9. 简述中国四大古园林、苏州四大名园、广东四大名园、江南三大名石的名称及特点。
10. 简述中国园林的分类及其基本建筑、各自的特色及分布。
11. 试述中国皇家园林与私家园林的异同。
12. 简述中式园林的基本建筑类型和中西式园林的差异。
13. 简述古代帝陵的演变形式、基本结构、选址特点、旅游吸引功能及中国著名帝王陵寝的名称、特点及其分布。

第七章　宗教文化

【本章要点】

1. 四大宗教的创立与传播。
2. 宗教建筑的共同特点；宗教三大建筑的旅游特色。
3. 中国佛教、道教名山及其旅游价值与特色。

第一节　中国四大宗教

宗教是人类思维活动的产物。由于各地区的自然环境、社会历史、民族习俗的不同，出现了不同形式，有组织的宗教。中国是个多宗教的国家。中国宗教徒信奉的主要有佛教、道教、伊斯兰教和基督教，称“中国四大宗教”。

一、汉族宗教信仰的特点

汉族宗教信仰的特点是采取兼容并蓄的态度。道教是本土宗教，部分汉族人信仰它。其他宗教，如佛教、基督教、伊斯兰教等为外来宗教，也被部分汉族人接受。

任何外来宗教都必须地方化、民族化，才能存在和发展。

二、少数民族宗教信仰状况

中国少数民族宗教信仰状况如表 7－1 所示。

表 7－1　中国少数民族宗教信仰

宗教信仰	少数民族
伊斯兰教	西北地区的回族、维吾尔族、哈萨克族、柯尔克孜族、塔吉克族、乌孜别克族、塔塔尔族、东乡族、撒拉族、保安族等
藏传佛教	西藏自治区、青海省、内蒙古自治区、四川省、甘肃省等地的藏族、蒙古族、裕固族等
大乘佛教	白族、壮族、布依族、侗族、畲族、纳西族、彝族、羌族、满族、朝鲜族等
小乘佛教	傣族、德昂族、阿昌族、布朗族、佤族等
东正教	俄罗斯族、鄂温克族等

三、佛教

（一）印度佛教的创立

佛教是对中国影响最大的宗教。佛教发源于印度，约创立于公元前6世纪，是世界各大宗教中创立时间最早的宗教。创始人名悉达多，姓乔达摩，佛徒尊称其为“释迦牟尼”。释迦牟尼生活的年代大约与中国的孔子同时。他是古印度迦毗罗卫国（今尼泊尔南部提罗拉科特附近）净饭王的太子，其母是摩耶夫人。相传他诞生于蓝毗尼花园。释迦牟尼长大后深感人间的苦恼，所以29岁时出家苦修6年。35岁时他发觉苦行并不是解脱之路，于是弃而至菩提伽耶的一棵菩提树下打坐，静思人生真谛，终于在一天晚上大彻大悟而成道。得道后，他在鹿野苑初转法轮，弘扬佛教。传教45年后，80岁时在拘尸那迦圆寂（涅槃）。释迦牟尼的出生地蓝毗尼花园（今尼泊尔境内）、成道地菩提伽耶、初转法轮地鹿野苑、涅槃地拘尸那迦是举世闻名的“佛祖四大圣迹”。

（二）佛教在中国的传播

佛教在中国已有2 000年的历史。现在中国有佛教寺院1.3万余座，其中藏传佛教的寺院三千余座。佛教传入中国的确切年代尚无定论，异说颇多，大体在公元前后两汉之际。由于传入的时间、途径、地区、民族文化和社会历史背景的不同，中国佛教形成三大系，即汉地佛教（汉语系）、藏传佛教（藏语系）和云南地区小乘佛教（巴利语系）。

1. 汉族地区佛教

佛教最早传入我国的时间是在西汉末年。东汉永平十年（公元67年），朝廷派人去西域，并于洛阳城外建佛寺（白马寺）。从此佛教在中国流传，佛经的翻译与研究日渐发展。隋唐时期，佛教达到鼎盛，并逐渐形成了各种宗派。隋朝皇室崇信佛教，唐朝皇帝崇信道教，但对佛教等其他诸多宗教都采取宽容、保护政策。

佛教在中国的发展大致经历了译传、创造和融合三个阶段。

（1）两汉之际、魏晋、南北朝时期为译传阶段。中国先后译出大量的佛教经典，研究佛教的风气成为一时之盛。

（2）隋、唐两代是中国佛教的创造阶段和鼎盛时期。僧人分别以一定的印度佛教经典为依据，开宗立派，创构了自己的理论体系，形成三论宗、天台宗、华严宗（贤首宗）、法相宗（慈恩宗）、律宗、净土宗、禅宗、密宗（真言宗）等八个主要宗派，为中国佛教鼎盛时期。

（3）中国佛教在宋、元、明、清四朝处于融合阶段。佛教在这900年间空前广泛、深入地与中国的文化全面结合。一方面佛教与儒道融合，成为“三教合一”历史背景下的佛教；另一方面，佛教借助文学、绘画、雕塑、建筑等艺术形式，成为民间风俗习惯、民族心理与思维，乃至语言素材构成的重要有机成分。元、明、清三代，汉地精英佛教停滞、衰退，而大众佛教取得长足发展，出现“家家观世音，户户阿弥陀”的局面。这一阶段从教派上说，主要流行禅宗和净土宗，其他各宗逐渐衰落。

近代汉地佛教，除少数律寺（律宗）和讲寺（天台宗）外，几乎都是禅宗丛林。

2. 云南少数民族地区小乘佛教

中国南传佛教即小乘佛教主要分布于云南省的西双版纳傣族自治州、德宏傣族景颇族自治州。思茅地区、临沧地区、保山地区，傣族、布朗族、阿昌族、佤族的大多数群众信仰南传佛教，截至1990年第四次人口普查，约有信徒100多万。

小乘佛教传入云南有两大路线。大致地说，西双版纳的小乘佛教受泰国佛教的影响较大，德宏地区的小乘佛教受缅甸佛教的影响较大。西双版纳的小乘佛教大致兴起于隋唐时期，宋代得到较大发展，元、明、清三代是鼎盛时期。德宏地区的小乘佛教大约于16世纪中叶后由缅甸传入，小乘佛教保持如法如律、精进修学的早期佛教传统，崇拜佛牙、佛塔、菩提树等释迦牟尼的纪念物，又特别重视禅定和早期佛教的一些戒律。

小乘佛教对傣、布朗、德昂、阿昌等民族的文化、政治和习俗都有深刻影响。傣族每个男子都要在少年时期当一次和尚，3年到7年后还俗；有些人成为终身僧侣。没当过和尚的傣族男子会被人瞧不起。

3. 藏传佛教

藏传佛教，或称藏语系佛教（俗称“喇嘛教”）。佛教没有传入西藏以前，藏民信奉原始的苯教。藏传佛教在其发展过程中出现两次大高潮，即前弘期和后弘期。7世纪中叶到9世纪中叶的200年间为前弘期，佛教从印度、汉地两个方向传入西藏地区，为藏传佛教的形成时期。841年藏王朗达玛废佛，佛教传播中断136年。10世纪末叶到15世纪初500年间为后弘期，这一阶段佛教再次从印度传入，是藏传佛教的大繁荣时期，产生许多互不隶属的教派。

藏传佛教源于印度，但吸收了原始苯教的一些神祇和仪式。在教义上，是大、小乘兼容而以大乘为主；大乘中显密共修，先显后密，并以无上瑜伽密为最高修行次第，形成藏密。咒术性、对喇嘛异常的尊崇、活佛转世思想和宗教与政治的结合，是藏传佛教的四个特色。

活佛转世制度为藏传佛教所特有。所谓“活佛”，系汉族称谓，藏语为“朱古”，意谓神佛化现的肉身。按藏传佛教说法，一个活佛圆寂后，其灵魂转移，化身为另一肉体的人，即转世灵童。在清代顺治、康熙年间，清政府先后正式册封宗喀巴的再传弟子为达赖喇嘛和班禅额尔德尼。从此正式形成两大活佛转世制度。历代转世，必须经中央政府批准。

藏传佛教现在有四大教派，即：宁玛派（因该派僧人穿戴红色袈裟、僧裙、僧帽，俗称“红教”）、萨迦派（因该派寺院围墙涂有象征文殊、观音和金刚手菩萨的红、白、黑三色花纹，俗称“花教”）、噶举派（因该派僧人穿白色僧裙和上衣，俗称“白教”）和格鲁派（因该派僧人戴黄色桃形僧帽，俗称“黄教”）。格鲁派（黄教）是15世纪初宗喀巴创立的教派，其后世弟子形成达赖和班禅两大活佛转世系统。由于明清两朝的册封、扶持，格鲁派成为藏区执掌政权的教派，势力最大。

上述藏传佛教四派加上当地原始宗教苯教（因该派僧人穿黑色僧衣，俗称“黑教”），合称“西藏五大教派”。

四、道教

（一）道教的创立和发展

道教发源于中国，是中国土生土长的一种宗教，距今已有1 800余年的历史。它的教义与中华本土文化紧密相连，深深扎根于中华沃土之中，具有鲜明的中国特色，并对中华文化的各个层面产生了深远影响。现有道教宫观1 500余座。

道教正式创立于东汉末年，其标志是太平道和五斗米道的出现。东汉末年，即东汉顺帝时（公元126—144年），在蜀中鹄鸣山（今四川省大邑县境内），张陵（又称张道陵）倡导五斗米道，因信徒入教必须交五斗米，故名之。张陵之孙张鲁继续弘扬其教，奉老子为教主，以《老子五千文》为主要经典，并亲自作《老子想尔注》解释《老子五千文》。因老子宣扬“道”，所以“五斗米道”即为早期的道教。后来，倡导道教的张陵，被称为张天师，被尊为道教的创始者。稍后的张角创“太平道”，也属于早期道教。

南北朝时期，经过葛洪、寇谦之、陆修静、陶洪景等人的努力和改革，道教成为与佛教并列的中国正统宗教之一。南北朝以后，五代统治者基本上都重视儒、佛、道三教，只是各个皇帝对每个教的喜爱、信奉程度有差异，有的更重视佛教，有的更重视道教。在尊奉的同时，统治者也加强了对佛、道二教的控制。

唐宋时期，道教受到统治阶级的推崇而得到进一步发展，形成了多种流派，元以后逐步形成全真派和正一派两大流派。明代道教走向衰落，对统治阶级的影响远逊于唐宋时期。

到了清代，皇室尊崇藏传佛教，对道教采取严厉限制的方针，道教更加衰落，活动主要在民间。

（二）道教的两大派系

道教徒有两种：一种是神职教徒，即“道士”。据《太霄琅书经》，“人行大道，号曰道士”、“身心顺理，为道是从，故称道士”。他们按地域可分为茅山道士、罗浮道士等；从师承可分为“正一”道士、“全真”道士等；按宫观中教务可分为“当家”、“殿主”、“知客”等。

另一种是一般教徒，人称“居士”或“信徒”。宫观是道家最主要的组织形式，是道士修道、祀神和举行仪式的场所。

自金元至今，全国道教形成了全真道与正一道两大教派。

1. 全真道为金初创立的道教宗派

全真道主要创派人为王重阳。全真道以《道德经》（道经）、《般若波罗蜜多心经》（佛经）和《孝经》（儒经）为主要经典，主张儒、释、道三教合一。在修行方法上，重内丹修炼，不尚符箓，不事黄白之术（冶炼金银之术），以修真养性为正道。全真道士必须出家住宫观，不得蓄妻室，并制定严格的清规戒律。全真道仿佛教建立了丛林制度，各地全真道士云游至全真十方丛林，均可栖息学道。在元代，王重阳的七大弟子又分别开创全真道七个支派，其中以长春子丘处机开创的龙门派势力最大，至今全真道仍以龙门派人数最多。

2. 正一道是元代形成的道教宗派

元成宗大德八年（公元1304年）授江西龙虎山三十八代天师张与材“正一教主，主领三山符箓”。三山符箓，指江南的龙虎山（正一派本山）、阁皂山（灵宝派本山）和茅山（清派本山）等以符箓为主的道教三大宗。正一道的形成，事实上是江南道教的统一命名，统归龙虎山天师府的领导，并以此与北方的全真道相对。正一道集符箓派之大成，以行符箓为主要特征（画符念咒、驱鬼降妖、祈福禳灾），奉持的主要经典为《正一经》。道士可以有家室，可不出家，不住宫观，清规戒律也不如全真道严格。

目前，全国道教宫观大部分属全真派。正一道主要流行于江南地区和台湾省。

五、伊斯兰教

伊斯兰教于公元7世纪传入中国。伊斯兰教为中国回族、维吾尔族等10个少数民族的群众信仰。这些少数民族总人口约1 800万，现有清真寺3万余座。

（一）伊斯兰教的创立和传播

1. 伊斯兰教的创立

伊斯兰为阿拉伯语的音译，本意为“顺服”，即顺服唯一的安拉。中国曾称其为“清真教”、“天方教”、“回教”等。其教徒称穆斯林，穆斯林为阿拉伯语的音译，本意为“顺服者”，即顺服安拉意志的人。伊斯兰教与佛教、基督教并称为世界三大宗教。伊斯兰教创建于7世纪初，创始人为穆罕默德。穆罕默德是一位宗教家、思想家、政治家和军事家，生于阿拉伯半岛麦加，40岁时开始传教。公元622年他迁往麦地那，建立政教合一的宗教公社。公元630年，他亲自率领万人组成的穆斯林大军攻克麦加城，并以麦地那为中心，统一了阿拉伯半岛，建立了政教合一的国家。公元632年6月8日，穆罕默德于麦地那归真（即逝世），葬于该城清真寺。

2. 伊斯兰教在中国的传播

伊斯兰教主要分布在西亚、北非、中亚、南亚和东南亚等地区，在伊朗等国被定为国教。唐永徽二年（公元651年）传入中国，传入中国的路线有两条：

（1）丝绸之路（陆路）。即从大食（今阿拉伯），经波斯（今伊朗），过天山南北，穿过河西走廊，进入中原，沿着丝绸之路而传入。

（2）香料之路（海上丝绸之路）。即从大食（今阿拉伯），经印度洋，到天竺（今印度），经马六甲海峡，到东南沿海广州和泉州等地，沿着海上丝绸（香料）之路而传入。

（二）伊斯兰教主要宗派

伊斯兰教主要分为两大派：

1. 逊尼派

逊尼派是伊斯兰教中人数最多的一派，中国穆斯林大多属于逊尼派。

2. 什叶派

什叶派是伊斯兰教中人数较少的一派，主要分布在伊朗、伊拉克、巴基斯坦、印度、也门等地。中国有些少数民族，如新疆塔吉克族就信仰什叶派。

六、基督教

基督教（新教）于公元19世纪初传入中国，并在鸦片战争后大规模发展。中国现有基督教堂1.2万余座，简易活动场所（聚会点）2.5万余处。

（一）基督教的创立与发展

基督为“基利斯督”的简称，意指上帝所差遣的救世主，为基督教对耶稣的专称。所谓基督教，即信奉耶稣基督为救世主的各教派的统称。公元1世纪由巴勒斯坦拿撒勒人耶稣创立。相传耶稣是上帝的独生子，为圣灵降孕童贞女玛利亚生养成人。传说耶稣掌握许多神术，能使瞎子复明、跛子行走、死人复活，因为得罪当权者而被钉死在十字架上。据传其死后第三天复活，显现于诸门徒，复活后第40日升天。据称，耶稣将来会再度下降人间，审判世界，在地上按上帝的意志拯救人类。耶稣的受难是因十二门徒中的犹大出卖造成的，受难之日为星期五。

《最后的晚餐》中连耶稣有13人，所以有些西方人忌讳数字“13”，并将每月13日与星期五视为凶日。

在基督教发展的历史上，发生过两次大的分裂，因而形成三大教派。

第一次分裂由争夺教权而引发，发生在公元11世纪中叶。基督教分裂为西部的天主教和东部的正教（即东正教）。天主教又称公教。

第二次分裂由宗教改革而引发，发生在公元16世纪。从天主教内部脱离出新的宗派——抗罗宗，我国称为新教。新教反对教皇的绝对权威，不接受教皇支配，不承认天主教某些教义。新教在中国又称为耶稣教或基督教。

（二）基督教传入中国概况

对于基督教的传入，历史上有基督教四传中国之说。

1. 基督教一传中国

基督教一传中国是指流行于中亚的基督教聂斯脱利派从波斯来华传教，时逢唐朝“贞观之治”。获得“景教”之名的聂斯脱利派很快取得“法流十道”、“寺满百城”的成功，然后在845年唐武宗崇道毁佛的风云中，被作为“胡教”与其他外来宗教一起遭到厄运。

2. 基督教二传中国

基督教二传中国是指景教在元朝的复兴和罗马天主教来华传教。被蒙古人称为“也里可温”（意即“有福缘之人”）的基督教，主要是对蒙古民族产生了文化影响。随着元朝的灭亡，其传播也迅即消失。

3. 基督教三传中国

基督教三传中国是指明清之际以天主教耶稣会士为首的西方传教士在华展开的广泛而

深入的传教活动。利玛窦等耶稣会士努力向中国文化“趋同”，主张将中国的孔孟之道和宗法敬祖思想与天主教的教义体系相融合，以求得基督教文化在中国的生存与发展，于是引起其他恪守天主教传统的教士的反感，天主教会内部爆发“中国礼仪之争”。后因罗马教皇和康熙皇帝的各自干预，导致双方的直接冲突，并产生康熙宣布其为禁教并驱逐传教士的结局。

4. 基督教四传中国

基督教四传中国是指鸦片战争后西方基督教各派传教士蜂拥来华，在不平等条约保护下强行传教，并取得成功。

第二节　宗教文化与建筑

宗教是中国传统文化的有机组成部分，从古至今一直影响着人们的精神生活。在漫长的历史长河中，构成我国宗教文化的有佛教文化、道教文化、伊斯兰教文化、基督教文化（含天主教文化）和少数民族地区的原始宗教文化等等。诸多的宗教文化多姿多彩，林林总总，成为中国传统文化中一道亮丽的风景线。宗教对游人向来具有很强的吸引力。其原因包括两个方面：一是宗教本身；二是宗教文化。

一、宗教的旅游吸引力

宗教的旅游吸引力主要表现在以下几个方面：

第一，每个宗教都有各自数量可观的信徒。教徒们出于对宗教的虔诚，到寺庙、宫观去烧香拜佛、祈祷还愿或到宗教圣地去求法朝圣，形成庞大的宗教朝觐流。例如：沙特阿拉伯的伊斯兰教圣地麦加，每年都有数百万世界各地的穆斯林云集于此。中国的五台山、峨眉山、九华山、普陀山等佛教名山；武当山、崂山、青城山、龙虎山、三清山、齐云山等道教名山（泰山等“五岳”名山也属于道教名山）；西安的大兴善寺、北京的广济寺、上海的玉佛寺、南京的鸡鸣寺、武汉的归元寺、杭州的灵隐寺、洛阳的白马寺、广东的南华寺等，几乎每天都吸引着大批香客。

第二，宗教活动对广大非教徒游客亦有很强的吸引力。游客并非出于对宗教的虔诚，而是因对宗教活动有着新奇和神秘感而到寺庙宫观参观游览的。这说明宗教文化本身就是一种旅游资源。

第三，我国宗教圣地、名山古庙、道观浮屠四处林立，寺观要么处于城市之中，要么处于名山胜地，环境幽雅静谧，往往是历代旅行家和文人墨客必到之地。他们的诗词题刻、楹联匾额、书画佳作给寺庙增添了光辉。古来不少文人学士与僧侣结下友情，留下佳话。众多的寺庙、道观和教堂，不仅是各派教友活动的场所，也是历代书法、建筑、雕刻、园林等艺术荟萃之地。仅至今保存的教堂、寺庙，建筑风格多彩多姿、异彩纷呈，就让人叹为观止。

二、宗教建筑的共同特点

宗教虽然是一种崇拜超现实神灵的社会意识形态，但宗教建筑是人类智慧和劳动的结晶，是一个国家民族文化的组成部分，体现了民族文化的特点。宗教建筑及雕塑、壁画等造型艺术都是宗教文化的重要组成部分，也是对游人具有吸引力的主要客观因素。

宗教建筑包括寺庵宫观、殿堂洞窟和塔等。设计者调动一切建筑手段刻意营造一种"神圣崇高"的气氛，使人们步入寺庙殿堂时无形中便产生对神的敬畏心理。无论西方的教堂还是东方的佛殿，在光线运用和结构布局上都极为讲究，其共同点如下：

（1）内部光线较暗，以突出灯光或烛光，而减少外界的自然光的影响。这是为了引导人们暂时忘掉苦难的现实而沉浸于对天国的幻想中。佛殿则有轻烟缭绕的香火，产生一种神秘莫测的气氛。

（2）宗教建筑一般具有因地制宜、将人工美与自然美相结合的特点。它们在选址、布局、造型、用材、色彩方面都能巧妙地利用自然形胜，形成强烈的宗教气氛。五台山、泰山、华山、峨眉山、武当山等山寺宫观，莫高窟、悬空寺、乐山大佛等名胜古迹，都建在高山峭壁、地势险要的陡崖处，加之密林幽谷、云绕雾罩，使人产生仙境奥妙之心理。有的还运用天文、光学、声学现象造成某些奇观。

（3）建筑内部空间不求其敞，而求其高。如泉州开元寺大雄宝殿面宽 9 间，进深 6 间，却设计用 100 根立柱，故称"百柱殿"（由于中央置佛像而减少 6 根）。这并非完全出于建筑功能的需要，而是出于建筑艺术的考虑，为的是增强建筑物高耸的感觉，产生强烈的超脱尘寰的效果。北京雍和宫万福阁面积并不大，内有檀香木弥勒站像，高 26 米（地上 18 米），必须仰头才能看到佛顶。这并非不能建造更大的佛殿，而是只有这样才足以突出弥勒佛之高大。

（4）采用多进院落构成布局严谨的建筑群，并借助自然地势，使每进院落逐次增高。在主殿前常有数十级至百余级台阶，这样便不必用建筑物自身的高度，而利用台阶地势就可以突出神佛的崇高。例如：五台山菩萨顶前有石阶 108 级。陕西佳县白云观真武殿前设 4 道山门、618 级台阶，远望之，陡立腾空，异常雄奇，人称"神楼"。浙江雁荡山灵峰观音洞，洞内依岩建 10 层楼房，由洞口至洞顶需上 377 级石阶。

三、中国宗教的三大建筑

（一）寺观

1. 汉地佛教寺庙常见的殿堂

（1）山门（或三门）。

因为寺院大多居于山林之处，故又称"山门殿"。现已成为专门名词，即使在平原也称"山门"。因有空门（中）、无相门（东）、无作门（西），象征三解脱，所以又称"三门"。通常空门两侧立有哼哈二将。

（2）钟楼。

钟楼位于天王殿左（东）前侧，悬有洪钟。有的寺院钟下供奉地藏菩萨，道明为其左胁侍，闵公为其右胁侍。

（3）鼓楼。

鼓楼位于天王殿右（西）前侧，置有大鼓。有的寺院供有伽蓝神关羽，关平为其左胁侍，周仓为其右胁侍。

（4）天王殿。

天王殿为佛寺的第一座建筑。正面供弥勒佛（准确称呼应是“布袋和尚”），他笑逐颜开地代表众神接受信徒们的供奉。背面供韦陀，他是佛寺的护法神。两侧分别供奉四大天王，即增长天王、多闻天王、持国天王和广目天王。据说他们分别代表土、木、水、火，或称分别掌管东、西、南、北四方，或说掌管风、雨、雷、电。也有的仅供奉哼哈二将。

（5）大雄宝殿。

大雄宝殿为佛教建筑之主殿，又称“大殿”。其内所供佛像则有所不同，有供奉一佛、三佛、五佛、七佛等情况，以三佛同殿居多。供五佛（密宗的五方五佛）和七佛（释迦牟尼佛以前的六佛加上释迦牟尼）的较少，多为历史久远的寺院。

释迦牟尼像背面一般为海岛观音壁塑图。大殿东西两侧，常供奉十六罗汉或十八罗汉。

（6）东西配殿。

大雄宝殿两侧常有东西配殿，其供奉对象随教派不同而有变化，有设“三圣殿”（供奉西方三圣）的，有设“祖师殿”（多为禅宗）的，有设“伽蓝殿”的。

（7）法堂（亦称讲堂）。

法堂（亦称讲堂）一般在大殿之后，是演说佛法、皈戒集会之处。法堂内除一般性安置佛像外，另设法座、讲台、钟鼓。

（8）罗汉堂。

自唐代开始，一些大型寺院就修建五百罗汉堂，有的在寺庙的墙壁上以悬塑的形式表现，有的以雕刻罗汉山的形式表现，其中最为著名的是以五百罗汉堂的形式表现。

（9）方丈室。

方丈室是佛寺住持（方丈）居住、说法与接客之处，有的叫华林丈室（净土宗佛寺），有的叫般若丈室（禅宗寺院）。

（10）藏经楼。

藏经楼是用于盛放佛教经典之处。

此外，寺院中常见的菩萨有文殊菩萨、普贤菩萨、观世音菩萨、地藏菩萨、大势至菩萨。

文殊师利菩萨，简称文殊菩萨，意译为“妙德”、“妙吉祥”，专司智德（即佛教认识论）。其手持宝剑（或宝卷），象征锐利（智慧）；身骑狮子，象征智慧威猛，人称大智菩萨，相传其道场在山西五台山。

普贤菩萨，专司理德（即佛法）。其手持如意棒，身骑六牙大象（表示六度），人称大行菩萨，相传其道场在四川峨眉山。

观世音菩萨，也称为观自在、光世音等。为避唐太宗李世民讳，故又称观音。其左手持净瓶，右手持杨柳枝，因其大慈大悲，救苦救难，人称大慈大悲菩萨。观音作为菩萨本无性别，但在南朝后，为更好体现大慈大悲和方便闺房小姐供奉，便产生女身观音像。相传观音菩萨的道场在浙江普陀山。

地藏菩萨，因其“安忍不动犹如大地，静虑深密犹如地藏”（《地藏十轮经》），所以称地藏菩萨；又因其决心“众生度尽，方证菩提，地狱未空，誓不成佛”，所以人称大愿菩萨。他手持锡杖，或手捧如意珠。相传其道场在安徽九华山。

大势至菩萨，据《观无量寿经》载，他“以智慧光普照一切，令离三涂（指地狱、饿鬼、畜生‘三恶趋’），得无上力”，因此称为大势至菩萨。他头顶宝瓶内存智慧光，让智慧之光普照世界一切众生，使众生解脱血火刀兵之灾，得无上之力。相传其道场在江苏南通的狼山。

从旅游的角度看，佛教寺庙可分为两大类：①宗教地位较高的佛教祖庭；②广为旅游者所知的著名寺庙。其中第一类多为历史价值较高的全国重点文物保护单位，第二类中有些则不一定是全国重点文物保护单位。

2. 汉传佛教八宗祖庭

汉传佛教是指传入中国汉族地区的佛教，经过长期的经典传译、讲习、融化，与中国传统文化相结合，从而形成具有民族特点的各种学派和宗派，并外传至朝鲜、日本和越南。

汉传佛教的八宗祖庭如下：

（1）三论宗祖庭。

栖霞寺（位于江苏南京摄山。隋唐时期，南京栖霞寺与天台国清寺、山东灵岩寺、湖北玉泉寺合称“天下四大丛林”）。

（2）天台宗祖庭。

国清寺（位于浙江天台山），玉泉寺（位于湖北当阳）。

（3）华严宗（贤首宗）祖庭。

华严寺（位于陕西西安长安区，寺院毁于清乾隆年间，现存华严宗初祖杜顺禅师塔和四祖清凉国师塔），草堂寺（位于陕西户县）。

（4）法相宗（慈恩宗）祖庭。

慈恩寺（位于陕西西安，寺内的大雁塔为全国重点文物保护单位），兴教寺（位于陕西西安长安区，寺内兴教寺塔已列为全国重点文物保护单位）。

（5）律宗（南山宗）祖庭。

道宣律师塔（位于陕西长安区终南山），大明寺（位于江苏扬州，道宣的再传弟子唐代鉴真和尚曾在此寺讲律，后赴日本大弘律学并传播中国文化，被日本人民誉为日本律宗之开山鼻祖、医药的始祖、文化的恩人。1974 年，中日两国合力在大明寺内建造鉴真纪念堂），隆昌寺（位于江苏句容宝华山，清代以来成为律宗根本道场，有“律宗第一名山”之誉，现为全国唯一的律寺）。

（6）密宗（真言宗）祖庭。

大兴善寺（位于陕西西安），青龙寺（位于陕西西安，寺毁于北宋，1984 年在遗址建“惠果空海纪念堂”）。

（7）净土宗（莲宗）祖庭。

东林寺（位于江西庐山），玄中寺（位于山西交城西北石壁山中），香积寺（位于陕西长安区）。

（8）禅宗共同祖庭。

少林寺（位于河南登封嵩山），五祖寺（又名东山寺，位于湖北黄梅东山），南华禅寺（位于广东韶关）。

3. 南宗祖庭——南华寺

国家重点寺庙南华禅寺坐落在距韶关市20公里的曲江区东南的曹溪之畔。因佛教禅宗六祖慧能在此传教说法，影响深远，其弟子又创立了沩仰、临济、曹洞、云门、法眼五宗，尊南华寺为“南宗祖庭”。其门下各派后来远播海内外，日本、朝鲜、东南亚及欧美各国均有其香火，南华寺即成了“南宗”的圣地。

（1）六祖传奇。

六祖慧能，广东新州（今新兴县）人，祖籍河北范阳（今北京宛平），俗姓卢，生于唐贞观十二年（公元638年）。3岁丧父，家境贫寒，年纪稍大即靠砍柴换钱度日。24岁时得一僧人指点，到湖北黄梅东山寺出家。拜中国禅宗五祖弘忍为师。但弘忍却让他在后院劈柴舂米。慧能任劳任怨，一心向佛，干了八个月的柴火僧，且又深悟佛法，深得弘忍赏识。当时弘忍原想将衣钵传于大弟子神秀，但见慧能领悟禅机和向佛慧心均在神秀之上，便有意将衣钵传给慧能。一天，弘忍召集众僧，要他们各自作一偈语，取其本心般若之性，悟大意者，即传给他衣钵，立为第六代祖。早为上座教授师的大弟子神秀题了一偈为：“身是菩提树，心如明镜台。时时勤拂拭，莫使惹尘埃。”众门徒在神秀面前不敢造次，纷纷为之称好。而在舂米的慧能却说：“美则美矣，了则未了。”因自己不识字，便请人代笔，也题一偈：“菩提本无树，明镜亦非台。本来无一物，何处染尘埃。”弘忍看后认为慧能的空无观比神秀彻底得多，暗自选定慧能作为继承人。因担心神秀不服，故在深夜召慧能入室，讲授《金刚经》，传其衣钵，并让他连夜逃出黄梅。慧能离寺三天后，神秀问及五祖传法之事，弘忍才宣布佛法已去也。神秀等人极为不满，便向南追杀慧能，抢夺衣钵。

慧能为避神秀等人的围追堵截，取道梅岭，下至南海，在乡间避难十五载。至唐高宗仪凤元年（公元676年），风声渐息，慧能才到广州法性寺（今光孝寺）重新落发，现其面目。第二年慧能来到曹溪宝林寺（今南华寺），并大兴土木，扩建庙宇，弘扬“直指人心、见性成佛”的顿悟法门，与当时神秀在北方倡导的“渐悟”相对，使更多的人可以直入佛门，甚至“放下屠刀，立地成佛”。故其弟子盈门，香火大盛。

唐玄宗先天二年（公元713年），慧能圆寂于他的家乡新兴县，享年76岁。据说其肉身经久不化。其弟子在宝林寺建了灵照塔，将其真身供奉其中。直至今日，六祖真身（经处理后的木乃伊）一直为历代门人和善信瞻仰膜拜。

（2）南华宝刹。

南华寺始建于南北朝时的梁天监元年（公元502年），三年成寺，梁武帝赐“宝林寺”名。至隋末，一度荒废。唐高宗龙朔元年（公元661年）重修。唐高宗仪凤二年（公元677年），慧能和尚来寺，在此传经说法36年，其间弟子上千，信士纷至，改称“曹溪宗”。慧能死后，寺院几度兴衰。唐中宗神龙元年（公元705年）改为“中兴寺”；

神龙三年改为“法泉寺”。宋开宝元年（公元968年）修复，钦赐“南华禅寺”，寺名沿袭至今。以后历代均有兴衰、重修和扩建。目前所见格局规制，定型于民国二十三年（1934年），由当时广东省政府主席李汉魂发起，虚云和尚主持募化重修。新中国成立后，人民政府对南华寺的保护与建设给予高度重视，先后列为省级文物保护单位和国家重点寺庙，并多次拨款维修。

南华寺作为国家对外开放的重点寺庙，每年都接待大量来自世界各地的僧侣信士，同时它也是一处宗教旅游胜地。从正门进入依次有曹溪门、放生池、宝林门、天王殿、钟鼓楼、大雄宝殿、斋堂、藏经阁、灵照塔、六祖殿、陈家祖坟、卓锡泉等诸多景点。

4. 汉地佛教其他著名寺庙

（1）法门寺——位于陕西扶风，为唐代皇家密宗内道场。1987年4月，考古工作者在法门寺真身宝塔地宫发掘出土释迦牟尼佛指舍利和举世仅存的唐密佛骨舍利供养曼荼罗（坛场）。这是具有世界意义的两项极为重要的发现。法门寺佛指舍利、（北京西山八大处）灵光寺佛牙舍利和斯里兰卡康提市佛牙寺的佛牙舍利，为仅存于世的三枚释迦牟尼真身舍利，受到世界佛教徒的崇敬。

（2）白马寺——位于河南洛阳。传说创于东汉永平十一年（公元68年），为中国第一座佛教寺庙，历来有“释源”之誉。史载东汉明帝于永平七年（公元64年）派蔡愔、秦景西行求佛经。蔡愔等偕印度僧人摄摩腾、竺法兰入华，以白马驮佛经等至洛阳。永平十一年敕建白马寺供西僧寓此译经。史称这一事件为“永平求法”，与“伊存授经”同为佛教初传中国的两大历史事件。

（3）灵隐寺——灵隐寺亦称“云林禅寺”，位于西湖西边群山之中。四面林深竹密，瀑清泉浅，是杭州主要旅游胜地之一。灵隐寺始建于东晋咸和元年（公元326年）。天王殿是灵隐寺最前面的大殿，上悬“云林禅寺”匾额，为康熙手书，大殿正中佛龛里坐着袒胸露腹的弥勒佛，两边为四大天王，后壁是韦驮菩萨。大雄宝殿是一座单层重檐三叠的琉璃瓦顶歇山式建筑，高达33.6米，殿正中的释迦牟尼像高19.9米。大雄宝殿后壁有“慈航普度”的“五十三参”佛山一座，共塑有150个大小佛像，姿态各异，栩栩如生。

（4）光孝寺——位于广州市光孝路，占地近30 000平方米，是广州市现存最古老的建筑。广州人常说：“未有羊城，先有光孝”，可见该寺历史之悠久。

该寺最初是西汉南越王赵佗（约公元前204—公元前137年）之孙赵建德之府邸。三国时期（公元220—280年），吴国学者虞翻因忠谏触怒吴王被贬广州，遂在此处修建住宅讲学。虞翻死后，其家人把他的住宅捐施佛门改成庙宇，取名“禁止寺”。东晋安帝隆安元年至五年（公元397—401年），印度名僧昙摩耶舍来广州传播佛教，在此修建了佛殿，改寺名为“王园寺”。唐代改称“法性寺”。南宋初期又改名为“报恩广孝寺”，之后于绍兴二十一年（公元1151年）才正式定名为“光孝寺”。

光孝寺在中国佛教史上享有重要的地位。从东晋至唐代数百年间，都有印度高僧来寺讲经。中日闻名的唐代鉴真和尚于公元749年曾在该寺居住过一个春天。特别是中国佛教禅宗六祖、禅宗南宗创始人慧能和尚也是在该寺的菩提树下剃度出家的。故光孝寺素被称为广州“四大丛林”之首（“四大丛林”是指光孝寺、六榕寺、海幢寺和华林寺）和广东“四大名寺”之一（“四大名寺”是指韶关的南华寺、广州的光孝寺、潮州的开元寺和鼎湖山的庆云寺）。新中国成立后，光孝寺被列为全国重点文物保护单位。

光孝寺的古迹中，最引人注目的，是具有独特的华南古代建筑艺术风格的几座建筑物，如大雄宝殿、六祖殿、伽蓝殿等。这些古建筑都是我国珍贵的建筑艺术遗产。特别是大雄宝殿，高大轩昂、气势雄伟，是东晋时期（公元410年）修建的，历代曾多次重修。殿内的菱形柱，上下两端略小而中间粗，和一般古代建筑的直柱完全不同，可谓是一种独创的风格。大殿下檐的斗拱也与别的不同，它的结构显示了古代中国劳动人民的智慧，成为研究中国古代建筑艺术的一个典范。

（5）泉州开元寺——位于福建泉州市西街，是福建省的一座著名古刹。开元寺始建于唐代，后屡毁屡建。现占地78 000平方米，中轴线上主要建筑有紫云屏、甘露戒坛、藏经阁等，东西两侧有檩樾祠、功德堂等。此外，还有著名的东塔和西塔，相距200米，均为5层8面石塔，是中国现存最高的宋代石塔，也是泉州古城的标志。其造型优美，结构精巧，在中国石塔中首屈一指，是中国石塔中最高的一对，充分地显示了闽南地区古代石工技艺的水平。

大雄宝殿，亦叫紫云大殿，是明代建筑。殿内有近百根石柱，又称百柱殿。这些石柱形状各样，有海棠形、圆形、方形，还有龙形，石柱柱顶的斗拱上雕刻了带翅的飞天、伎乐24尊，为国内少有。殿前月台的须弥座上，刻有狮身人面图72幅，殿后廊内有两根青石柱，上面刻有古埃及、古印度、锡兰等国的婆罗门教神话故事，是元代的遗物。后殿矗立两根形状奇特的古印度婆罗门教石柱，上面镌刻莲花、云月图案和佛经上的故事，是中国罕见的古印度教珍贵文物。丹墀台基青石浮雕上的人首狮身图案，是一幅浓烈的民族特色与浪漫的异域情调巧妙交织的斑斓画卷。

5. 中国著名的四大罗汉堂

中国众多佛教寺庙中供奉有十八罗汉、五百罗汉等，其中以下四大五百罗汉堂最为著名。

（1）四川宝光寺罗汉堂。宝光寺坐落于新都区内，是公认的成都地区历史最悠久、规模最宏大、收藏文物最丰富的一座佛教寺庙。始建于东汉，历经战火，几度重修，终成今日之规模。相传唐僖宗因黄巢起义逃亡到四川，在夜间看见寺内福感塔下放出祥光，随后挖出一内藏13颗舍利子的石匣，遂改寺名为“宝光寺”，将舍利子置于塔下，改塔名为“无垢净观舍利宝塔”，又称“宝光塔”。宝光塔微向西斜，素有“东方斜塔”之称。寺内五百罗汉堂以塑像奇巧闻名，汇聚南、北两大流派风格。堂内有罗汉塑像共577尊，每尊高约2米，彩绘贴金，千姿百态，生活气息浓郁，在中国现存的四大罗汉堂中历史最长、规模最大。

（2）北京碧云寺罗汉堂。碧云寺罗汉堂建于清朝乾隆十三年，仿照杭州静慈寺罗汉堂而建。堂内塑有508尊罗汉像，传说康熙皇帝、乾隆皇帝也进入罗汉之列：第295尊为康熙，称为“暗夜多罗汉”；第360尊为乾隆，称为“直福德罗汉”。在堂内北房梁上最小的一尊塑像是济公活佛。传说如来佛祖在灵山召集法会排座次时，济公到晚了，没了座位，又因为辈分小，只好坐到了房梁上。

（3）武汉归元寺罗汉堂。归元寺罗汉堂位于汉阳，始建成于清顺治十五年（公元1658年），取“归元性不二，方便有多门”的佛偈而命名。素有湖北首刹之称。寺院内林木葱郁，与巍峨的殿阁建筑协调一致。其中罗汉堂供奉有500尊泥塑全身罗汉，是该寺院的重要特色之一。

（4）苏州西园寺罗汉堂。西园寺罗汉堂坐落于苏州市西园路，为戒幢律寺和西花园放生池的总称。该寺始建于元朝至元年间（公元1264—1294年），初名“归元寺”。明崇祯八年（公元1635年）茂林和尚住持该寺，为弘扬律宗，改寺名为“戒幢律寺”。“幢”是旗帜的意思，“戒幢”就是以戒律为旗帜，弘扬戒法的寺院。清咸丰十年（公元1860年）毁于战乱。光绪初年（公元1875年），由广慧和尚筹资建修，并改名为“西园戒幢寺”，俗称“西园寺”。大殿西侧的五百罗汉堂，为西园寺最独特建筑，规模宏大，三进四十八间，以四大名山塑座为中心，沿四壁排列泥塑全身五百罗汉像，神态各异，造型生动，构成一组高超完整的塑像群。其中尤以一尊疯僧济公的塑像堪称典范，精美绝伦，栩栩如生。

6. 著名藏传佛教寺院

（1）藏传佛教格鲁派（黄教）六大寺。

甘丹寺——是拉萨三大寺之一。为格鲁派创始人宗喀巴兴建，是格鲁派第一座寺院和祖庭。以宗喀巴肉身灵塔最著名。属全国重点文物保护单位。

哲蚌寺——也是拉萨三大寺之一。现为藏传佛教规模最大的寺院，也是中国最大的寺院。属全国重点文物保护单位。

色拉寺——也是拉萨三大寺之一。属全国重点文物保护单位。

扎什伦布寺——位于西藏日喀则。为后藏佛教中心，列世班禅驻锡之地。属全国重点文物保护单位。

拉卜楞寺——位于甘肃夏河。为我国西北地区藏、蒙等民族的宗教中心，对其社会生活产生过重大影响。属全国重点文物保护单位。

塔尔寺——属全国重点文物保护单位。位于西宁市西南20公里的湟中县，是喇嘛教（黄教）创始人宗喀巴的诞生地，是我国著名的喇嘛教寺院。塔尔寺藏语叫“拱本”，就是十万佛像的意思。其中有座菩提塔，塔内有雕像砖100 000块，每块砖上都精雕佛像一尊，表示塔尔寺内有十万佛之意。塔尔寺始建于明嘉靖三十九年（公元1560年），据说喇嘛最多的时候有3 600多人，占地142 000多平方米。整个建筑依山起伏，由大金瓦寺、小金瓦寺、小花寺、大经堂、大厨房、九间殿、大拉浪、如意宝塔、太平塔、菩提塔、过门塔等大小建筑组成完整的藏汉结合的建筑群。到塔尔寺，首先看见的是塔尔寺广场一字排列的8个“如意宝塔”，造型大同小异，高约6米，塔身洁白，都为上圆下方的喇嘛式塔，是为纪念释迦牟尼八件大事而建的。

大金瓦寺藏语叫“赛尔顿”，即“金瓦”的意思，是塔尔寺的主殿和最早的建筑物，为汉式宫殿三檐歇山式建筑，它的屋顶全是镏金铜瓦盖的，屋顶殿脊上还装饰着金轮、金幢、金鹿，配上琉璃砖，使整个大殿金碧辉煌、光辉灿烂，大金瓦殿的正中矗立着一座大银塔，高12.5米，塔前陈设着金灯、铜灯、象牙、古瓶等饰品和法器。该殿是青海蒙古君王额尔德尼于康熙五十年（公元1711年）施黄金1 300两，白银10 000两将屋顶改建为镏金铜瓦的。

小金瓦寺原为琉璃瓦顶，于清嘉庆七年（公元1802年）改为镏金房顶，但比大金瓦殿小，故名。它的正名叫护法神殿，是塔尔寺的家众神殿。寺中神殿是两层建筑。东西回廊陈设着野牛、野羊、熊、猴等标本，象征着一切恶魔、鬼怪已被神征服。殿内还有白马标本，传说三世达赖喇嘛从西藏拉萨骑那匹白马一天内赶到塔尔寺。

大经堂是塔尔寺最大的建筑，面积为1 981平方米，面宽13间，进深11间，藏式平顶建筑，经堂里矗立着168根柱，都雕有优美的图案，平顶上装饰着各式金幢、金顶、宝塔、宝伞和金鹿法轮等，都是铜制镏金的，经堂内设蒲团上千个，可供2 000多喇嘛集体诵经之用。这里是塔尔寺宗教组织的最高权力机构。

大厨房建于康熙二十八年（公元1689年），内有大铜锅五口，口径为1.65米至2.6米，深0.9米至1.3米，这些大锅是在观经法会时给大经堂诵经喇嘛烧茶、煮饭用的。每年农历正月、六月、九月举行大法会，尤其是正月十五的大法会，以许多美妙的宗教传说、神话、故事和艺术水平很高的“三绝”（酥油花、壁画、堆绣），吸引数以万计的藏、蒙、土、汉等各民族群众，来寺瞻仰朝拜，从而使全寺成为西北地区佛教活动的中心，并在全国和东南亚一带享有盛名，好像穆斯林“麦加朝圣”一样热闹。

酥油花、壁画和堆绣是塔尔寺“三绝”。

公元641年，唐朝的文成公主与吐蕃的赞普松赞干布联姻时，当地的佛教徒为表示尊敬，在公主从长安带去的一尊佛像前供奉一束酥油花。其后，世代相沿，成为习俗。酥油，原是用牛羊乳制成的食品。将纯净白酥油揉以各色石质矿物染料，便可以塑成佛像、花卉、树木、飞禽、走兽、屋宇、山水、宗教故事等酥油花制品。这些生动活泼、惟妙惟肖的酥油花往往是事前做好的，在农历正月十五酥油花灯节会上，展出于寺内，极一时之奇观。

壁画，是用矿物质染料绘于墙上，或绘于栋梁上，而最多的是绘于布幔上，悬挂或钉在墙壁上。

堆绣，是用剪刀将绸缎剪成各种形状，塞以羊毛、棉花等，然后在布幔上绣成具有立体感的佛像、山水、花卉、鸟兽等图案。色彩绚丽，栩栩如生。

每年农历六月的观经会上，寺庙都要将数十丈长的绘（或绣）有巨大佛像的布幔，在附近山坡上自高而低地展开，以供僧俗仰拜，当地称此为“晒佛”。这时，不仅喇嘛云集，其他信教群众以及来自中外各地的旅游者也蜂拥而至，观赏这一隆重的宗教仪式。

（2）五当召。

五当召——位于内蒙古包头。是内蒙古地区现有唯一完整的藏传佛教寺院。

（3）雍和宫。

雍和宫——位于北京。是北京地区藏传佛教活动中心，我国内地城市中最大的一座藏传佛教寺院。原为清代雍亲王胤禛的府第，雍正即位后改为雍和宫，乾隆九年（公元1744年）正式改为喇嘛寺。属全国重点文物保护单位。寺内五百罗汉山、檀木大佛和金丝楠木佛龛并称雍和宫“三绝”。

7. 云南小乘部佛教著名寺塔

云南小乘佛寺与佛塔从结构到造型，既受泰国、缅甸和内地风格的影响，又有本地区、本民族的特点。大型佛寺一般由大殿（只供奉释迦牟尼佛像一尊）、僧舍、藏经室、戒堂（佛亭）等几部分组成。

曼飞龙佛塔——位于云南西双版纳州景洪市。建于1204年，为金刚座塔，由中心笋塔和8座小笋塔组成，为西双版纳地区最著名的佛塔，属全国重点文物保护单位。

景真八角亭——位于云南西双版纳州勐海县城西景真山上，为当地扎滩寺戒堂。亭座和亭身呈折角多边形；顶为木结构，呈锥形多层屋檐。是傣族佛教建筑艺术精品，属全国重点文物保护单位。

广允缅寺——位于云南临沧地区沧源县城，又称学堂缅寺。建于清道光初年（公元1828年）。主殿为三重檐歇山式木结构。殿前亭阁两侧外形成五重檐结构。属全国重点文物保护单位。

8. 民间信仰——妈祖庙

妈祖为民间信仰的海上保护神。妈祖原型是北宋福建莆田县湄洲岛上的一位名叫林默的普通妇女，生前为人治病，海上救人，有恩德于乡里。林默去世后，据说她经常在海上显灵救人，于是人们便立庙祭祀她。宋徽宗宣和五年（公元1123年），北宋赴高丽使团在海上遇难，据说也是被林默所救，奏报朝廷，朝廷于是诏令赐予“顺济”为庙额，从此成为官定的海上保护神。南宋、元、明、清时，又加封天妃、天后、天上圣母等封号，妈祖庙和妈祖信仰便在北至天津，南到台湾、南洋的沿海地区流行开了。人们在海上遇到风暴、海匪的时候，总是祈求妈祖保佑。

中国沿海一带有众多的妈祖庙，或称为天后宫。福建湄洲岛妈祖庙被尊为“天后宫湄洲祖庙”，此外中国沿海一带著名的妈祖庙还有福建泉州天后宫、广东南沙天后宫、澳门天后宫、台湾澎湖天后宫等。

（二）著名佛教石窟和摩崖造像

遍布于我国各地的佛教石窟寺和摩崖造像群，拥有极其丰富的石雕、泥塑和壁画。它们是中华民族的艺术宝库。中国佛教石刻有三个高潮时期：第一个高潮时期是北朝时期，这个时期的代表是山西大同云冈石窟和河南洛阳龙门石窟中的北魏窟；第二个高潮时期是盛唐时期，这个时期的代表是龙门石窟中的唐代龛窟；第三个高潮时期是两宋时期，这个时期的代表是重庆大足石刻中的宋代造像。

1. 敦煌石窟

敦煌石窟是三处石窟的总称，以莫高窟最大，是中国最重要的佛教石窟，是我国著名的四大石窟之一，也是我国规模最大、内容最丰富、最为著名的石窟和世界上现有规模最大的佛教艺术宝库，已列入《世界遗产名录》。

敦煌石窟位于敦煌县城东南25公里的大泉沟东壁，上下五层，高低错落，据记载，始建于前秦建元二年（公元366年），至今保留有北魏、西魏、北周、隋、唐、五代、宋、西夏、元各代壁画和塑像洞窟492个，壁画4.5万平方米和彩塑2 000多座，尤以唐代壁画艺术著称于世。彩塑最高的达33米，石窟大小不等，最大的第十六窟面积268平方米，最高的第九十六窟，从山脚到山顶高40米，外像九层楼。莫高窟以彩塑和壁画为主，没有云冈和龙门石窟那样的石雕佛；因鸣沙山由砾岩构成，石质脆弱不能雕刻石佛。壁画的内容为经变、本生故事。敦煌壁画艺术成就高，数量多，如果把壁画连接起来，可以组成一个长达25公里的画廊，那将是世界上规模最大、内容最丰富、保存最完整的一个画廊。壁画内容除佛教题材外，还反映了古代各阶层人物的生活、生产、交通、建筑等情景，是研究中国古代政治、经济、文化、军事、宗教的宝贵资料。敦煌还有著名的鸣沙山及月牙泉风景名胜区。

鸣沙山东西长约40公里，南北宽约20公里，高数十米，最高处达250米，北麓有月牙泉。登山俯瞰，沙丘起伏，清泉荡漾。游人从山上下滑，沙粒随人体下坠，鸣声不绝。

据史书记载，天气晴朗之时，山有丝竹管弦之音，犹如奏乐，故称“沙岭晴鸣”。它和新疆哈密巴里坤、宁夏中卫沙坡头和内蒙古达拉特旗响沙湾，合称为中国“四大鸣沙”。

2. 云冈石窟

云冈石窟位于山西大同。存有北魏时期石造像5.1万余尊。其艺术风格既继承了秦汉以来石刻传统技法，又有较多印度犍陀罗式、笈多式雕刻的影响。以造像粗犷古朴、气魄雄伟、内容丰富多彩著称。云冈石窟以昙曜五窟最为著名，其中第二十窟露天大佛（释迦牟尼像）是云冈石窟最宏伟雕像，也是云冈石窟的象征。

3. 龙门石窟

龙门石窟位于河南洛阳。存有北魏至隋、唐、北宋石造像9.7万余尊。以盛唐石造像为代表。其盛唐石造像的艺术风格逐渐脱离印度影响，向民族化、世俗化发展；造像身躯健美，丰满端庄。龙门石窟以奉先寺石窟最著名。奉先寺中的卢台那大佛为龙门石窟最大造像，相传为武则天捐脂粉钱建造，也是龙门石窟的象征。

4. 麦积山石窟

麦积山石窟位于甘肃天水市东南30公里处。山形上突下缩，从远处看，像一个巨大的麦垛，故名麦积山石窟，距今已有1 600多年。现有窟龛和摩崖雕刻194处，洞内有敷彩泥塑、石雕造像7 000多尊，壁画1 300平方米。因石质不佳不宜雕刻，造像多为泥塑。麦积山石窟的泥塑极富生活情趣，有的低眉含笑、交头接耳，有的俊俏活泼、栩栩如生。这些精巧细腻、贴近现实生活的仿佛有血有肉的泥塑，令人感到亲切而不神秘。泥塑上彩，但色泽不浓，工艺精湛，为中国四大石窟之一，拥有“塑像馆”之誉。

5. 克孜尔千佛洞

克孜尔千佛洞位于新疆拜城克孜尔镇东南，为古代龟兹佛教艺术的典型代表，是新疆地区规模最大、保存最好的佛教石窟群。约开建于公元3世纪，在唐代吐蕃时期废弃。以74个窟尚存的精美壁画著称于世，有“戈壁明珠”之誉。克孜尔石窟呈现许多与汉地佛教石窟显著不同的特点：壁画内容反映了小乘佛教经典内容；出现了大量裸体人物形象，女性比重尤大，且丰乳肥臀；其建筑形制与壁画艺术受到印度、希腊、（波斯）萨珊等外来文化的全面影响。

6. 大足石刻

大足石刻位于重庆大足境内。保存了晚唐至南宋以佛教为主的宗教石窟群40余处，晚唐、五代、两宋摩崖造像50 000多躯，以两宋石造像为代表。大足宋代石刻，其造像审美意趣完全汉化、世俗化，造像典雅、精致、秀丽，肌体很少裸露，穿着较厚重汉化衣裳。第125号龛数珠观音像最富女性魅力，像高97厘米，享有“北山石刻之冠”的美名。她面容丰润、体态婀娜，赤着脚，从容自在地站着，若有所思的神情，似乎沉浸在幸福的遐想之中，因而被称为“媚态观音”。而大足宝顶山佛湾摩崖石雕的养鸡女和吹笛少女像，则是农村风情的写照，洋溢着劳动人民的生活情趣。大足石刻以北山和宝顶山最为集中。北山的转轮经藏窟（原称心神车窟）为宋代石刻的精华和代表。宝顶山在南宋时期是佛教密宗成都瑜伽本尊教的总持寺院。宝顶山摩崖造像构成密宗瑜伽部体系，也有禅宗造像，以经变故事的连环组雕为其特色。

7. 乐山大佛

乐山大佛景区位于乐山市郊，岷江、青衣江、大渡河三江汇流处，与乐山城隔江相望。景区由凌云山、麻浩岩墓、乌尤山、巨形卧佛等组成，游览面积约8平方公里。景区集聚了乐山山水人文景观的精华，属峨眉山国家级风景区范围，是闻名遐迩的风景旅游胜地。

凌云山紧傍岷江，上有凌云寺，建于唐代。依山开凿大佛一座，通高71米，脚背宽8.5米。大佛为唐代开元名僧海通和尚创建，历时九十载完成。大佛为一尊弥勒坐像，雍容大度，气魄雄伟，被诗人誉为“山是一尊佛，佛是一座山”，是世界最大的石刻佛像。

8. 老君岩造像（道教）

老君岩造像（道教）位于福建省泉州市城北3 000米的清源山麓，是一尊道教教主老君造像，高5.1米，厚7.2米，宽7.3米，为闻名海内外的宋代道教石刻精品。它本是一块天然岩石，据记载说是“好事者为略施雕琢”而成。其雕琢依石势造型，倒也颇见神工。老君像体态肥胖，面露微笑，两眼平视，双耳垂肩，左手倚膝，右手凭几，而苍髯飘然垂散，神态甚是慈祥，民间视之为长寿幸福的象征。整个石像衣褶分明，线条柔而有力，具有宋刻的手法和风格。这尊造像坐落在山麓缓坡之上，更显得高大魁伟。

（三）佛塔

塔是宗教建筑中最醒目的建筑物。西方多用尖塔，与教堂连为一体。中国的塔形式多种多样，有密檐、楼阁、覆钵、金刚宝座等样式，一般为个体独立，但也有双塔并峙、三塔鼎立，或组成塔群。例如苏州、太原、泉州等地的双塔，大理三塔，宁夏青铜峡由108座塔组成的塔群，挺拔峻峭，十分壮观。在军事上常利用塔作为瞭望防卫设施。如河北正定天宁寺塔、山西应县释迦塔都曾用于军事目的。更多的塔则是点缀风景或纪念性的，也可用来登高望远作为观览城市风貌、田野风光的场所。例如西安大小雁塔、延安宝塔对游人都有很强的吸引力。开封铁塔、苏州虎丘塔、杭州六和塔、北京北海白塔、西安大雁塔、大理三塔等，都是所在城市的标志性建筑景观。

佛塔是在佛祖释迦牟尼圆寂后，其弟子为纪念他而建造，以埋葬他的骨灰。所以，佛塔在印度是佛教徒主要膜拜的对象。塔由塔刹、塔身、塔基和地宫组成。地宫是塔的地下部分，用于存放佛骨、文物。塔基覆盖于地宫之上，是塔的下部基础。塔身是塔的主体部分，塔层多为奇数。塔刹是全塔的精华，实际上就是一个小塔。它又可分为刹座、刹身、刹顶三部分，中间用刹杆直贯相连。刹身中呈圆盘状的相轮最为重要，是佛的象征。相轮数目一般为奇数，以十三重为最多。

中国的古塔并不是对印度佛塔的简单模仿，而是取其精华，并结合中国建筑传统而发展起来的一种高层建筑物。基本类型有楼阁式塔、密檐式塔、覆钵式塔（又称喇嘛式塔、白塔）、金刚宝座塔四种。

1. 楼阁式塔

楼阁式塔是由我国高层楼阁发展而来的，塔身是一座多层楼阁，可以登临眺望，泉州开元寺双塔就属此类。楼阁式塔源于中国传统建筑中的楼阁形式。早期为木结构，隋唐以后多为砖石仿木结构。著名的有陕西西安大雁塔、山西应县木塔等。

（1）西安大雁塔。大雁塔位于陕西西安市南慈恩寺内。建于唐永徽三年（公元652年）。塔初建为砖表土心5层方形，后改建为10层。后经战火破坏，剩下7层。明代在外表加砌面砖予以保护，即为今塔。高59.9米，合底座与塔身总高64.1米。寺建成不久，名僧玄奘由弘福寺迁此译经。大雁塔是玄奘西行求法、归国译经的纪念建筑物，具有重要历史价值。

（2）应县木塔。即佛宫寺释迦塔，坐落在山西应县佛宫寺内。木塔建于辽清宁二年（公元1056年），平面呈八角形，外观5层，夹有暗层4层，实为9层，通高67.13米。塔内每层均有塑像。应县木塔是我国现存最古老、最高的一座木构大塔。

（3）开封铁塔。开封铁塔位于开封古城东北角，建于公元1049年，是1961年我国首批公布的国家重点保护文物之一，素有“天下第一塔”的美称。铁塔高55.88米，八角13层，因此地曾为开宝寺，又称“开宝寺塔”。又因遍体通砌褐色琉璃砖，混似铁铸，从元代起民间称其为“铁塔”。铁塔以卓绝的建筑艺术及宏伟秀丽的身姿而驰名中外，它设计精巧，完全采用了中国传统的木式结构形式，塔砖饰以飞天、麒麟等数十种图案，砖与砖之间如同斧凿，有沟有槽，垒砌严密合缝。建成900多年来，历经战火、水患、地震等灾害，至今巍然屹立，实令建筑专家和游人叹为观止。

2. 密檐式塔

密檐式塔第一层塔身高度显著，自第二层起层层塔身紧密相连，内部大都为实心，一般不能登临。我国著名的密檐式塔有嵩山嵩岳寺塔、西安小雁塔、云南大理千寻塔等。嵩岳寺塔建于北魏正光年间（公元520—524年），是我国现存年代最早的砖塔。塔高约39.5米，平面呈十二角形，底层直径约10.6米，外部以密檐分为15层。塔身四壁辟券门，门洞宽敞高大，塔身每层各面均砌出拱形门和小窗，这些门窗多为装饰性的，共计门窗500余个。整个塔身呈抛物线形，线条清晰流畅，造型雄伟秀丽。

3. 覆钵式塔

覆钵式塔又称喇嘛式塔、白塔，为藏传佛教所常用。流行于元代，明清继续发展。著名的有北京妙应寺白塔等。妙应寺白塔建于元朝至元八年（公元1271年），是我国建筑年代最早、规模最大的一座喇嘛塔，由尼泊尔青年匠师阿尼哥设计。塔通高51米，通体洁白，下有三层须弥式基座。其上覆莲座，塔身形似宝瓶。此塔各部分的比例十分匀称，轮廓雄浑，气势磅礴，是喇嘛塔中最杰出的创作。

4. 金刚宝座塔

金刚宝座塔其造型仿照印度佛陀迦耶精舍而建，具有浓厚的印度风格。其形式为：塔的下部为一近似方形巨大高台，台上建五个正方形密檐小塔（代表五方五佛）。中塔为主塔，塔身较高大，四角的四座塔略为矮小。我国共有五座金刚宝座塔，北京真觉寺金刚宝座塔是我国同类塔中年代最早、雕刻最精美的一座。此塔于明成化九年（公元1473年）竣工，由汉白玉石和砖砌筑而成，总高17米，分塔座和五塔两部分。宝座为正方形，高7.7米，前后辟门，门内有阶梯，盘旋可达宝座顶部。顶部有五座石塔。此塔以精美的雕刻艺术而著称，塔座和五塔上遍刻绚丽多姿的佛像、花草、鸟兽等图案。此外，著名的还有内蒙古呼和浩特慈灯寺金刚座宝塔等。

魏晋南北朝时建的塔多为木结构楼阁式的单层塔，塔基低，塔身中间大，两端曲线柔和，由于木塔不易保存，到了唐代，出现方形多层砖石塔，如天津市挂月峰上的定光佛舍利塔。五代及宋以后，发展成为六角形、八角形、十二角形的石塔、铜塔、铁塔、琉璃宝塔、陶塔。塔基向高大华丽方向发展，塔身轮廓分明，刚直挺拔。例如：湖北当阳玉泉铁塔，塔基用特制青砖砌成，塔身全为生铁铸造。塔基为双层须弥座，塔身仿木构楼阁式，八角13层，形体挺拔纤瘦，稳健玲珑。每当夕阳照射塔身，紫气金霞，交相辉映，“铁塔棱金”，蔚为奇观。

四、清真寺

清真寺是伊斯兰教教徒聚众礼拜的场所。我国的清真寺建筑最初完全是阿拉伯式的，后来中国传统的木结构建筑形式逐步融合并完全取代阿拉伯建筑，但在总体布局和内部装饰上还保持着阿拉伯建筑的特点。因伊斯兰教徒做礼拜时要面向圣地麦加的方向，所以我国清真寺大殿的大门是向东开（教徒在殿内背对着门，正好面向圣地）。根据伊斯兰教教义，安拉是无方位、无形象的神，故清真寺内不供奉任何神像。

（一）泉州清净寺

清净寺位于福建泉州市涂门街，又名艾苏哈卜大寺。始建于北宋大中祥符二年（公元1009年），占地面积2 100平方米，是中国现存最早的伊斯兰清真寺之一，为第一批国家级重点文物保护单位。

（二）广州怀圣寺

怀圣寺位于广东省广州市光塔路，是伊斯兰教传入中国最早的清真寺之一，以怀念伊斯兰教创始人穆罕默德而得名，主建筑为光塔。

（三）艾提尕尔清真寺

艾提尕尔清真寺位于新疆喀什市中心，是中国最大的清真寺，至今已有500多年历史。清真寺的正殿长160多米，进深16米。廊檐十分宽敞，可供7 000人同时做礼拜。

第三节　宗教名山

中国的佛教和道教为潜心修行，竭力寻找“与世隔绝”的清净之地，自然风光幽深宁静的山地则是最佳的去处。我国佛教古庙、道观浮屠林立于名山之间，深远的佛教道教文化和名人雅士的诗词题刻以及建筑、雕刻、园林等艺术多姿多彩，产生了众多的佛教名山和道教名山。

一、佛教名山

佛教自汉代传入中国后，在洛阳建立了第一所寺院——白马寺。然而，佛教的教义促使教徒们竭力寻求“与世隔绝”的清净之地，自然风光幽深的山地被认为是潜心修行的最佳选择，于是历来名山多有古刹之建，以致有了“自古名山僧占多”的说法。

佛教以释迦牟尼为佛祖，传说他的四大弟子即文殊、普贤、观音、地藏四位菩萨分别占有一山作为各自的道场。于是，中国境内有了五台山、峨眉山、普陀山、九华山四大佛教名山。浙江宁波的雪窦山被认为是弥勒菩萨的道场，因此也有“五大佛山”之说，但传统的说法仍为上述四大佛山。

（一）山西五台山

五台山位于山西省北部，与恒山山脉并行，也是东北—西南走向，东接太行山脉，北、西、南三面被滹沱河围绕，长百余公里，由古老结晶岩构成。北部切割深峻，五峰耸立，峰顶平缓，分别称为东台、西台、南台、北台、中台。北台最高，海拔 3 058 米，有“华北屋脊”之称。五台山气候寒冷，9 月飞雪，4 月解冻，北台顶和中台顶之间山阴处有终年不化的“万年冰”。夏天绿草如茵，山花烂漫，清风习习，十分凉爽，因此又叫“清凉山”，是避暑胜地。

五台山是我国佛教名山之一，主要供奉文殊菩萨。五台山原有寺院 360 处，1956 年统计有 124 处，现存寺庙计有台内 39 座、台外 8 座。此山寺庙多集中于五峰之间的“台内”地区，形成了只见寺庙不见山的特色，素有“中国佛教圣地”之称。

五台山的众多寺庙中最为著名的是“五大禅处”，即显通寺、塔院寺、菩萨顶、殊像寺、罗睺寺等 5 座最大的寺院。五台山开发历史较久，东汉永平年间（公元 58—75 年）已有寺庙建筑——大孚灵鹫寺，即今显通寺，为五台山祖庭。经历代重修，现为五台山规模最大寺院，面积 8 万平方米，各种建筑 400 余间。门前钟楼雄伟壮观，内悬万斤铜钟，击声可及全山。塔院寺位于显通寺南侧，寺内主要建筑为一藏式白塔，称为“舍利塔”，建于明永乐年间（公元 1403—1424 年）。塔高 70 余米，基座高厚，塔形匀称，人们把它作为五台山的标志。明永乐年后，蒙藏教徒进驻五台山，菩萨顶成了喇嘛庙之首，清康熙、乾隆二帝几次朝拜五台山，在菩萨顶住宿，书匾题名，撰写碑文，后即兴工重建。现存建筑为清代结构，形制、手法及雕刻艺术多参照皇宫宫式制度营造。寺居山头，地势较高，门前筑石阶 108 级，石级上有牌坊 3 间。寺内康熙御碑方座螭首，矗立在前院。乾隆御碑在东禅院碑亭内，用方形巨石雕成，用汉、满、蒙、藏四种文字镌刻。

此外，五台山有两座唐代遗物：佛光寺——位于五台县城东北佛光山腰，始建于北魏，重建于唐。寺内各殿宇建筑均为我国古建筑中的杰作，在国内外建筑史上占有重要地位。各殿内保存的唐代塑像、壁画、石幢、墓塔和汉白玉雕像等均为唐代佛教艺术精华所在。寺庙主体建筑东大殿规模宏大，自唐代重建以来保存至今，是我国现存唐代木构建筑的代表作。南禅寺——位于五台县城西南 22 公里，具有中唐时期建筑风格，建筑年代为公元 782 年，比佛光寺更早，是我国现存最古老的唐代木构建筑。

除上述外，尚有台内的金阁寺、龙泉寺、南山寺、碧山寺、圆照寺、镇海寺、普化寺和台外的尊胜寺、延庆寺、大佛殿等多处寺院佛殿，汉藏佛教寺院共处一山，古建筑和文物资源十分丰富，人称“五台归来不看庙”。五台山在佛教文化中首屈一指，在隋唐时期早已名扬全国，并有日本、印度尼西亚、尼泊尔等国的僧侣往来，在国外佛教界有广泛的影响。

（二）四川峨眉山

峨眉山位于中国西南部的四川省，距成都 156 公里。主峰金顶绝壁凌空，高插云霄，巍然屹立。登临其间，可西眺皑皑雪峰，东瞰莽莽平川，气势雄而景观奇。中部群山峰峦叠嶂，含烟凝翠，飞瀑流泉，鸟语花香，草木茂而风光秀，是我国著名的游览胜地，1996年，被联合国教科文组织列入《世界自然与文化遗产》。

峨眉山以悠久的佛教文化、独特的地质地貌、优美的自然风光、丰富的动植物资源而著称于世。素有“峨眉天下秀”的美誉。唐代诗人李白诗曰：“蜀国多仙山，峨眉邈难匹。”明代诗人周洪谟赞道：“三峨之秀甲天下，何须涉海寻蓬莱。”当代文豪郭沫若题书峨眉山为“天下名山”。

1. 佛教名山

从晋代开始，峨眉山一直为佛教普贤道场，是中国佛教四大名山之一，距今已有1 000多年的历史。东汉时山间就出现寺庙建筑，唐宋以后佛教兴盛，寺院得到很大发展，至明清鼎盛时期，全山有大小寺院近百座。现存者约有半数多隐没于绿树丛中，一派“深山藏古寺”的境界，主要有报国寺、伏虎寺（山麓）、万年寺（清音阁西）、仙峰寺（九老洞）、雷音寺（报国寺上行2.5公里）、洗象池等。其中，最宏伟辉煌者要数报国寺。这里地处山麓，弥勒殿、大雄殿、七佛殿、藏经楼等主要殿宇逐级升高，各殿佛像金灿夺目。万年寺内有著名的普贤骑六牙白象铜铸像，通高7.3米，重62吨，硕大而又匀称，体现了高超的艺术技巧。

2. 独特地貌

峨眉山是大峨山、二峨山、三峨山的总称。峨眉山山势雄伟，最高峰万佛顶海拔3 099米，金顶海拔3 075米，均高出山下平原2 500余米，故有“峨眉高出西极天”之说。山脉向南北两端渐次低落，而东西两侧很不对称，西坡平缓，东坡陡峻且多断崖绝壁，其中金顶摄身岩高差竟有600余米，极为壮观。山间沟谷发育，多跌水。白龙江和黑龙江两条溪流从洗象池附近山头到清音阁双飞桥下6~8公里间，落差分别达到900米和1 500米。峨眉山在第四纪经历了四次严寒的冰期，冰川地貌和冰镇物广泛分布。清音阁至报国寺路上的五显岗附近，即为陡壁平底的U形谷。

3. 风景名山

峨眉山高出五岳、秀甲天下，山势雄伟，景色秀丽，气象万千，素有“一山有四季，十里不同天”之妙喻。峨眉山自然景色绚丽，古代寺院庙宇、亭台楼阁衬映其间，构成一幅“清、幽、秀、奇”的大自然画面。清代诗人谭钟岳将峨眉山佳景概为十景：“金顶祥光”、“象池夜月”、“九老仙府”、“洪椿晓雨”、“白水秋风”、“双桥清音”、“大坪霁雪”、“灵岩叠翠”、“罗峰晴云”、“圣积晚钟”。现在人们又不断发现和创造了许多新景观。清音阁位于牛心岭下，离山麓报国寺15公里，是全山胜景之一。下有双飞桥，两桥之间耸立着双飞亭。黑、白两水分别从两座拱形桥下奔腾而来，激起珠帘薄雾，时而呈现彩虹。“双飞两虹影，万古一牛心”便是此景的写照。清音阁沿溪上行，便是依山傍水的“黑龙江栈道”。由此上行，峰峦叠翠，蹬道盘盘。攀钻天坡到洗象池，由洗象池经罗汉坡、连望坡和七里坡，即抵峨眉主峰——金顶。登顶环顾，东有青衣江、大渡河、岷江，如条条玉带，银光闪闪；西有大雪山、贡嘎山，白雪皑皑，连接天际，大有“眨眼惟嫌天地窄”的磅礴气势。金顶设有“睹光台”。清晨登台极目远眺，一道道光芒喷薄而出，云彩染红，耀眼如火，转瞬一轮红日从云中而出，群山随即沐浴于阳光之中，这便是峨眉日出奇观；天空时而云层凝聚，滚滚云浪奔腾起伏、汹涌澎湃，而那峰峦宛如海中岛屿，若隐若现，形成壮观的“云海”奇景；天朗风静、云海平静时，日光透过云层，在摄身岩下形成道道彩色光环，“光环随人动，人影在环中”，这就是所谓的“峨眉佛光”，它是阳光透过水蒸气折射形成的一种自然现象。日出、云海和佛光被称为峨眉金顶的“三大奇观”。

4. 动植物博物馆

峨眉山是位于亚热带的一座高山。随着地势的升高，气温逐渐下降。山顶年平均气温只有3.4℃，比山下平均气温低14℃～15℃。暖湿气流沿坡上升，形成低云、多雾、雨量充沛的山区气候，年降水量可达2 000毫米，岩性复杂，土质种类多样，为植物生长营造了极为有利的环境。峨眉山植被覆盖率高达85%，山上重峦叠嶂，古木参天，是西南地区的“植物王国”，是“峨眉天下秀”的重要组成部分。峨眉山是多种动物栖息繁衍的乐园，种类繁多且独特。这里蝶类有280余种，以枯叶蝶、凤蝶最为奇特。峨眉山蛙类有树蛙、胡子蛙、弹琴蛙等。珍禽异兽有小熊猫、苏门羚、岩鸽、白娴鸟等。峨眉山特别以猴闻名于世，九老洞、洗象池一带的猴群经常出没于林间小道和寺院回廊上，向游客拦路乞食嬉戏，人称“猴居山”，是峨眉山旅游特色之一。

（三）安徽九华山

九华山位于安徽省青阳县西南。九华山原名九子山，因唐代大诗人李白见此山“高数千丈，上有九峰如莲花”，赋诗更名为九华山。九华山相传为佛教地藏菩萨道场，是我国佛教四大名山之一。此山开发始于东晋、唐开元年间，新罗（今韩国）王亲金乔觉来到此山，人称“金地藏”，始大规模修建寺庙，至明清鼎盛时期全山佛寺有300余座。现尚存化城寺、月身宝殿、祇园寺、百岁宫等古刹70余座，佛像1 500余尊，藏有与佛教有关的文物1 300余件。整座九华山是一个巨大的佛教文化宝库。

1. 佛国仙城

九华街在九华山西北麓，海拔600余米，是一个宽阔的山谷。九华山之九华街，犹如五台山的台怀镇，是一座兼有服务和游览双重职能的山间城镇。这里是进入九华山的第一站，全街长约1公里，周围青山环抱，沿街佛寺林立。著名的寺院化城寺、祇园寺、旃檀禅林、月身殿等都在这一带。所以，九华街素有“佛国仙城”之称。

化城寺是九华山最古老的寺庙，建于东晋。现存4座殿宇，依山势而建，逐级升高，气势雄伟，是清光绪年间重建的。寺后有明代修建的高大藏经楼，保存着传为九华山佛徒花了8年时间用指血掺朱砂写成的“血经”和明神宗御赐《大般涅槃经》等珍贵文物。

月身宝殿俗称肉身殿，建于化城寺后上方神光岭上。大殿中央有一座7层红色木质宝塔，传为金地藏葬身之地。塔的前后四周供有地藏王、十殿王等大型塑像，形象生动。

在九华山东崖顶上，有著名的百岁宫，依山而建，殿宇巍峨，保存着明万历年间在九华山坐化的无暇和尚的真身贴金坐像。无暇，河北宛平人，寿126岁，人称“百岁公”，所以殿名为“百岁宫”。

祇园寺坐落在化城寺以东的东崖西麓，始建于明，清代重修，是一处宫殿式庙宇群，规模为全山寺院之冠。大雄宝殿高约40米，飞檐黄瓦，金碧辉煌，殿内三世佛像、观音像等尤为壮观。

每年农历七月三十的地藏法会，朝山者众，香火鼎盛，故称“东南第一山”。

2. 山体秀丽

九华山隔青弋江上游舒溪与黄山并列，也呈西南—东北走向。山区面积100余平方公里。有“九十九峰”，以天台、莲花、十王等9峰最为雄伟。十王峰海拔1 342米，为九华山主峰。九华山地质与黄山类似，断裂构造交叉分布，山体花岗岩节理发育，在内外力的共同作用下，形成峭壁峥嵘、谷幽潭深的花岗岩地貌；山地气候也与黄山相似，600米以上的山坡直至天台正顶普遍分布有耐寒而多姿的黄山松。九华山天台正顶位于山体中央，海拔1 350米，为传统的游山极顶。此处是观九华全景、看云海和日出的最佳处，还可北望长江，南望黄山，万千气象，尽收眼底。所以，有“上九华不到天台，白流汗等于没来”的民谣。

（四）浙江普陀山

普陀山是浙江舟山群岛中的一个小岛，位于杭州湾以东约100海里的莲花洋中，离舟山本岛的沈家门港约4公里。全岛面积12.76平方公里，最高峰佛顶山海拔291.3米。

普陀山是我国著名佛教圣地之一，为观音菩萨的道场。相传五代梁贞明年间（公元915—920年），日僧慧锷自五台山请观音像回国，途经普陀山，为风浪所阻。他以为观音不肯离开中国，于是在普陀山东南角的紫竹林结庐留居，建“不肯去观音院”。这就开始了普陀山的佛教历史。南宋时又规定此山以供奉观音为主。因此，山上寺庙和传说多与观音有关，成为普陀山名胜的一大特色。

1. 海天佛国

经宋、元、明、清各代修建，普陀山最盛时期曾拥有大小寺庙200多座、僧尼2 000余人，称为“海天佛国”。现存建筑以普济、法雨、慧济三寺为最大，均为清代宫殿形制。

慧济寺又称佛顶山寺，坐落在普陀山最高峰佛顶山上。登临寺前山顶，近可见普陀诸寺罗布于绿荫之中，远可望海天一色、渔舟点点、云烟缥缈。明末张苍水有诗赞道：“苍茫远水横空碧，历乱群峰倒蔚蓝。”这就是普陀胜景之一“华顶云涛”。

佛顶山以南，光熙峰下的法雨寺又称“后寺”，创建于明代。殿宇按山势依次升级分列在6层台基上，其中观音殿内顶部有著名的“九龙盘拱”结构，因此又名“九龙殿”。

普济寺又称“前寺”，是全山最大的寺院，坐落在岛的南部灵鹫峰下。初建于北宋，规模宏大，建筑雄伟，有殿宇9座。主殿圆通宝殿建在两米多高的石板平台上，石栏围护，巍峨壮丽。殿内置观音像。寺院外围有海印池、八角亭、御碑亭、多宝塔等名胜。

2. 海岛低山

普陀山既为佛教名山，又与五台山、峨眉山、九华山三山风格不同，是四大佛教名山中唯一的海岛低山。普陀之游，并无登山之劳，却有奇秀壮丽的自然景色。“海天佛国”这四个字可谓对普陀胜景的高度概括。如果说杭州西湖之美在于湖光山色，那么普陀山之胜则是兼得山海之利。全岛有“二十六山、十八峰、十五岩、十三洞、八泉、六涧”之胜，错落有致，与大海一起构成许多天然美景，最为奇特的是山海相连处的石洞胜景。普陀山有潮音、朝阳、梵音、狮子、善财等名洞，多为岩岸地貌中的海蚀穴，是海水侵蚀山石裂隙所成。其中，最著名的是潮音洞。该洞从洞顶至洞底高数十米，深入岩滩之中，深不可测，日夜吞吐海潮，声如雷鸣，有神秘莫测之感。

3. 兼得山海之利

在普陀山东岸，有一条长达1 750米、宽约100米的沙滩——“千步沙”，为海浪挟沙积成。沙滩色如金毯，沙细如苔，不沾人足。稍南有“百步沙”沙滩，已辟为海滨浴场。南面海滨还有“金沙”沙滩，也是理想的海滨浴场建点。

由于海洋的调节，普陀山气候冬暖夏凉，十分宜人，特别是夏季，气候较大陆偏低，再加上海风吹拂，成为避暑胜地，所以普陀山是华东夏游“热点”，与大陆各地夏季旅游相对冷淡的情况完全不同。

普陀山是一座富饶的宝岛。佛顶山出产茶叶，称“佛顶茶”，味香可口，解乏提神，曾获奖于万国博览会。普陀山水仙花称为“观音水仙”，是稀有品种，芬芳清香，很有特色，每年大量出口。佛顶山寺西侧有鹅耳枥，是我国特有珍稀树种，属国家二级保护植物。

普陀山旅游区历来以西边隔海相望的舟山本岛东南角的沈家门作为依托城镇。沈家门是我国最大的海洋渔港之一，每逢鱼汛旺季，来自大陆沿海和台湾省等地的渔民来此避风、加油，港区桅樯如林，船只来往如梭，街市摊点林立，海产丰富多彩，一派兴旺景象，也是一个可游之地。普陀山以南隔海相望的朱家尖岛，是另一番风光，此岛山海景色比普陀山有过之而无不及，北部白头山一带多奇岩怪石和峡谷异洞，有“海上雁荡”之称，东部沿海一带有六七处大型优质沙滩绵延广布，称为“十里金沙”，有关评价认为，朱家尖沙滩各方面都可与世界著名的沙滩媲美。20 世纪 80 年代以来，朱家尖迅速崛起，成为一个新型海滨度假胜地。由于普陀山、沈家门、朱家尖三地邻近而景观互补，人们将这个珠联璧合的海岛地区称为“舟山旅游金三角”。

二、道教名山

（一）湖北武当山

武当山是鄂西主要山脉之一，位于湖北省西北部、汉水南岸，属大巴山东段分支。起自陕鄂边境，止于襄樊市南，呈西北—东南走向，长 260 余公里，海拔 1 000 米左右，群峰林立，山势峻拔。武当山位于丹江、十堰两市之间，有上下“十八盘”等险路和“七十二峰”、“三十六崖”、“二十四涧”、“十一洞”、“九泉”、“三潭”等胜景。“峰如倚天剑，岩如碧罗扇，涧如长丝弦，水如甘露泉”，这是游人对武当山的真实描绘。

1. 博大精深的道教文化

武当山全山游程达 60 公里，旧有“八百里武当”之称。这里是中国道教圣地之一，周、汉、晋、唐各代都有道家修炼于此。建筑多座，但在元末大部分毁于战火。明成祖朱棣大力宣扬道教，永乐年间在武当山大兴土木，建造了庞大的建筑群，包括“二观”、“八宫”、“十二亭”、“三十六底”、“三十九桥”、“七十二崖庙”等。明代诗人曾用“五里一庵十里宫，丹墙翠瓦望玲珑”的诗句描绘武当山建筑规模的辉煌。现在，山间基本保存着明代的建筑体系，主要宫观尚存金殿、太和、南岩、紫霄、五龙、遇真、玉虚七宫，复真、元和两观，以及磨针井、玄岳门、太子坡等名胜古迹，是全国最大的道教古建筑群，故成为中国道教四大名山之首。

位于天柱峰东北展旗峰下的紫霄宫是武当山八大宫观建筑群的主体，也是保存最完整的武当古建筑之一。四周红墙高大，四进大殿沿中轴线依山而建。主殿紫霄殿内供玉皇、灵官诸神。1931 年此处曾为贺龙率领的红三军司令部驻地。金殿、紫霄宫都是全国重点文成，被尊为武当武术的开山祖师。后经历代武术家不断创新、充实、积累，形成中华武术一大流派，素有“北宗少林，南尊武当”之称。武当武术以养身练功、防身保健为宗旨，具有以柔克刚、后发制人、延年益寿、增长智慧等多种特点和功能。

2. 辉煌宏丽的“金顶”

武当山主峰海拔 1 612 米，四壁削空，一柱擎天，故名“天柱峰”。峰顶俗称“金顶”，因顶上建有驰名中外的“金殿”而得名。金殿全部构件均为铜铸，高 5. 54 米。建于明代，是中国著名的铜建筑之一。殿内神像、几案、供器也为铜铸。其中，真武神像着袍衬甲，披发跣足，风姿魁伟。两旁金童、玉女神态逼真。整座金殿辉煌宏丽，反映了古代高超的铜铸技艺，是武当山第一名胜。

武当山云雾缭绕，山高林密，层峦叠嶂，俊秀无比。登上天柱峰，可俯览“七十二峰”，远眺曲折如带的汉水、平静如镜的丹江口水库和 100 公里外的襄阳古城。

3. “天然药库”

武当山，特别是南崖一带盛产药材，人称“天然药库”。明代医药学家李时珍所著《本草纲目》中记载的 1 800 多种中草药，武当山所产就占 400 多种，其中以麝香、猴结、玉龙兰等最为名贵。

武当山北有丹江口水库、南有神农架林区两大旅游胜地、东有丹江市、西有十堰市两大工业名城作为依托，又有襄渝、汉丹两条铁路通达重庆、襄樊、武汉等大城市，地理位置得天独厚。

（二）四川青城山

青城山位于成都平原西北部边缘都江堰风景区内，东距成都 68 公里，距都江堰仅 10 多公里。主峰老霄顶海拔 1 600 米，林木青翠，四季常青，诸峰环峙，状若城郭，故名青城山。古人评蜀中胜景为“夔门天下雄，剑门天下险，峨眉天下秀，青城天下幽”。其中，青城山以“幽”取胜。山中植被长年青翠，岁寒不凋，更加云雾缭绕，宛若仙境，所以叫作“青城天下幽”。

青城山相传有“七十二洞之幽，三十六峰之胜”以及“一百零八景”，故成为我国四大道教名山之一。这些以最大的阳数“九”的倍数计数的做法，常见于中国古代对名山景物的统计之中，当然并非一定确切无误。在青城山，这也从一个方面反映了道教文化的特色。青城山—都江堰于 2000 年 11 月被联合国教科文组织列入《世界文化遗产名录》。

青城山是道教发祥地之一。东汉时期，道教首创人张道陵曾在此设坛传教。唐代佛教兴盛，佛、道二家曾争夺青城山。后经唐玄宗下诏裁决，青城仍为道教基地。所以，此山以道教文化为特色，至今仍保存建福宫、天师洞、祖师殿、朝阳洞、上清宫等道教遗迹。

建福宫位于青城山麓，背依丈人峰，为清代建筑，两院三殿，内有委心亭等古迹。宫前小溪清流，四周林木苍翠，浓荫蔽日，虽炎夏也觉清凉。

天师洞位于山腰混元顶下峭壁间，有阁道通往洞前的常道观。该观为青城主庙，创建于隋代，现存是清代建筑，规模宏大，结构精美，依山而上，雄伟壮观。正殿叫三皇殿，内供伏羲、神农、轩辕三皇石像各一尊，是唐开元年间所刻。观内还有唐玄宗书碑等多处珍贵的石木碑刻。

上清宫位于青城主峰，宫建对称布局，方正雄伟。大殿祀李老君像。山门外有“天下珍贵的石木碑刻。

上清宫位于青城主峰，宫建对称布局，方正雄伟。大殿祀李老君像。山门外有“天下第五名山”、“青城第一峰”等刻石。宫东有跑马坪、旗杆石等古迹，相传为明末张献忠起义军驻兵遗物。宫后峰顶有呼应亭和圣灯亭。早看日出，晚看“圣灯”，是上清宫两项著名的游览活动。圣灯，就是山区晚间飘忽的磷火，附以离奇传说，成为青城山“圣景”之一。

从天师洞上行直达上清宫的山道，一路林荫蔽日，登山者无不心旷神怡，赞之为避暑胜地。

青城山分前后山。前山是青城山风景名胜区的主体部分，约15平方公里，景色优美，文物古迹众多，主要景点有建福宫、天然图画、天师洞、朝阳洞、祖师殿、上清宫等；后山总面积100平方公里，水秀、林幽、山雄，蔚为奇观，有金壁天仓、圣母洞、山泉雾潭、白云群洞、天桥奇景等，主要为近年所开发。

（三）安徽齐云山

齐云山位于黄山脚下，皖赣铁路穿越齐云山脚。距黄山市（屯溪）西33公里，因其“一石插天，与云并齐”，故名“齐云山”。它是一处以道教文化和丹霞地貌为特色的山岳风景名胜区，历史上有“黄山白岳甲江南”之称，1981年被列为省重点保护单位，1994年被国务院列为国家重点风景名胜区。

齐云山海拔高度仅585米，用“插天”来形容其高虽有些夸大，但有36奇峰、72怪岩、24飞涧，加之境内河、湖、泉、潭、瀑构成了一幅山清水秀、峭拔明丽的自然图画。白岳的特点是峰峦怪谲，且多为圆锥体，远远望去，一个个面目各异的圆丘，自成一格。主要景观有洞天福地、真仙洞府、月华街、太素宫、香炉峰、小壶天、玄天太素宫、玉虚宫、方腊寨、五青峰、云岩湖等。齐云山碑铭石刻星罗棋布，素有“江南第一名山”之誉。该山道教始于唐乾元年间（公元758—760年），至明，道教盛行，香火旺盛，故成为中国道教四大名山之一。

（四）江西龙虎山

龙虎山位于江西省鹰潭市西南郊贵溪县境内，古名“云绵山”，因山有左右两峰对峙，左峰昂立如虎，右峰蜿蜒似龙，龙盘虎踞，气势雄伟，后改名为“龙虎山”。另有一说，我国古代道教第一代天师张道陵曾在此肇基炼丹，旁有青龙白虎护卫，后丹成，名“龙虎大丹”，山亦改名为“龙虎山”。1988年经国务院批准，龙虎山成为我国第二批国家级风景名胜区之一，总面积200平方公里。2010年8月被联合国教科文组织列入《世界自然遗产名录》。

龙虎山自东汉中叶道教第一代天师在此设坛炼丹起，已有1 900余年。历代天师曾先后在此建造过10座道宫、81座道观和50多座道院，这些建筑现在虽大都无存，但留下了极其丰富的道教文化，道教教义亦远播海内外，故成为中国道教四大名山之一。

龙虎山风景区主要分布于泸溪河（又名上清河）两岸，风景秀丽，有99峰、66岩、20多处流泉飞瀑。景区内红崖碧水，奇峰怪石，山秀水媚，花繁林茂。还有战国时期留下的规模宏大、文物众多的崖墓葬，成为人们寻幽探奇的旅游胜地。而深厚的道教文化、秀丽的山川美景和古朴的崖墓奇观，构成了“龙虎三绝”，是中外旅游者津津乐道的话题。

（五）山东崂山

崂山是山东半岛的主要山脉，最高峰崂顶海拔 1 133 米。它耸立在黄海之滨，高大雄伟。当地有一句古语说：“泰山虽云高，不如东海崂”。山、海、林、泉兼得，道教圣地，山海相连、风光绮丽，崂山矿泉、聊斋故事共同构成了崂山旅游的特色。

1. 山海相连

在全国的名山中，唯有崂山是在海边拔地而起的。绕崂山的海岸线长达 87 公里，沿海大、小岛屿 18 个，构成了崂山的海上奇观。当你漫步在崂山的青石板小路上，一边是碧海连天，惊涛拍岸；另一边是青松怪石，郁郁葱葱，你会感到心胸开阔，气舒神爽。因此，古时有人称崂山为“神仙之宅，灵异之府”。传说秦始皇、汉武帝都曾来此求仙，这些传说，给崂山添上了一层神秘的色彩。

2. 道教圣地

崂山是中国著名的道教名山，过去最盛时，有九宫、八观、七十庵，全山有上千名道士。著名的道教人物丘长春、张三丰都曾在此修道。原有道观大多毁坏，保存下来的以太清宫的规模为最大，历史也最悠久。三面环山，一面临水的太清宫（又名下清宫），始建于北宋初年，迄今已有近千年的历史。道都以“玉清、上清、太清”为三清，“太清”乃太上清净之界，也就是“神仙”的天堂。太清宫的建筑由“三官殿”、“三皇殿”、“三清殿”组成，风格清淡简朴。太清宫附近名胜有：神水泉、龙头榆、摩崖石刻等。在太清宫，还可看到“海市蜃楼”的奇景。

3. 聊斋故事

游览崂山的人，不会忘记去传说中的蒲松龄住过的三清殿西关岳祠看看。蒲松龄写《聊斋志异》，多次以崂山为背景。三官殿前的一株山茶，高 8.5 米，树干围 1.78 米，树龄约 700 年，为世界少见的大山茶。寒冬季节，满树绿叶滴翠，红花娇艳，犹如落下一层绛雪。宫中原有白牡丹，高及屋檐。老年蒲松龄寓居于此，与牡丹、山茶相对，孕育出优美神话故事《香玉》，白牡丹和红山茶变成美丽的女子，与一位书生相恋的故事，为《聊斋志异》的佳作。

4. 崂山矿泉

崂山多奇峰异水，古树清泉。崂山的山有多高，水就有多深，名泉胜水是崂山一大特色，峰顶上的“天乙泉”、太清宫的“神水泉”、上清宫的“圣水洋”等都是崂山名泉。崂山的特产矿泉水被誉为“深知海内长生药，不及崂山一清泉”。

【本章小结】

1. 中国四大宗教包括佛教、道教、伊斯兰教和基督教，其中道教是本土宗教，其他宗教是外来宗教。道教宗派分为金初创立的全真道和元代形成的正一道；佛教由于传入的时间、途径、地区和民族文化、历史背景的不同分为汉地佛教、藏传佛教和云南地区小乘佛教；伊斯兰教分为逊尼派和什叶派；基督教分为天主教、东正教和新教。

2. 宗教文化是一个国家民族文化的组成部分，它融合了宗教建筑、雕塑、壁画等造型艺术，体现了民族文化的特点，它对旅游者具有很强的吸引力。我国的宗教建筑指寺观、石窟和佛塔，寺观主要包括汉地佛教寺庙中的殿堂、汉地佛教的八祖庭、汉地佛教寺庙、四大罗汉堂以及藏传佛教寺庙；石窟拥有丰富的石雕、泥塑和壁画，中国著名的四大石窟包括敦煌石窟、云冈石窟、龙门石窟和麦积山石窟；我国的佛塔是吸取印度佛塔的精华，结合中国建筑传统而发展起来的一种高层建筑，包括楼阁式塔、密檐式塔、覆钵式塔和金刚宝座塔四种基本类型。

3. 中国的佛教和道教为潜心修行，竭力寻找“与世隔绝”的清净之地，自然风光幽深宁静的山地则是最佳的去处。我国佛教古庙、道观浮屠林立于名山之间，深远的佛教、道教文化和名人雅士的诗词题刻以及建筑、雕刻、园林等艺术多姿多彩，产生了众多的佛教名山和道教名山。佛教四大名山是指五台山、普陀山、峨眉山和九华山；道教四大名山是指湖北武当山、江西龙虎山、安徽齐云山、四川青城山。

【关键词】

中国四大宗教　　汉地佛教　　藏传佛教　　宗教文化　　宗教建筑　　佛教石窟

【思考与练习】

1. 宗教文化的旅游功能表现在哪些方面？
2. 简述中国宗教的种类及佛教的三大分布区。
3. 简述宗教建筑有哪些共同特点？
4. 汉地佛教八大祖庭及其常见的殿堂指哪些？
5. 中国著名的寺庙有哪些？四大罗汉堂各有什么特色？
6. 藏传佛教六大寺庙及其他著名寺庙有哪些？塔尔寺“三绝”是什么？
7. 简述中国佛教四大石窟、四大鸣沙的名称、分布及其特色。
8. 简述中国名塔的类型及分布。
9. 中国佛教与道教的名山，四大菩萨及其道场有哪些？

第八章　现代景观

【本章要点】

1. 城市旅游概念及特点；中外城市特色比较；城市的分类及城市现代景观。
2. 工业旅游的概念、特点及我国著名工业旅游项目；农业旅游的概念、特点及我国主要农业旅游项目；体育旅游的概念、特点及分类；会展旅游的概念、特点及我国著名会展地；教育科技旅游的概念。
3. 高尔夫、健身中心、SPA馆及保龄球馆等康体设施基本情况。
4. 主题公园的概念、特征和发展；中国主题公园的发展历程及国内著名的主题公园。
5. 博物展馆的概述和分类；中国著名的三大博物展馆基本情况。

第一节　城市景观

一、城市旅游概念及特点

对于“城市旅游”目前尚无统一定义。简单而言，城市旅游主要是以城市为目的地的旅游形态。作为旅游目的地的我国城市，通常拥有比较丰富的旅游资源。因此，它们一般具有以下几个特点：

（1）中国大多数城市依山傍水，或位于河流、湖泊、海岸边，或者有园林、绿化布置，讲求天然之利，也“师法自然”。同时，现代化的城市景观、市政设施、标志性建筑、城市公园、娱乐场所等形成了独特的城市风貌。

（2）一些城市历史悠久，保存了古城、古建筑、历史文物和遗迹，形成了城市厚重的文化特色。

（3）一些城市地理区位优越，交通便利，基础设施齐备，利于游客食、住、行等的安排。

（4）城市通常也是一定地域的商业中心，各类商务、公务、会展活动频繁，各类国际与国内会议、各类盛事、旅游节庆、大型会展等均提供了丰富的旅游活动内容。

（5）不同地域城市的特色饮食、贸易集市、风土人情，形成了独特的城市风格，为旅游者提供了良好的旅游体验。

因此，城市风貌、历史遗迹、交通便利、商务会展、市井风情等均成为城市的主要旅游吸引要素。

二、中外城市特色比较

中外城市特色比较如表8－1所示。

表8－1　中外城市特色比较

欧洲模式	中国模式
开放式的蛛网状发展模式	封闭式的棋盘状建设模式
由于人口的增长与经济发展的需要，由一个中心点逐渐向外发展，形成一个大体呈圆形的城市	基于政治和军事的需要，根据深思熟虑的统一规划，在短时间内兴建而成
中心包括广场、市场、教堂、政府机构等。道路呈放射状，相隔一段距离修建一条环形公路，所以其鸟瞰图好似一个个巨大的同心圆	一般是首先筑起城墙，再布置城内居民住宅。整个城市呈方形或矩形，街巷横平竖直，排列整齐划一，通常中轴对称，政治机构位于城市中央
逐渐形成的，最初并无统一的规划，因而其整体布局不甚严谨，性质相同的建筑并不集中分布，而且大多数没有城墙	皇城通常还依据“前朝后市，左祖右社”的规制进行布局

三、城市的分类

按照不同的分类标准，中国的城市可分为各种不同的类型：从居住人口的数量来看，2010年，由中国中小城市科学发展高峰论坛组委会，中小城市经济发展委员会与社会科学文献出版社共同出版的书籍指出，50万人口以下为小城市，50万~1 00万的为中等城市，100万~300万的为大城市，300万~1 000万的为特大城市，1 000万以上的为巨大型城市。从旅游资源的角度出发，可分为资源型旅游城市、客源型旅游城市和混合型旅游城市三大类型。

（一）资源型旅游城市

这一类型城市，本身具有丰富的特色资源。这些资源包括城市人文资源、自然资源与城市风貌等。中国许多城市的历史和现代人文资源具有极强的旅游吸引力。

表 8－2　资源型旅游城市类型

类型	概况	典型城市
古都	历史上曾是国家的政治、经济、文化中心，保存着古城墙、宫殿、皇陵等建筑和遗址	南京、洛阳、北京、西安、邯郸
重大事件发生地	一些城市因一些重要的历史事件而闻名	延安、遵义
自然景观丰富型	拥有丰富自然旅游资源的城市，比如拥有特殊的地貌、山地、气候景色的城市	杭州、桂林、蓬莱
少数民族聚居地	民族特色的文化、建筑等少数民族聚居的城市吸引力大增	大理（南诏国中心/白族）、拉萨（藏族）

（二）客源型旅游城市

客源型旅游城市指本身缺乏传统意义上的旅游资源，但却拥有丰富的客源以及良好的区位。

中国许多城市本身并不拥有丰富的自然旅游资源，但却由于位于客源市场和客源流向中心，人流聚集、辐射能力强、经济发达和基础设施完备等因素成为旅游发达的城市。

良好的区位以及较高的经济水平，使这些城市的旅游投资回报率较高，因此这一类型的旅游城市常常以人造景观、大型娱乐设施、节庆会展等为主要旅游吸引物。深圳、广州、上海等经济发达城市正属于这一类型。

此外，既拥有丰富的旅游资源，本身又拥有巨大客源的旅游城市称之为“混合型旅游城市”，它们具备了两类旅游城市的优点，是旅游发展中最具有竞争优势的城市类型。

四、城市现代景观

（一）单体建筑及建筑群

无论哪个国家，其建筑都以既满足实际功能需要又注重艺术追求为目的，而最终成为经典的城市与建筑设计，是二者完美结合的结果。这些经典，都成为城市标志性建筑。如北京的鸟巢和水立方、上海的金茂大厦及中国馆、广州的中信广场、深圳的地王大厦等都是都市标志性建筑的代表。又如上海外滩西侧的建筑群，素有“万国建筑博览会”之称。

（二）城市新貌

主要指 20 世纪 90 年代改建后的城市新貌，反映了该城市近年来的变化，也代表一个城市的风貌，是城市旅游的新亮点。例如，广州改造珠江之后推出的“珠江夜游”，上海改造后的人民广场，都是近年来城市改造之后的经典之作。

（三）新型文化旅游区

这种区域最初以开展文化旅游为目的，由于旅游的效应，带动了商业的发展，其他配套设施相继完善，逐步形成了独立的旅游吸引物。深圳华侨城与珠海九洲城，就是这样的文化旅游区的代表。

（四）大型购物区

以 Mall 为代表的大型购物中心，以及以步行街为代表的购物街区，可以看作是现代城市旅游业与休闲产业发展背景下成长起来的新型旅游吸引物。北京的王府井，上海的南京路，广州的天河城、上下九步行街、北京路步行街等，向来都是游客云集的地方。

五、现代城市

（一）上海

上海地处长江三角洲前缘，东濒东海，南临杭州湾，西与富庶的江苏、浙江毗邻，北界黄金水道长江入海口，是中国最大的城市，最重要的经济金融中心、交通枢纽和对外贸易口岸，也是中国科学技术、文化教育事业的重要基地；是一个不断发展、日渐强盛的城市，是中国的商业、金融中心，也是西太平洋地区重要的国际港口城市。

上海是一座极具现代化而又不失中国传统特色的海派文化都市。作为中国经济发达城市的代表，上海东方明珠电视塔、金茂大厦、上海国际会议中心、浦东国际机场、上海博物馆、上海大剧院、城市规划馆，无一不描绘着这一座国际大都市的现代化情怀。

（二）广州

广州地处中国南部，邻近香港和澳门，是广东省的省会，是我国华南地区最大的城市，同时也是广东政治、经济、文化和交通中心。

广州是一座古城，有着两千多年的文明史。广州的旅游业发达，旅游资源丰富多彩。2011 年，广州市评选出新羊城八景，分别是：湿地唱晚、科城锦绣、荔湾胜景、古祠流芳、越秀风华、云山叠翠、珠水流光、塔耀新城。此外，中山纪念堂、广州艺术博物院、南越王墓博物馆、宝墨园、长隆旅游度假区等旅游区（点）亦具盛名。

（三）深圳

深圳位于广东省南部沿海，南与香港新界接壤，北靠东莞。由于地处亚热带地区，深圳的气候非常适合发展旅游。雨量充沛，日照时间长，气候温和。

作为一座新兴的移民城市，深圳是一座人均年龄 28 岁的年轻城市，从城市的餐饮、娱乐、购物等各个侧面，都可见其作为移民城市的兼容性和作为特区城市的先导性。因为缺少传统意义上的自然资源，深圳因此拥有一大批人造景观。其主要旅游区（点）有西部海上田园旅游区、西丽湖、香蜜湖、大小梅沙、华侨城旅游度假区（包括锦绣中华微缩景区、中国民俗文化村、世界之窗、欢乐谷、欢乐干线等旅游区）、仙湖植物园、野生动物园、青青世界、观澜湖高尔夫球会、水上乐园、明斯克航母世界等 50 多处。

第二节 产业资源

一、工业旅游

（一）工业旅游的定义

工业旅游是以现有的工厂、企业、公司及在建工程等工业场所作为旅游客体的一种专项旅游。通过让游客了解工业生产与工程操作等全过程，获取科学知识，满足旅游者精神需求和行、吃、住、游等基本旅游享受，同时能提供集求知、购物、观光等多方面于一体的综合型旅游产品。其内容集中于：①参观企业标志性建筑、企业特有的人文景观以及厂区美化绿化建设；②了解企业生产制作过程，增长知识，扩宽旅游者视野；③学习企业先进的管理经验，感受企业文化；④认识该企业或该行业的发展历史，纵观企业或行业发展全貌。

（二）工业旅游资源的特点

1. 动态性

工业产品易被淘汰，工业旅游资源个体的旅游寿命具有时限性，工业旅游资源具有可迁移性，如厂址的改变、工厂的扩建等，其资源内涵（包括硬件设备和软件技术等）也可迁移。

2. 科学性

求知是游客参观厂家最主要的目的之一，工业旅游资源科学技术含量是其他众多旅游资源所不及的，不同的厂家展示的旅游客体内容各异。

3. 易达性

评价一项旅游资源的可开发性，很重要的一点便是旅游地的可达性。工业旅游地多位于城镇，交通便利、服务设施齐全、旅游所耗的时间和经费较少。

4. 多效益性

首先有助于树立企业的良好形象，为厂家做了很好的免费广告；其次增加企业效益，体现在门票、服务和直销产品的收入方面，有利于提高合同签订率，扩大企业的知名度。

（三）中国著名工业旅游的项目

1. 首都钢铁集团有限公司工业游

首钢旅游开发部门将部分参观游览路线开发成旅游项目，以售票形式长期开放，展示“钢铁是怎样炼成的”全过程：烧结、焦化、炼铁、炼钢、连铸、轧材的一条龙配套生产，游客可以将其尽收眼底。工业旅游不仅能够为首都钢铁集团有限公司带来大量门票收入，而且让群众主动去了解现实状况，对于提升企业形象和品牌影响力有极大好处。

2. 海尔集团工业游

海尔的发展业绩、知名度、美誉度为发展工业旅游奠定了基础。为满足大众了解生产过程及企业文化的需求，1999 年海尔集团推出了工业旅游项目。专门成立了海尔国际旅行社，投资兴建了海尔科技馆，在园区、车间内规划了专门的参观路线，配备了专门的讲解员，培养了一支优秀的导游讲解队伍。现在海尔的工业旅游已形成了以集团样品室为龙头、生产线为依托、科技馆为重点的旅游产品链条，每年累计接待参观者 50 余万人次。

3. 伊泰莲娜首饰 DIY 梦工场

位于广东中山市坦洲镇的伊泰莲娜首饰工业城是一家具有 30 多年历史，集研发、生产、销售于一体的跨国企业，它改变了首饰旅游的前店后厂模式，引进了主题文化的表现形式，推出了全新的工业旅游概念。DIY 地带共分六大部分——首饰景观（展示）区、DIY 空间、爱神广场、梦工场、欧洲小街和食趣园等，它巧妙地将首饰的时尚文化、制造工艺及其自身观赏收藏价值和情感因素融于一体，并以此延伸出众多的 DIY 项目。

二、农业旅游

（一）农业旅游概念及分类

根据国家旅游局 2002 年颁发的《全国农业旅游示范点、全国工业旅游示范点检查标准（试行）》，所谓农业旅游，是指以农业生产过程、农村风貌、农民劳动生活场景等为主要旅游吸引物的旅游活动，包括农业观光、瓜果采摘、体验农活等。

农业旅游是把旅游活动与农业资源结合在一起的一种旅游活动，它的形式和类型很多。根据德、法、美、日、荷等国和中国台湾省的实践，其中规模较大的主要有三种：

（1）观光农园：在城市近郊或风景区附近开辟特色果园、菜园、茶园、花圃等，让游客入内摘果、拔菜、赏花、采茶，享受田园乐趣。这是国外农业旅游最普遍的一种形式。

（2）农业公园：即按照公园的经营思路，把农业生产场所、农产品消费场所和休闲旅游场所结合为一体，例如广东地区的许多花卉博览场所和交易中心等。

（3）教育农园：这是兼顾农业生产与科普教育功能的农业经营形态。具代表性的有法国的教育农场、日本的学童农园、中国台湾的自然生态教室等。

（二）农业旅游的特征

1. 投入少、收益丰

观光农业项目一方面可以就地取材，建设费用相对较少，而且由于项目的分期投资和开发，使得启动资金较少。另一方面，观光农业项目建设周期较短，能迅速产生经济效益，包括农业收入和旅游收入，而两者的结合使得其效益优于传统农业。

2. 体现了各地迥异的文化特色

中国农业生产历史悠久，且各个地区的农业生产方式和习俗有着明显的差异，文化资源极为丰富，为观光农业增强了吸引力。

（三）中国较有影响的农业旅游项目

1. 广东番禺化龙农业大观园

广东番禺化龙农业大观园整个景区均体现出珠江三角洲田原绿野、自然生态、种饲农耕、民俗风情、休假消遣的生活情趣，集旅游、生产、教育于一身，是青少年学生参加劳动、体验生活、开展科学实践的综合性课堂，又是久居城市的现代人认识自然、增长知识、休憩度假、丰富生活的理想之地。因此，化龙农业大观园是近年我国农业旅游发展较为突出的项目之一。

2. 成都“五朵金花”

“五朵金花”是指成都市锦江区三圣街道办事处（原为三圣乡）辖属的五个村，即花乡农居——红砂村；幸福梅林——幸福村；江家菜地——江家堰村；东篱菊园——驸马村；荷塘月色——万福村。五个村分别位于成都东南市郊，地理位置是城市的通风口。从2003年初锦江区开始打造“五朵金花”，经过四年的努力，从过去的“天晴一把刀、下雨一包糟”变成一座充满田园风光的开放式公园，呈现出“产业兴、经济旺、环境美、农民富”的繁荣景象。于2006年4月，荣获国家4A级旅游景区，成为全国公认的“农家乐”发源地。

“五朵金花”注重基础农业向现代农业、观光农业转变，带动休闲经济、旅游经济共同发展，主要开发花卉、蔬菜生产经营和观光旅游等项目，经济效益明显增长，“五朵金花”由点成片，各展芳姿，形成著名的乡村旅游片区。

3. 山东长岛“渔家乐”旅游

“吃住在渔家，游乐在海上”，这一具有浓郁地方特色的“渔家乐”旅游项目于1999年始创于山东省唯一的海岛县——长岛县。当地渔民将自己多余的房间进行简单的装修改造，为游客提供吃住的条件，把休渔期的渔船进行清理、装饰，供游客出海作业使用，让游客离开喧闹的都市到渔村做一次“渔民”。游客们吃渔家饭、睡渔家炕，跟渔民们出海撒网、下笼、抓蟹、收获鲜活的鱼虾，体验渔家生活。这一项目满足了旅游者寻求回归自然、亲身经历、新奇刺激的时尚旅游心理。

三、体育旅游

（一）体育旅游的概念

对体育旅游的认识，可以广义地概括为：旅游者在旅游中所进行的各种身体娱乐、身体锻炼、体育竞赛、体育康复及体育文化交流活动等与旅游地、体育旅游企业及社会之间关系的总和。

（二）体育旅游的分类

根据体育与旅游活动结合的具体形式，体育旅游一般可以分为两大类：

（1）直接参与性体育旅游，即旅游者直接通过体育活动来获得旅游体验和经历，如徒步旅行，自行车旅游、登山、攀岩等。旅游者既是旅游活动的主体，又是体育活动的主体。

（2）非直接参与性体育旅游，即旅游者主要因为体育事件发生的旅游活动，旅游者不再是体育活动的主体，如各类体育赛事或节庆引发的旅游活动，旅游者的行为也创造了较大的经济、社会效益。

（三）体育旅游的特征

1. 时空集中性

体育事件或体育活动大都发生在规定的时间和区域，由此引发的旅游活动必然具有较强的时空集中性。

2. 专业性较强

参与者是需要专门的训练才能够从事这种活动的，如攀岩、划船、冲浪等。另外，许多体育赛事也需要旅游者具有一定专业知识才有兴趣参与，如棒球、高尔夫等。

3. 费用比较高

一方面，参加旅游活动的体育设施价格较高；另一方面，旅游的费用较高，交通、门票、服务等价格都不菲。

此外，各地还推出了以健身娱乐为目的的森林旅游、登山探险、江河漂流，骑自行车、骑马旅游等传统民族体育项目，并建成众多体育项目训练基地，吸引大批的体育旅游者参加。

四、会展旅游

（一）会展旅游的概念

会展经济是第三产业发展日趋成熟的一个综合性更强、关联性更大、收益率更高的经济形态，它的出现可以作为该地区第三产业成熟化和完善化的标志。会展业与旅游经济具有明显的互动性，举办会展必然涉及吃、住、行、购、娱等旅游活动，因而国际上一般把会展活动——MIEC 即会议（Meeting）、奖励旅游（Incentive tour）、展览会（Exhibition）、大型会议（Convention）等作为旅游活动的重要形式。

基于以上认识，会展旅游的概念可以描述为：通过举办各种类型的大型国际展览会、交易会、大型会议、招商会等，吸引大量游客前来洽谈贸易、旅游观光、技术合作、信息沟通、人员互访和文化交流，以此推动交通、商业、餐饮等相关行业的发展，是一种综合性的旅游形式。会展旅游能产生轰动效应和、好的经济效应和持续发展效应。

（二）会展旅游的特点

1. 内容主题专

会展旅游虽然涉及政治、经济、科技、文化、教育、军事等社会各个方面和领域，但它总是在一定的时间和区域举办，它的活动内容总要围绕着一个主题，呈现出鲜明的专业性。

2. 停留时间长

根据国际大会和会议协会的规定，国际会议的会期一般在 3 天以上。根据我国的会展数据统计，我国大中型会议的会期一般都多于3天，且很多会期之外都会自行安排一些休闲娱乐和参观考察的活动，这样停留的时间会更长。例如香港举办的各种会展活动，平均每人在港停留4.5天。

3. 团队规模大

根据国际大会和会议协会的规定，国际会议的与会人数应在300人以上，且会展旅游比较发达的地区，其在区域范围的影响力也就比较大，因此举办大型国际会议的级别比较高和规模比较大时，其吸引与会者的数量也就比较多。

4. 人均花费高

参加会展活动的人员基本上代表企业实体和政府机构，因此其花费都是公款支出，个人自掏腰包的比较少，同时，单位参加会展活动也是为了展示自己的组织形象，因而也愿意投入大量的物力和财力。因此整个会展活动的花费也就比一般旅游活动高。

5. 拉动作用强

会展旅游是旅游业和会展业的有机结合，会展业构成了会展旅游的基础，它可以拉动交通、住宿、餐饮、商业、金融、广告、房地产等产业的发展。如瑞士小镇达沃斯每年的会议旅游收入占其总体旅游收入的1/3，极大地促进了当地经济的发展。

（三）中国会展旅游成功地及展馆

表8-3 中国著名会展场馆一览表

场馆名称	所在城市	性质	设施规模
中国国际展览中心	北京	展览馆	8个展馆，60 000平方米的室内场馆、7 000平方米的室外展场
中国国际贸易中心	北京	综合馆	总建筑面积560 000平方米，是仅次于纽约世贸中心的世界第二大世贸中心
全国农业展览馆	北京	展览馆	展览的室内面积为18 000平方米，广场展览面积为40 000平方米
上海国际展览中心	上海	展览馆	总展览面积18 800平方米，可搭建600多个展台
上海光大会展中心	上海	会展馆	总建筑面积240 000平方米，包括30 000平方米展览会议场馆
浙江世贸中心	杭州	综合馆	室内展场实用面积8 000平方米，室外展场2 000平方米，为目前浙江省规格、档次最高的专业展览场地
大连星海会展中心	大连	会展馆	占地面积86 000万平方米，建筑面积94 000平方米，具当今展馆一流水平
北京国际会议中心	北京	会议馆	北京最大的专为会议建造的设施，建筑面积52 600平方米，设有功能齐全的大小会议厅室60余个

（续上表）

场馆名称	所在城市	性质	设施规模
中国进出口商品交易会展览馆	广州	展览馆	占地 90 000 平方米，展览面积达 160 000 平方米，是中国目前最大的展览馆
广州国际会展中心	广州	会展馆	目前亚洲最大、国际第二大会展中心

（四）中国较有影响的旅游会展活动

1. 中国进出口商品交易会

中国进出口商品交易会，又称广交会，创办于1957年春季，每年春、秋两季在广州举办，迄今已有50余年历史，是中国目前历时最长、层次最高、规模最大、商品种类最全、到会客商最多、成交效果最好的综合性国际贸易盛会。

2. 深圳高交会

深圳中国国际高新技术成果交易会展览中心由深圳市人民政府投资，于1999年8月建成，是目前深圳规模最大的现代化展馆。展馆位于深圳福田中心区内，深南大道旁，占地面积77 000平方米，建筑面积54 000平方米，展览面积42 000平方米。每年承办上百场次的各类展览，从家具到服装，从电信到住房，高交会馆已经成为中国南方最为忙碌的展馆之一。

3. 上海APEC会议

APEC是亚太经济合作组织的英文字母缩写，于1989年冷战结束后成立。作为APEC会议主要会场的上海国际会议中心，坐落于黄浦江边，与外滩隔江相望。上海国际会议中心拥有各种现代化的会议设施。4 400平方米的无柱大宴会厅——上海厅，是亚洲目前最大的宴会厅，可举行3 000人的宴会和4 000人的大型会议。1999年的《财富》全球论坛的宴请活动就在此举行。国际厅可容纳800人，并配有可同时提供10种语言服务的同声翻译系统。另有24个大小不等的会议室，配有最先进的视听设备，可满足25人至200人的各种会议需求。这座融东西方风格于一体的建筑，被评为50年来上海十大经典建筑之一。

4. 昆明世博会

1999年5月1日至10月31日，由中国政府主办、云南省人民政府承办的中国1999年昆明世界园艺博览会在昆明举行。

昆明世博会场馆建设总体规划主要包括中国馆、人与自然馆、大温室、科技馆和国际馆五大室内展馆；竹园、蔬菜瓜果园、药草园、盆景园和树木园六个专题展园，以及国内、国际、企业三大室外展区。园内设有断崖雕塑、花开新世纪雕塑、标志塔、音乐喷泉、艺术广场等众多景点，汇集世界各地园艺成果。

5. 上海世博会

2010年5月1日至10月31日，首次由中国举办的世界博览会在中国上海举行。2010年上海世界博览会（Expo 2010），是第41届世界博览会。上海世博会以“城市，让生活更美好”（Better City，Better Life）为主题，总投资达450亿元人民币，创造了世界博览会史上最大规模纪录。同时，超过7 000万的参观人数也创下了历届世博会之最。上海世博会已有12项纪录入选世界纪录协会世界之最：上海世博会是第一次在发展中国家举办的世博会；参展规模之最，共有190个国家、56个国际组织参展；志愿者人数最多，园区共79 965名，其中国内其他省区市1 266名，境外204名，共分13批次向游客提供了129万班次1 000万小时约4.6亿人次的服务；世界上保留园区内老建筑物最多的世博会园区，约有20 000平方米历史建筑得以保留、保护，世博会博物馆与城市文明馆都设在原江南造船厂的老建筑内；10月16日当天，截至21时，进园参观世博会的人数达103.28万人，成为世博会史上单天参观人数之最。

五、教育科技旅游

教育科技旅游依托著名的高等学府、科研院所、网络信息和文化设施等重点针对同行和学生市场进行深度和广度开发，如校园旅游，修学旅游，科考旅游，科普旅游，地质、地理、生物、考古等专业考察。北京大学、清华大学、浙江大学已开发了类似的旅游项目。2009年4月27日，广东省正式启动科技旅游，坐落于广州大学城西部的广东科学中心被广东省旅游局授予广东省首个“科技旅游示范点”称号。该中心集科普教育、科技成果展示、学术交流、科普旅游四大功能于一体，是目前世界上规模最大、功能最齐全的科普教育场馆，是公众假日休闲、学习、旅游的热选景点和珠三角地区学生科普教育、春游秋游的必到之地。

第三节　康体设施

一、高尔夫

（一）关于高尔夫

“高尔夫”，是英语golf的译音。在英语中，golf一词由绿（green）、氧气（oxygen）、阳光（light）和友谊（friendship）这四个单词的首字母所组成。关于高尔夫运动的起源有种种不同的说法，流传最广的一种是：古时的一位苏格兰牧人在放牧时，偶然用一根棍子将一颗圆石击入野兔子洞中，牧人从中得到启发，发明了后来称为高尔夫球的运动。因此，“高尔夫”这个词最早出现在十四世纪苏格兰议会的文件中。

这项运动比赛时，球员2~4人为一组，在球场的发球区依次用高尔夫球杆把各自的球击出后，一起经球道走向球的落点，继续击球，直至将球击入洞内。击球的标准杆数一般为72杆，以击球杆数少者为胜。比赛如为四轮72个球洞时，在18个球洞的球场上需循环四次。比赛方法有两种：一为“比洞赛”；一为“比杆赛”。高尔夫运动作为一项高尚的体育休闲活动，经过500多年的历史发展，现已成了一项全球性的体育产业。

（二）中国著名的高尔夫球场

1. 海南博鳌高尔夫乡村俱乐部

博鳌高尔夫乡村俱乐部是博鳌大型综合性国际旅游度假开发区的重点项目。由于得天独厚的地理条件和开发商的精心设计，巧夺天工，使其成为一座中国业内首创、亚洲唯一的全岛型林克斯风格的高尔夫球场，向人们展现其独有的风姿和魅力。整个球场严格保留了原有的自然地形地貌和植被，充分利用了岛上水湾、沙坑、白花芦苇和各种灌木藤蔓植物的分布，尤其是遍布全岛的野菠萝丛林，不仅赋予了球场景观特色，更是对打球的战略和技能的一个极大的挑战。

2. 深圳观澜湖高尔夫球会

观澜湖高尔夫球会位于深圳市，由世界著名球王、国际高尔夫球场设计大师 Jack Nicklaus 与其子共同设计，世界著名高尔夫球场景观设计师 Suraphan Ngamgit Suksri 监造。占地 6 400 余亩。两个 18 洞国际专业高尔夫球场和一个 9 洞灯光球场。球场三面山峰环绕，地理位置得天独厚。观澜湖高尔夫球会是中国首家获职业高尔夫球员巡回赛事会（PGA TOUR）认可的球场，也是我国第一个被列入国际赛事球员会网络的球会。

3. 春城湖畔高尔夫球会

春城湖畔高尔夫球会位于云南昆明，四季如春的气候赋予了它得天独厚的优势，使之成为世界上风景最优美的高尔夫球场之一，堪称亚洲的高尔夫天堂。

2010 年全国十佳高尔夫球场如表 8－4 所示。

表 8－4　2010 年全国十佳高尔夫球场

名次	球场	地理位置
1	博鳌亚洲论坛国际会议中心高尔夫球会	海南省琼海市博鳌水城东屿岛
2	春城湖畔高尔夫球会	云南省宜良县汤池
3	东莞峰景高尔夫球会（C、D 场）	广东省东莞市东城区迎宾大道
4	观澜湖高尔夫球会	深圳市观澜镇观澜高尔夫大道
5	昆明阳光高尔夫俱乐部	云南省昆明市北城区昆曲高速公路六公里处
6	南海桃园高尔夫俱乐部（东、西场）	广东省佛山市南海区松岗南国桃园
7	南山国际高尔夫球会（蒙哥马利球场）	山东省龙口南山
8	浦发上海林克斯高尔夫乡村俱乐部	上海市浦东新区凌白路 1600 号
9	绍兴鉴湖高尔夫球会	浙江省绍兴市柯岩风景区高尔夫大道
10	天津松江团泊湖高尔夫球会林克斯球场（C、D 场）	天津市西南面的团泊洼

资料来源：人民网。

二、健身中心

2003 年初发生的 SARS（非典型肺炎）席卷了中国大陆、台湾、香港，及泰国等亚洲国家和地区，并波及世界其他地方。它在给当地人民的生命财产造成巨大损失的同时，也变了人们的生活习惯，其中最重要的就是人们更加注重体育锻炼了。现在城市的健身中心受到越来越多人的青睐，已经成为重要的运动休闲场所。一个设备齐全的标准健身中心应包括以下功能：

（1）一个健身运动房，内部的设备应可作心肺功能（健身单车、跑步机、划艇机）及肌肉锻炼（举重设备）之用。同时亦可包括那些作伸展练习的设备及健身舞班。

（2）宽敞舒适的更衣室，水力充沛的淋浴间、洗手间。这些地方须时常保持清洁。

（3）桑拿房、蒸汽浴室、冷热水力按摩池及日光浴室，以作松弛神经之用。

（4）按摩院、美容院及理发室。这些设备能带来可观的收入。

较大型的健身中心还可包括壁球场、网球场、篮球场、泳池及游戏室（乒乓球及台球）等。健身中心的器材必须品质优良，妥善保养及维修。

中国目前的健身中心可以分为两类：一类是公益健身中心，设备设施能够满足普通健身要求，收费比较低廉，普通消费者能够消费得起；另一类是商业健身中心，设备设施齐全，既可以满足健身者一般要求，也可以提供针对个人的个性化服务，收费相对较高。

三、SPA 馆

SPA，是一种全新的健康美容概念，指的是新式的休闲美容方式。约在 15 世纪前后，欧洲的比利时有一个被称为 Spau 的小山谷，山谷中有一个富含矿物质的热温泉旅游、疗养区，当时有许多达官贵族到这里来度假疗养，这就是 SPA 最初的形式。SPA 馆的类型如表 8－5 所示。

表 8－5　SPA 馆的类型

类型	具体内容
都会型 SPA（DAY SPA）	这种 SPA 以一天的时间为基础安排专业性护理服务，专为时间紧张、生活繁忙的都会型顾客设计，是设在城市之中的都会型保养中心。它秉承 SPA 的精神，着重在于专业的保养护理和独到的按摩手法，以达到呵护肌肤、保持身材和舒缓身心的效果
酒店型 SPA（HOTEL SPA）	设在酒店或度假胜地的 SPA，它除了拥有完善的 SPA 功能服务外，还提供各种 SPA 烹调食品
医疗型 SPA（MEDICAL SPA）	综合了 SPA 的各项服务及传统的医疗和健康护理服务
邮轮型 SPA（CRUISESHIP SPA）	在邮轮上提供专业的 SPA 服务
矿泉型 SPA（MINERAL SPRING SPA）	利用当地的温泉、矿泉或海水提供专业的水疗服务
俱乐部型 SPA（CLUB SPA）	它的首要功能是瘦身健体，同时涵盖了都会型 SPA 的功能
综合型 SPA（DESTINATION SPA）	通过专业的 SPA 服务、瘦身健体、教育培训和膳宿安排，为顾客提供独有的改善生活方式并保持健康习惯的服务

四、保龄球馆

保龄球又叫“地滚球”，最初叫“九柱戏”，起源于德国。尽管中国保龄球运动已可与其他发达国家和地区相比，但仍存在规模不大、数量不足和区域分布很不均衡的差距。从地区格局上看，广东、上海、北京、江苏、浙江等地的大中城市及沿海经济发达地区保龄球业渐趋饱和，中西部及中小城市则尚初始发育甚至等待开发。按目前国内外通行的每一个城市每10平方公里每万人一个保龄球馆的布局要求来测算，中国保龄球业有较大的市场容量和广阔的发展前景。

第四节　主题公园

一、主题公园的概念、特征和发展

主题公园的概念国内旅游界尚无界定。1989年深圳锦绣中华景区建成开园，旅游业界只是用“人造景观”或“人造微缩景观”来限定这种客观的旅游形态。20世纪90年代全国各地兴起主题公园热，又一致采用“人造景点”或“人造景观”来界定。

目前中国有大小主题公园15 000多家，虽然各具特色，但总的可以归纳出以下的一些特征：①模拟景观；②特定主题；③活动丰富。

从最早的机械式游乐园，到今天种类繁多的各式旅游区，中国主题公园发展经历了五个阶段，即“器械游乐园→人造文化景区→影视拍摄基地→水上乐园→高新科技游乐园”。世界级的大型主题公园也对中国市场颇有兴趣，香港迪斯尼乐园和上海环球影城分别于2005年和2006年开幕。而中国第二个、亚洲第三个、世界第六个迪斯尼主题公园主体工程也已经于2011年4月8日在上海正式动工，预计2015年完工。

二、珠三角地区主题公园的发展

珠三角地区是中国主题公园的主要集中地之一，从发展历程看，珠三角地区主题公园发展经历了三个阶段。

表8－6　珠三角地区主题公园发展阶段

阶段	第一个阶段	第二个阶段	第三个阶段
特征	萌芽阶段	“广东模式”主题公园的创造阶段，以静态的陈列观光为主	向体验型转变
	1989年9月开园的锦绣中华是我国主题公园发展史上的里程碑	以深圳的世界之窗、广州的世界大观及华侨城主题公园群为代表	番禺香江野生动物园、华侨城欢乐谷，与房地产、传媒业、影视、农业等其他行业联姻，追求旅游业的附加值

珠三角地区主题公园形成了以香港迪斯尼乐园为代表的辐射中国大陆以及港澳台和东南亚的主题公园板块，辐射内地市场的深圳华侨城主题公园板块以及辐射珠三角地区的广州长隆集团板块。1989 年华侨城投资 1 亿元的锦绣中华微缩景区开业，1 年后即成功收回投资，由此，全国 15 000 多座主题公园诞生。近几年，特别是珠三角地区，外资、民营资本纷纷进入主题公园领域。

表 8－7　珠三角地区部分主题公园经营情况一览表

编号	主题公园名称	所在城市（区）	主题内容	规模	开业时间	备注
1	锦绣中华	深圳	中华名胜微缩景观	450 亩	1989 年	
2	中国民俗文化村	深圳	中国民俗风情	360 亩	1991 年	
3	深圳野生动物园	深圳	动物园	1 800 亩	1993 年	
4	世界之窗	深圳	世界名胜集锦	720 亩	1994 年	
5	飞龙世界	番禺	蛇文化	980 亩	1995 年	已倒闭
6	飞图梦幻影城	番禺	现代游乐	300 亩	1995 年	已关闭
7	世界大观	广州	世界民俗文化	720 亩	1995 年	拍卖流产
8	圆明新园	珠海	园林、历史文化	800 亩	1997 年	
9	香江野生动物世界	番禺	动物园	2 000 亩	1997 年	
10	广州海洋馆	广州	海洋公园	18 亩	1997 年	
11	欢乐谷	深圳	主题游乐园	投资 3 亿元	1998 年	
12	小梅沙海洋世界	深圳	海洋公园	投资 3 亿元	1999 年	
13	大河马水上世界	广州	主题游乐园	投资 0.6 亿元	1997 年	
14	明斯克航母世界	深圳	军事		2000 年	
15	东方乐园	广州	主题娱乐	33 公顷	1985 年	2004 年关闭
16	航天奇观	广州	航天科技	20 多公顷	1997 年正式开业	
17	太阳岛乐园	广州	娱乐	30 公顷	1985 年	2002 年关闭
18	长隆夜间动物世界	番禺	动物	200 公顷	2000 年 12 月	2005 年停业改业
19	广州鳄鱼世界	番禺	鳄鱼	2 000 亩	2003 年	
20	三水荷花世界	三水	荷花	1 000 亩	2000 年	
21	顺德生态乐园	顺德	农业体验	2 平方公里	1998 年	
22	南湖乐园	广州	娱乐	25 平方公里	1983 年	

（续上表）

编号	主题公园名称	所在城市（区）	主题内容	规模	开业时间	备注
23	长隆欢乐世界	番禺	娱乐	一期占地 1 000 多亩	2006 年 4 月	
24	长隆水上乐园	番禺	娱乐		2007 年	
25	泉林山庄	中山	娱乐、休闲、会议、户外拓展、科普教育和度假	600 亩	2002 年	
26	珠海长隆国际海洋度假区	珠海	娱乐	132 公顷	2014 年	

（一）世界之窗

世界之窗毗邻锦绣中华和中国民俗文化村，占地 480 000 平方米，是香港中旅集团在深圳华侨城创建的又一大型文化旅游景区。将世界奇观、历史遗迹、古今名胜、自然风光、民居、雕塑、绘画以及民俗风情、民间歌舞表演汇集一园，再现了一个美妙的世界。

（二）欢乐谷

深圳欢乐谷位于深圳华侨城杜鹃山，是华侨城集团继锦绣中华、中国民俗文化村和世界之窗后兴建的国内最新一代大型主题公园，占地面积 320 000 平方米。欢乐谷充分运用现代休闲理念和高新娱乐科技手段，满足人们参与、体验的时尚旅游需求，营造清新、惊奇、刺激、有趣的旅游氛围，带给人们充满阳光气息和动感魅力的奇妙之旅。欢乐谷已经形成连锁品牌，深圳欢乐谷、北京欢乐谷和成都欢乐谷均已投入运营，上海欢乐谷正在建设当中。

（三）长隆主题公园

番禺长隆集团位于广州市番禺区西北隅，紧邻广州市区，地处珠三角板块中心地带，旗下企业主要分布于番禺区大石镇，是一家集旅游主题公园、餐饮酒店、地产开发、野生动物养殖为一体的多元化大型民营旅游集团。长隆集团 2005 年以前主要有三家主题公园，即：番禺香江野生动物世界、长隆夜间动物世界及广州鳄鱼公园，另外属下还有长隆酒店、香江大酒店、香江海鲜酒家、长隆高尔夫球练习基地等旅游企业。2005 年 10 月，长隆夜间动物世界实行整体搬迁（保留了马戏和滑水），并在原址的基础上一分为二，建成了两个主题乐园，一个是“马戏乐园”，另一个是“长隆欢乐世界”。后者是国内顶尖的游乐园之一，于 2006 年 4 月开业。2007 年建成的长隆水上乐园是亚洲最大，世界上水上游乐设备最多最先进的水上乐园。

第五节　博物展馆

一、博物馆概述

集收藏、研究、社会教育等多种职能于一体的博物馆业是一个国家、一个地区的文化设施之一。作为精神文明产品的一部分，是现代化建设不可缺少的文化标识，是一种特殊的文化产业，承载着一个国家和民族的历史文化。“十二五”期间，全国博物馆总数力争达到3 500家。

博物馆，从古物收藏所演变而来，最初的职能是收藏奇珍异宝，其后，它从收藏逐步演变为兼有陈列、宣传、科研等多种功能的社会机构，被人们称为反映各国文化的教科书，它已不单单指那些挂牌为博物馆的博物馆了，有些其他社会文化机构也逐步具有了博物馆的特征。

许多国家的博物馆，本身就是非常知名的旅游产品，相比之下，中国的博物展览还没有像英国、法国等许多西欧国家那样形成非常重要的旅游吸引力。

二、博物馆的类别

（一）按照性质及展示内容

（1）社会历史类博物馆——以历史的观点来展示藏品，如中国历史博物馆、中国革命博物馆、西安半坡遗址博物馆、秦始皇陵兵马俑博物馆、泉州海外交通史博物馆、景德镇陶瓷历史博物馆、北京鲁迅博物馆、韶山毛泽东同志纪念馆、中国共产党第一次全国代表大会会址纪念馆等。

（2）文化艺术类博物馆——主要展示藏品的艺术和美学价值，如故宫博物院、南阳汉画馆、广东民间工艺馆、北京大钟寺古钟博物馆、徐悲鸿纪念馆、天津戏剧博物馆等。

（3）自然、科学类博物馆——以分类、发展或生态的方法展示自然界，以立体的方法从宏观或微观方面展示科技成果，如中国地质博物馆、北京自然博物馆、自贡恐龙博物馆、台湾昆虫科学博物馆、中国科学技术馆、柳州白莲洞洞穴科学博物馆等。

（4）综合类博物馆——综合展示地方自然、历史、革命史、艺术方面的藏品，如南通博物苑、山东省博物馆、湖南省博物馆、内蒙古自治区博物馆、黑龙江省博物馆、甘肃省博物馆等。

（二）按照规模

博物展览的形式和规模差别很大：可以是综合性的，也可以是专题性和纪念性的；可以有庞大的规模，也可以规模很小；可以是国家或地方设立的，也可以是私人创办的；可以是长期开放参观的，也可以是定期或临时开放的。

三、著名博物展馆

（一）中国国家博物馆

中国国家博物馆于2003年正式成立。中国国家博物馆在原中国历史博物馆和中国革命博物馆的基础上建成，是一座以历史与艺术为主、系统展示中华民族悠久历史文化的综合性博物馆。

中国国家博物馆集文物征集、考古、收藏、研究、展示于一身，将系统收藏反映中国古代、近现代、当代历史的珍贵文物，通过举办常设基本陈列和多种专题陈列，向国内外公众全面地展示与宣传中华民族的伟大历史进程与辉煌文化，介绍世界文明与优秀文化。通过高水平的历史学、考古学、文物学、博物馆学研究，不断丰富和深化人们对历史文化的理解和认识，推动博物馆事业发展。国家博物馆还是首都中心区供公众进行高品位的文化享受的重要场所。

（二）陕西博物馆

陕西博物馆是中国三大博物馆之一。该馆馆藏各类文物约80 000余件（号），其中周代青铜器、秦砖汉瓦、秦汉陶俑、汉唐石刻、唐三彩、金银器、墓葬壁画都是代表性的珍品。碑林是全国保存碑石最多和最早的场所，建于宋哲宗元祐二年（1087年），陈列从汉至清的各种碑石、墓志1 000余块，其中最著名的有《石台孝经》、《开成石经》、《颜氏家庙碑》、《颜勤礼碑》、柳公权《玄秘塔碑》、欧阳询《皇甫诞碑》、欧阳通《道因法师碑》、僧怀仁集王羲之书字《大唐三藏圣教序碑》、褚遂良《圣教序碑》、《曹全碑》，还有反映中外文化交流的《大秦景教流行中国碑》、《尼泊尔陀罗尼经幢》、《不空和尚碑》等。

该馆还设有周秦汉历史陈列室、隋唐历史陈列室、石刻艺术陈列室、陕西省珍贵文物陈列室和7个碑林陈列室，展出文物4 000余件。

（三）河南博物院

河南博物院也是中国三大博物馆之一，坐落在河南省郑州市，于1998年5月1日正式对外开放。河南博物院占地面积10余万平方米，建筑面积7.8万平方米。目前馆藏文物超过13万件，其中一二级文物5 000余件，以史前文物、商周青铜器、历代陶瓷器、玉器最具特色。内设基本陈列馆、专题陈列馆、临时展览馆。首批推出2个基本陈列和6个专题陈列，内容丰富，蔚为大观。配备中外语音导览系统、录像播放、电脑咨询等设施，能满足观众对文物求知、鉴赏、娱乐等需求。

【本章小结】

1. 城市也是重要的旅游资源之一，城市风貌、历史遗迹、商务会展、市井风情、节庆会展等均是城市的主要旅游吸引要素。简单而言，城市旅游主要是指以城市为目的地的旅游形态。

2. 从旅游资源的角度，可以将城市分为资源型旅游城市、客源型旅游城市和混合型旅游城市。上海、广州和深圳是我国现代城市的代表，同时也是重要的旅游目的地。

3. 工业、农业、会展、体育及科技等产业资源也是重要的现代旅游资源，可以利用它们开展多样的旅游活动，形成专项旅游产品。并且这部分旅游资源拥有各自的特色，形成了一些具有代表性的旅游项目和活动。

4. 高尔夫、健身中心、SPA馆、保龄球馆等康体设施，已经成为人们日常生活中重要的运动休闲场所。如海南博鳌高尔夫乡村俱乐部等。

5. 目前，主题公园在我国发展迅速，成为未来旅游业发展的趋势之一。中国主题公园具有模拟景观、特定主题、活动丰富的特征，深圳华侨城是中国主题公园的摇篮，有著名的世界之窗、锦绣中华等。

6. 博物馆满足了人们丰富知识和扩大视野的旅游动机，成为重要的旅游资源。博物馆的类型较多，从性质及展示内容可以分为社会历史类博物馆，文化艺术类博物馆，自然、科学类博物馆，综合类博物馆等。此外，也可以按照博物展览的形式及规模来进行博物馆类型的划分。中国国家博物馆、陕西博物馆以及河南博物院是我国的三大博物馆。

【关键词】

城市景观　工业旅游　体育旅游　农业旅游　会展旅游　高尔夫　健身中心　SPA馆　主题公园　博物馆

【思考与练习】

1. 简述发展城市旅游的意义。
2. 简述中国未来产业旅游的发展方向和主要形式。
3. 简述体育旅游的发展趋势。
4. 中国主题公园泛滥的原因与对策是什么？
5. 简述体育场馆作为旅游吸引物的优、劣势。
6. 简述博物馆旅游的突破点在哪里。

第九章　乡土风情

【本章要点】

1. 民俗风情的概念。
2. 民俗风情的分类标准：按地域划分，按影响因素划分，按表现形式划分，按生活空间划分，按反映内容划分。
3. 民俗风情的六大特征；
   从旅游资源的角度所表现的神秘性、真实性、独特性、体验性等特征。
4. 民俗风情对旅游者所具有的价值；对旅游业发展所发挥的价值。
5. 节会庆典的概念，节会庆典的产生与发展；按节会庆典的内容划分及其类别；各类民族传统节日。
6. 民间歌舞的概念、表现形式；民族服饰的概念。

第一节　民俗风情

一、概念

关于“民俗”概念的表述很多，但以下几方面是为大多数人所认同的：

（1）民俗是人类社会的产物，其主体是群体，不是个人。

（2）民俗是一种文化现象。

（3）民俗是世代相传的模式化的文化积淀。

（4）民俗不是靠法律来保证，而是靠惯性来维系的。

民俗是创造和流传于民间，具有世代相袭的传承性，表现在行为、语言、心理上，以习惯性的约束力规范人们的物质和精神生活，因社会环境不同而形成的具有模式化倾向的文化积淀。综上所述，民俗风情是指由于自然环境和社会环境的不同而形成于民间，传承于社会，具有一定的流传范围或区域，表现在行为、思想、语言上的模式化的文化现象和群体性情，是我国人文旅游资源中最生动、最多姿的组成部分。

中国是一个多民族的国家，各民族的节日盛会或习俗都带有浓厚的乡土气息，构成了绚丽多姿的民族画卷，因此也就有了“千里不同风，百里不同俗”的说法。

二、民俗风情的分类

表 9－1 不同标准下的中国民俗风情类型

划分标准	主要类型
地域	燕赵民俗风情、秦晋民俗风情、吴越民俗风情、齐鲁民俗风情、关东民俗风情、荆楚民俗风情、草原民俗风情、岭南民俗风情、青藏民俗风情、巴蜀民俗风情、西域民俗风情、闽浙民俗风情
影响因素	物质民俗风情、社会民俗风情、意识民俗风情
表现形式	物态民俗风情、心态民俗风情、语态民俗风情
生活空间	市井民俗风情、水乡民俗风情、山村民俗风情、渔村民俗风情
反映内容	生活民俗风情、礼仪民俗风情、社会结构民俗风情、节令民俗风情、游艺民俗风情、信仰民俗风情

三、民俗风情的特点

尽管民俗风情种类纷繁，内容丰富，但仔细考察，它们有如下一些共同的特点：

（一）集体性

民俗风情并不是少数人或个别人的习俗，而是社会上、集体中大多数人共同的习俗。民俗是人类社会的产物，并伴随其发展而发展。在民俗风情的演变过程中，最初有些表现在少数人身上为个别行为，只有当个别行为被集体接受、仿效、传承，它才能演变为民俗风情。

（二）民族性

民族是具有共同语言、共同地域、相似的经济生活、共同文化、共同心理特征的民众共同体。民俗风情的形成首先是以一定的民族为依托的。早在原始社会，各氏族、部落就有了各自特有的习俗、图腾及其所代表的心理、意识和行为方式。

（三）地域性

民俗风情在空间上受到一定地域的生产、生活条件和地缘关系的制约，不同程度地染上了地方色彩。这种地域性特征的形成与各地区的自然条件、生产发展及社会风尚的差异性有关。

（四）文化性

民俗风情是一种特殊的文化现象。它反映着不同民族、不同地域、不同社会阶层在其创造物质财富和精神财富的过程中所形成的文化积淀。

（五）传承性

民俗风情一旦形成就会世代相袭，不会因为改朝换代或社会的变革而立即中断。正因为民俗风情具有“传承性”这一在发展过程中显示出来的规律性的特征，一些古老的民俗风情如我国许多民间传统节庆活动，才得以保存下来。

（六）变异性

随着时代的变迁、社会的发展以及与外界的交流，民俗风情也会在潜移默化中发生一些变化和发展。有的即使表面没有大的变化，实质上也被赋予了时代的气息和全新的内容。

四、民俗风情对旅游者的价值

（一）满足旅游者认知需求

旅游是一种较高层次的人类文化生活，不仅体现在物质享受上，更表现出对文化的认知。这种对文化的认知在很大程度上依赖于不同地域文化的差异。而民俗风情恰恰是某一地域、某一民族特有的文化现象，它能达成人们入乡问俗的愿望，引领人们到浓郁的民俗氛围中去感受异域风情，比较居住地与旅游地人们生活的差异，考察旅游地古老的文化传统，奇异的文化现象，从而获得美的享受和精神的愉悦。

（二）满足旅游者感化需求

通过民俗旅游，游人可以获得丰富的内心感受。可以感知人类积极的生活态度及其在与大自然的斗争中所表现出来的勇于拼搏的精神和美好的愿望；可以感受到人与人之间和睦、互助的亲情和礼仪；可以使人怀念家乡，起到恋乡爱国的潜意识的陶冶作用。

（三）满足旅游者情感慰藉的需要

人们创造文化的目的在于享受它。在创造文明的过程中，人们总是想方设法进行各式各样的娱乐活动，由此产生了一些与此相适应的民俗风情。人们在接触这些风俗的时候可以尽情享受这种欢乐的气氛并打破平时的禁忌与约束，将心中的郁闷释放出来，从而获得心理的宣泄，现实生活中许多无法满足的欲望往往可以得到补偿并获得一些心灵的慰藉。

五、民俗风情的旅游开发价值

（一）民俗风情为旅游开发提供了第一手资料

民俗风情与旅游的最佳结合点就是发展民俗风情旅游。许多旅游景点的开发都是依据对一个民族、一个地区在一定的历史时期所有的传统民俗风情资料的发掘、整理而开始进行的。正是对其传统文化的形象再现，才使景点产生了无穷的魅力。

（二）民俗风情充实了旅游业的内容

民俗风情旅游的开发冲击了“旅游就是游山玩水”的传统旅游观念，在给旅游者提供优良的物质享受、优美的自然景观的同时，通过民俗风情还可以帮助旅游者认知旅游地的历史、文化和社会生活，开阔旅游者的视野，丰富旅游者的文化知识，增加旅游的兴趣，从而获得文化的陶冶，令原有的旅游景点更具有吸引力。

第二节　节会庆典与民间歌舞、民族服饰

在众多的民俗风情事项中，最有价值的当数节会庆典和民间歌舞，所以在本节中单独加以介绍。

一、节会庆典

节会庆典活动，是民俗特征的综合反映，是一种在具有民俗意义或纪念意义的日子里进行的庆祝性或纪念性的社会活动。一般有固定的日期，有特定的主题，有群众的广泛参与并有模式化的倾向。各民族、各地区都有形式不同、内容丰富的节会庆典活动。这些活动盛行于民间，反映着人们的理想、感情和快乐，具有促进团结、激励进步、颂扬和睦、祝愿吉祥的社会积极作用，是最生动、最具魅力的人文景观旅游资源之一。

（一）节会庆典的成因

首先，节会庆典的产生起初与该民族所在地区的地理条件密切相关。

其次，节会庆典的产生还与民族的生产和生活有关。

再次，节会庆典的产生还与历史事件和传说有关。如端午节与屈原的传说有关，壮族的三月三起源于刘三姐的传说。

此外，节会庆典还与宗教文化密不可分。如佛诞日、观音成道日、圣诞节等，不胜枚举。

（二）节会庆典的分类

表 9－2　按节会内容标准划分的节会庆典

农事类	壮族的牛王节，侗族的舞春牛节，藏族的望果节，高山族的丰渔节，苗族的虾子节、杀鱼节，彝族的采药日等
宗教祭祀类	灶王节、目脑节等；佛教节日如浴佛节、中元节、成道日，藏传佛教的传大召、传小召、灯节、丝邦节等；道教节日有老君圣诞、玉皇圣诞、蟠桃会、吕祖诞辰等；伊斯兰教节日有开斋节、宰牲节（古尔邦节）、圣纪节等
纪念类	端午节（纪念屈原）、清明节（纪念介子推）、锡伯族的“杜因拜专扎坤”节（纪念清代该族由东北迁徙至新疆）、侗族的林王节（纪念英雄林坤）等

（续上表）

文化游乐类	蒙古族的那达慕大会、藏族的林卡节、苗族的龙船节、京族的哈节、侗族的花炮节等
庆贺类	年节等
商贸类	白族的三月街、壮族的药市、纳西族的骡马会、汉族的陶瓷节和啤酒节等
生活类	藏族的沐浴节，朝鲜族的梳头节、老人节与回婚节，彝族的娃娃节，纳西族的牧童会，西北地区的花儿会，白族的绕山林，侗族的姑娘节，布依族的跳花会，瑶族的歌堂节与赶鸟节，壮族的歌圩节，苗族的踩山节、跳花节等

（三）中国各民族主要节会庆典简介

1. 年节

春节又叫过年，如今已是中国各民族共同的节日。最早从腊月初八吃腊八粥开始，二十三为祭灶日，又称“小年”，三十为除夕（即使只有二十九，人们也习惯称为大年三十），吃团年饭、守岁。大年初一是新年的开始，北方人吃饺子，取岁末交子之意；南方人吃汤圆，期望团团圆圆。从这一天开始，人们互相拜年，家家户户祭祖。正月十五闹花灯之后过年结束。

元旦也是世界性的年节，中国也不例外。每年公历的 1 月 1 日是公历新的一年的开端。它的产生是为与世界纪年的统一。

少数民族的传统历法各不相同，因而年节日期各异。除共同庆祝春节外，他们有的还过自己的年节。部分少数民族年节特征如表 9－3 所示：

表 9－3　少数民族年节特征

民族	年节名称	年节特征
蒙古族	白月	蒙古族的春节，传说与奶食的洁白有关，含有祝福幸福如意的意思
苗族	冷酿廖	没有固定统一的日期，一般在秋收后的农历九月、十月或十一月。主要活动有舞狮子
傣族	泼水节	日期大约在农历清明以后的第七天。这一天，人们互相泼水，以此来表达真诚的友谊、纯洁的爱情和美好的祝福
彝族	火把节	时间是在农历的六月二十四。节日的晚上，人们会聚在村头、寨边举行篝火晚会，燃起火把游行
壮族	晚年	正月三十。节日的早晨，妇女们外出挑水，这一天家里的用水都不能是过去的存水，而必须是当天新挑的水。青年男女聚集在村外路旁或山坡上唱山歌，有时唱三天三夜。个别地方还举行“抛绣球”活动
白族	三月街	夏历三月十五至二十日。各家都要把屋子内外打扫得干干净净，不让灰尘留到新的一年。除夕晚上，全家团聚，守岁过年
土家族	赶年	时间比汉族过年提前一天

（续上表）

民族	年节名称	年节特征
景颇族	但丁节	举行但丁比赛。节日的早晨，人们盛装打扮，纷纷来到“但丁”赛场上，进行打靶比赛
水族	端节	水历的正月十二日
回族	古尔邦节	时间在伊斯兰教历十二月十日。节日期间，人们互赠香油、果子和肉以示祝贺。老年人往往去清真寺做礼拜，有的地方还举行赛马大会
藏族	藏历年	拉萨把藏历一月一日作为新年，有的地方则以十一月一日或十二月一日为新年

2. 元宵节

农历正月十五是汉族传统的元宵节。这一天，一般人家都要扎彩灯挂在门外供人欣赏，有的还要写上灯谜。有耍龙灯、踩高跷、扭秧歌、划旱船、吃元宵等活动。许多地方元宵灯会已演变成为专项旅游节目。

3. 端午节

节期在农历五月初五，又叫端阳、重午、天中节、天长节、女儿节、诗人节、龙节、五毒节等。端午节除了吃粽子、赛龙舟之外，还有不少其他习俗，如门口悬挂菖蒲和艾草（两者均有消毒驱邪之功效）等。

4. 中秋节

节期在农历八月十五。中秋节又叫团圆节。人们在这一天吃月饼、赏明月、话亲情。不能回家的游子在这一天也会望月思亲，乡愁满怀。

5. 清明节

清明节由来已久，早在汉代就已盛行。时间在春分后十五日。这一天家家户户的孝子贤孙都要到郊外去祭祀祖先，为墓地除草，替坟墓加土，好好清扫修整，以尽孝心。

6. 壮族的三月三

农历三月三，是壮族举行歌圩的日子，因而这天又叫歌圩节、歌婆节。

7. 蒙古族的那达慕大会

那达慕在蒙古语中是“娱乐”或“游戏”的意思。那达慕大会的会期不固定，一般在夏秋之间。大会上节目非常丰富，有摔跤、射箭、赛马、套马、蒙古象棋等传统节目，也有田径、拔河、篮球等现代体育项目。

8. 瑶族的达努节

“达努”在瑶语中意为“不要忘记”。达努节，又称盘古王节、祖娘节、瑶节。根据当地的习俗和谷物收成、人畜安康等情况灵活欢庆。不一定一年一次，有的地方三五年一次，有的地方十二年才一次，时间在农历五月二十九。

9. 侗族的花炮节

花炮节是侗族人民一年一度的传统节日，已有100多年历史。节日的主要活动是放花炮。

10. 景颇族的目脑节

目脑纵歌盛会是景颇族人民欢乐的节日，一般在欢庆丰收的时候择日举行。

11. 布依族的跳花会

每年农历正月初一到二十一，是布依族举行跳花会的传统节日。跳花会一般在平坦的大草坝举行。

二、民间歌舞

中国的少数民族大多能歌善舞。伴随着各族人民的劳动和生活习俗而产生的民间歌舞，内容丰富，形式多样，是中华大家族中宝贵的精神财富。流传于各民族民间的歌曲和舞蹈音乐，特别是一些少数民族的说唱音乐和戏曲音乐，更是中华艺术殿堂里的奇葩。由于各族人民生活的环境不同，生产方式各异，民间歌舞也呈现出风格各异的内容和表现形式。北方民族的歌舞多反映游牧生活，如蒙古族的长调、鄂温克族的扎恩达勒格、哈萨克族的牧歌等。这些歌曲舞曲，大多曲调缓慢而悠长、辽阔而深沉，具有浓郁的草原气息。南方各族人民多居山区，喜用山歌抒发情怀，因而曲调高亢明亮，奔放自由。

中国少数民族的歌舞音乐种类繁多，各具特色。有的曲调欢快、节奏多变，如维吾尔族的“赛乃姆”；有的热情奔放、旋律悠扬，如蒙古族的“安代”；有的曲调优美、情感细腻，如藏族的“囊玛”……

中国少数民族的舞蹈更是婀娜多姿。有的模仿鸟兽的情状，如达斡尔族、鄂伦春族；有的反映原始图腾与古代狩猎、战争生活，如佤族、景颇族的舞蹈；有的则明显带有原始的宗教色彩，如纳西族的东巴舞；有的起源于本民族的生活习惯，带有强烈的自娱特征，如朝鲜族的舞蹈……受传统和居住环境及生活习性的影响，各民族的舞蹈都体现出不同的艺术风格：北方的草原民族长期过着游牧生活，舞蹈中常用骑马时出现的肩部动作，节奏强烈；南方以农业为主的民族，舞蹈常表现采茶、舂米、捞虾等劳动生活，动作轻柔，节奏舒缓。这些舞蹈以不同的艺术形象与表现形式，反映了本民族独特的审美习惯，寄寓着本民族的美好愿望。

三、民族服饰

服饰习俗是人们在衣服、鞋帽、佩戴和装饰穿戴等方面形成的风俗习惯，反映着一个民族传统的审美观和复杂的社会意识，是民族最基本的形象符号特征之一。中国民族服饰绚丽多姿，如中国惠安的女装、傣族的短衫筒裙、黎族姑娘的无扣对襟上衣加筒裙、维吾尔族的花帽以及纳西族的“披星戴月”、白族的“风花雪月”头饰等。

第三节 乡村旅游

一、乡村旅游概念

国内外学术界对乡村旅游还没有完全统一的定义，乡村旅游的概念包含了两个方面：

一是发生在乡村地区，二是以乡村性作为旅游吸引物。二者缺一不可。本书定义为：以具有乡村性的自然和人文客体为旅游吸引物，依托农村地区的优美景观、自然环境、建筑和文化等资源，在传统农村休闲游和农业体验游的基础上，拓展开发会务度假、休闲娱乐等项目的新兴旅游方式。

二、乡村旅游的由来

传统的乡村旅游：工业革命后，来自农村的工人利用节假日时间回农村探亲，对当地经济产生一定的影响，但是由于在节假日进行，没有增加就业机会，无法改善当地经济环境。

现代的乡村旅游：20 世纪 90 年代后，旅游者前往乡村的旅游动机不再是回老家探亲，旅游时间也不再局限于节假日。旅游者更多的是被农村地区的优美景观、自然风貌、民俗建筑和风俗习惯所吸引，从而花费时间和金钱前往乡村进行农业体验、休闲度假等等。随之而来的是给当地带来就业机会，增加财政收入，促进经济发展。

三、乡村旅游的分类

1. 观光型乡村旅游

观光型乡村旅游是指以乡村特色田园风光和农业生产方式为旅游吸引物，吸引旅游者前往游览、体验、购物等的旅游活动。它主要有两种形式：传统型和科技型。

传统观光型乡村旅游强调乡村田园风光的原真性以及农业生产过程的特殊性。主要以城市居民不熟悉并且感兴趣的农业绿色景观和生产过程为卖点。同时充分利用当地独特资源塑造特色产品。如：广东增城将当地的荔枝产业优势与旅游业结合，开发出各种荔枝产品。科技观光型乡村旅游与传统最大的区别在于利用高科技手段搭建农、林、渔、牧的生产基地，在提升农副产品产量的同时提供旅游者舒适的游览场所。

2. 主题乡村旅游

以采摘瓜果、捕捞鱼虾、趣味茶园、农家住宿、观赏花卉、烹饪栽种等为主题的乡村旅游，这种旅游让旅游者亲身体验农家的乐趣，互动参与性大、娱乐趣味性强、表现形式新颖多样，可以满足不同游客的多层次需求。

3. 文化乡村旅游

文化乡村旅游指的是以乡村民俗、乡村民族风情以及传统节庆等为主题，将乡村旅游和文化旅游紧密结合的旅游方式。它有助于旅游目的地深度挖掘乡村民俗，开发特色文化表演，传承当地传统手工艺、传统表演等。文化乡村旅游满足旅游者的文化需求，将旅游提升到更高的档次，吸引高层次旅游者，有利于旅游地文化经济发展。

【本章小结】

1. 可以从不同的角度对民俗进行概念的界定，但有一些共同的特征，即民俗是人类社会的产物，其主体是群体，不是个人；民俗是一种文化现象；民俗是世代相传的模式化的文化积淀；民俗是靠惯性来维系的。

2. 民俗风情是指由于自然环境和社会环境的不同而形成于民间，传承于社会，具有一定的流传范围或区域，表现在行为、思想、语言上的模式化的文化现象和群体性情。

3. 民俗风情可以按不同的标准进行分类，本书中所介绍的分类标准主要有：地域、影响因素、表现形式、生活空间、反映内容。民俗风情具有集体性、民族性、地域性、文化性、传承性与变异性的特点；而作为旅游资源的民俗风情具有神秘性、真实性、独特性、体验性的特点。

4. 民俗风情的旅游价值可以从两方面考虑：从旅游者角度看，民俗风情可以满足旅游者对异地文化的认知需求，对旅游者具有强烈的感化作用，可以满足旅游者娱乐、宣泄、补偿与慰藉的心理需要；从旅游业角度看，民俗风情为旅游开发提供了第一手资料，充实了旅游业的内容。

5. 节会庆典与民间歌舞是民俗风情中最有价值的。节会庆典的产生与该民族所在地区的地理条件、民族的生产和生活、历史事件与传说有着密切的关系。按节会的内容，可以将节会民俗风情分为农事类、宗教祭祀类、纪念类、文化游乐类、庆贺类、商贸类以及生活类。中国各民族主要的节会庆典有年节、元宵节、端午节、中秋节、清明节、壮族的三月三、蒙古族的那达慕大会、瑶族的达努节、侗族的花炮节、景颇族的目脑节以及布依族的跳花会。

【关键词】

民俗风情　民俗风情的民族性　节会庆典　年节　民间歌舞

【思考与练习】

1. 什么叫民俗风情？
2. 简述民俗风情的分类。
3. 民俗风情的特点是什么？
4. 民俗风情作为旅游资源有什么作用？
5. 简述各民族主要的节会庆典活动。

第十章　购物美食

【本章要点】

1. 各类特产名品的旅游价值、类型、名称、特点及产地；中国著名的陶瓷、丝织品、茶叶、名酒、中药材。
2. 旅游纪念品的旅游价值、类型、名称、特色及产地；中国著名漆器、金属工艺品、牙雕玉器、文房四宝、民间工艺品、文物商品及其仿造和复制品等。
3. 中国著名的步行街、购物商街、MALL（大型购物中心）等旅游购物场所；中国历史悠久、招牌显赫的老字号。
4. 中国烹饪的主要特点，中国的八大菜系，其他风味菜肴。

第一节　特产名品

旅游者在旅游过程中购买的用于携回使用、送礼、收藏的物品，主要是土特产品和旅游纪念品。特产名品是指一地独有或一地独优的农副产品及其加工品。旅游纪念品包括特种工艺品、民间工艺品、文物商品及其仿造与复制品等。我国主要的特产名品如表 10 - 1 所示。

表 10 - 1　我国主要的特产名品

主要类型	主要代表物
陶瓷	宜兴紫砂器、景德镇名瓷、石湾陶塑、洛阳仿唐三彩、醴陵釉下彩瓷、德化白瓷、淄博美术陶瓷
丝织刺绣品	丝织品（云锦、蜀锦、宋锦）、刺绣（苏绣、湘绣、粤绣、蜀绣）
名茶	绿茶（西湖龙井、太湖碧螺春、黄山毛峰）、红茶（祁门红茶）、乌龙茶、黄茶、白茶
名酒	白酒（贵州茅台、泸州老窖特曲、汾酒）、黄酒（绍兴加饭酒、龙岩沉缸酒）、葡萄酒（张裕干红葡萄酒）、啤酒、配制酒（竹叶青）
中药材	东北三省的人参和鹿茸、宁夏枸杞等

一、陶瓷

陶瓷是陶器制品和瓷器制品的总称。早在七八千年前的新石器时代，我国就已经开始制造和使用陶器；瓷器更是中国古代的伟大发明，早在商代就烧出原始瓷器，东汉时期烧制出真正的瓷器。经魏晋南北朝、隋唐时代的发展，至宋、元、明、清，中国制瓷业进入兴盛时期。中国瓷器从西汉开始走向世界，唐宋以后大量远销世界各地，瓷器制作技艺也随之传到世界各国。

陶器是用黏土成型、经700℃～800℃的炉温焙烧而成的无釉或上釉的日用品和陈设品；瓷器是在陶器的基础上制成的器物，但具有以下特点：瓷器胎料的成分主要是高岭土，瓷胎烧结后，胎色白，质地致密，胎体吸水率不足1%，具有透明或半透明性，叩之发出清脆悦耳之声。瓷器的烧成温度必须在1 200℃以上，胎釉经高温烧结后，不易脱落。

中国陶器以江苏宜兴、广东石湾、安徽界首、山东淄博、湖南铜官、云南建水、甘肃天水等地所产最为著名。而瓷器以江西景德镇柳叶瓶、广东枫溪工艺瓷、福建德化瓷雕、湖南醴陵釉下彩瓷、河北唐山喷彩和雕金瓷等最为著名。中国素有“瓷国”之称，江西景德镇、湖南醴陵、福建德化被称为中国三大瓷都。

（一）宜兴紫砂器

江苏宜兴是著名的“陶都”，生产的紫砂陶、均陶、彩陶、精陶都很著名，尤其以紫砂陶闻名中外。紫砂器创始于宋代，至明清时代有了很大的发展，享有天下“神品”之称。紫砂器是用质地细腻、含铁量高的特殊陶土制成的无釉细陶器，呈赤褐、浅黄或紫黑色。紫砂茶具胎壁无釉多孔，有较强的吸附力，泡茶数天后仍能保持茶香；传热慢，不烫手，耐热性能好，三九严寒用沸水泡茶不必担心炸裂；造型美观，色彩古朴、淡雅，是精致的手工艺品。

（二）景德镇名瓷

江西景德镇市是中国的“瓷都”。其瓷器瓷质细腻，釉彩丰富，工艺精巧，素以“白如玉、明如镜、薄如纸、声如磬”的独特风格著称，具有青花瓷、粉彩瓷、玲珑瓷、薄胎瓷等四大名瓷，其中以青花瓷最为著名。早在汉代（公元前206—公元220年）这里就生产陶器。魏晋南北朝时（公元220—589年），逐步发展到生产瓷器。唐代（公元618—907年）出现了有“假玉器”之称的白瓷。宋代景德年间（公元1004—1007年），设置官窑，“应官府之需，命陶工书建年‘景德’于器”，景德镇遂由此得名。明清两代（公元1368—1911年）以来，景德镇瓷器造型优美，色彩绚丽。

（三）石湾陶塑

“石湾陶，景德瓷”，概括了中国陶瓷的精髓。与景德镇陶瓷业不同，石湾窑是民窑，与官窑有根本的区别。据《石湾陶业考》载，石湾陶业全盛时期，共有陶窑107座，容纳工人60 000余人。石湾陶塑享有“石湾瓦，甲天下”之称。广东石湾陶塑历史久远，代代艺人承前启后。石湾艺术陶塑的生产始于唐代。宋代是陶瓷极盛时期。宋代石湾陶塑的装饰艺术非常重视纹饰。石湾陶塑具有三大特点：作为民窑，陶塑艺术均以实用为原则，秀美与实用相结合，有着明显的装饰特色；具有胎壁厚、釉层厚的古雅厚重的特色；技法多种多样。

（四）洛阳仿唐三彩

唐三彩是唐代的釉陶生活用具和雕塑工艺品。唐三彩釉色的主要成分为硅酸铅，釉色呈绿、蓝、黄、白、赭、褐等多种色彩，其中以黄、绿、褐等色为常见，故名。仿唐三彩产于河南洛阳。

（五）醴陵釉下彩瓷

醴陵釉下彩瓷是湖南省醴陵烧制的餐具日用瓷。它是醴陵日用瓷中具有独特艺术风格的传统产品。该瓷器釉面犹如罩上一层透明的玻璃罩，无铅毒、耐酸碱、耐摩擦，洁白如玉，晶莹润泽，虽长期存放，花纹始终保持原来色彩。

（六）德化白瓷

福建德化是中国白瓷著名产地。明嘉靖、万历年间，德化著名民间雕塑艺人何朝宗擅长雕塑观音，仪态生动，面容秀丽，端庄慈祥，有“何来观音”的美誉。

（七）淄博美术陶瓷

山东淄博陶瓷生产历史悠久，汉代已能生产翠绿、栗黄、茶黄、淡绿四种颜色釉陶。现以生产传统名贵色釉——雨点釉、茶叶末釉等的美术陶瓷著称。雨点釉被称为“中国之奇”、“陶瓷之谜”，在日本被称为“天目釉”，是茶道中的精品。茶叶末釉是在橄榄色的釉面上，均匀地布满茶叶末似的细微晶粒，故得名。

二、丝织刺绣品

丝织刺绣品是以蚕丝为原料的纺织品和刺绣品的总称。丝绸起源于中国，是中国著名的三大特产之一，并于汉代之后经“丝绸之路”远销至中亚、西亚、地中海沿岸各地。

（一）丝织品

织锦是中国古代传统的用彩色经纬丝提花织成各种图案花纹的熟丝织品。云锦、蜀锦、宋锦并誉为当代三大名锦。

1. 云锦

云锦产于江苏南京，因锦纹如云，故名。始织于南朝，明清尤盛。云锦的花纹图案富有民族风格和地方色彩，如各种飞禽走兽、花鸟虫鱼，象征吉祥幸福的“八仙”、万寿等是云锦的题材。由于云锦使用大量的金线装饰，因此织品明丽辉煌，光彩夺目。

2. 蜀锦

蜀锦产于四川成都，因四川简称蜀，故名。成都的织锦业早在汉代就很发达，宋元蜀锦成为名品，近代蜀锦仍沿染色熟丝织造的传统方法，质地坚韧，五彩缤纷，富有独特的地方风格和构图。

3. 宋锦

宋锦是江苏苏州丝织产品。宋锦始织于北宋时期，至今苏州的织锦仍称为宋锦；因经线分面经和地经两重，故有重锦的别名。宋锦在图案花纹上继承了古代规矩锦的传统，主要用于装裱书画和礼品装饰。

（二）刺绣

刺绣是用针引线在绣料上穿刺出一定图案和色彩花纹的装饰织物。江苏苏绣、湖南湘绣、广东粤绣、四川蜀绣，被誉为中国四大名绣。备受称赞的苏州双面三异绣，除具有苏绣特有的针法细腻、构图优美、色调雅致等特点风格外，其手法之高明，达到了令人难以想象的地步。

1. 苏绣

苏绣是指江苏苏州、南通一带绣品的总称。其艺术特色为：绣工精巧、针法活泼、图案秀丽、色彩雅洁。最能体现苏绣艺术特征的是“双面绣”，使人可以从两面观赏。双面绣《猫》是苏绣现代作品的代表，其毛丝浓密、姿态活泼、极具质感。绣猫要应用各种精巧针法，使猫身上的毛茸茸的毛丝形象逼真，最重要的部位是眼，常用一根丝线的1/24，进行眼睛的镶色和衬光，使眼睛发亮有神。

2. 湘绣

湘绣是湖南长沙一带绣品的总称。其艺术特色为：构图严谨、针法考究、色彩富有层次、绣品若画。湘绣以绣狮、虎为代表，有“苏猫湘虎”的说法。

3. 粤绣

粤绣产于广东省，有广绣和潮绣两大风格。其艺术特色为：构图丰满、色彩艳丽、对称整齐、装饰性强。金银线垫绣是粤绣中具有特色的工种之一，它使绣上的景物生动形象且富有立体感。粤绣的代表作有《百鸟朝凤》，形象逼真，生机盎然。

4. 蜀绣

蜀绣是四川成都的传统刺绣工艺品，其艺术特色为：针脚整齐、紧密柔和、色彩明快、浓淡适度。蜀绣的代表作有《熊猫》及陈列在人民大会堂四川厅的巨幅作品《芙蓉鲤鱼》。

三、名茶

茶叶是以茶树新梢上的芽叶嫩梢（称鲜叶）为原料加工制成的产品。中国是茶树的原产地，又是最早发现茶叶功效、栽培茶树和焙制茶叶的国家。茶叶自古以来就是中国的三大特产之一，也是世界三大饮品之一（即茶叶、咖啡、可可）。

中国茶品种多样，而产茶地往往又是山水名胜地，如黄山、太湖、西湖、庐山、武夷山、西双版纳等，且皆产名茶。茶叶按制作工艺可分为六类，即绿茶、红茶、花茶、乌龙茶、白茶和紧压茶等。绿茶不经发酵，如太湖碧螺春茶；红茶经过发酵，如祁门红茶；乌龙茶是半发酵茶，如武夷山乌龙茶；花茶是选用浓郁芬芳的鲜花和红茶或绿茶窨制而成；白茶既不发酵也不揉捻，如银针白毫、白牡丹；紧压茶经蒸压呈砖形，如云南普洱茶等。

中国名茶有西湖龙井、太湖碧螺春、六安瓜片、君山银针、黄山毛峰、信阳毛尖、太平猴魁、庐山云雾茶、苏州茉莉花茶、祁门红茶等。中国少数民族用茶制作的一些饮品也别具风味，如藏民的“酥油茶”、侗族的“油茶”等。侗族称制作油茶的过程为“打油茶”，“打油茶”时将油烧热，先炸米花、黄豆、花生等，取出后，将茶叶入锅炒至焦黄程度，放入少许水煮沸，待茶味溶出，再多加水添盐煮沸，并辅以阴米、饭豆、黄豆、花生、玉米、干鱼、虾、猪肝、汤、粑粑、米粉、水圆等，这种油茶香气扑鼻、味道丰富。

（一）绿茶

绿茶是最古老的茶叶品种。绿茶是不发酵的茶叶，初制时采用高温杀青，以保持鲜叶原有的嫩绿。多酚类全部未氧化或少氧化，叶绿素未受破坏，香气清爽，味浓，收敛性强。绿叶绿汤，色泽光润，汤澄碧绿，清香芬芳，味爽鲜醇。绿茶产量大、品种多，其中以西湖龙井茶、太湖碧螺春茶、黄山毛峰茶最为著名。

1. 西湖龙井茶

西湖龙井茶因产于杭州市西湖龙井村及其附近而得名。其中尤其以狮子峰所产为最佳，被誉为“龙井之巅”。每年清明节前采摘的芽茶称“明前茶”，也称为“莲心”，极为名贵。龙井茶具有干茶扁平挺直，大小长短匀齐，色泽绿中透黄，茶香清新鲜爽，宛如茉莉清香，味甘而隽永，泡在玻璃杯中，清汤碧液，可见茶芽直立的特点，世人誉其为“色绿、香郁、味甘、形美”。以虎跑泉水冲泡，号称杭州“双绝”。中国人提起绿茶，无不以龙井茶为代表。喝一杯上好的龙井茶，令人心旷神怡，目明心清，精神焕发。

2. 太湖碧螺春茶

太湖碧螺春茶产于江苏吴县太湖上的洞庭山区，又名洞庭碧螺春。其原名为“吓煞人香”，后经康熙皇帝改名为“碧螺春”。碧螺春茶因产于碧螺峰、茶质绝佳而闻名，其特点是条索纤细、卷曲成螺、绒毛遍布、花香果味。

3. 黄山毛峰茶

黄山毛峰茶产于安徽黄山市，是毛峰茶中之佳品。其特点是芽叶肥壮，大小均匀，银毫形如雀舌，油润光滑绿中微黄，冲泡入口醇香鲜爽，回味甘甜沁人心脾。特级黄山毛峰，又称黄山云雾茶，产量极少。

（二）红茶

红茶出现于清朝，用全发酵法制成。制作采用发酵以促进酶活性，使多酚类充分氧化。红叶红汤，香甜味醇，具有水果香气和醇厚的滋味，还具有耐泡的特点。红茶多以产地命名，以安徽祁红、云南滇红尤为出众。

祁红又称“祁门红茶”，是祁门工夫红茶的简称。主要产于安徽省祁门县及附近的东至、黟县等县。1875 年，黟县人余干臣从福建罢官回原籍经商，便仿效福建“闽红”制法，在至德县（今东至县）尧渡街设立茶庄试制红茶，成功后扩大红茶经营，别人亦效仿之。于是，祁红声誉很快超过闽红，1915 年获巴拿马国际博览会金奖。祁红条索紧细秀长，色泽乌润，毫色金黄，汤色红艳透明，叶底鲜红明亮，入口醇和，味中有浓郁的既似果香又似兰花香的香气，清鲜持久，国外誉为“祁门香”。祁红在国际市场上与印度大吉岭茶、斯里兰卡乌伐茶齐名，并称为世界三大高香名茶。

（三）乌龙茶

乌龙茶也称“青茶”，属半发酵茶，介于红茶与绿茶之间，始出现于清朝。其制作采用独特的“做青”工序，使鲜叶不充分氧化。特点是叶色青绿，汤色金黄，绿冲红镶边，香气芬芳浓醇，既具有红茶的醇厚，又具有绿茶的清香。乌龙茶的产地主要集中在福建、广东、台湾一带，名品有福建的武夷岩茶、铁观音，广东的凤凰单枞，台湾的乌龙等。

铁观音因树种而得名，产于福建省安溪等县，也称为安溪铁观音。茶叶色泽褐绿，重实如铁，香气特异，疑是观音所赐，便取名铁观音。外形条索壮结，呈螺旋形，身骨沉重；色泽砂绿翠润，红点明显，内质香，气清高，持久馥郁，滋味醇厚甘鲜，有天然的兰花香，俗称“观音韵”。汤色金黄明亮，叶底肥厚软亮，边缘向背面卷曲，耐冲耐泡，要冲泡两三次才能品出茶的香气和滋味来。饮时入口微苦，瞬即回甘，带有蜜味。

（四）黄茶

黄茶加工过程中采用杀青、闷黄方法，使鲜叶进行非酶性氧化。黄叶黄汤，香气清悦醇和。黄茶按芽叶嫩度分为黄芽茶、黄小茶和黄大茶，著名品种有君山银针等。

君山银针产于湖南省岳阳市洞庭湖中君山岛。该茶的特点是，芽头茁壮紧实，挺直不曲，长短大小匀齐，茸毛密盖，芽身金黄，称为“金镶玉”。汤色浅黄，叶底明亮，滋味甘醇，香气清雅。若以玻璃杯冲泡，可见芽尖冲上水面，悬空竖立，下沉时如雪花下坠，沉入杯底，状似鲜笋出土，又如刀剑林立。再冲泡则再竖起，能够三起三落。

（五）白茶

白茶白色茸毛多，色白如银，汤色浅淡、素雅，初泡无色，滋味鲜醇，毫香明显。在加工制茶时仅经过萎凋，便将鲜叶直接干燥，不揉捻、不发酵。主要产于福建的政和、福鼎等地，名品有白毫银针、白牡丹等。

白毫银针，又名银针白毫，也简称银针或白毫，因色白如银，形状似针而得名，主要产于福建的政和、福鼎等地。采下的茶芽要及时加工，只有萎凋和干燥两道工序。具有外形美观，芽肥壮，茸毛、芽长近寸，富光泽，汤色碧青，香味清淡，滋味醇和等特点。

中国十大名茶为龙井茶、碧螺春、黄山毛峰、君山银针、祁门红茶、大安瓜片、信阳毛尖、都匀毛尖、武夷岩茶、铁观音，均在国际上享有很高的声誉。

四、名酒

酒是用高粱、麦、米、葡萄或其他水果等原料经糖化，发酵制成的含有食用酒精等成分的饮料。中国是世界上最早的酿酒国家之一，早在五千年前就已开始酿酒，商周时期已出现了制曲方法和配酒工艺。酒按酒精的含量即度数来划分，可分为高度酒（一般在40°以上）、中度酒（20°～40°之间）和低度酒（在20°以下）。

中国的白酒属于高度酒，如山西杏花村汾酒、四川泸州特曲、贵州茅台等均负盛名。中国的中度酒有绍酒、药酒、黄酒、葡萄酒等果味酒。低度酒主要为啤酒、汽酒、水酒等。根据商业习惯，酒可分为白酒、黄酒、葡萄酒、啤酒、果酒、露酒和药酒。

等。根据商业习惯，酒可分为白酒、黄酒、葡萄酒、啤酒、果酒、露酒和药酒。

（一）白酒

白酒是以各种含淀粉或糖分的原料、辅料、酒曲、酒母、水等，经过糖化、发酵后，用蒸馏法制成的40°～65°之间的高浓度酒。白酒，尤其是国家名酒，由于酿酒原料、生产工艺、设备等条件的不同，形成了不同香型和风味特点。

酱香型，又称茅香型，在白酒中酱香型酒为数很少，除贵州茅台酒外，四川古蔺郎酒、湖南常德武陵酒也属此香型。其特点是酱香突出，幽雅细致，酒体醇厚，回味悠长，甚至连盛过酒的空杯都会留有香气。

窖香型，又名浓香型，以泸州老窖特曲为代表。该香型比较适合全国广大消费者口味，因此在白酒中所占比例最大。其特点是窖香浓郁，绵柔甘冽，香味协调，尾净余长。还有五粮液、古井贡酒、全兴大曲、剑南春、洋河大曲、双沟大曲、宋河粮液、沱牌曲酒也属此香型。

清秀型，以汾酒为代表，比较适合北方消费者的需要。其特点是清香纯正，口味协调，微甜绵长，余味爽净。还有特制黄鹤楼酒、宝丰酒也属此香型。

米香型，以广西桂林三花酒为代表。其特点是蜜香清雅醇和，入口柔绵，落口爽冽，回味怡畅。

其他香型，还有些白酒兼有两种香型的特点，所以称为兼香型、复香型或其他香型。如贵州遵义董酒、陕西西凤酒。

中国白酒，是中国传统的饮料酒，在世界上享有很高的声誉，与白兰地、威士忌、朗姆酒、伏特加、金酒同为世界六大蒸馏名酒。中国白酒中的十大名酒有：茅台、汾酒、五粮液、剑南春、古井贡酒、洋河大曲、董酒、泸州老窖、西凤酒、全兴大曲。

1. 贵州茅台酒

产于贵州省仁怀县茅台镇的贵州省茅台酒厂。茅台产名酒，与其独特的自然条件、赤水河水和用优良的高粱做原料密不可分，所以至今酿不出“异地茅台”。茅台酒色泽晶莹透明，口感醇厚柔和，无烈性刺激感，入口酱香馥郁、回味悠长，饮后余香绵绵、持久不散。贵州茅台酒1915年获得巴拿马万国博览会金奖并被评为世界第二名酒。自1952年以来，在历届全国评酒会上连获国家名酒称号，为国内国际市场上的“酒中明珠”，素有“国酒”之誉。

2. 泸州老窖特曲

产于四川省泸州市泸州老窖酒厂。泸州古称江阳，自古有“江阳尽道多佳酿”之美誉。泸州最老的酒窖，建于明朝万历年间，已被列入全国重点文物保护单位。其酒液晶莹清澈，酒香芬芳飘逸，酒体柔和纯正，酒味协调适度，具有窖香浓郁、清冽甘爽、饮后留香、回味悠长等独特风格。1915年获得巴拿马万国博览会金奖。自1952年以来，在历届全国评酒会上连续获得国家名酒称号。

3. 汾酒

产于山西汾阳县山西杏花村汾酒厂。在南北朝北齐时期就因酿制“汾清”而著称。其酒液晶莹透亮，清香雅郁，入口绵柔、甘冽，余味净爽，有色、香、味三绝之美。1915年获得巴拿马万国博览会金奖。1952年以后，在历届全国评酒会上连续获得国家名酒称号。

（二）黄酒

黄酒是中国最古老的饮料酒，也是中国特有的酿造酒，多以糯米为原料，也可用粳米、籼米、黍米和玉米为原料，蒸熟后加入专门的酒曲和酒药，糖化、发酵后压榨而成。酒度一般是16°~18°，含糖、氨基酸等多种成分，具有相当高的热量，是营养价值很高的低度饮料。黄酒主要产于中国长江下游一带，以浙江绍兴的产品最为著名。

1952—1984年，在这期间的四届全国评酒会上被评为国家名酒的黄酒有绍兴加饭酒和龙岩沉缸酒。绍兴酒产于浙江省绍兴酿酒总厂，亦名越酒、绍兴老酒、山阴甜酒。绍兴酒酿造历史悠久，为我国乃至世界上最古老的饮料酒——黄酒中的最名贵者，其制作历史有2 400余年。本品以糯米为原料，使用鉴湖的水，酒色黄而莹澈，香气浓而沉郁，味道醇而不漓，色、香、味三者俱臻上乘。由于酿酒工艺或所加辅料不同，品种甚多，风格各异，主要有加饭酒、元红酒、善酿酒和花雕酒等。

（三）葡萄酒

中国用葡萄酿酒的历史悠久，汉代西域地区就因酿葡萄酒驰名。唐代中国西北地区已用葡萄蒸制葡萄烧酒，饮葡萄酒之风非常兴盛。中国最早的近代葡萄酒酿造企业是1892年华侨张弼士创建的山东烟台张裕葡萄酒厂。

（四）啤酒

啤酒是用大麦芽和啤酒花为主要原料，再加上水、淀粉、酵母等辅料，经酵母发酵而制成的一种含二氧化碳的低度酒精饮料，也叫麦酒。它含有丰富的营养，有“液体面包”的美誉。啤酒是近代从欧洲传入的，先由外国商人在中国的青岛、哈尔滨、沈阳、上海等地设厂酿造。1904年和1915年中国人自己先后在哈尔滨、北京办起东北三省啤酒厂、双合盛五星啤酒汽水厂。

（五）配制酒

用白酒、葡萄酒或黄酒为酒基，再配合中药材、芳香原料和糖料等制成。其中，用中药材配制的酒称为药酒，如竹叶青等。1963—1984年，在这期间的三届全国评酒会上评出配制酒的国家名酒有山西竹叶青、湖北园林青。

竹叶青，产于山西汾田县杏花村汾酒厂。以汾酒为酒基，用高度汾酒（70°）冷浸竹叶、香山茶、公丁香、香排菜、当归等12种名贵中药材的浸取液和冰糖配制而成。酒度为45°，酒液呈金黄色、微绿，口感甜绵、微苦、温和，酒香、药香与甜味和谐一致，具有开胃、助消化等功效。1963年以来连续被评为国家名酒。

五、中药材

中国采集、栽培、加工和使用中药材的历史极为悠久，并发现和培育了不少驰名中外的名贵中药材，如东北三省的人参和鹿茸，宁夏的枸杞，甘肃的黄芪，山西的党参，青海的大黄和冬虫夏草，云南的三七和当归，四川的麝香和贝母，云南、贵州、四川的天麻，以及广西的砂仁，山东的阿胶，台湾的樟脑等。

第二节　旅游纪念品

旅游纪念品，是旅游者在旅游地购买的具有一定审美价值、实用价值，体现旅游地民俗文化特色和富有纪念意义的特殊旅游商品。绝大多数旅游纪念品属于工艺品范畴。旅游纪念品，具备旅游商品的普遍属性——实用性、礼品性等，但较之一般的旅游商品，旅游纪念品更多地体现在艺术性、纪念性、民俗文化性等特性上。旅游者购买旅游纪念品，是为了实用、赏玩、馈赠或纪念等目的，以求生理、心理和精神上的满足。如做工精细却又已时装化的苗族裙子，精美的云南少数民族挂包，漂亮的大理石烟灰缸等，既有一般商品的实用性，又具有突出的艺术性、民族地方特色和纪念性。

世界上丰富多彩的自然、人文资源，为旅游纪念品的开发、设计提供了广阔的天地，木、石、泥、金、布、草、藤、棕、竹、麻、叶、树皮、贝壳等都可以作为旅游纪念品的制作材料，因此其分类也多种多样。由于旅游纪念品大都为工艺品，根据其制作水准和材料可分为特种工艺品、民间工艺品、文物商品及其仿制、复制品等几个大类。

表 10－2　旅游纪念品

主要类型	主要代表物
特种工艺品	漆器（福建脱胎漆器、北京雕漆、扬州镶嵌漆器）、金属工艺品（景泰蓝、金银花丝镶嵌）、象牙雕刻、玉石木竹雕刻（玉雕——北京玉雕、扬州玉雕、苏州玉雕、东北玛瑙雕刻、甘肃酒泉夜光杯；名石篆刻——寿山石雕刻、青田石雕刻、昌化鸡血石雕刻；砖雕、木雕——东阳木雕、潮州木雕；竹刻——上海竹刻、黄岩翻簧竹刻）、文房四宝（湖笔、徽墨、宣纸、四大名砚）
民间工艺品	木版年画、工艺画（内画壶、木版水印画、风筝、北京面人、香包）
文物商品及其仿制、复制品	书画、瓷器、古钱、古铜镜、旧玉器、古墨、古书等及其仿制品和复制品

一、特种工艺品

特种工艺品是旅游者非常喜爱的高档旅游纪念品。有的以选料珍贵罕见著称，有的以工艺过程精细著称，有很高的赏玩、装饰、收藏和纪念价值。属于特种工艺品的旅游纪念品主要有：雕塑工艺品，如牙雕、玉雕、石雕、贝雕、椰雕、竹木雕等；金属工艺品，如景泰蓝、金银铜摆件、工艺刀剑等；水晶、钻石等饰品；高级漆器件以及工艺伞扇等。

（一）漆器

生漆自古盛产于中国，漆器制作始于六七千年以前。明隆庆年间（公元 1567—1572

年)，新安（今安徽歙县）著名漆工黄大成，将绝技传之吴越，开其地漆作之先声，并著成《髹漆录》一书，对漆器制作工艺的阐述极为精辟。以推光、雕填、彩绘、镶嵌玉石和螺钿等技法，制作出各种精美的工艺品。

当代漆器主要分布于北京、福建福州、江苏扬州、四川成都（雕嵌填彩）、山西平遥（推光）、贵州大方（皮胎）、甘肃天水（雕填）等地。

1. 福州脱胎漆器

脱胎漆器产于福建福州，已有180多年历史。其脱胎漆器特点是质地轻巧坚牢、造型雅致大方、色泽鲜艳古朴、做工精细，还具耐热、耐酸、耐碱等优点。福建脱胎漆器多年来一直是我国著名的国际礼品和重要出口产品，被誉为“真正的中国民族艺术”。

2. 北京雕漆

北京雕漆、江西景德镇瓷器和湖南长沙湘绣，并称为“中国工艺美术三长”。雕漆不同于一般漆器，它是在涂刷成几毫米到20多毫米厚的漆层上，加工雕刻的工艺品，是我国漆器艺术中的一个独特品种。

3. 扬州镶嵌漆器

扬州漆器历史悠久，早在战国时代就已生产，在明朝时达到全盛时期，成为全国漆器制作中心。其产品以镶嵌螺钿最具特色，造型古朴典雅，做工精巧细致，纹样优美多姿，色彩和谐绚丽，五彩缤纷。

（二）金属工艺品

1. 景泰蓝

北京景泰蓝是驰名中外的工艺美术品。13世纪由云南传到北京，盛于明景泰年间（公元1450—1456年），又多用宝石蓝、孔雀蓝等蓝色珐琅釉料，因此称之为景泰蓝。由于北京景泰蓝是一种铜和珐琅相结合的工艺品，故又称“铜掐丝珐琅”。它的主要制作工序有5道：首先把紫铜片拼焊成胎，再用镊子把扁铜丝掐成各种纹样粘焊在胎上，接着把各色釉料按设计填充上去，放进炉火中反复烘烤烧结，最后进行磨光和镀金。景泰蓝的品种数以千计，因工艺造型优美，纹样丰富，色泽深厚，富丽堂皇而蜚声中外。它和福建脱胎漆器、江西景德镇瓷器并称中国传统工艺“三绝”。

2. 金银花丝镶嵌

金银花丝镶嵌工艺品，是以金银为主要原料，亦包括铜、彩釉、焊药及宝石等。采用碗丝与石镶工艺，融多种技法于一体而制成的高级工艺美术品。花丝镶嵌工艺于唐代已渐具雏形，当时称盘丝或垒丝，至明清已有相当的规模。产品主要分首饰和摆件两大类，以件为主。摆件又分纯欣赏品和生活实用品两部分。

主要产于北京和四川成都，此外河北省大厂和香河也有生产。

北京金银花丝镶嵌至明清已具相当的制作规模，官方设造办处、金锉局、银锉局，专承宫廷、府第需要；民间则有首饰楼，主要分布在崇文、前门、西四、东四等繁华地区。至1934年，经多年发展，金银花丝镶嵌已形成完整的工艺体系。

（三）象牙雕刻

象牙雕刻是用象牙雕成的各种工艺品。中国牙雕主要产地是北京、上海和广州。过去，北京的牙雕以古装仕女和花鸟为主，上海的牙雕是以小件人物出名，而广州的牙雕则以精细的象牙球著称。象牙球是广州牙雕的代表作。100 多年前，广州象牙雕刻艺人成功利用了象牙坚硬而不易破碎的特性，运用镂空技法，首创了多层象牙球。后来，随着雕技不断改进，层数逐步增加，题材内容也越来越丰富多彩。过去有的外国人曾千方百计仿制象牙球，但始终没有成功。1915 年，在巴拿马万国博览会上，一座 25 层的广州象牙球荣获“艺冠全球”特等奖。

（四）玉石木竹雕刻

中国备选国石有“四石两玉”：新疆和田玉、辽宁岫岩玉，福建寿山石、内蒙古巴林石、浙江青田石、浙江昌化石等。用“四石两玉”制作的各种玉石雕刻，精美绝伦，成为中国特种工艺的珍品。

1. 玉雕

玉雕，亦称玉器，是我国的特种工艺品之一。距今七千年的新石器时代晚期就有玉制工具，玉器是由玉制工具发展而来的。中国的玉主要产于新疆和田、辽宁岫岩、河南南阳独山等地。

和田玉，产于新疆和田地区。因其采自塔里木盆地南缘的昆仑山中，古称昆山玉，简称昆玉。该玉属软玉，有韧性，质地细腻，光泽柔润。尤其是被称为羊脂玉的白玉，为和田玉中最佳品。和田玉块形大，北京团城的元朝大玉瓮《渎山大玉海》和故宫的清朝《大禹治水》玉山子，都是用整块和田玉雕琢而成的。

玉雕的主要产地是北京、江苏、上海、广东、甘肃、新疆、辽宁、黑龙江等地。

（1）北京玉雕。

北京玉雕产于北京市，采用贵重而坚硬的玉石材料雕琢而成。清代不断有南籍匠人到北京传艺，有些高手到北京落户，因此北京玉雕集南北技艺之长，形成了自己的独特风格。所雕作品无不造型古朴典雅，结构严谨，章法得体，生动传神，用色绝俏，工艺精湛。其价值以每件作品玉质优劣、质量高低以及市场需求而定，故有“金银有价玉无价”之谓。

（2）扬州玉雕。

扬州玉雕产于江苏省扬州市，选用优质白玉、翡翠、珊瑚、芙蓉石及岫岩石等原料制成。制作技艺上讲究立雕、浮雕、镂空雕相结合，因材施艺，度势造型，制成的成品雄浑古朴、圆润典雅、且秀丽精细、玲珑剔透。其总体风格：以“南方之秀”为主，兼具“北方之雄”的独特形式。扬州地理位置优越，一向经济繁荣，百业兴旺。早在夏商时期，匠人已能识别玉石并雕琢成器。至隋唐，波斯大食的胡商携来宝石、玛瑙、象牙、猫眼等商品进行交易，更为当地琢玉技艺增辟材料来源。元代又创山子雕，将三雕技术结合为一体。清乾隆年间（公元 1711—1799 年）定玉雕为“扬州八贡”之一，供宫廷享用，如《会昌九老图》、《大禹治水图》等均为当年扬州玉雕珍品。

（3）苏州玉雕。

苏州玉雕产于江苏省苏州市，因其加工精巧、历史悠久，素以“苏帮”著称。始于宋代，历宋、元、明、清数代，均作为贡品进献皇室。“良玉虽集京师，工巧则推吴郡。”至晚清时期当地玉器作坊多达800家。苏州玉雕沿用传统技艺，选材严密，设计强调因材施艺、量料取材，循其规律，讲究造型，有炉瓶、花卉、人物、禽兽、杂件等品种。

（4）东北玛瑙雕刻。

玛瑙主要产于黑龙江西北部和辽宁省大凌河流域，集中产于喷出岩或古熔岩的洞穴中。最珍贵的玛瑙石中包有小水泡，称“水胆玛瑙”，古时称“空青石”。

龙江玛瑙雕刻产于黑龙江省哈尔滨市、齐齐哈尔市和牡丹江市，已有近百年的生产历史。

锦州玛瑙雕刻产于辽宁锦州市，1956年开始生产。1975年雕成中国第一件水胆玛瑙作品《水帘洞》，以水胆部分流清泉作为主题，周围饰以动物、昆虫、游鱼等嬉水为乐，生机盎然。

（5）甘肃酒泉夜光杯。

甘肃酒泉夜光杯是一种人见人爱的玉制酒具，两千年前已有生产。主要采用祁连山里的老山玉、新山玉、河流玉等优质名玉雕琢而成，造型多样、小巧玲珑。它质地精细、纹理天然、光滑透明、杯壁薄如蛋壳。色泽有翠绿、墨绿、鹅黄、黄绿、羊脂白等。具有抗高温、耐严寒，盛烫酒不炸、斟冷酒不裂、摔倒碰击不碎之优点。盛酒后，色不变，味更浓，被称为“白玉精”。尤其是在夜晚，对着皎洁月光，把酒倒入杯中，顿时生辉，光彩熠熠。

2. 名石篆刻

浙江昌化鸡血石、青田冻石和福建寿山田黄石并称为我国“三大佳石”。

（1）寿山石雕刻。

寿山石雕刻产于福建省福州市，寿山石因产于福州市北郊寿山而得名。该地产一种以叶蜡石为主要成分的石料，以“田黄石”最名贵，有“一两田黄一两金”之说。寿山石雕源于南朝，盛行于明、清两代。作品分圆雕、浮雕、镂雕、薄雕、印钮五大类，篆刻家、雕刻艺人常根据石料的形状、色彩的不同而设计雕刻各种题材的陈设品和印章。

（2）青田石雕刻。

青田石雕刻产于浙江青田县。青田石是叶蜡石，脆软相宜，极宜手工精雕细镂，被广泛用于雕刻艺术和雕刻图章，也称图章石。青田石以冻石最为名贵。青田石雕创始于南宋，最早产品多为图章、笔架、笔筒、墨水池、香炉。到清代，产品遂扩展为人物、花果、鸟兽、虫鱼等欣赏品。雕刻技法有圆、镂、透、浮雕及浅刻等，尤以镂雕见长。

（3）昌化鸡血石雕刻。

昌化鸡血石雕刻产于浙江省昌化县，因其色红如鸡血，故名。鸡血石属叶蜡石，是一种含鲜红色辰砂的特殊冻石。该石硬度不高，加之纹彩艳丽，光泽晶莹，内质温润，极易制作印章，最受收藏家与篆刻家珍爱。

3. 广东砖雕

广东砖雕是选用上等青砖，根据图案所需逐块雕琢，然后按部位拼接、镶嵌于墙上而成的。砖雕是一种色彩朴实而又高雅的墙体装饰艺术，主要用于装饰门楣、墀头和檐墙等。或独立存在，或与彩绘、灰塑、陶塑等装饰一处，相互争辉。手法有高低浮雕、透雕和线刻等，内容有花卉、人物和动物等。风格朴实华美，秀丽生动。

4. 木雕

木雕主要分布在浙江的东阳、乐清（黄杨木雕）、福建（龙眼木雕）、江苏苏州（红木雕）、广东潮州（金漆木雕）、湖北（木雕船）、山东曲阜（楷木雕）等地。

（1）东阳木雕。

东阳木雕产于浙江省东阳县，是我国古老的民间木雕工艺品之一，约始于北宋。它以浮雕见长，平面镂空和多层镂空独具特色。现在，东阳木雕艺人在前人经验的基础上，适当吸收西方绘画“焦点透视”的理论，与东方艺术“散点透视”的规则相结合，使人物场景有远有近，主次得体。内容多取材于群众喜闻乐见的神话故事、民间传说和戏曲故事。

东阳木雕与乐清黄杨木雕和青田石雕一并被誉为“浙江三雕”，东阳有“木雕之乡”的美誉。

（2）潮州木雕。

潮州木雕是流传于广东省潮汕地区的一种著名民间工艺美术品，它与浙江东阳木雕并列为中国两大民间木雕体系，以多层镂空、金碧辉煌、装饰夸张的风格和细腻精致的工艺特色著称于世。

潮州木雕始于唐、宋，明代迅速发展，清代达到了高峰，特别是清末民初年间，海内华侨回乡建造祠堂、豪宅，一时成风，大量采用潮州木雕，使之达到登峰造极的发展阶段，现存大量的潮州木雕多数为这个时期的作品。潮州木雕用途广泛，一般分为建筑装饰、家具装饰、神器装饰、案头摆设。就其表现形式而言，有全贴金的金漆木雕、五彩描金的彩雕、清一色髹红（或黑）的漆雕和保持原木纹理的素雕等，其中以金漆木雕最为出名。就其雕刻技法分类，有沉（凹）雕、浮（凸）雕、圆（立体）雕、通雕（多层）和锯通雕（单层）五种，其中通雕最为卓越，它吸取了浮雕、圆雕等技法而融汇成一种玲珑剔透的技法，它的出现，在木雕艺术发展史上具有划时代的意义。

5. 竹刻

竹刻品种繁多，有留青、翻簧、根雕等。

留青又称留青皮雕，利用竹子表面一层青皮雕刻花纹，而铲除多余部分，露出皮下竹肌作底。青皮干后，其色由白转为青黄，虽年久仍能保持淡雅；竹肌则由浅黄、深黄而至红紫。留青利用上述两种色泽变化的差异，雕出浓淡晕退、绚丽多姿，有如水墨或设色的画面。

翻簧竹刻是把毛竹青皮削去，放入沸水蒸煮，直到竹质变为柔软时取出剖开、压平，再把所余的竹肉削去，就成为完整的竹簧，将竹簧磨平，用胶水粘贴在胎上，经过雕刻与上漆或打蜡，就成为翻簧竹刻。

竹刻的主要产地有上海、浙江、江苏、湖南等地。

（1）上海竹刻。

上海竹刻产于上海市。明嘉靖至清乾隆年间，竹刻艺术在江南一带达到鼎盛，形成嘉定、金陵两个中心，各为流派。嘉定竹刻始于明隆庆、万历年间，到现在已有400多年的历史。嘉定派创始人朱松邻，名朱鹤，他的儿子朱小松（朱缨）、孙子朱三松（朱稚征），相继传承祖业，被誉为“嘉定三朱”。此后名家辈出，清代嘉定便成为竹刻工艺中心。清末，嘉定、金陵两个中心逐渐衰落，受其影响的上海竹刻逐渐兴起，取而代之。上海竹刻，是以优质毛竹为原料，采用阳刻、阴刻、模雕、深浅浮雕、镂空雕及立体雕等技法制成的工艺品。以留青为主，并以竹肌浅刻与阴阳刻相结合为主要风格。品种除留青皮雕外，还有翻簧、竹根雕等。

（2）黄岩翻簧竹刻。

黄岩翻簧竹刻产于浙江省黄岩县，为清同治年间木雕艺人所创造，是浙江著名的传统工艺品之一。成品充分体现其选料精良、拼接严密、造型优美、雕工精细、色泽古雅、牢固耐用等特点。

（五）文房四宝

笔、墨、纸、砚素称文房四宝，湖笔、徽墨、宣纸、端砚，被称为文房四宝之首。

1. 湖笔

湖笔产于浙江省湖州市善琏镇。古属湖州府，故称“湖笔”。湖笔自元代以后取代了宣笔的地位，分羊毫、狼毫、紫毫、兼毫等四大类，具有尖、齐、圆、健四大特点，被赞为“毛硕之冠”。

2. 徽墨

徽墨产于安徽徽州歙县和休宁县等，因历史上属于徽州，故名。徽墨创始人是河北易州制墨名家奚氏。唐末五代奚超携子奚廷珪来到歙州，利用当地茂密的松林，总结了北方制墨的经验，改进捣松、和胶、配料等技术，制出了“丰肌腻理，光泽如漆”的好墨，使南唐后主李煜赐其国姓李。宋宣和二年（公元1120年）歙州改称徽州，“徽墨”之名从这年始定。明代徽墨制造形成了以歙州地区为中心的“歙派”和以休宁地区为中心的“休派”两大派系。自清代初年开始，形成了清代墨界的四大家。道光以后唯胡开文一家独领墨艺风骚。从此徽墨驰名天下，其特点是色泽黑润，经久不褪，素有“落纸如漆，万载存真”之誉。

3. 宣纸

宣纸产于安徽南部泾县，因历史上属宣州府，故名。始产于唐代，它的原料是青檀皮。清代才掺和稻草，改变了用料比例。宣纸分生、熟两种，生宣渍水渗化，作写意画最好，熟宣经过胶矾浸染，不渗化，宜于工笔，细描细写，为书画最理想的用纸。宣纸具有纸质柔韧、洁白平滑、细腻匀整、不起皱、不掉毛、不怕舒卷、抗老化、久不变色、不蛀不腐、卷折无损、便于收藏等特点，因此有“纸寿千年”之说法。

4. 四大名砚

端砚、歙砚、洮河砚、澄泥砚被誉为中国的“四大名砚”。

（1）端砚。

端砚产于广东省肇庆市，因隋在肇庆设端州府，所以称端砚。端石是一种水层岩，开采于唐，宋代已为世所重，其特点是石质细，易发墨，墨汁细稠而不滞，不易干涸。端石以紫色为主，名贵的石品有青花、鱼脑冻、蕉叶白、苏青、冰纹等。端砚贵有石眼，它是天然生长在砚石上的石核形状的眼，人们利用石眼花纹雕刻的砚台尤为名贵，有“端石一斤，价值千金”之说。端石块大的不多，故多随形雕刻，追求气韵。端砚为四大名砚之首。

（2）歙砚。

歙砚是歙县、屯溪两地制作的石砚。砚石主要产于今江西婺源县龙尾山，又称“龙尾砚”。历史上，婺源县龙尾山属于歙州，故名歙砚。歙砚石以青色为主，名贵的石品有金星、金晕、银星、眉子、罗纹等。歙砚制作石料珍稀，开采艰难，雕刻费力，以浮雕浅刻为主，精细工整，被称为“艺林瑰宝”。

（3）洮砚。

洮砚产于甘肃卓尼县洮砚乡。洮砚采用当地临洮河绿漪石为料，砚石色泽如碧玉。洮砚以发墨快亮而耐用，蓄水持久而不耗，笔吸墨匀而护毛，书画流畅而清爽的特点闻名于世。砚常设盖，纹饰刻盖上。

（4）澄泥砚。

澄泥砚曾产于山西绛县、晋城一带。将澄浆泥淘洗、去除杂质，制成各样砚形坯，加上纹饰入窑焙烧而成。山西绛县的澄泥砚最著名，然而制法已失传。

二、民间工艺品

民间工艺品是民间的一般艺人所创造生产的造型艺术品。它采用传统工艺方法，就地取材，同时反映出民间艺术的审美意识和生活方式等内涵。民间工艺品制作过程较简单，但洋溢着浓郁的民间气息、生活趣味和地方特色，又因它往往价格低、体积小、便于携带，深受旅游者欢迎。世界上 2 000 多个民族创造出了丰富多彩的人类文明，民间艺术品是其中一朵长开不败的花。

（一）木版年画

年画是中国传统的民俗艺术品。木版年画出现于雕版印刷术发明之后的宋代，明代中叶起已成一种独立的艺术形式，著名年画应运而生，清乾隆年间更为盛行。内容大多含祝福新年的意思，也有描绘农事场面等。著名年画产地主要有天津杨柳青、江苏苏州桃花坞、山东潍坊杨家埠（以上被誉为中国三大木版年画产地）、四川绵竹、河南开封朱仙镇、广东佛山等地。

杨柳青年画产于天津市杨柳青地区。始于明崇祯年间，到清中后期最为风行，有“家家会刻板，人人善丹青”之誉。这里的年画是木刻水印和手工彩绘相结合，保留了民间绘画的技法，并受到清代画院的影响。

（二）工艺画

1. 内画壶

内画壶是将料器制成的瓶子，用铁砂在瓶内摇磨成乳白色，然后用极其精细的特制竹笔蘸色在瓶内反画出各种人物、山水、花卉等画。因在透明玻璃瓶内壁作画，故称“内画”。主要产地是北京、山东博山和河北衡水。

2. 木版水印画

木版水印画，是根据活版印刷原理，先将绘画原作勾描成底稿，再分成若干块刻版，以水调色印制而成，所以称木版水印，为我国独有的绘画与木刻、印刷技艺相结合的工艺美术品。最著名的有荣宝斋木版水印画和上海朵云轩木版水印画。

工艺画还有河南南阳烙花画、福建福州软木画、辽宁沈阳羽毛画和大连贝雕画等。

3. 风筝

风筝是以线牵拉、借助风力升空的传统玩具与艺术欣赏品。相传山东为中国风筝的发源地。早在2 000年前鲁国公输般就用其侦察敌情，至唐以后转实用为娱乐，清乾隆年间已遍及城乡。

潍坊市在清乾隆、嘉庆年间形成盛大风筝集市。潍坊风筝创作构思源于生活而不拘泥于生活，具有浓郁的东方艺术风格和强烈的乡土气息。从1980年开始，每年4月1日在该市举行国际风筝赛会。

4. 北京面人

北京面人被外国人称为“中国的雕塑”，是一种艺术性很高的中国民间工艺品，以面粉、糯米粉为主要原料，加上色彩、石蜡、蜂蜜等成分，经过防裂防霉处理，制成光亮柔软的面团，多以神话故事、戏曲、历史、传说中的人物为题材塑造形象，或写实或夸张变形，千姿百态，栩栩如生，令人爱不释手。装入小巧精致的玻璃匣内，就是便于携带且美观大方的旅游纪念品。

5. 香包

香包是青年男女爱情的信物和民族文化中的辟邪之物，如今也成为游客身上佩挂的饰品、引起美好回忆的纪念品和馈赠亲友的佳品，同时还为旅途增添了不少浪漫、喜庆和温馨的气氛及情调。广西壮族的“绣球”、云南傣族的四角形香包等，皆制作精细，图案精美，充满喜庆气氛，富有民族特色，是颇有趣的旅游纪念品。

中国民间工艺品品种丰富，不胜枚举，常见的还有剪纸、花灯、绢花、皮影、竹编、草编、藤编、棕编等。

三、文物商品及其仿制、复制品

中国的文物商品，一般是指1795年以后到1949年以前，没有很高文化、艺术、历史价值的部分物品，但要经过有关部门鉴定、批准后才可出售。文物商品已失去了一般商品的实用价值，而成为主要用来陈列、装饰、收藏及馈赠的物品，是特殊纪念品。包括书画、瓷器、古钱、古铜镜、旧玉器、古砚、古墨、古书、旧碑帖、塑像、旧珐琅器、旧乐器等一些比较陈旧、古朴的物品。仿制品和复制品，就是对这些文物商品的模仿、复制作品，要求技艺精湛，仿古似古。出售时，应注明为仿制品或复制品。

第三节　名街名店

一、休闲商街

（一）休闲商街类型

许多大城市都有著名的休闲购物中心区域，主要以购物步行街、Shopping Mall、名品折扣店、历史街区等商业形式呈现。

（二）著名商街

步行街在中国城市兴起，已成为一种时尚，反映着城市的形象。据初步统计，全国已有100多座大中城市规划建成了规模不同、风采各异的步行街。如北京的王府井、上海的南京路、天津的和平路、重庆的解放碑、武汉的汉正街、广州的北京路和上下九路、福州的步行街等。其中素有“中华商业第一街”之称的南京路，自1999年改建成步行街后，以其特有的购物氛围吸引了众多中外顾客。步行街上，沿街心设置了各种免费供人休憩的椅凳。人们走累了，就可以小坐片刻，一边休息，还可一边观赏沿街的风景、行人。

Shopping Mall是超大型的集购物、休闲、娱乐、旅游、餐饮为一体的主题式购物公园，是目前世界上最先进的商业形态。它把一系列零售商店、服务机构组织在一起，提供购物、休闲、娱乐、饮食、旅游等服务的一站式消费中心。MALL是一个具有鲜明主题个性、超大面积、超大规模、复合型的商业“恐龙”，起源于20世纪初，20世纪50年代起在美国等发达国家就开始盛行。一个MALL的有效商圈有200～300公里，它对一个区域的经济将产生巨大的带动作用，因此，在中国的北京、上海以及各省会城市均有兴建，它不仅带来了全新的购物理念，还提供了景观式的旅游购物场所。

坐落于南中国最繁华的商业圣地——广州市天河路228号的正佳广场占地面积57 000平方米，总建筑面积420 000平方米，总投资40亿元人民币。其中购物中心面积300 000平方米，地上7层，地下2层半；西塔楼是48层超五星级酒店；东塔楼为25层超甲级写字楼，总车位1 500个。正佳广场严格按照餐饮18%、娱乐30%、零售52%的黄金比例安排商业布局，缔造了正佳广场独步中国的体验式购物形态，是当今中国最大的完全贯彻“体验式消费”模式，集零售、休闲、娱乐、餐饮、会展、康体、旅游及商务于一体的现代化购物中心。

以上海新天地、成都锦里和宽窄巷子等为代表的历史街区，在融入了现代商业文化元素以后焕发新机。上海新天地是一个具有上海历史文化风貌，中西融合的都市旅游景点，它以上海近代建筑的标志石库门建筑旧区为基础，改变了石库门原有的居住功能，创新地赋予其商业经营功能，把这片反映了上海历史和文化的老房子改造成集国际水平的餐饮、购物、演艺等功能的时尚休闲文化娱乐中心。漫步新天地，仿佛时光倒流，有如置身于二十世纪二三十年代的上海，但若跨进每个建筑内部，则非常现代和时尚，亲身体会新天地独特的理念，这有机的组合与错落有致地巧妙安排形成了一首上海昨天、明天、今天的交响乐。成都锦里是感受浪漫休闲的精神驿站，是体验三国文化与成都民俗的魅力街区。宽窄巷子是成都遗留下来的较成规模的清朝古街道，与大慈寺、文殊院一起并称为成都三大历史文化名城保护街区。宽巷子与窄巷子是成都这个古老又年轻的城市往昔的缩影，一个记忆深处的符号。当游人伴着夕阳，望着炊烟，走在黄昏中的巷子里，一种久违的老城区市民化生活的场景就一一浮现在眼前。

二、名店老号

名店老号是指那些招牌显赫、名扬天下且已具有较长历史的老字号专卖店。我国众多历史文化名城中拥有许多名店老号，有食品店、餐馆酒楼、茶庄、戏院、鞋店、药店、布店等，其中食品与饮食业的名店老号最受游客关注。

例如，“全聚德”烤鸭店，是北京最著名的老字号之一。位于北京前门，以挂炉烤鸭著称。清同治三年（公元 1864 年）开业，距今已有 150 年的历史。这里烤出的鸭子色泽枣红，鲜艳油亮，皮脆肉嫩，味美适口，营养丰富，且另有奇香，久吃不腻。该店利用鸭舌、肠、胗、肝、掌、心等部位加工制成百余种美味可口、风味各异的冷热菜肴一并组成“烤鸭全席”，堪称一绝。几乎所有的旅游团队，都将登长城和吃全聚德烤鸭列为去北京旅游必不可少的项目。

此外，北京瑞蚨祥绸布店、上海老介福呢绒绸缎店、徐州老同昌茶庄和巴黎几家规模宏大的百年老店，包括在北京开了分号的“老福爷”（Lafayette）、春天（Le Printemps）、市府商店（Bazarde L’ hotelde Ville）等都是闻名于世的店铺。

广州市于 2010 年 12 月公布了最新一批认定的广州老字号名单共 36 家，入选“广州老字号”的企业，其商铺或品牌创立均达 50 年或以上，具有广州地方特色，取得社会广泛认同和良好的信誉。虽有许多名店老号因城市建设需要被迫迁离原址而处于经营困难的境地，但名店老号在旅游业中及其在维护特色历史街区文化底蕴方面所起的突出作用正日益被认识。广州老字号协会还计划用 3 年左右时间认定 100 家广州老字号。与此同时，众多的历史文化名城正积极筹建老字号一条街、旅游文化商街等，以使名店老号能获得新的生机。

第四节 美食佳肴

饮食，是旅游六大要素中的首要和基本要素，与旅游密切相关，甚至不可或缺。杭州西湖醋鱼、东坡肉，广东蛇馔“龙虎斗”（“龙”指蛇、“虎”指猫），四川麻婆豆腐、灯影牛肉，宁波冰糖甲鱼、锅烧蟹等菜已久负盛名；西安的饺子宴作为华夏一绝，亦成为西安旅游中的“拳头产品”；此外，南京盐水鸭、北京烤鸭、重庆火锅、成都小吃等均享誉中华。

一、中国烹饪的主要特点

中国饮食文化历史沉淀深厚，烹饪技艺在国际上久负盛名，烹饪特点讲究色、香、味、形、器，科学性和艺术性并重，给人们带来味觉、嗅觉和视觉的综合享受。许多海外旅游者正是抱着一品中国美食的愿望远道而来。中国菜肴讲究色、香、味、形，选料极为广泛，从山珍海味到一般动、植物，均可入菜，此为其他国家所不及；中国菜肴讲究刀工，注意掌握火候；烹调方法复杂多样，令人眼花缭乱，主要有炒、炸、炖、焖、溜、爆、煎、烩、煮、熬、烤、熏、扒、涮、氽、炝、糟、拌、卤、腊、冻、拔丝、挂霜、蜜汁等方法，所制成的菜肴具有香、甜、酸、辣、怪、鲜、酸甜、甜咸、麻辣、香辣、糟香、鱼香等口味。

二、中国八大菜系

由于受特定的物产、气候和饮食习俗的制约，中国各地区的菜肴在原料选择、花色品种等方面形成了自己的风格，出现了许多地方菜系。最初形成川、鲁、淮扬、粤四大菜系，后来在这四大菜系的基础上又发展了湘、闽、徽、浙四大菜系，成为八大菜系。八大菜系分别为粤菜、川菜、鲁菜、湘菜、浙菜、闽菜、徽菜、淮扬菜。

（一）鲁菜

鲁菜即山东风味菜，由济南、胶东、孔府菜点三部分组成。山东菜调味极重、纯正醇浓，少有复杂的合成滋味，一菜一味，尽力体现原料的本味。山东菜面食品种极多，小麦、玉米、甘薯、黄豆、高粱、小米均可制成风味各异的面食，成为筵席名点。山东著名风味菜点有炸山蝎、德州脱骨扒鸡、原壳扒鲍鱼、九转大肠、糖醋黄河鲤鱼等。

（二）川菜

川菜风味包括成都、重庆、乐山和自贡等地方菜的特色。主要特点在于味型多样、变化精妙。辣椒、胡椒、花椒、豆瓣酱等是主要调味品，不同的配比，化出了麻辣、酸辣、椒麻、麻酱、蒜泥、芥末、红油、糖醋、鱼香、怪味等各种味型，无不厚实醇浓，具有“一菜一格”、“百菜百味”的特殊风味，各式菜点无不脍炙人口。其中最负盛名的菜肴有干烧岩鲤、干烧鳜鱼、鱼香肉丝、怪味鸡、宫保鸡丁、粉蒸牛肉、麻婆豆腐、毛肚火锅、夫妻肺片、灯影牛肉等，最负盛名的小吃有担担面、赖汤圆、龙抄手等。

（三）粤菜

粤菜即广东菜，由广州、潮州、东江三地特色菜点发展而成，是起步较晚的菜系。但它影响极大，不仅香港、澳门，而且世界各国的中菜馆，多数是以粤菜为主。粤菜总体上的特点是选料广泛、新奇且新鲜，口味尚清淡，味别丰富，讲究清而不淡，嫩而不生，油而不腻，有“五滋”’（香、松、软、肥、浓）、“六味”（酸、甜、苦、辣、咸、鲜）之别。粤菜口味时令性强，夏秋讲清淡，冬春讲浓郁，有不少菜点具有独特风味。著名的菜点有鸡烩蛇、龙虎斗、烤乳猪、东江盐焗鸡、白灼基围虾、烧鹅、蚝油牛肉、广式月饼、沙河粉、艇仔粥等。

（四）淮扬菜

淮扬菜是以扬州、淮安为中心的地方风味菜。淮扬菜选料严谨，讲究鲜活，主料突出，刀工精细，擅长炖、焖、烧、烤，重视调汤，讲究原汁原味，并精于造型，瓜果雕刻栩栩如生。口味咸淡适中，南北皆宜，并可烹制“全鳝席”。淮扬细点，造型美观，口味繁多，制作精巧，清新味美，四季有别。代表菜有清炖狮子头、拆烩鲢鱼头、扒烧整猪头、清蒸鲫鱼、水晶肴蹄、三套鸭、软兜鳝鱼、炝虎尾、炒蝴蝶片、冬瓜盅、三丁包子、翡翠烧卖、蟹黄汤包、千层油糕等。

（五）闽菜

闽菜是以福州、闽南、闽西三个地区地方风味菜为主形成的菜系。最著名的风味菜点有佛跳墙、鸡汤氽海蚌、淡糟香螺片、沙奈焖鸭块、七星鱼丸、糟醉鸡、煎糟鳗鱼、半月沉江、燕皮馄饨、福州线面、蚝仔煎等。

（六）浙菜

浙菜有悠久的历史，它的风味包括杭州、宁波和绍兴三个地方的菜点特色。名菜名点有龙井虾仁、西湖莼菜汤、虾爆鳝背、西湖醋鱼、炸响铃、炝蟹、新风鳗鲞、咸菜大汤黄鱼、冰糖甲鱼、牡蛎跑蛋、蜜汁灌藕、嘉兴粽子、宁波汤团、湖州千张包子等。

（七）湘菜

湘菜包括湘江流域、洞庭湖区和湘西山区三个地区的菜点特色。著名菜点有东安子鸡、腊味合蒸、组庵鱼翅、冰糖湘莲、红椒腊牛肉、发丝牛百叶、火宫殿臭豆腐、吉首酸肉、换心蛋等。

（八）徽菜

徽菜风味包括皖南和沿江、沿淮之地的菜点特色。著名风味菜有无为熏鸭、毛峰熏鲥鱼、符离集烧鸡、方腊鱼、石耳炖鸡、云雾肉、绿豆煎饼、蝴蝶面等。

除以上八大菜系外，中国还有北京菜、上海菜、河南菜、湖北菜等 20 多种地方名菜，以及清真菜、素斋等，这些都为发展旅游业提供了良好条件。

三、其他风味中国菜肴

（一）宫廷菜

宫廷菜专指供帝王与后妃所享用的具有特定规格的菜肴，是为适应统治者暴殄天物的挥霍、延年益寿的乞求及宠禄臣下的需要，经历代御厨不断发掘、传承及创新而形成与发展起来的。清代宫廷菜无论花色品种或膳食规模均远超历代，达到顶峰，并出现了菜品多达 108 道的满汉全席、全羊席等巨型筵席和人数千人以上的“千叟宴”等盛大宴会。宫廷菜选料考究，如鸭要用北京鸭，螃蟹则要吃作画坊产的，烹调细腻，还讲究时令、刀工及进膳顺序，菜名和筵席的名称寓意吉祥。

（二）官府菜

官府菜亦称公馆菜，指出自官僚士大夫（包括一些豪富）之家厨烹饪的菜肴，由历代高官权贵、文人墨客希求食益、寄情饮馔而产生，在相互宴请、相互交流和攀比中得以发展，并经名家品味、总结与宣传而形成具一定影响力的特殊类型的菜肴。官府菜选料讲究，烹制精细，崇尚真味，且能显示出家庭气氛，菜以人名，肴以人传。主要官府菜有孔府菜、谭家菜、随园菜。

（三）素菜

素菜，亦称蔬食，即以非动物性原料（蛋、奶除外）烹制而成的各种菜肴的总称。素菜素食，是中国菜肴和食品文化的又一个重要组成部分，历史悠久，风格别致。主要由寺院素菜、宫廷素菜、市肆素菜和民间素菜四种风味类别构成。具有选料以时鲜为主、制作精细考究、菜品花色繁多、口味清幽素淡等基本特点，是中国烹饪体系中的独特流派。

（四）药膳

中国的食品文化中，还有一个极其重要的方面，就是药膳，也可称饮食疗法。我们的祖先为了生存繁衍，在从自然界寻觅食物的过程中，逐渐懂得利用一些动、植物治疗疾病，从而积累了养生食疗的经验。随着社会的进步和生产的发展，人类在实践中逐步摸索出了一套比较科学的饮食疗法，其特点是：重五味调和，忌五味偏嗜；重素食，忌厚味；重饮食有节，忌暴饮暴食；重五味应时，忌五味所禁；食疗与摄生相为用，以登仁寿之域。在旅游业迅速发展的今天，中国的药膳吸引着广大旅游者，特别能得到游客的垂青，各大旅游城市纷纷建起了药膳餐厅，或在旅游定点餐厅的菜单中加进了药膳菜肴。

（五）少数民族菜

少数民族菜亦称民族风味菜，是中国菜肴的重要组成部分。由于少数民族的风俗和生活习惯与汉族不同，其菜肴在内容和烹制手法上亦有许多特殊的地方。主要类型有清真菜、满族菜、蒙古族菜、朝鲜族菜、藏族菜、傣族菜、壮族菜等。

在中国，菜馆遍布各地，著名的传统名菜馆有北京的“全聚德”烤鸭店、“东来顺”涮羊肉老店，上海的“功德林”素菜馆、“杏花楼”饭店，杭州的“楼外楼”饭店，扬州的“绿扬村”饭店，广州的“陶陶居”酒楼，南京的“马祥兴”清真菜馆等。

另外，中国各地还有众多各具特色的风味小吃，如香气四溢的宁夏回族风味小吃烩羊杂碎，山西太原的刀削面、炝锅面，天津的狗不理包子，广州的生滚粥，四川的夫妻肺片，宁波的甲天下汤圆，上海的蟹壳黄，无锡肉骨头，武汉的鲜豆皮，陕西的牛羊肉泡馍等。据说太原钟楼饭店制作刀削面时被称“飞刀手”，把和好的面置于头上，双手拿起钢刀，交替着在自己头上飞快地削出面片，使其急如流星般地飞溅入锅。初见之人，定会惊诧不已。而削出的面内虚、外筋、滑软，加上陈醋等调味和荤素浇头，其味美不可言。旅游者在旅游的过程中，不仅观赏到风采各异的景观，而且能够品尝到当地风味小吃，得到不同的味觉享受。

【本章小结】

1. 特产名品是指一地独有或一地独优的农副产品及其加工品，中国的特产名品主要包括陶瓷、丝织刺绣品、名茶、名酒和中药材。陶瓷是陶器制品和瓷器制品的总称，著名的有江苏宜兴的紫砂器、江西景德镇名瓷、广东石湾陶塑、洛阳仿唐三彩、湖南省醴陵釉下彩瓷、福建德化白瓷、山东淄博美术陶瓷；丝织刺绣品是以蚕丝为原料的纺织品和刺绣品的总称，丝织品中的云锦、蜀锦、宋锦并誉为当代三大名锦；刺绣中的苏绣、湘绣、粤绣、蜀绣被誉为我国四大名绣；茶叶按制作工艺可分为六类，即绿茶、红茶、花茶、乌龙茶、白茶和紧压茶等，其中绿茶产量大、品种多，以西湖龙井茶、太湖碧螺春茶、黄山毛峰茶最为著名，红茶多以产地命名，以安徽祁红、云南滇红尤为出众，乌龙茶的产地主要集中在福建、广东、台湾一带，名品有福建的武夷岩茶、铁观音，广东的凤凰单枞，台湾的乌龙等；根据商业习惯，酒可分为白酒、黄酒、葡萄酒、啤酒和配制酒，白酒中茅台、汾酒、五粮液酒、剑南春、古井贡酒、洋河大曲、董酒、泸州老窖、西凤酒、全兴大曲为中国十大名酒。

2. 旅游纪念品，是旅游者在旅游地购买的具有一定审美价值、实用价值，体现旅游地民俗文化特色和富有纪念性意义的特殊旅游商品，根据其制作水准和材料可分为：特种工艺品、民间工艺品、文物商品及其仿制、复制品等几个大类。特种工艺主要包括漆器、金属工艺品、象牙雕刻、玉石木竹雕刻、文房四宝，其中文房四宝指笔、墨、纸、砚，湖笔、徽墨、宣纸、端砚，被称为文房四宝之首；民间工艺品包括木版年画和工艺画。

3. 步行街和 Shopping Mall 是城市购物中心区域的重要组成部分，步行街以其特有的购物氛围吸引了众多的中外旅游者，著名的步行街有北京的王府井、上海的南京路、天津的和平路、重庆的解放碑、武汉的汉正街、广州的北京路和上下九路、福州的步行街等；Shopping Mall 是超大型的集购物、休闲、娱乐、旅游、餐饮为一体的主题式购物公园，是目前世界上最先进的商业形态，它不仅带来了全新的购物理念，还提供了景观式的旅游购物场所，是提供购物、休闲、娱乐、饮食、旅游等服务的一站式消费中心。名店老号指那些招牌显赫、名扬天下且已具有不短历史的老字号专卖店，它突显了当地的传统文化，吸引着旅游者。

4. 中国烹饪的特点是：①菜肴讲究色、香、味、形，选料极为广泛，从山珍海味到一般动、植物，均可入菜。②中国菜肴讲究刀工，注意掌握火候。③烹调方法复杂多样，令人眼花缭乱。中国的八大菜系是指粤菜、川菜、鲁菜、湘菜、浙菜、闽菜、徽菜、淮扬菜。

【关键词】

特产名品　旅游纪念品　特种工艺品　民间工艺品　文房四宝　名店老号　中国八大菜系

【思考与练习】

1. 综述购物美食类旅游资源的开发价值。
2. 简述各类特色工艺品的旅游价值及其名称、产地。
3. 中国三大瓷都、四大名绣、世界三大高香名茶、中国传统工艺“三绝”、我国三大佳石、文房四宝、中国四大名砚分别指哪些?
4. 简述茶叶和酒的分类和特点。
5. 简述中国著名陶瓷、名茶、名酒、名雕的种类、名称及特点。
6. 简述中国八大菜系的特点及其代表菜名。

参考文献

［1］庞规荃．中国旅游地理［M］．北京：旅游教育出版社，1997.
［2］韩杰．旅游地理学［M］．大连：东北财经大学出版社，2002.
［3］全华等．旅游规划学［M］．大连：东北财经大学出版社，2003.
［4］王钟印．中国旅游地理概论［M］．北京：中国旅游出版社，1994.
［5］沈祖祥．旅游与中国文化［M］．北京：旅游教育出版社，1996.
［6］江月启．巧布神州游［M］．北京：中国社会科学出版社，1992.
［7］柴本源等．旅游地理学［M］．上海：上海人民出版社，1997.
［8］中国旅游百科全书编委会．中国旅游百科全书［M］．北京：中国大百科全书出版社，1999.
［9］刘友如．中国旅游胜地新编［M］．上海：上海画报出版社，1998.
［10］纪世昌．中国旅游指南［M］．长沙：湖南地图出版社，1999.
［11］滕万林．雁荡山揽胜［M］．南宁：广西民族出版社，1996.
［12］中国地图出版社．台湾省交通旅游图册［M］．北京：中国地图出版社，1995.
［13］中国地图出版社．中国地图集［M］．北京：中国地图出版社，1999.
［14］袁绍荣等．中国旅游经济地理［M］．广州：华南理工大学出版社，1999.
［15］贾羽．神游中国西部［M］．银川：宁夏人民出版社，1996.
［16］石奉天等．中国名胜地图册［M］．北京：中国地图出版社，1998.
［17］金瑾乐等．世界名胜地图册［M］．北京：中国地图出版社，1999.
［18］祁彩梅等．中国旅游线路精选地图册［M］．北京：中国地图出版社，2000.
［19］赵西林．中国交通旅游图册［M］．北京：中国地图出版社，1999.
［20］干福弟等．中国最佳旅游景点图册［M］．北京：中国地图出版社，1998.
［21］凌子．澳门之旅［M］．广州：广东旅游出版社，1999.
［22］王健生等．海南之旅［M］．广州：广东旅游出版社，1999.
［23］张劲游．香港自助旅游实用指南［M］．广州：广东旅游出版社，1999.
［24］保继刚等．旅游地理学［M］．北京：高等教育出版社，1999.
［25］乔修业．旅游美学［M］．天津：南开大学出版社，1990.
［26］吴国清等．自然旅游资源原理［M］．上海：中华地图学社，1999.
［27］吴国清．中国旅游地理［M］．上海：上海人民出版社，2001.
［28］钱今昔．中国旅游景观欣赏［M］．合肥：黄山书社，1993.
［29］杨桂华．旅游资源学［M］．昆明：云南大学出版社，1999.
［30］刘振礼等．新编中国旅游地理［M］．天津：南开大学出版社，1996.

［31］纪勇等. 中国旅游热线地图册［M］. 北京：中国地图出版社，2000.
［32］陈乐等. 中国自助游［M］. 北京：中华工商联合出版社，2000.
［33］邹统钎. 旅游开发与规划［M］. 广州：广东旅游出版社，1999.
［34］保继刚等. 城市旅游的理论与实践［M］. 北京：科学出版社，2001.
［35］董观志. 旅游主题公园管理原理与实务［M］. 广州：广东旅游出版社，2000.
［36］宋永昌. 植被生态学［M］. 上海：华东师范大学出版社，2001.
［37］罗兹柏，张述林. 中国旅游地理［M］. 天津：南开大学出版社，2000.
［38］鄢志武等. 旅游资源学［M］. 武汉：武汉大学出版社，2003.
［39］张建萍. 生态旅游理论与实践［M］. 北京：中国旅游出版社，2003.
［40］苏文才，孙文昌. 旅游资源学［M］. 北京：高等教育出版社，1998.
［41］周进步等. 现代中国旅游地理［M］. 青岛：青岛出版社，2001.
［42］高润清. 园林树木学［M］. 北京：气象出版社，2001.
［43］甘枝茂，马耀峰. 旅游资源与开发［M］. 天津：南开大学出版社，2000.
［44］惠西成，石子. 中国民俗大观［M］. 广州：广东旅游出版社，1988.
［45］巴兆祥. 中国民俗旅游［M］. 福建：福建人民出版社，1999.
［46］游明谦. 中外民俗［M］. 郑州：郑州大学出版社，2002.
［47］谢彦君等. 旅游学概论［M］. 大连：东北财经大学出版社，1999.
［48］童庆柄. 文学概论［M］. 武汉：武汉大学出版社 2000.
［49］肖星，严江平. 旅游资源与开发［M］. 北京：中国旅游出版社，2000.
［50］和文军. 人文地理与中华伟人［M］. 天津：天津人民出版社，1998.
［51］刘伟，朱玉槐. 旅游学［M］. 广州：广东旅游出版社，2001.
［52］周丽君等. 旅游地理学［M］. 北京：机械工业出版社，2006.

附　录

附录一：中国列入《世界遗产名录》项目表

省区	项目名称	项目类别	列入时间
北京市	明清皇宫（故宫博物院）	文化遗产	1987 年
	长城	文化遗产	1987 年
	周口店“北京人”遗址	文化遗产	1987 年
	颐和园	文化遗产	1998 年
	天坛	文化遗产	1998 年
	明清皇家陵寝（明十三陵）	文化遗产	2000 年
河北省	承德避暑山庄与外八庙	文化遗产	1994 年
	明清皇家陵寝（清东陵、清西陵）	文化遗产	2000 年
山西省	平遥古城	文化遗产	1997 年
	云冈石窟	文化遗产	2001 年
	五台山	文化景观	2009 年
陕西省	秦始皇陵与兵马俑	文化遗产	1987 年
甘肃省	敦煌莫高窟	文化遗产	1987 年
山东省	泰山	双重遗产	1987 年
	曲阜孔庙、孔林、孔府	文化遗产	1994 年
江苏省	苏州古典园林	文化遗产	1997 年
	明清皇家陵寝（明孝陵）	文化遗产	2000 年
浙江省	丹霞（浙江江郎山）	自然遗产	2010 年
	杭州西湖	文化景观	2011 年
安徽省	黄山	双重遗产	1990 年
	西递、宏村古村落	文化遗产	2000 年
江西省	庐山	文化景观	1996 年
	三清山	自然遗产	2008 年
	丹霞（江西龙虎山）	自然遗产	2010 年

（续上表）

省区	项目名称	项目类别	列入时间
福建省	武夷山	双重遗产	1999 年
	丹霞（福建泰宁）	自然遗产	2010 年
	福建土楼	文化遗产	2008 年
河南省	洛阳龙门石窟	文化遗产	2000 年
	安阳殷墟	文化遗产	2006 年
	登封天地之中古建筑群	文化遗产	2010 年
湖北省	武当山道教古建筑群	文化遗产	1994 年
	明清皇家陵寝（明显陵）	文化遗产	2000 年
湖南省	武陵源	自然遗产	1992 年
	丹霞（湖南崀山）	自然遗产	2010 年
四川省	九寨沟	自然遗产	1992 年
	黄龙	自然遗产	1992 年
	峨眉山——乐山大佛	双重遗产	1996 年
	青城山——都江堰	文化遗产	2000 年
	大熊猫栖息地	自然遗产	2006 年
重庆市	大足石刻	文化遗产	1999 年
	南方喀斯特（重庆武隆）	自然遗产	2007 年
云南省	丽江古城	文化遗产	1997 年
	三江并流	自然遗产	2003 年
	南方喀斯特（云南石林）	自然遗产	2007 年
	澄江化石地	自然遗产	2012 年
	哈尼梯田	文化景观	2013 年
吉林省	中国高句丽王城、王陵及贵族墓葬	文化遗产	2004 年
贵州省	南方喀斯特（贵州荔波）	自然遗产	2007 年
	丹霞（贵州赤水）	自然遗产	2010 年
辽宁省	明清皇宫（沈阳故宫）	文化遗产	2004 年
西藏	布达拉宫（大昭寺、罗布林卡）	文化遗产	1994 年
广东省	开平碉楼与村落	文化遗产	2007 年
	丹霞（广东丹霞山）	自然遗产	2010 年
澳门	澳门历史城区	文化遗产	2005 年
新疆	新疆天山	自然遗产	2013 年
内蒙古	元上都遗址	文化遗产	2012 年

附录二：国家地质公园一览表

第一批国家地质公园一览表

序号	国家地质公园名称	主要地质特征、地质遗迹保护对象	主要人文景观
1	云南石林国家地质公园	碳酸盐岩溶峰丛地貌，溶洞	哈尼族民族风情，歌舞
2	云南澄江国家地质公园	寒武纪早期（5.3亿年前）生物大爆发，数十个生物种群同时出现	与全国著名高原构造湖——抚仙湖相邻，彝族、苗族风情多姿多彩
3	湖南张家界国家地质公园	砂岩峰林地貌，柱、峰、塔锥上植物奇秀，附近有溶洞和脊椎动物化石产地	土家族民族风情
4	河南嵩山国家地质公园	完整的华北地台地层剖面，三个前寒武纪的角度不整合	七千年华夏文化，文物，寺庙集中，少林寺，嵩阳书院
5	江西庐山国家地质公园	断块山体，江南古老地层剖面，第四纪冰川遗迹	白鹿洞书院，世界不同风格建筑，中国近代史重大历史事件发生地
6	江西龙虎山国家地质公园	丹霞地貌景观	古代道教活动中心之一，并有悬棺群和古崖葬遗址
7	黑龙江五大连池国家地质公园	火山岩地貌景观，温泉	中国最近的火山喷发（1719—1712年）
8	四川自贡恐龙国家地质公园	恐龙化石发掘地，1.6亿年前的中侏罗世恐龙及其他脊椎动物化石的遗址	世界最早的超千米盐井
9	四川龙门山国家地质公园	四川盆地西缘巨大推复构造，飞来峰	寺庙
10	陕西翠华山国家地质公园	地震引起的山体崩塌堆积	古代名人碑刻
11	福建漳州国家地质公园	滨海火山岩，玄武柱状节理群火山喷气口，海蚀地貌	沙滩，海滨休闲区，古炮台寺庙

第二批国家地质公园一览表

序号	国家地质公园名称	主要地质特征、地质遗迹保护对象	主要人文景观
1	安徽黄山国家地质公园	花岗岩峰丛地貌	历代名人踪迹
2	安徽齐云山国家地质公园	丹霞地貌，崖谷寨柱峰洞	方腊寨
3	安徽淮南八公山国家地质公园	7亿～8亿年前的淮南生物群；晚前寒武—寒武纪地层，岩溶	“淝水之战”古战场，古寿州城，刘安墓
4	安徽浮山国家地质公园	火山岩风化作用形成特有洞崖	古寺庙
5	甘肃敦煌雅丹国家地质公园	雅丹地貌，黑色戈壁滩	千佛洞石窟，月牙泉
6	甘肃刘家峡恐龙国家地质公园	恐龙化石和足印	刘家峡水电站及水库
7	内蒙古克什克腾国家地质公园	花岗岩峰林地貌，沙漠与大兴安岭林区接壤地，草原，达里湖，云衫林	金边堡，岩画，蒙古族风情
8	云南腾冲国家地质公园	近代火山地貌，温泉，生物多样性	古边城，少数民族风情
9	广东丹霞山国家地质公园	丹霞地貌命名地	——
10	四川海螺沟国家地质公园	现代低海拔冰川	藏族风情
11	四川大渡河峡谷国家地质公园	雄奇险峻的大渡河峡谷及支流形成的障古，大瓦山及第四纪冰川遗址	藏族风情
12	四川安县国家地质公园	成片硅质海绵形成生物礁	庙宇
13	福建大金湖国家地质公园	湖上丹霞地貌	
14	河南焦作云台山国家地质公园	丹崖赤壁，悬崖瀑布，水利工程，岩溶	竹林七贤居地，寺，塔，古树
15	河南内乡宝天幔国家地质公园	变质岩结构，构造	生物多样性
16	黑龙江嘉荫恐龙国家地质公园	恐龙发掘地	中国最北部的自然景观
17	北京石花洞国家地质公园	石灰岩岩溶洞穴，各类石笋，石钟乳，房山北京人遗址	北京西郊大量人文遗址
18	北京延庆硅化木国家地质公园	原地埋藏的硅化木化石	大量人文遗迹，如古崖居
19	浙江常山国家地质公园	奥陶系达瑞威尔阶层型界线（GSSP）礁灰岩岩溶	太湖风景名胜

（续上表）

序号	国家地质公园名称	主要地质特征、地质遗迹保护对象	主要人文景观
20	浙江临海国家地质公园	白垩纪火山岩及风化成的洞穴	东海海滨风情
21	河北涞源白石山国家地质公园	白云岩，大理岩形成的石柱，峰林地貌，泉，拒马河源头	古寺，古塔，长城，关隘
22	河北秦皇岛柳江国家地质公园	华北北部完整的地层剖面，海滨沙滩，花岗岩峰丘，洞穴	长城，度假区
23	河北阜平天生桥国家地质公园	阜平群（前28亿~25亿年）地层产地	“二战”和国内革命战争遗址
24	黄河壶口瀑布国家地质公园	黄河壶口大瀑布与沉积构造	“二战”时期的遗址
25	山东枣庄熊耳山国家地质公园	灰岩岩溶地貌，洞穴，峡	古文化遗址，古战场
26	山东山旺国家地质公园	第三纪湖相沉积，脊椎昆虫鱼等多种化石	
27	陕西洛川黄土国家地质公园	中国黄土标准剖面，黄土地貌	洛川会议，黄土风情
28	西藏易贡国家地质公园	现代冰川，巨型滑坡，堰塞湖	藏族风情，青藏高原南部风情
29	湖南郴州飞天山国家地质公园	丹霞地貌，崖，天生桥，洞，峡	寺庙，碑刻，悬棺
30	湖南莨山国家地质公园	丹霞地貌	古代名人和战争遗址
31	广西资源国家地质公园	丹霞地貌	瑶族风情
32	天津蓟县国家地质公园	中国北方中晚元古界标准剖面	长城黄崖关，古塔，庙宇
33	广东湛江湖光岩国家地质公园	火山地貌，马尔湖	古代人文，名人碑刻

第三批中国国家地质公园一览表

序号	国家地质公园名称	主要地质特征、地质遗迹保护对象	主要人文景观
1	河南王屋山国家地质公园	地质构造和地层遗迹	小浪底水利工程
2	四川九寨沟国家地质公园	“层湖叠瀑”景观	扎如寺，达吉寺
3	浙江雁荡山国家地质公园	火山地质遗迹	寺庙
4	四川黄龙国家地质公园	以露天钙化景观为主的高寒岩溶地貌，冰川	宗教寺庙，藏族风情，革命遗址
5	辽宁朝阳古生物化石国家地质公园	古生物化石，凤凰山地质构造	槐树洞，热水汤，古人类遗址

（续上表）

序号	国家地质公园名称	主要地质特征、地质遗迹保护对象	主要人文景观
6	广西百色乐业大石围天坑群国家地质公园	岩溶地貌，天坑群，溶洞，地下暗河	少数民族风情
7	河南西峡伏牛山国家地质公园	恐龙蛋集中产地	——
8	贵州关岭化石群国家地质公园	关岭古生物群，小凹地质走廊	布依族，苗族风情
9	广西北海涠洲岛火山国家地质公园	火山，海岸，古地震遗迹，古海洋风暴遗迹	天主教堂，圣母堂，三婆庙
10	河南嵖岈山国家地质公园	花岗岩地貌	历史名人（施耐庵等）
11	浙江新昌硅化木国家地质公园	硅化木	——
12	云南禄丰恐龙国家地质公园	古生物遗迹	古人类文化遗址，少数民族风情
13	新疆布尔津喀纳斯湖国家地质公园	冰川遗迹，流水地貌	蒙古族图瓦人文化，图鲁克岩画
14	福建晋江深沪湾国家地质公园	海底森林，海蚀地貌	——
15	云南玉龙黎明—老君山国家地质公园	高山丹霞地貌，冰川遗迹	民俗文化
16	安徽祁门牯牛降国家地质公园	花岗岩峰丛，怪石，岩洞及水文地质遗迹	千年古村，根据地遗址
17	甘肃景泰黄河石林国家地质公园	黄河石林，融合峰林，雅丹和丹霞等地貌特征	明长城，五佛寺
18	北京十渡国家地质公园	峡谷，河流地貌	——
19	贵州兴义国家地质公园	贵州龙动物群化石，岩溶地貌	古人类文化遗址，布依族、苗族风情
20	四川兴文石海国家地质公园	岩溶地貌，古生物化石	苗族风情
21	重庆武隆岩溶国家地质公园	岩溶地貌，天生桥群，洞穴，天坑，地缝，峡谷	古崖新栈，吊脚楼，清代古墓
22	内蒙古阿尔山国家地质公园	火山，温泉，地质地貌	战争遗址，蒙古族风情
23	福建福鼎太姥山国家地质公园	火山，海蚀地貌	客家文化
24	青海尖扎坎布拉国家地质公园	丹霞地貌	宗教，藏族风情

（续上表）

序号	国家地质公园名称	主要地质特征、地质遗迹保护对象	主要人文景观
25	河北赞皇嶂石岩国家地质公园	构造地貌	——
26	河北涞水野三坡国家地质公园	构造——冲蚀嶂谷地貌	明、清长城，摩崖石刻
27	甘肃平凉崆峒山国家地质公园	丹霞地貌，斑马山	道教发源地，佛教圣地
28	新疆奇台硅化木——恐龙国家地质公园	硅化木，恐龙化石，雅丹地貌	古遗址，古地貌
29	长江三峡（湖北、重庆）国家地质公园	河流，岩溶，地层	长江文明
30	海南海口石山火山群国家地质公园	火山，岩溶隧道	火山文化，田园风光
31	江苏苏州太湖西山国家地质公园	花岗岩，湖泊地貌	江南刺绣
32	宁夏西吉火石寨国家地质公园	丹霞地貌，地史遗迹，水文景观	石窟
33	吉林靖宇火山矿泉群国家地质公园	火山，温泉	近代人文景观
34	福建宁化天鹅洞群国家地质公园	岩溶洞穴	——
35	山东东营黄河三角洲国家地质公园	河流三角洲地貌	胜利油田
36	贵州织金洞国家地质公园	岩溶地貌，织金洞，峡谷	苗族风情
37	广东佛山西樵山国家地质公园	粗面质火山遗迹，明代采食遗迹，古文化遗址	佛家文化遗址
38	贵州绥阳双河洞国家地质公园	喀斯特洞穴	公馆桥，金钟山寺
39	黑龙江伊春花岗岩石林国家地质公园	花岗岩地貌	——
40	重庆黔江小南海国家地质公园	地震灾害遗迹，岩溶地貌	革命历史遗址
41	广东阳春凌霄岩国家地质公园	岩溶地貌，地层及构造遗迹，古人类洞穴遗址	摩崖石刻，碑帖，民族风情

第四批国家地质公园一览表

序号	国家地质公园名称	主要地质特征、地质遗迹保护对象	主要人文景观
1	河北临城国家地质公园	岩溶洞穴	龙山文化遗址、商周古城
2	河北武安国家地质公园	岩流景观，溢流口景观，对围岩烘烤景观	豫剧《朝阳沟》
3	内蒙古阿拉善沙漠国家地公园	沙漠，戈壁	蒙古土尔扈特部落的人文历史
4	山西壶关太行山大峡谷国家地质公园	峡谷地貌，溶洞，石桥	古文化，万佛寺，战争遗址
5	山西宁武万年冰洞国家地质公园	冰洞，冰川及冰缘地貌，天池湖泊	史前文化，悬空民俗
6	山西五台山国家地质公园	地质构造，地层剖面，古生物化石遗迹，冰缘地貌	佛教文化
7	黑龙江镜泊湖国家地质公园	火山堰塞湖	唐、宋、清三个朝代的遗址
8	黑龙江兴凯湖国家地质公园	构造湖，沙砾浅滩	北大荒开发纪念碑和北大荒书法艺术长廊
9	辽宁本溪国家地质公园	岩溶地貌，水洞，望天洞，地热异常	庙后山古人类遗址，五女山高句丽遗址
10	大连冰峪沟国家地质公园	石英岩峰林，古冰川遗址	庙宇，佛像，双龙坝
11	大连海滨国家地质公园	海蚀地貌，海岸带喀斯特地貌	——
12	延川黄河蛇曲国家地质公园	水力侵蚀蛇曲群	民俗文化
13	青海互助嘉定国家地质公园	岩溶，冰川，丹霞，峡谷	——
14	青海久治年宝玉则国家地质公园	冰蚀地貌，冰川地貌	藏传佛教文化
15	青海昆仑山国家地质公园	地震断裂带，现代冰川，泥火山型冰丘	古人类活动遗址
16	新疆富蕴可可托海国家地质公园	矿床和矿山遗址，花岗岩地貌，地震遗址	喀拉通克岩画长廊
17	云南大理苍山国家地质公园	山盆景观，冰川遗址	大理古城，崇圣寺三塔
18	四川华蓥山国家地质公园	岩溶地貌，地质构造，地层剖面	红色旅游资源
19	四川江油国家地质公园	岩溶漏斗，溶洞，砾岩丹霞	李白故居，佛教文化玄中寺，火药制造遗址

（续上表）

序号	国家地质公园名称	主要地质特征、地质遗迹保护对象	主要人文景观
20	四川射洪硅化木国家地质公园	构造地貌，古生物化石	酿酒文化历史
21	四川四姑娘山国家地质公园	极高山山岳地貌，第四纪冰川地貌	藏族、羌族民族风情
22	重庆云阳龙缸国家地质公园	岩溶天坑，流水地貌	土家风情
23	贵州六盘水乌蒙山国家地质公园	喀斯特地貌	古人类遗址，盘县文庙，九间楼
24	贵州平塘国家地质公园	潜火山岩地貌，火山地质地貌，岩溶地貌	民族文化，民族风情
25	西藏札达土林国家地质公园	土林地貌	——
26	安徽大别山（六安）国家地质公园	花岗岩地貌，变质岩地貌，丹霞地貌，构造地貌及火山岩地貌	革命老区
27	安徽天柱山国家地质公园	花岗岩奇峰，奇石	薛家岗文化遗址，石刻文化，道教、佛教文化
28	山东长山列岛国家地质公园	海蚀，海积，火山，黄土地质地貌	古人类活动遗址，古代、近代文物
29	山东沂蒙山国家地质公园	溶洞，金刚石，恐龙足迹化石，花岗岩奇峰	著名佛、道寺观，红色旅游地
30	泰山国家地质公园	地质地貌，地质剖面，构造地貌	古建筑，摩崖石刻，古道路，彩塑和壁画艺术
31	江苏省南京市六合国家地质公园	火山群，石柱林群，雨花石层群	古冶炼采矿场，古遗址，民俗
32	上海崇明长江三角洲国家地质公园	潮滩淤积与侵蚀地貌	瀛东生态村，潮滩风车，东滩长廊
33	福建德化石牛山国家地质公园	火山地貌，水蚀花岗岩	闽台两地著名的道教圣地
34	福建屏南白水洋国家地质公园	火山构造地貌	古廊桥，古戏曲，古镇，古村，古民居
35	福建永安桃源洞国家地质公园	断裂构造	石刻，雕塑，观音殿堂

（续上表）

序号	国家地质公园名称	主要地质特征、地质遗迹保护对象	主要人文景观
36	江西三清山国家地质公园	花岗岩峰林地貌	道教古建筑，古文物
37	江西武功山国家地质公园	花岗岩峰崖地貌	摩崖石刻，人文古迹，古建筑，佛、道教文化
38	河南关山国家地质公园	地质地貌	古园林建筑群
39	河南黄河国家地质公园	地质地貌，地质剖面	地质工程景观，古人类文化遗址
40	河南洛宁神灵寨国家地质公园	地质地貌，崖壁地貌	洛书，仰韶文化，龙山文化遗址
41	河南洛阳黛眉山国家地质公园	峡谷地貌，水体景观，地质剖面	小浪底大坝，千唐志斋
42	河南信阳金刚台国家地质公园	火山岩地貌，花岗岩地貌，构造地貌，温泉	崇福塔，华佗庙，清凉寺，元末金刚古寨
43	湖南凤凰国家地质公园	峡谷，峰林，台地，溶洞，瀑布，构造形迹	苗族文化
44	湖南古丈红石林国家地质公园	红色碳酸盐岩石林为主题地貌，河流地貌，峡谷地貌，岩溶地貌	古文物，吊脚楼
45	湖南酒埠红国家地质公园	岩溶峰丛谷地地貌	——
46	湖北木兰山国家地质公园	高压变质带，低山丘陵风景地貌	大余湾民俗，木兰古寨
47	湖北神农架国家地质公园	冰川地貌，岩溶地貌，地质剖面	鄂川古盐道
48	湖北郧县恐龙蛋化石群国家地质公园	恐龙蛋化石群	恐龙博物馆
49	广东恩平地热国家地质公园	温泉，花岗岩演化遗址	古代采金遗址和石头村人文景观
50	广东封开国家地质公园	碳酸盐岩溶地貌	岭南古建筑，岭南古人类文化遗址
51	深圳大鹏半岛国家地质公园	古火山遗迹及海岸地貌为主、古生物化石埋藏地	历史文化名村
52	广西凤山国家地质公园	岩溶地质遗址	田园风光，山歌文化
53	广西鹿寨香桥喀斯特生态国家地质公园	喀斯特地貌	山水古镇

第五批国家地质公园一览表

序号	国家地质公园名称	主要地质特征、地质遗迹保护对象	主要人文景观
1	吉林长白山火山国家地质公园	火山地质遗址，奇石怪岩，泉水瀑布	满族、朝鲜族风情
2	云南丽江玉龙雪山国家地质公园	冰川遗迹，构造山地，垂直生态地质景观	公园，游乐园
3	新疆天山天池国家地质公园	湖泊，瀑布，古冰川遗迹，火山岩石林	采矿遗址
4	湖北武当山国家地质公园	变质岩构造地貌	道教文化景观
5	山东诸城恐龙国家地质公园	恐龙化石群	恐龙化石博物馆
6	安徽池州九华山国家地质公园	花岗岩，奇峰怪石	佛教圣地
7	云南九乡峡谷洞穴国家地质公园	高原峡谷、洞穴	史前人类遗址
8	内蒙古二连浩特国家地质公园	恐龙化石遗址	博物馆，矿物晶体馆
9	新疆库车大峡谷国家地质公园	高山湖泊，地质遗址	塞上风光，戍边道与商旅，佛教遗址
10	福建连城冠豸山国家地质公园	丹霞地貌，高山溶洞	科普科研，观光休闲
11	贵州黔东南苗岭国家地质公园	喀斯特地貌，构造地貌	苗族、侗族原生态民族文化
12	宁夏灵武国家地质公园	恐龙化石遗址，长流水原生态自然景观	水洞沟古文化遗址
13	四川大巴山国家地质公园	碳酸盐岩沉积建造，岩溶地貌	巴人文化—土家民俗风情及红军文化
14	贵州思南乌江喀斯特国家地质公园	喀斯特地貌，古生物地层	乌江盐油古道
15	湖南乌龙山国家地质公园	岩溶地质遗址	土著石城，里耶秦简，土家风情
16	甘肃和政古生物化石国家地质公园	古动物化石	古动物化石博物馆
17	广西大化七百弄国家地质公园	喀斯特地貌	瑶族风情

（续上表）

序号	国家地质公园名称	主要地质特征、地质遗迹保护对象	主要人文景观
18	四川光雾山诺水河国家地质公园	喀斯特地貌	米仓古道，石板屋，木垒房
19	江苏江宁汤山方山国家地质公园	地质剖面，温泉，新近纪火山	汤山猿人洞
20	内蒙古宁城国家地质公园	古生物化石，地质遗址	古生物化石博物馆
21	重庆万盛国家地质公园	峰林，溶洞，生物基因库	生态度假基地
22	西藏羊八井国家地质公园	地热资源，地质遗址	藏族风情
23	陕西商南金丝峡国家地质公园	峡谷嶂谷地质遗迹，岩溶地貌	新石器文化遗址，汉墓群，唐石刻
24	广西桂平国家地质公园	丹霞地貌，流水地貌，花岗岩地貌，砂岩峰丛地貌	佛教建筑，庙宇
25	山东青州国家地质公园	地质剖面和构造形迹，古生物化石	——
26	河北兴隆国家地质公园	岩溶地貌	——
27	北京密云云蒙山国家地质公园	变质核杂岩构造和雄伟的花岗岩地貌	密云水库
28	福建白云山国家地质公园	古火山构造，河流侵蚀地貌	文人故居遗址
29	广东阳山国家地质公园	喀斯特地貌	
30	湖南湄江国家地质公园	岩溶地貌	古建筑，摩崖石刻，碑刻
31	河北迁安—迁西国家地质公园	古代陆地核，地质剖面，变质岩	边塞风情，水库
32	湖北大别山（黄冈）国家地质公园	地质构造景观	民族风情，农艺景观
33	甘肃天水麦积山国家地质公园	地质构造剖面，丹霞地貌，花岗岩地貌，峡谷地貌	石窟
34	河南小秦岭国家地质公园	流水地貌和水体景观	地质博物馆
35	青海贵德国家地质公园	峰丛地貌，麻吾风蚀地貌和黄河河谷地貌	黄河奇石苑
36	北京平谷黄松峪国家地质公园	砂岩峰丛，峰林地貌	古老的长城和革命战争遗迹
37	河南红旗渠·林虑山国家地质公园	峡谷地貌，水体景观	地质工程

（续上表）

序号	国家地质公园名称	主要地质特征、地质遗迹保护对象	主要人文景观
38	山西陵川王莽岭国家地质公园	构造地貌，岩溶景观	黄巢洞，寺庙
39	重庆綦江木化石—恐龙国家地质公园	古生物化石，丹霞地貌	地质灾害遗址
40	黑龙江伊春小兴安岭国家地质公园	低山丘陵，林木资源	——
41	陕西岚皋南宫山国家地质公园	古火山熔岩地貌	宗教文化
42	吉林乾安泥林国家地质公园	土柱泥林，古生物化石，盐碱湖	古代文物
43	山西大同火山群国家地质公园	火山群	人文古迹
44	安徽凤阳韭山国家地质公园	湖泊，岩溶构造	水上游乐，森林度假

至2010年，中国已有24处地质公园进入联合国教科文组织《世界地质公园名录》。

中国世界地质公园名录

序号	世界地质公园名称（省份）	入选时间	入选批次
1	黄山世界地质公园（安徽）	2004	第一批
2	庐山世界地质公园（江西）	2004	第一批
3	云台山世界地质公园（河南）	2004	第一批
4	石林世界地质公园（云南）	2004	第一批
5	丹霞山世界地质公园（广东）	2004	第一批
6	武陵源世界地质公园（湖南）	2004	第一批
7	五大连池世界地质公园（黑龙江）	2004	第一批
8	嵩山世界地质公园（河南）	2004	第一批
9	雁荡山世界地质公园（浙江）	2005	第二批
10	泰宁世界地质公园（福建）	2005	第二批
11	克什克腾世界地质公园（内蒙古）	2005	第二批
12	兴文世界地质公园（四川）	2005	第二批

（续上表）

13	泰山世界地质公园（山东）	2006	第三批
14	王屋山—黛眉山世界地质公园（河南）	2006	第三批
15	雷琼世界地质公园（广东）	2006	第三批
16	房山世界地质公园（北京，河北）	2006	第三批
17	镜泊湖世界地质公园（黑龙江）	2006	第三批
18	伏牛山世界地质公园（河南）	2006	第三批
19	龙虎山世界地质公园（江西）	2008	第四批
20	自贡世界地质公园（四川）	2008	第四批
21	秦岭终南山世界地质公园（陕西）	2009	第五批
22	阿拉善世界地质公园（内蒙古）	2009	第五批
23	广西乐业—凤山世界地质公园（广西）	2010	第六批
24	宁德世界地质公园（福建）	2010	第六批

资料来源：地质遗迹与地质公园数据库。

附录三：国家4A级旅游区（点）名单

2001年第一批（189家）

北京	天坛公园、明十三陵、颐和园、北京海洋馆、八达岭长城、北海—景山公园、中华民族园、中国科学技术馆、北京动物园、北京植物园
天津	天津黄崖关长城风景游览区、天津海滨旅游度假区
河北	清东陵、山海关旅游景区、承德避暑山庄、承德市普宁寺、秦皇岛野生动物园、普陀宗乘之庙、吴桥杂技大世界、秦皇岛新澳海底世界、清西陵
山西	五台山旅游区、云冈石窟旅游区、晋祠旅游区
内蒙古	内蒙古格根塔拉草原旅游中心、成吉思汗陵旅游区、满洲里中俄互市贸易旅游区
辽宁	沈阳市植物园、大连森林动物园、大连金石滩国家旅游度假区、鞍山玉佛苑、大连圣亚海洋世界、大连虎滩乐园、沈阳棋盘山国际风景旅游开发区、沈阳故宫博物馆、大连冰峪省级旅游度假区
吉林	吉林省北大湖滑雪场、长春净月潭国家森林公园、长白山国家级自然保护区、吉林松花湖风景名胜区
黑龙江	亚布力滑雪旅游度假区、二龙山旅游风景区
上海	上海金茂大厦88层观光厅、上海博物馆、上海东方明珠广播电视塔、上海野生动物园、上海豫园、上海佘山国家森林公园

（续上表）

江苏	苏州市拙政园、苏州市虎丘山风景名胜区、苏州乐园、周庄古镇游览区、南京中山陵风景名胜区、无锡市灵山景区、江苏省天目湖旅游度假区、无锡市太湖鼋头渚风景区、南京雨花台风景名胜区、扬州市瘦西湖公园、无锡中视股份三国水浒景区、镇江市金山公园、南京夫子庙秦淮风光带
浙江	宋城、淳安县千岛湖风景区、溪口风景区、绍兴柯岩风景区、宁波滕头生态旅游示范区、天台山风景名胜区、金华市双龙风景旅游区、仙都风景名胜区、普陀山风景名胜区、横店集团八面山影视城
安徽	九华山旅游区、黄山风景区、天柱山国家级风景名胜区、滁州琅琊山旅游区、广德太极洞风景区
福建	厦门鼓浪屿旅游区、泰宁金湖、永安桃源洞旅游区、武夷山风景名胜区、泉州开元寺、福州国家森林公园、厦门园林植物园、连城冠豸山
江西	庐山风景名胜区、井冈山风景区、龙虎山风景旅游区、滕王阁
山东	曲阜孔庙、孔府、孔林旅游区、崂山风景名胜区、泰山风景名胜区、蓬莱阁旅游区、烟台南山旅游区、灵岩寺旅游区、刘公岛风景名胜区、青岛海滨风景区、济南跑马岭旅游区
河南	洛阳龙门石窟、洛阳白马寺院、关林景区、清明上河园、嵩山少林风景区、开封包公祠
湖南	武陵源风景名胜区、刘少奇同志纪念馆、长沙世界之窗、南岳衡山风景名胜区、长沙岳麓山风景名胜区、岳阳楼旅游区、张家界黄龙洞旅游区、韶山毛泽东故居景区
湖北	武汉市东湖风景区、黄鹤楼、归元禅寺、长江三峡工程坛子岭旅游区、隆中风景区、湖北省博物馆、荆州博物馆、武当山风景区
广东	珠海圆明新园、肇庆星湖风景名胜区、深圳华侨城旅游度假区、深圳观澜湖高尔夫球会、丹霞山风景名胜区、阳江海陵岛大角湾风景名胜区、广州白云山风景名胜区、清新温矿泉旅游度假区、广州香江野生动物世界、孙中山故居、西樵山风景名胜区
广西	七星景区、芦笛景区、漓江景区、北海银滩旅游区、南宁青秀山风景旅游区、象山景区（原象山公园、滨江公园）、桂林世外桃源旅游区
海南	三亚南山文化旅游区、三亚亚龙湾国家旅游度假区、天涯海角风景区
四川	峨眉山风景名胜区、都江堰景区、青城山景区、乐山大佛景区、九寨沟风景名胜区、黄龙风景名胜区、广汉三星堆博物馆、宜宾蜀南竹海风景名胜区、泸定海螺沟冰川森林公园
重庆	丰都名山、巫山小三峡—小小三峡、大足石刻艺术博物馆、奉节白帝城—瞿塘峡

（续上表）

贵州	黄果树瀑布、龙宫、黔灵公园、红枫湖
云南	云南世界园艺博览园、云南民族村、丽江玉龙雪山旅游度假区、云南石林风景名胜区、中科院西双版纳热带植物园
西藏	西藏博物馆、西藏布达拉宫、西藏大昭寺、西藏罗布林卡、西藏林芝巴松措旅游区
陕西	秦兵马俑博物馆、华清池、华山风景名胜区、乾陵博物馆、茂陵博物馆、大慈恩寺大雁塔风景区、法门寺旅游区、太白山国家森林公园、陕西历史博物馆
甘肃	嘉峪关文物景区、敦煌鸣沙山—月牙泉风景名胜区、崆峒山风景名胜区、麦积山风景名胜区
青海	格尔木昆仑旅游区、互助土族故土园旅游区、塔尔寺旅游区
宁夏	沙湖生态旅游区、沙坡头旅游区
新疆	天山天池风景名胜区、吐鲁番葡萄沟游乐园

2001 年第二批（43 家）

北京	北京香山公园、北京世界公园、北京房山云居寺、北京八大处公园、北京石景山乐园、北京红螺寺旅游度假区、北京慕田峪长城
河北	石家庄天桂山景区、石家庄抱犊寨景区、石家庄苍岩山景区、正定隆兴寺、野三坡百里峡景区、安新白洋淀景区
黑龙江	哈尔滨金源文化旅游区
江苏	苏州同里古镇旅游区、苏州用直古镇旅游区、扬州大明寺、常州天宁寺、徐州淮海战役烈士纪念塔园林、虞山—尚湖风景区、镇江茅山风景区、宜兴善卷洞风景区
湖南	常德桃花源风景区
江西	三清山风景区、赣州通天岩景区、上饶弋阳龟峰景区
广东	梅县雁南飞度假村
海南	兴隆热带植物园
四川	自贡恐龙博物馆、雅安碧峰峡、大邑刘氏庄园、小金四姑娘山
重庆	忠县石宝寨、江津聂荣臻元帅陈列馆、武隆芙蓉洞风景区
云南	昆明金殿名胜区、宜良九乡风景区、西双版纳傣族园、西双版纳原始森林公园、大理南诏风情岛、泸西阿庐古洞景区、陆良彩色沙林景区
新疆	布尔津县喀纳斯风景名胜区

2002 年第一批（40 家）

北京	雁栖湖旅游区、居庸关长城风景区、九龙游乐园、陶然亭公园、石花洞风景区
上海	上海城市规划展示馆、陈云故居暨青浦革命历史纪念馆、上海大观园、上海世纪公园、上海太阳岛旅游度假区
河北	河北天下第一城
山西	祁县乔家大院旅游区、灵石王家大院旅游景区、浑源恒山旅游区、洪洞大槐树寻根祭祖园旅游景区、阳城皇城相府旅游景区、永济普救寺旅游区、吉县黄河壶口瀑布旅游区
内蒙古	包头五当召
辽宁	鞍山千山风景名胜区、本溪水洞风景名胜区、本溪关门山国家森林公园
江苏	常州中华恐龙园、连云港花果山风景名胜区
浙江	杭州西湖风景名胜区
福建	安溪清水岩、莆田湄洲岛国家旅游度假区、东山风动石景区、厦门海沧大桥旅游区
广西	北海海底世界、柳州龙潭景区、柳侯公园、柳州立鱼峰风景区、桂林冠岩景区
海南	海南热带海洋世界
重庆	重庆武隆天生三桥风景区
西安	西安碑林博物馆、秦始皇陵与兵马俑、西安城墙、骊山森林公园

2002 年第二批（30 家）

北京	中央广播电视塔
福建	厦门集美嘉庚园、三明格氏栲国家森林公园、三明梅列瑞云山
河北	抚宁南戴河国际娱乐中心、秦皇岛燕塞湖风景旅游区
黑龙江	镜泊湖风景名胜区、黑龙江扎龙国家级自然保护区
浙江	温岭长屿硐天、安吉竹子博览园、杭州乐园、杭州未来世界、乌镇古镇景区、瑶琳仙境旅游区、桐庐垂云通天河景区、临海江南长城旅游区、诸暨五泄旅游区、新昌大佛寺
河南	郑州黄河游览区、林州红旗渠游览区、濮阳绿色庄园景区、开封龙亭公园、开封相国寺、济源五龙口风景名胜区、洛阳龙峪湾国家森林公园、洛阳鸡冠洞风景名胜区、三门峡虢国博物馆
广东	河源新丰江国家森林公园、广州中山纪念堂、广东美术馆

2002 年第三批（27 家）

北京	银山塔林景区、龙庆峡风景区
黑龙江	哈尔滨黑龙江电视塔（龙塔）旅游区、哈尔滨太阳岛公园、大庆铁人王进喜纪念馆、伊春五营国家森林公园
辽宁	沈阳“九一八”历史博物馆、抚顺赫图阿拉城、沈阳绿岛旅游度假区
河北	石家庄天山海世界
湖北	武汉辛亥革命武昌起义纪念馆（红楼）、武汉中国科学院武汉植物园、神农架天燕原始生态旅游区、神农架神农顶风景区、神农架红坪景区、巴东神农溪旅游区、洪湖蓝田生态旅游风景区
山东	乳山银滩旅游度假区、荣成市成山头风景名胜区
广东	广州番禺宝墨园、广州番禺莲花山旅游区
广西	桂林乐满地休闲世界、玉林容县“三名”旅游景区
上海	上海市动物园、东平国家森林公园
甘肃	西汉酒泉胜迹、兴隆山国家级自然保护区

2002 年第四批（33 家）

河北	石家庄西柏坡纪念馆景区、承德塞罕坝国家森林公园、丰宁京北第一草原、秦皇岛集发农业观光园
辽宁	桓仁五女山风景区
江苏	连云港连岛旅游度假区、南通狼山风景名胜区、南通濠河风景名胜区
内蒙古	阿拉善盟贺兰山南寺生态旅游区、鄂尔多斯响沙湾旅游区
浙江	雁荡山风景名胜区、楠溪江风景名胜区、天目山风景名胜区、温州江心屿旅游区
河南	焦作云台山风景名胜区
湖南	株洲炎帝陵旅游区、郴州东江湖风景旅游区、郴州苏仙岭风景名胜区、长沙海底世界
广东	江门圭峰风景区、江门开平立园、江门金山温泉旅游度假区、汕头中信高尔夫海滨度假村、汕头礐石风景名胜区
重庆	歌乐山森林公园、万盛石林风景区、重庆人民大礼堂及人民广场、缙云山国家级自然保护区、重庆北泉风景区
陕西	西安翠华山旅游风景区、延安黄帝陵旅游区、延安革命纪念馆、延安枣园革命旧址

2003 年第一批（26 家）

江苏	苏州盘门景区、苏州西山景区、苏州木渎古镇、苏州市狮子林、苏州市网师园、苏州市留园、无锡市锡惠园林文物名胜区
浙江	浙西大峡谷
安徽	颍上八里河风景区、淮南八公山风景区、西递古民居景区、宏村景区、马鞍山采石风景名胜区
福建	永春牛姆生态旅游区、永泰青云山风景名胜区、泉州惠安崇武古城风景区、天福茶博物院景区
山东	济南大明湖公园、济南趵突泉公园、济南红叶谷生态文化旅游区
河南	鹤壁淇县云梦山风景名胜区、鹤壁浚县大伾山风景区、平顶山石人山风景名胜区、焦作沁阳神农坛风景名胜区、焦作博爱青天河风景名胜区
宁夏	银川市镇北堡华夏西部影视城

2003 年第二批（57 家）

北京	京东大溶洞风景区、潭柘戒台风景区、中国紫檀博物馆
河北	山海关长寿山风景旅游区
内蒙古	阿尔山海神圣泉旅游度假区
辽宁	丹东五龙山风景区、丹东鸭绿江国家风景名胜区、锦州北普陀山风景名胜区、锦州市博物馆、沈阳怪坡风景区、大连现代博物馆、大连世界和平公园、旅顺东鸡冠山景区
吉林	长春伪满皇宫博物院、长春世界雕塑公园
上海	上海共青森林公园
江苏	南京总统府景区、南京阅江楼景区、镇江宝华山国家森林公园、镇江焦山风景区、连云港孔望山风景区
浙江	衢州龙游石窟旅游区、宁波天一阁博物馆、宁波松兰山海滨旅游度假区、杭州雷峰塔景区、杭州野生动物世界
福建	福清石竹山风景名胜区、永定客家土楼民俗文化村、龙岩龙硿洞风景名胜区
山东	淄博聊斋城、淄博原山国家森林公园、潍坊沂山风景区、临沂蒙山旅游区、日照五莲山旅游风景区
河南	安阳殷墟博物苑、林州太行大峡谷风景名胜区、嵖岈山风景名胜区
湖北	鄂州莲花山旅游区、荆州古城历史文化旅游区
湖南	张家界土家风情园、张家界宝峰湖风景区、张家界江垭温泉度假村
广东	湛江湖光岩风景名胜区、惠州西湖风景名胜区、东莞鸦片战争博物馆
广西	桂平西山风景名胜区、桂林愚自乐园艺术园

（续上表）

重庆	重庆野生动物世界、重庆万盛黑山谷生态旅游区、重庆南山植物园、重庆歌乐山烈士陵园
云南	大理崇圣寺三塔、罗平九龙瀑布群风景区、腾冲热海国家重点风景名胜区、建水燕子洞风景名胜区、大理宾川鸡足山景区
西藏	日喀则扎什伦布寺

2004 年（43 家）

天津	热带植物观光园、水上乐园、天塔湖风景区、盘山风景区、蓟县独乐寺
上海	朱家角古镇旅游区
河北	邯郸娲皇宫景区、临城崆山白云洞旅游区、平山驼梁山风景区、灵寿五岳寨风景旅游区、遵化万佛园景区、保定满城汉墓景区
内蒙古	通辽大青沟国家级自然保护区
辽宁	沈阳张氏帅府博物馆、沈阳航空博物馆、抚顺雷锋纪念馆、新宾猴石国家森林公园、丹东凤凰山国家风景名胜区、宽甸天华山风景名胜区、宽甸天桥沟国家级森林公园、本溪关门山水库风景区
江西	景德镇陶瓷历史博览区、婺源江湾景区
河南	郑州嵩阳书院、濮阳戚城文物景区
湖北	宜昌西陵峡口风景名胜区、宜昌车溪民俗风景区、宜昌三峡人家风景区
广东	广州西汉南越王博物馆、广州黄花岗公园、梅县华银雁鸣湖旅游度假区、汕头南澳岛旅游区
云南	德宏南甸宣抚司署
四川	广安邓小平纪念园
江苏	常州亚细亚影视城、连云港渔湾景区
浙江	绍兴鲁迅故里、杭州双溪竹海漂流景区、杭州东方文化园、建德大慈岩风景区、临安大明山风景旅游区、湖州南浔旅游区、湖州太湖旅游度假区

2005 年（185 家）

北京	北京人遗址博物馆（周口店）、南宫旅游景区、元大都城垣遗址公园、朝阳公园、怀柔青龙峡旅游区、密云司马台长城景区、房山十渡风景名胜区、北京规划展览馆、北京圣莲山风景度假区
天津	天津古文化街旅游区（津门故里）

（续上表）

河北	张家口万龙滑雪场、秦皇岛秦皇求仙入海处、秦皇岛山海关欢乐海洋公园、保定白石山风景名胜区、野三坡龙门天关—白草畔风景旅游区、廊坊市文化艺术中心、廊坊市自然公园、石家庄嶂石岩风景名胜区、承德金山岭长城旅游区、承德御道口草原森林风景区、承德磬锤峰国家森林公园
山西	晋中介休市绵山风景名胜区、晋中市平遥县衙博物馆、晋中市平遥日升昌—中国票号博物馆、晋中市平遥文庙学宫博物馆、晋中市平遥双林寺彩塑艺术馆、临汾市尧庙—华门旅游区、运城市芮城县永乐宫旅游区、运城市解州关帝庙旅游区
内蒙古	赤峰市喀喇沁亲王府、赤峰市克什克腾世界地质公园阿斯哈图花岗岩石林园区、阿拉善盟腾格里达来—月亮湖沙漠生态探险度假营地、巴彦淖尔市维信国际高尔夫度假村、鄂尔多斯市鄂尔多斯文化旅游村、鄂尔多斯市恩格贝生态旅游区、呼伦贝尔市扎兰屯吊桥公园
辽宁	沈阳新民三农博览园、兴城古城、兴城海滨国家风景名胜区、兴城龙湾海滨风景区、辽阳市广佑寺景区、锦州辽沈战役纪念馆、锦州笔架山风景区、盘锦红海滩风景区、盘锦苇海鼎翔旅游度假区
吉林	通榆县向海国家级自然保护区、辉南县龙湾群国家森林公园、镇赉县莫莫格国家自然保护区、集安市高句丽文物古迹旅游景区、长春市长影世纪城
上海	上海科技馆、上海古猗园
江苏	徐州市云龙湖风景区、徐州新沂市马陵山景区、南京市朝天宫景区、南京市玄武湖景区、淮安市周恩来纪念馆、扬州市个园、扬州市何园、镇江市镇江博物馆、常熟市沙家浜风景区、苏州昆山市锦溪古镇、苏州昆山亭林园、苏州吴江市静思园、无锡市蠡园公园、无锡市薛福成故居、泰州姜堰市溱湖风景区
浙江	杭州富春桃源风景区、绍兴兰亭风景区、绍兴会稽山风景区、宁波雅戈尔动物园、宁波天下玉苑景区、宁波丹山赤水风景区、宁波中国渔村景区、宁波五龙潭风景名胜区、仙居风景名胜区、江山江郎山风景名胜区、义乌中国国际商贸城购物旅游区、兰溪诸葛八卦村、浦江仙华山风景名胜区、海宁盐官观潮景区、嘉兴南湖风景名胜区、嘉善县西塘古镇景区
安徽	合肥市徽园、合肥包公园、阜阳市颍上县迪沟生态旅游风景区、阜阳市生态乐园、巢湖市金孔雀温泉旅游度假村、宣城市旌德县江村、宁国市恩龙山庄生态旅游度假区、黄山市花山谜窟—渐江风景区、黄山翡翠谷（情人谷）风景区、祁门县牯牛降景区、歙县棠樾牌坊群—鲍家花园景区、休宁县齐云山风景名胜区
福建	厦门日月谷温泉主题公园、漳州东南花都（花博园）景区、平和县三平风景区
江西	新余市仙女湖风景旅游区、景德镇市浮梁古县衙景区、景德镇市高岭—瑶里风景名胜区、婺源县大鄣山卧龙谷旅游区、南昌市天香园景区

（续上表）

山东	济南千佛山风景名胜区、青岛海底世界、青岛啤酒博物馆、威海荣成赤山风景名胜区、烟台张裕酒文化博物馆、烟台金沙滩海滨公园、烟台蓬莱海洋极地世界
河南	南阳内乡县衙博物馆、南阳西峡县老鹳河漂流风景区、开封府景区、开封铁塔公园、开封中国翰园碑林、新乡辉县万仙山风景区、新乡京华园景区、信阳南湾湖风景旅游区、信阳鸡公山风景名胜区、洛阳嵩县白云山国家森林公园、洛阳栾川重渡沟风景名胜区、郑州世纪欢乐园、巩义康百万庄园、登封中岳庙、安阳羑里城景区、济源王屋山风景名胜区、许昌鄢陵国家花木博览园
湖北	武汉市博物馆、湖北汤池温泉旅游景区、宜昌市三峡观坝旅游区、宜昌市柴埠溪峡谷风景区
湖南	张家界市茅岩河九天洞旅游区、益阳奥林匹克公园、湖南省博物馆、长沙天心阁、长沙市雷锋纪念馆、岳阳市任弼时纪念馆、岳阳市君山公园
广东	广州越秀公园、广州从化碧水湾温泉度假村、佛山市三水荷花世界、新会古兜温泉旅游度假村
广西	桂林市两江四湖景区、桂林市荔浦银子岩风景旅游度假区
海南	三亚南山大小洞天旅游区、陵水南湾猴岛生态景区
重庆	重庆红岩革命纪念馆、重庆云阳张飞庙、重庆黔江小南海旅游景区、重庆丰都雪玉洞景区
四川	广安华蓥山旅游区、遂宁市中国死海旅游度假区、兴文石海洞乡旅游区、雅安市蒙顶山旅游区、绵阳市江油窦圌山风景区
贵州	遵义会议会址景区
云南	丽江古城、丽江玉水寨景区、丽江束河古镇、西双版纳野象谷景区、西双版纳热带花卉园、德宏州潞西市勐巴娜西珍奇园、德宏州瑞丽市莫里热带雨林景区、玉溪映月潭休闲文化中心、玉溪汇龙生态园、玉溪通海秀山历史文化公园、沾益县珠江源旅游景区
西藏	日喀则地区珠穆朗玛峰国家级自然保护区、山南地区桑耶寺
甘肃	兰州水车博览园、兰州五泉山公园、兰州吐鲁沟国家森林公园、漳县贵清山/遮阳山旅游风景区、武威文庙、武威市雷台公园、张掖大佛寺、肃南马蹄寺风景名胜区、松鸣岩风景名胜区、冶力关风景区、拉卜楞寺
青海	青海省博物馆
宁夏	宁夏贺兰山苏峪口国家森林公园
新疆	乌鲁木齐市红山公园景区、新疆民街民俗博物馆、新疆那拉提旅游风景区

2006 年（115 家）

天津	天津宝成博物苑、天津杨柳青博物馆（石家大院）
河北	张家口沽源塞外庄园、廊坊茗汤温泉度假村
陕西	西安秦岭野生动物园、西安大雁塔文化休闲景区、西安曲江海洋馆、西安大唐芙蓉园
吉林	松原市查干湖旅游度假区、蛟河拉法山国家森林公园、通化市杨靖宇烈士陵园、长春市莲花山滑雪场
河南	永城市芒砀山文物旅游区、商丘古文化旅游区、汤阴县岳飞庙景区、卢氏县豫西大峡谷风景区、新乡八里沟、新郑黄帝故里、漯河南街村
安徽	芜湖市赭山风景区、芜湖市马仁奇峰森林风景旅游区、芜湖市王稼祥纪念园、黄山市太平湖风景区、黄山市唐模景区、黄山市徽州古城、六安市万佛湖风景区、泾县云岭新四军军部旧址纪念馆、安徽—绩溪县龙川景区
山东	临沂市山东沂水县地下大峡谷旅游区、聊城东昌湖旅游区，济宁市邹城孟庙、孟府旅游区，淄博中国陶瓷馆、青岛银海国际游艇俱乐部旅游区、济南市章丘百脉泉景区
云南	迪庆州梅里雪山景区、腾冲和顺景区、昆明市大观公园、昆明市西山森林公园
重庆	重庆磁器口古镇、重庆统景温泉风景区、重庆仙女山国家森林公园、重庆四面山国家重点风景名胜区、重庆湖广会馆、重庆市规划展览馆
四川	宜宾市夕佳山民居、广元市翠云廊景区、广元皇泽寺、凉山州螺髻山旅游景区、凉山州冕宁县灵山旅游景区、凉山州邛海泸山国家级风景名胜区、南充西山风景区、南充市朱德故里琳琅山景区、成都市洛带古镇、成都市大熊猫繁育研究基地、成都市杜甫草堂博物馆、成都市武侯祠博物馆、梓潼县七曲山风景区、绵阳市西羌九黄山猿王洞景区
新疆兵团	中国彩棉科技园、新疆生产建设兵团军垦博物馆
新疆	乌鲁木齐市水磨沟风景区
海南	三亚蜈支洲岛度假中心、海口石山火山群国家地质公园、海南热带野生动植物园
广西	兴安灵渠景区、桂林靖江王城景区、桂林古东瀑布景区、靖西通灵大峡谷景区、贺州姑婆山旅游区、钦州刘冯故居景区、钦州三娘湾旅游区、北海海洋之窗、南宁九曲湾温泉景区、南宁嘉和城景区
广东	清远市连州地下河、佛山市三水森林公园、恩平市锦江温泉旅游度假区、韶关市曹溪温泉假日度假村、珠海农科奇观
湖南	郴州天堂温泉、郴州市汝成温泉福泉山庄、湘潭市韶山滴水洞景区、湘潭市彭德怀纪念馆

（续上表）

湖北	宜昌九畹溪风景区、宜昌市三游洞风景区、三峡石牌要塞旅游区、中国地质大学逸夫博物馆
青海	循化撒拉族绿色家园、青海湖景区
甘肃	敦煌雅丹国家地质公园、敦煌阳关文物景区
江西	庐山龙湾温泉度假村、庐山天沐温泉度假村
江苏	溧阳市天目湖南山竹海景区、江阴市滨江要塞旅游区、江阴市江苏学政文化旅游区、宜兴市竹海风景区、宜兴市团氿风景区、宜兴市龙背山森林公园、苏州市西园戒幢律寺、苏州市寒山寺
浙江	宁波梁祝文化公园
黑龙江	宁安市火山口国家森林公园、齐齐哈尔市明月岛景区
辽宁	清原红河峡谷漂流、铁岭清河省级旅游度假区、丹东抗美援朝纪念馆、旅顺白玉山景区、大连市自然博物馆、沈阳科学宫、沈阳冰川动物乐园、辽宁省博物馆
内蒙古	鄂尔多斯市成吉思汗陵旅游区、包头市北方兵器城

2007 年（87 家）

新疆兵团	农五师怪石峪风景区、乌鲁木齐西山老君庙
新疆	和硕县金沙滩旅游景区、龟兹绿洲生态园、库车王府、察布查尔县锡伯民俗风情园、艾提尕民俗文化旅游风景区
青海	马步芳公馆景区、青海藏医药文化博物馆、青海金银滩景区
甘肃	武威沙漠公园、武威神州荒漠野生动物园、黄河三峡风景名胜区、景泰黄河石林风景旅游区、卓尼县大峪沟景区、官鹅沟风景区、康县阳坝自然风景区、陇南市万象洞风景区、成县《西狭颂》风景区
重庆	重庆金源方特科幻公园、重庆洪崖洞民俗风貌区、重庆中国三峡博物馆、重庆海兰云天温泉度假区
广西	大新德天跨国瀑布景区、兴业鹿峰山风景区、梧州市骑楼城—龙母庙景区、钦州八寨沟旅游景区、靖西县古龙山峡谷群生态旅游景区、百色起义纪念馆、百色乐业大石围天坑群景观
广东	碧桂园假日半岛故乡里旅游度假区、广东省飞来峡水利枢纽风景区、中山詹园、清远黄藤峡生态旅游区、清远玄真古洞生态旅游度假区、汕尾玄武山旅游区、惠州市龙门县南昆山生态旅游区、惠州市龙门南昆山温泉旅游大观园、惠州市龙门温泉旅游度假区、湛江蓝月湾温泉度假邨、佛山清晖园、深圳市仙湖植物园
湖南	张家界龙王洞旅游区、郴州莽山国家森林公园、永州九嶷山舜帝陵景区
河南	南阳市西峡恐龙遗址园、洛阳市洛宁县神灵寨风景区、洛阳市嵩县天池山国家森林公园、洛阳市嵩县木札岭景区、洛阳市新安县龙潭大峡谷景区

（续上表）

山东	潍坊杨家埠民间艺术大观园、莱芜市房干生态旅游区、淄博市周村古商城
江西	明月山天沐温泉度假村、宜春明月山温泉风景名胜区、三爪仑国家森林公园
浙江	乐清市中雁荡山风景区、文成县铜铃山国家森林公园、平阳县南雁荡山风景名胜区、玉环县大鹿岛景区、舟山桃花岛风景旅游区
江苏	南通博物苑、扬州中国雕版印刷博物馆/扬州博物馆、常熟服装城购物旅游区、常州市红梅公园
上海	上海市青少年校外活动基地—东方绿舟、上海方塔园
黑龙江	森工平山旅游区、黑河市五大连池风景名胜区、大庆油田历史陈列馆、伊春市嘉荫恐龙国家地质公园、汤旺河林海奇石风景区、哈尔滨索菲亚教堂景区、黑龙江科学技术馆
内蒙古	呼伦贝尔市陈巴尔虎旗呼和诺尔旅游景区、满洲里俄罗斯套娃广场
山西	山西榆次常家庄园、平遥县镇国寺、平遥县协同庆钱庄博物馆、平遥县城隍庙财神庙、山西应县木塔景区
河北	迁西县景忠山旅游区、迁西县青山关旅游区、乐亭县李大钊纪念馆及故居、怀来黄龙山庄旅游区、张北中都原始草原度假村
北京	北京平谷青龙山旅游区

2008 年第一批（70 家）

北京	北京欢乐谷、北京恭王府景区、北京北宫国家森林公园
河北	邯郸市武安东山文化博艺园、邯郸市武安京娘湖风景区、保定市阜平晋察冀边区革命纪念馆、保定市易县狼牙山风景区、保定市直隶总督署
山西	阳泉市翠枫山自然风景区、太原市中国煤炭博物馆
吉林	吉林市北山风景区、四平市伊通县满族博物馆、四平市伊通县牧情谷景区
上海	上海枫泾古镇旅游景区
江苏	淮安市周恩来故居
浙江	杭州市湘湖景区、杭州市柳溪江风景区、金华市东阳横店红色旅游城、宁波市九龙湖旅游区、宁波市镇海区招宝山旅游风景区、宁波市凤凰山主题乐园、宁波市宁波大桥生态农庄旅游区
安徽	合肥市安徽省博物馆、黄山市新安江山水画廊风景区、黄山市赛金花故居—归园景区、铜陵市天井湖风景区
福建	龙岩市古田会议会址景区、龙岩市水上茶乡九鹏溪
江西	南昌市八一起义纪念馆、景德镇市得雨生态园、景德镇市洪岩仙境风景区、上饶市婺源县灵岩洞旅游区、赣州市宝葫芦农庄、赣州市崇义县阳岭国家森林公园
山东	青州市云门山风景区、青州市仰天山国家森林公园、聊城市天沐—山东江北水城温泉度假村、烟台市牟氏庄园、潍坊市金宝乐园、曲阜市孔子六艺城、邹城市峄山风景旅游区、青岛市天泰温泉度假区

（续上表）

湖北	武汉市木兰天池旅游区、宜昌市清江画廊旅游度假区、钟祥市明显陵旅游景区、钟祥市黄仙洞、咸宁市九宫山风景名胜区、咸宁市赤壁名胜区、咸宁市龙佑赤壁温泉度假区、孝感市双峰山旅游度假区、恩施土家族苗族自治州利川腾龙洞风景旅游区
广东	佛山市顺德长鹿休闲度假农庄
广西	桂林市穿山景区、桂林市荔浦丰鱼岩田园旅游度假区、桂林市龙胜温泉旅游度假区、南宁市八桂田园景区
四川	成都市建川博物馆聚落、成都市双流县黄龙溪旅游区、成都市国色天乡乐园、邛崃市平乐古镇、邛崃市天台山旅游景区、南充市阆中古镇、遂宁市中国观音故里旅游区、乐山市夹江天福观光茶园、攀枝花市二滩国家森林公园、凉山州泸沽湖旅游景区、绵阳市平武报恩寺
新疆	乌鲁木齐市新疆维吾尔自治区博物馆、吐鲁番地区库木塔格沙漠风景区、昌吉回族自治州杜氏旅游景区

2008 年第二批（76 家）

北京	北京市首都博物馆
山西	长治市天脊山景区、长治市太行水乡景区、运城盐湖景区
内蒙古	包头市南海湿地景区、鄂尔多斯市库布齐沙漠公园七星湖景区、锡林郭勒盟锡林浩特市贝子庙景区、锡林郭勒盟西乌旗蒙古汗城、呼伦贝尔市内蒙古世界反法西斯战争海拉尔纪念园
上海	上海市锦江乐园、上海市金山城市沙滩景区、上海市碧海金沙景区
江苏	南京市梅园新村纪念馆、南京市栖霞山风景名胜区、苏州穹窿山景区、昆山市千灯古镇游览区、无锡市崇安寺景区、宜兴市陶祖圣境景区、中国南通珠算博物馆、徐州汉画像石艺术馆、徐州沛县汉城景区、连云港赣榆县抗日山风景区
安徽	黄山市黟县南屏风景区、宣城市泾县桃花潭景区、黄山市泾县水西景区、皖南事变烈士陵园、亳州市安徽古井酒文化博览园、蚌埠市禾泉农庄景区、蚌埠市龙子湖风景区、宿州市萧县皇藏峪国家森林公园
福建	漳州市龙文云洞岩风景区、漳州市龙佳生态温泉山庄
山东	青岛金沙滩景区、青岛国际工艺品城、临沂市沂水天然地下画廊景区、临沂市孟良崮旅游区、临沂市沂水地下萤光湖旅游区、枣庄市台儿庄大战纪念馆、枣庄市微山湖湿地红荷旅游区、枣庄市滕州盈泰温泉度假村、东营市黄河口生态旅游区、潍坊市寿光林海生态博览园、泰安市新泰莲花山风景区、莱芜市莱芜战役纪念馆
河南	洛阳市栾川县老君山景区、洛阳市栾川养子沟旅游休闲度假区、黄河小浪底水利枢纽风景区、鹤壁市淇县古灵山景区、南阳市宝天曼峡谷漂流景区

（续上表）

广东	广州起义烈士陵园、广州动物园、中国科学院华南植物园、广州市陈家祠旅游景区、梅州市叶剑英纪念园、梅州市灵光寺旅游区、清远市聚龙湾天然温泉度假村、潮州市东山湖温泉度假村
海南	博鳌亚洲论坛永久会址景区
陕西	汉中市武侯墓景区
甘肃	白银市会宁县红军会宁会师旧址、平凉市崇信县龙泉寺
青海	海北州青海祁连风光旅游景区、海北州门源百里油菜花海景区、黄南州同仁县热贡国家级历史文化名城旅游区、果洛州久治县年宝玉则景区
宁夏	银川西夏陵区、银川中华回乡文化园、银川贺兰口岩画景区
新疆	乌鲁木齐市盐湖城景区、乌鲁木齐市苜蓿台生态公园、克拉玛依市魔鬼城景区、哈密地区巴里坤古城景区、哈密地区哈密王景区、巴音郭楞蒙古自治州相思湖景区、伊犁哈萨克自治州巩留县野核桃沟景区、阿勒泰地区布尔津五彩滩景区
新疆兵团	农十二师九龙生态园

2009 年（147 家）

北京	西城区什刹海风景区、海淀区圆明园遗址公园、丰台区世界花卉大观园、昌平区温都水城、大兴区野生动物园、平谷区金海湖风景名胜区、平谷区京东石林峡风景区、密云县黑龙潭风景名胜区、密云县桃园仙谷风景名胜区
河北	石家庄市华莹白鹿温泉景区、石家庄市平山东方巨龟苑、秦皇岛市北戴河鸽子窝景区、秦皇岛市昌黎华夏庄园、唐山市乐亭月坨岛景区（含三岛旅游码头）、邢台市丰乐园、邯郸市赵苑景区、邯郸市峰峰矿区响堂山风景名胜区
山西	太原市九龙国际文化生态旅游区、太原市动物园、阳泉市藏山旅游风景名胜区
内蒙古	呼和浩特市昭君博物馆、呼和浩特市蒙牛工业旅游景区、阿尔山市柴河旅游景区，满洲里市红色国际秘密交通线教育基地暨国门景区
辽宁	沈阳市北陵公园、沈阳市东陵公园、大连棒棰岛宾馆景区、大连旅顺日俄监狱旧址博物馆、本溪大雅河漂流景区、锦州市北镇医巫闾山大陆化风景区、锦州市义县丰国寺景区、阜新市海棠山风景区、葫芦岛市葫芦山庄、葫芦岛市绥中九门口水上长城
山东	青岛市天幕城旅游区、淄博市鲁山国家森林公园、烟台市养马岛旅游度假区、潍坊市安丘青云山民俗游乐园、济宁市梁山旅游风景区、日照市海滨国家森林公园、日照市万平口海滨风景区
江苏	苏州市东山景区、淮安市盱眙明祖陵、宿迁市雪枫公园、无锡市梅园横山风景区、常州市博物馆、泰州市凤城河风景区

（续上表）

浙江	宁波市宁海森林温泉景区、宁波市象山石浦鱼港古城、宁波市雅戈尔达蓬山旅游度假区、湖州市长兴金钉子远古世界景区、绍兴市诸暨西施故里旅游区、金华市东阳横店明清民居博览城、舟山市朱家尖景区、台州市海洋世界、丽水市遂昌金矿国家矿山公园、丽水市遂昌南尖岩景区、丽水市龙泉山旅游区
安徽	合肥丰乐生态园、合肥市安徽元一双凤湖国际旅游度假区、黄山市东黄山旅游度假区、黄山市歙县雄村景区、安庆市巨石山生态文化旅游区、池州市青阳县九子岩风景区、芜湖市方特欢乐世界、芜湖市南陵县丫山花海石林旅游区、芜湖市鸠兹风景区、宣城市绩溪县鄣山大峡谷风景区、六安市寿县古城暨八公山风景区、六安市寿县博物馆、滁州市凤阳县小岗村乡村旅游区
福建	宁德市福鼎太姥山风景区、宁德市白水洋旅游区、宁德市鸳鸯溪景区、厦门市胡里山炮台、厦门市同安影视城、厦门市园博苑
江西	景德镇中国瓷园、赣州市客家文化城、赣州市九曲度假村、赣州市瑞金叶坪红色旅游景区、上饶市上饶集中营、上饶市婺源文公山景区、上饶市婺源鸳鸯湖景区、吉安市渼陂古村
湖北	宜昌市三峡大瀑布景区、黄冈市红安黄麻起义和鄂豫皖苏区革命烈士陵园、黄冈市浠水三角山旅游风景区、孝感市天紫湖生态度假区、孝感市孝昌观音湖旅游度假区、荆门市绿林山风景区、恩施州恩施土司城景区
湖南	株洲市茶陵云阳山景区、张家界市大庸府城、永州市祁阳浯溪碑林景区、怀化市芷江抗战授降旧址、湘西州凤凰古城景区
广东	深圳市中信明斯克航母世界旅游景区、惠州市海滨温泉旅游度假区、惠州市罗浮山风景名胜区、江门市富都温泉度假村、江门市川岛旅游度假区、清远市宝晶宫生态旅游度假区、揭阳市京明温泉度假村
广西	南宁市动物园、南宁市广西药用植物园、柳州市三江程阳侗族八寨景区、桂林市尧山景区、桂林市荔浦荔江湾景区、梧州市藤县石表山休闲旅游景区、百色市大王岭景区、玉林市陆川谢鲁山庄风景名胜区、贺州市昭平黄姚古镇风景名胜区
海南	海南分界洲生态文化旅游度假区
重庆	重庆动物园、重庆酉阳桃花源
四川	成都市金沙遗址博物馆、攀枝花市攀西大裂谷格萨拉生态旅游区、南充市凌云山景区、宜宾市李庄古镇、广元市昭化古城、广元市苍溪红军渡—西武当山景区
贵州	贵阳市天河潭景区、贵阳市野生动物园、贵阳市保利国际温泉、贵阳市南江大峡谷景区、黔南州荔波樟江风景名胜区、黔南州平塘掌布“藏字石”景区、遵义市赤水大瀑布景区、遵义市燕子岩国家森林公园、毕节地区织金洞风景名胜区、安顺市夜郎洞景区、黔西南州万峰林景区

（续上表）

云南	迪庆州普达措国家公园、丽江黑龙潭、楚雄州禄丰世界恐龙谷、楚雄州彝人古镇、楚雄州元谋土林、楚雄州武定狮子山、玉溪市澄江禄充景区、红河州建水文庙、文山州丘北普者黑景区、西双版纳州景洪曼听公园、西双版纳州勐泐文化园
陕西	铜川市玉华宫风景名胜区、延安市延安宝塔山旅游景区、延安市宜川县黄河壶口瀑布风景名胜区、商洛市金丝大峡谷国家森林公园

2010 年（72 家）

天津	天津滨海航母主题公园、“天津之眼”摩天轮、天津海河意式风情区
河北	石家庄灵寿水泉溪自然风景区、秦皇岛昌黎旅游滑沙活动中心、秦皇岛青龙祖山景区、张家口赤城温泉度假村、邯郸武安古武当山旅游景区、保定曲阳北岳庙、保定曲阳虎山风景区、唐山开滦国家矿山公园、沧州东光县铁佛寺、邢台内丘扁鹊庙景区、邢台前南峪生态旅游区、邢台太行奇峡群旅游区、邢台天河山景区
山西	太原汾河旅游区、太原东湖醋园旅游区、运城万荣李家大院旅游区、晋城沁水历山原生态农耕文化旅游区
内蒙古	鄂尔多斯察罕力德游牧生态旅游区、鄂尔多斯秦直道旅游区、通辽库伦旗三大寺旅游区
黑龙江	哈尔滨伏尔加庄园、哈尔滨农垦香坊农场旅游区、伊春美溪回龙湾国家森林公园、伊春带岭凉水旅游区、伊春梅花河山庄、牡丹江横道东北虎林园
上海	上海马陆葡萄艺术村、上海前卫村生态旅游区
浙江	东阳中国木雕城、丽水景宁云中大际景区
山东	济南国际园博园、济南金象山乐园、济南九顶塔中华民俗欢乐园、沂南智圣汤泉旅游度假村、沂南竹泉村旅游区、沂水东方瑞海国际温泉度假村、临沂观塘温泉度假村、临沂天马岛旅游区、菏泽孙膑旅游城·亿城寺景区、聊城景阳冈·狮子楼旅游区、德州夏津黄河故道森林公园、德州董子园
湖北	丹江口太极峡景区、丹江口静乐宫景区
西藏	林芝雅鲁藏布大峡谷旅游景区、林芝鲁朗风景区、米林南伊沟旅游景区
陕西	西安户县太平国家森林公园、咸阳汉阳陵博物馆、宝鸡岐山周公庙风景名胜区
广东	韶关云门寺佛教文化生态保护区、清远广东第一峰旅游风景区、清远奇洞温泉度假区、汕头莲花乡村旅游区
广西	桂林永福金钟山旅游度假区、桂林南溪山景区、桂林龙胜龙脊梯田景区、桂林灌阳千山峒景区、百色凌云茶山金字塔景区、南宁广西民族博物馆、河池广西凤山国家地质公园

（续上表）

海南	三亚大东海旅游区
重庆	重庆巴国城、重庆大宁河生态文化长廊
贵州	毕节百里杜鹃风景名胜区、遵义水上大天门旅游景区
新疆	巴音郭楞蒙古自治州和静巴音布鲁克景区、巴音郭楞蒙古自治州尉犁罗布人村寨旅游景区、吐鲁番坎儿井乐园

2011 年第一批（39 家）

河北	石家庄市灵寿秋山景区、石家庄市平山县黑山大峡谷景区、张家口市沽源县沽水福源景区、张家口市沽源县天鹅湖景区、张家口市下花园鸡鸣山景区、衡水市武强年画博物馆
山西	运城市永济五老峰风景名胜区、吕梁市汾阳汾酒文化景区、临汾市古县牡丹文化旅游区
上海	上海海湾国家森林公园、中国航海博物馆
江苏	苏州市金鸡湖景区、苏州市七里山塘景区、苏州市平江历史街区、无锡博物院、常州市天目湖御水温泉景区、张家港市凤凰山风景区
安徽	合肥市李鸿章故居—享堂、合肥市庐阳区三十岗乡生态农业旅游区、黄山市屯溪区醉温泉景区、六安市霍邱县临淮岗景区、六安市金安区东石笋景区、六安市金寨县燕子河大峡谷景区
湖南	长沙市杨开慧纪念馆、衡阳市罗荣桓故居—纪念馆、益阳市山乡巨变第一村旅游区、益阳市安化茶马古道风景区、湘西土家族苗族自治州凤凰齐梁洞景区
贵州	贵阳市贵御温泉旅游区、遵义市四渡赤水纪念馆、遵义市中国丹霞谷旅游风景区、黔东南苗族侗族自治州雷山县西江千户苗寨景区
广东	广州市正佳广场商贸旅游区、韶关市古佛洞天旅游区
陕西	西安大唐西市文化景区
新疆	乌鲁木齐市天山大峡谷景区、吐鲁番地区坎儿井民俗园、吐鲁番地区火焰山景区、昌吉回族自治州呼图壁县世纪园景区

2011 年第二批（87 家）

北京	中国人民抗日战争纪念馆、北京中山公园
天津	松江乡村俱乐部休闲景区、宁园旅游景区
河北	邯郸市晋冀鲁豫革命纪念园景区、保定市野三坡鱼骨洞景区、廊坊市香河金钥匙景区
山西	山西省太原市蒙山景区
上海	上海欢乐谷、上海南翔景区、上海环球金融中心观光厅、上海植物园、上海明珠湖·西沙湿地景区

（续上表）

江苏	无锡市无锡动物园·太湖乐园、无锡市中国吴文化博物馆·无锡市鸿山遗址博物馆、苏州市太湖国家湿地公园、苏州市常熟蒋巷乡村旅游景区、淮安市淮安府署景区、镇江市中国镇江醋文化博物馆、宿迁市中国杨树博物馆
浙江	杭州市超山景区、嘉兴市嘉善碧云花园十里水乡景区、湖州市新四军苏浙军区旧址群景区、衢州市江山清漾景区、衢州市药王山景区、丽水市云和湖仙宫景区
安徽	合肥市肥西县吉祥农业山庄景区、芜湖市南陵县大浦乡村世界景区、安庆市宿松县石莲洞旅游景区、安庆市怀宁县孔雀东南飞旅游景区、六安市金安区大别山石窟旅游景区、六安市金安区悠然南山旅游区、池州市石台县蓬莱仙洞旅游景区、池州市石台县秋浦河旅游景区、宣城市宣州区金梅岭军事旅游区、宣城市绩溪县徽杭古道旅游景区
福建	漳州市福建土楼（华安）旅游区、漳州市金汤湾旅游区、南平市溪源峡谷旅游区、南平市天成奇峡旅游区
江西	南昌市宝葫芦农家景区、赣州市大余丫山风景区、赣州市石城通天寨景区
山东	潍坊市诸城常山景区、潍坊市昌邑绿博园、烟台市招远罗山黄金文化旅游区
湖北	武汉市黄陂锦里土家风情谷旅游区、武汉市黄陂木兰清凉寨旅游区、黄石市大冶雷山景区、十堰市黄龙滩旅游区、十堰市赛武当景区、恩施州咸丰县唐崖河景区、恩施州建始野三河旅游区、利川市佛宝山大峡谷漂流景区
湖南	长沙市浏阳胡耀邦故里旅游区、长沙市靖港古镇景区、常德市清水湖旅游区、张家界市张家界大峡谷景区、郴州市龙女景区、株洲市炎陵神农谷景区、湘西州吉首市乾州古城景区
广东	揭阳市阳美玉都旅游景区、佛山市西岸森林生态园、深圳市青春世界旅游区、韶关市丽宫旅游区、增城市白水寨旅游区
广西	南宁市乡村大世界景区、柳州市文庙景区、河池市东兰红色旅游区、河池市宜州刘三姐故里旅游区
重庆	南川区神龙峡风景区、潼南县杨闇公故里景区、石柱县大风堡景区
四川	成都市花舞人间旅游景区、成都市海昌极地海洋世界景区、绵阳市北川老县城地震遗址景区、广元市曾家山景区、乐山市黑竹沟风景区、阿坝州金川县观音桥风景区
甘肃	张掖市国家湿地公园景区、张掖市肃南文殊寺景区
新疆	乌鲁木齐市红光山景区、哈密市白石头景区、巴音郭楞蒙古自治州博湖县博斯腾湖南岸景区、喀什地区泽普县金胡杨景区、喀什地区岳普湖县达瓦昆沙漠旅游风景区、和田地区和田县乌鲁瓦提景区

2012 年第一批（52 家）

河北	石家庄市佛光山景区
黑龙江	哈尔滨市中央大街欧陆风情旅游区
浙江	杭州市桐庐严子陵钓台景区、宁波市前童古镇、宁波市老外滩景区
安徽	宣城市宣州区敬亭山旅游景区、六安市裕安区龙井沟旅游景区、六安市皖西大裂谷旅游景区、安庆市明堂山旅游景区、安庆市天峡旅游景区、枞阳浮山旅游景区、滁州市来安县白鹭岛旅游景区
福建	连城天一温泉旅游区
江西	赣州市宁都翠微峰景区
山东	淄博市源泉开元溶洞旅游区、淄博市沂源牛郎织女景区、济宁市尼山孔庙及书院景区
河南	南阳市香严寺景区、南阳市镇平玉雕湾国际玉城景区、信阳市固始西九华山旅游区、新乡市辉县九莲山景区
湖北	恩施州梭布垭石林旅游区、恩施州大峡谷景区、宜昌市秭归县三峡竹海景区、咸宁市三江森林旅游区
湖南	长沙市石燕湖生态旅游景区、长沙生态动物园、湖南省森林植物园、宁乡紫龙湾旅游区、湘西州凤凰南华山神凤文化景区、湘潭市湘乡东山书院旅游区
广东	韶关市南岭国家森林公园、顺德市陈村花卉世界、阳江市阳西咸水矿温泉景区、东莞市龙凤山庄影视旅游区、清远市湟川三峡—龙潭文化生态旅游区
广西	百色市德保县吉星岩景区、百色市澄碧湖风景区、贵港市龙潭国家森林公园景区、柳州市城市规划展览馆、桂林市神龙水世界景区、东兴市屏峰雨林景区
重庆	重庆上邦温泉旅游区
四川	成都市桃花故里旅游景区、达州市渠县賨人谷旅游景区、广元市唐家河景区、广元市天曌山景区
云南	西双版纳勐泐大佛寺景区、西双版纳茶马古道景区
宁夏	宁夏科学技术馆、银川市鸣翠湖景区
新疆	昌吉州奇台县江布拉克景区

2012 年第二批（6 家）

浙江	温州市文成龙麒源旅游景区、金华市磐安百杖潭旅游景区、台州市玉环漩门湾农业观光园景区
湖南	怀化市通道万佛山旅游景区
广东	广州市岭南印象园旅游景区、肇庆市广宁宝锭山旅游景区

2012 年第三批（40 家）

河北	石家庄市联邦空中花园景区、邢台市九龙峡景区
内蒙古	鄂尔多斯市康巴什旅游区、鄂尔多斯市苏泊汗草原旅游区、鄂尔多斯市大沙头文化旅游区、呼伦贝尔市金帐汗部落旅游区、乌兰察布市察尔湖旅游区
上海	上海宋庆龄故居纪念馆、上海顾村公园景区、上海东林寺景区
黑龙江	伊春市嘉荫茅兰沟森林旅游区、鸡西市兴凯湖新开流旅游区、鹤岗市绥滨月牙湖中国北方民族园景区、密山市北大荒书法长廊景区
山东	青岛市方特梦幻王国景区、青岛市奥帆中心旅游区、临沂市华丰休闲旅游区、临沂市沂南沂蒙红色影视基地景区、东营市广饶孙子文化旅游区、菏泽市牡丹园景区、济宁市万紫千红生态养生旅游区、枣庄市熊耳山景区
河南	漯河市沙澧河景区、洛阳市栾川抱犊寨旅游景区
湖北	随州市西游记漂流景区、黄冈市红安县天台山景区
广东	广州市南沙滨海湿地景区、韶关市珠玑古巷·梅关古道景区、东莞市粤晖园旅游景区、佛山市顺德罗浮宫国际家具艺术博览中心景区
广西	桂林市雁山园景区、桂林市经典刘三姐大观园景区
重庆	重庆万州大瀑布群旅游区
四川	资阳市安岳石刻·圆觉洞景区、遂宁市龙凤古镇景区
云南	大理市剑川石宝山·沙溪古镇旅游区
陕西	安康市瀛湖旅游景区、汉中市长青华阳景区、榆林市红碱淖旅游景区、榆林市神木二郎山旅游景区

2012 年第四批（55 家）

河北	石家庄市正定荣国府景区、邢台市云梦山景区、邢台市天梯山景区
山西	太原市清徐宝源老醋坊景区、晋中市榆次乌金山景区、长治市武乡八路军文化园景区、长治市黎城黄崖洞景区
辽宁	葫芦岛市灵山景区
吉林	集安市五女峰森林旅游区
上海	上海辰山植物园、上海徐家汇源景区、上海炮台湾景区
江苏	徐州市新沂窑湾古镇旅游区、南通市中国工农红军第十四军纪念馆景区、南通市海门叠石桥国际家纺园景区、连云港市大伊山景区
浙江	杭州市京杭大运河杭州景区、杭州市余杭山沟沟景区、宁波市黄贤森林旅游区、宁波市象山影视城景区、宁波市慈溪海天一洲景区、温州市玉苍山森林旅游区、嘉兴市梅花洲景区、湖州市中国扬子鳄村景区、金华市东阳花园村景区、丽水市庆元百山祖景区
山东	烟台市昆嵛山森林旅游区、烟台市长岛旅游景区、潍坊市金泉寺景区、德州市泉城极地海洋世界景区

（续上表）

湖北	武汉市黄陂云雾山景区、十堰市房县观音洞旅游区、宜昌市当阳玉泉山景区、荆州市洪湖悦兮半岛旅游区、黄冈市遗爱湖景区
海南	海南文笔峰盘古文化旅游区
四川	成都市农科村旅游景区、泸州市黄荆老林旅游景区、泸州市太平古镇景区、广元市千佛崖旅游景区
贵州	铜仁市梵净山旅游景区、铜仁市石阡夜郎古泉旅游景区、铜仁市大明边城景区、黔东南州凯里镇远古城旅游景区、黔东南州凯里施秉云台山旅游景区
云南	昆明市云南野生动物园、大理市大理古城景区
陕西	西安市曲江大明宫旅游景区、西安市世博园景区、西安市楼观中国道文化展示景区、渭南市洽川景区、汉中市张良庙紫柏山旅游景区
青海	西宁市青海藏文化馆
新疆	伊犁州巩留库尔德宁景区、塔什地区库尔干石头城景区

2012 年第五批（69 家）

河北	石家庄市紫云山景区、唐山市滦县青龙山景区、唐山市迁安三叶口景区
山西	晋中市昔阳县大寨景区、晋中市左权县麻田八路军总部纪念馆景区、大同市南郊区晋华矿井下游景区、吕梁市交城县卦山景区、吕梁市交城县玄中寺景区
内蒙古	阿拉善盟通湖草原旅游区、鄂尔多斯市碧海阳光旅游区、呼伦贝尔市莫尔道嘎生态旅游区、锡林郭勒盟太仆寺旗御马苑旅游区、乌海市金沙湾生态旅游区
辽宁	朝阳市凤凰山景区、朝阳市朝阳鸟化石景区
吉林	吉林省敦化市六鼎山文化旅游区
江苏	常州市环球动漫嬉戏谷景区、苏州市太仓现代农业园、无锡市南禅寺景区、无锡市鸿山泰伯景区、连云港市东海羽泉景区
安徽	合肥市大圩生态农业旅游景区、合肥市非物质文化遗产园、六安市金寨县梅山水库旅游景区、六安市舒城县万佛山旅游景区、安庆市桐城市仙龙湖活海欢乐水世界景区、池州市青阳县莲峰云海旅游景区、阜阳市颍上尤家花园·五里湖生态湿地旅游景区
福建	厦门市海沧青礁慈济祖宫景区、南平市邵武云灵山旅游景区、三明市建宁中央苏区反“围剿”纪念园、龙岩市连城培田古村落景区
山东	济宁市北湖景区、泰安市泰山森林温泉旅游区、泰安市天乐城旅游休闲区、邹平县鹤伴山森林旅游区
河南	焦作市影视城景区、安阳市恒水湾旅游区、平顶山市三苏园景区、南阳市五朵山旅游区、南阳市社旗山陕会馆景区

（续上表）

湖南	长沙市沩山密印景区、株洲市方特欢乐世界、株洲市神农城炎帝文化主题公园、岳阳市君山野生荷花世界旅游区、张家界市贺龙纪念馆、永州市双牌阳明山旅游区、娄底市紫鹊界梯田景区、湘西州芙蓉镇景区、湘西州猛洞河漂流景区
广东	汕头市方特欢乐世界·蓝水星景区、佛山市祖庙博物馆、佛山市皂幕山旅游风景区
广西	南宁市武鸣伊岭岩景区、南宁市良凤江森林旅游区、柳州市百里柳江旅游景区、柳州市三江大侗寨景区、柳州市工业博物馆景区、柳州市马鹿山奇石博览园景区
重庆	重庆綦江古剑山风景区、重庆云阳龙缸景区、重庆开县刘伯承同志纪念馆、重庆长寿区长寿湖旅游区、重庆巫溪红池坝森林旅游景区、重庆酉阳龙潭古镇景区
四川	乐山市东方佛都旅游景区、绵阳市江油李白纪念馆景区、阿坝州理县桃坪羌寨—甘堡藏寨旅游景区、阿坝州理县毕棚沟景区

2013 年第一批（48 家）

北京	通州大运河森林旅游区、北京汽车博物馆
辽宁	抚顺市皇家海洋主题乐园景区、辽阳市弓长岭汤河国际温泉旅游度假区
黑龙江	哈尔滨市金龙山国际旅游度假区、哈尔滨市东北虎林园景区、双鸭山市北大荒农机博览园景区、大庆市吉禾民族赛马景区、大庆市鹤鸣湖湿地温泉景区、伊春市上甘岭溪水森林旅游区
安徽	合肥市植物园、合肥市肥东县渡江战役总前委旧址景区、淮南市淮南岗湖影视城景区、安庆市岳西县大别山彩虹瀑布旅游景区、黄山市新安江滨水旅游景区、黄山市黄山区虎林园旅游景区
福建	莆田市九龙谷生态旅游景区、龙岩市梅花山华南虎园生态旅游景区
江西	南昌市梅岭狮子峰景区、南昌市江西凤凰沟景区、九江市湖口石钟山景区、九江市共青城富华山景区、吉安市庐陵文化生态园景区、吉安市天祥景区
山东	潍坊市诸城恐龙文化旅游区、济宁市羊山古镇军事旅游区
河南	郑州市中国绿化博览园景区、郑州市中原福塔旅游景区、洛阳市千唐志斋博物馆、许昌市禹州大鸿寨景区、三门峡市黄河丹峡景区、三门峡市灵宝汉山旅游景区
湖南	岳阳市张谷英村旅游区、岳阳市平江起义纪念馆景区
广东	惠州市叶挺将军纪念园景区、河源市苏家围东江画廊旅游景区、阳江市广东海上丝绸之路博物馆景区、清远市森波拉度假森林景区
广西	桂林市阳朔蝴蝶泉旅游景区、防城港市江山半岛白浪滩旅游景区、百色市德保红叶森林旅游景区
重庆	重庆永川茶山竹海旅游景区、重庆白鹤梁水下博物馆景区、重庆中国民主党派历史陈列馆景区
云南	丽江市东巴谷旅游景区、大理州祥云水目山文化旅游区
陕西	商洛市牛背梁旅游景区、商洛市天竺山旅游景区

2013 年第二批（49 家）

天津	天津大沽口炮台遗址景区天津海昌极地海洋世界景区、天津周恩来邓颖超纪念馆景区、天津凯旋王国主题游乐园景区、天津七里海湿地旅游区
内蒙古	鄂尔多斯市银肯塔拉沙漠生态旅游区、通辽市孝庄园旅游区
黑龙江	牡丹江市海林亿龙水上风情园景区、牡丹江市黑宝熊乐园水上大世界景区
上海	上海宝山国际民间艺术博览馆景区
江苏	南京市高淳老街历史文化景区南京市红山森林旅游区、无锡市宜兴张公洞旅游景区、淮安市中国漕运博物馆景区、扬州市东关历史文化旅游区、宿迁市湖滨公园景区
浙江	湖州市浙北大峡谷景区、衢州市龙游民居苑景区、丽水市箬寮原始林景区
安徽	黄山市打鼓岭旅游景区、亳州市博物馆景区、六安市霍山县铜锣寨旅游景区、六安市裕安区九公寨旅游景区
福建	厦门市北辰山旅游景区、南平市邵武瀑布林生态旅游景区
江西	宜春市中部梦幻生态旅游区、抚州市名人雕塑园景区、上饶市鄱阳湖鄱阳湿地旅游区、上饶市婺源汪口景区、上饶市三清山田园牧歌景区
山东	临沂市费县中华奇石旅游区
湖北	武汉市海昌极地海洋世界景区、黄石市仙岛湖生态旅游区、宜昌市屈原故里文化旅游区、宜昌市高岚朝天吼漂流景区、宜昌市当阳玉泉寺景区、恩施州巴人河生态旅游区、恩施州利川龙船水乡景区
四川	成都市新场古镇旅游景区、成都市国际非物质文化遗产博览园旅游景区、遂宁市子昂故里文化旅游区、内江市隆昌县石牌坊旅游区、雅安市上里古镇景区、巴中市通江王坪旅游景区、巴中市米仓山旅游景区
甘肃	张掖市丹霞地质旅游景区、张掖市山丹大佛寺旅游景区、酒泉市富康梦天堂旅游景区、酒泉市玉门赤金峡旅游景区

2014 年（198 家）

北京	丫髻山景区
山西	大同市华严寺景区、朔州市怀仁金沙滩景区、朔州市从福斯景区、忻州市定襄凤凰山景区、阳泉市桃林沟景区、晋中市太谷梅苑山庄景区、长治市襄垣仙堂山景区、晋城市阳城天宫王府景区、临汾市汾河公园景区、临汾市东岳庙景区、临汾市侯马彭真故居景区
内蒙古	阿拉善盟胡杨林旅游区、阿拉善盟巴丹吉林沙漠旅游区、二连浩特市国门旅游区、呼伦贝尔市敖鲁古雅使鹿部落、巴彦卓尔市河套酒业工业旅游区
辽宁	大连市安波旅游景区、大连市铭胡国际温泉滑雪度假区、营口市仙人岛白沙湾黄金海岸景区、锦州市北镇青岩寺风景区、锦州市北镇医巫闾山风景区、沈阳市方特欢乐世界、沈阳市中华寺、鞍山市山水庄园、辽阳市龙石风景区、葫芦岛市觉华岛旅游度假区

（续上表）

黑龙江	哈尔滨市金河湾湿地植物园景区、伊春市嘉荫中俄界江旅游区、大庆市城市规划展示馆、鹤岗市国家森林公园景区、双鸭山市红旗岭千岛湖旅游度假区、哈尔滨市闫家岗国际温泉旅游度假区、哈尔滨市蒙牛乳业（尚志）工业旅游景区、鸡西市八五六青山湖旅游度假区、大庆市黑鱼湖生态景区、牡丹江市飞龙潭山庄景区
上海	上海江南三民文化村景区、上海闻道园
江苏	连云港市海上云台山景区、徐州市潘安湖湿地公园、泰州市天德湖景区、淮安市吴承恩故居景区、徐州市博物馆、无锡市清名桥古运河景区、宿迁市项王故里景区、泰州市兴化李中水上森林景区、无锡市宜兴陶瓷博物馆、徐州市蟠桃佛教文化景区、淮安市里运河文化长廊景区、苏州市吴中光福古镇景区、苏州市吴江震泽古镇景区、苏州市张家港香山景区、连云港市灌南二郎神文化遗址公园
浙江	杭州市运河．塘栖古镇景区、嘉兴市海盐绮园景区、金华市兰溪六洞山景区、丽水市古堰画乡景区、杭州市临安河古镇景区、衢州市桃源七里景区、湖州市菰城景区、宁波市伍山石窟景区、衢州市浮盖山景区、台州市三门蛇蟠岛景区、湖州市仙山湖景区、丽水市中国青瓷小镇．披云青瓷文化园景区
安徽	池州市贵池区齐山—平天湖景区、池州市东至县九天仙寓景区、池州市石台县鱼龙洞景区、安庆市岳西县妙道山旅游景区、安庆市潜山县白马潭生态旅游景区、合肥市巢湖市紫薇洞景区、宿州市灵璧县奇石文化园景区、淮南市志高神州欢乐园景区
江西	九江市庐山西海景区、九江市修水男崖—马家洲景区、萍乡市莲花荷花博览园景区、抚州市梦湖景区
山东	菏泽市水浒好汉城、济宁市坟上莲花湖湿地景区、德州市乐陵千年枣林景区、东营市天宁寺文化旅游区、潍坊市寿光三元朱村、滨州市沾化冬枣生态旅游区、滨州市黄河三角洲生态文化旅游岛
福建	福州市云顶景区、莆田市九鲤湖旅游区、三明市建宁闽江源生态区、三明市宁化客家祖地、三明市清流天芳悦潭生态旅游区
河南	漯河市许慎文化园景区、永城市淮海战役陈官庄纪念馆景区、洛阳市隋唐城遗址植物园景区、洛阳市中国国花园景区、焦作市陈家沟景区、洛阳市西泰山风景区、漯河市金凤凰鸟文化乐园景区、漯河市小商桥景区、驻马店市老乐山景区、信阳市黄柏山国家森林公园、三门峡市甘山国家森林公园、三门峡市双龙湾景区、平顶山市博物馆、新乡市回龙天界山景区、新乡市潞王陵景区
湖北	武汉市规划展示馆、黄石市东方山风景区、黄冈市四祖师禅宗文化旅游区、黄冈市罗田大别山薄刀锋风景区、襄阳市尧治河旅游区、恩施州利川大水井文化旅游区
湖南	常德市石门夹山旅游区、郴州市宝山工矿旅游景区、岳阳市平江石牛寨景区
广东	潮州市韩文公祠景区、东莞市展览馆、东莞市广东东江纵队旧址景区、清远市狮子湖休闲旅游区、佛山市（国际）家具博览城景区、佛山市南海平洲玉器街景区、佛山市顺德乐从国际会展中心景区、茂名市浪漫海岸景区、潮州市广济桥文物旅游景区、汕头市前美古村侨文化旅游区、河源市叶园温泉旅游区、韶关市新丰云海温泉原始森林度假村景区、佛山市三水温泉景区、佛山市盈香生态园、汕尾市凤山神庙旅游区、潮州市紫莲森林度假景区

（续上表）

广西	南宁市广西规划馆景区、南宁市民歌湖景区、南宁市龙虎山旅游景区、柳州市知青城景区、北海市嘉和—冠山海景区
重庆	重庆园博园、重庆北碚金刀峡景区、重庆长寿古镇文化旅游区、重庆铁山坪森林公园、重庆云阳三峡梯城景区、重庆璧山观音塘湿地公园、重庆奉节天坑地缝景区、重庆巫山神女景区（神女峰·神女溪）
四川	阿坝州卓克基嘉绒藏族文化旅游区、眉山市黑龙滩旅游景区、广安市宝箴塞旅游区、巴中市诺水河旅游景区、雅安市熊猫古城景区、成都市望丛祠景区、成都市三道堰景区、成都市海宁城商贸旅游景区、广安市神龙山巴人石头城景区、成都市五凤溪旅游景区、乐山市仙芝竹尖生态园旅游景区、遂宁市中国红海生态旅游景区、成都市石象湖旅游区、泸州市天仙硐旅游景区、泸州市张坝桂圆林旅游景区、成都市彭州白鹿中法风情小镇旅游景区、成都市彭州宝山旅游区、绵阳市科技馆旅游景区、巴中市佛头山旅游景区、遂宁市观音湖湿地公园旅游景区、广元市平乐旅游区
贵州	安顺市兴伟石博园、黔东南州黎平肇兴侗文化旅游景区、贵阳市修文桃源河旅游景区、铜仁市九龙洞旅游景区、铜仁市思南温泉－石林旅游景区、铜仁市万山矿山公园旅游景区、铜仁市松桃县苗王城旅游景区、遵义市赤水市佛光岩景区、遵义市凤冈茶海之心景区、仁怀市中国酒文化城、安顺市云峰八寨文化旅游区、安顺市旧州生态文化旅游古镇、贵阳市白马峪旅游景区
甘肃	张掖市大湖湾景区、张掖市玉水苑景区、嘉峪关市中华孔雀苑景区、陇南市西和晚霞湖景区、陇南市秦文化博物馆景区、陇南市金徽酒文化生态旅游景区
陕西	西安市黑河旅游景区、西安市王顺山景区、宝鸡市中华石鼓园景区、咸阳市马栏革命旧址景区、铜川市照金－香山景区、韩城市司马迁祠、韩城市博物馆、商洛市柞水溶洞
新疆	乌鲁木齐市新疆天山野生动物园、乌鲁木齐市丝绸之路国际度假区、喀什地区红海湾旅游景区、伊犁州托乎拉苏景区、伊犁州湿地古杨风景区、塔城地区巴尔鲁克旅游风景区、阿克苏地区刀郎部落

附录四：国家5A级旅游区（点）名单

北京	故宫博物院、天坛公园、颐和园、八达岭—慕田峪长城旅游区、明十三陵景区（神路—定陵—长陵—昭陵）、恭王府景区、北京奥林匹克公园（鸟巢—水立方—中国科技馆—国家奥林匹克森林公园）
天津	天津古文化街旅游区津门故里、天津蓟县盘山风景名胜区
河北	承德避暑山庄及周围寺庙景区（普陀宗乘—须弥福寿—普宁寺—普佑寺）、秦皇岛山海关景区（老龙头—山海关古城—天下第一关—孟姜女庙）、保定安新白洋淀景区（文化苑—大观园—鸳鸯岛—元妃荷园—嘎子印象—渔人乐园）、保定涞水县野三坡景区（百里峡—白草畔—鱼谷洞—龙门天关）、石家庄平山县西柏坡景区

（续上表）

山西	大同云冈石窟、忻州五台山风景名胜区、晋城阳城县皇城相府生态文化旅游区、晋中市介休市绵山风景名胜区
内蒙古	鄂尔多斯达拉特旗响沙湾旅游景区、鄂尔多斯伊金霍洛旗成吉思汗陵旅游区
辽宁	沈阳植物园、大连老虎滩海洋公园—老虎滩极地馆、大连金石滩景区（地质公园—发现王国—蜡像馆—文化博览广场）
吉林	长白山景区、长春伪满皇宫博物院、长春净月潭景区
黑龙江	哈尔滨太阳岛景区、黑河五大连池景区、牡丹江宁安市镜泊湖景区、伊春市汤旺河林海奇石景区
上海	东方明珠广播电视塔、上海野生动物园、上海科技馆
江苏	苏州园林（拙政园—留园—虎丘）、苏州昆山周庄古镇景区、南京钟山—中山陵风景名胜区（明孝陵—音乐台—灵谷寺—梅花山—紫金山天文台）、中央电视台无锡影视基地三国水浒城景区、无锡灵山大佛景区、无锡鼋头渚景区、苏州吴江同里古镇景区、南京夫子庙—秦淮河风光带（江南贡院—白鹭洲—中华门—瞻园—王谢故居）、常州环球恐龙城景区（中华恐龙园—恐龙谷温泉—恐龙城大剧场）、常州溧阳天目湖旅游度假区（天目湖、南山竹海、御水温泉）、扬州瘦西湖风景区、南通市濠河风景区、泰州姜堰区溱湖国家湿地公园、苏州市金鸡湖国家商务旅游示范区、镇江三山风景名胜区（金山—北固山—焦山）、苏州吴中太湖旅游区（旺山—穹窿山—东山）、苏州常熟沙家浜—虞山尚湖旅游区
浙江	杭州西湖风景区、衢州市开化根宫佛国文化旅游区、舟山普陀山风景区、杭州淳安千岛湖风景区、嘉兴桐乡乌镇古镇、宁波奉化溪口—滕头旅游景区、金华东阳横店影视城景区、嘉兴南湖旅游区、杭州西溪湿地旅游区、温州乐清市雁荡山风景区、绍兴市鲁迅故里—沈园景区
安徽	黄山市黄山风景区、池州青阳县九华山风景区、安庆潜山县天柱山风景区、黄山市黟县皖南古村落—西递宏村、六安市金寨县天堂寨风景区、宣城市绩溪县龙川景区、阜阳八里河风景区
福建	厦门鼓浪屿风景名胜区、南平武夷山风景名胜区、三明泰宁风景旅游区、福建土楼（永定·南靖）旅游景区、宁德屏南（白水洋·鸳鸯溪）旅游景区、宁德市福鼎太姥山旅游区、泉州市清源山风景名胜区
江西	九江庐山风景名胜区、吉安井冈山风景旅游区、上饶三清山旅游景区、鹰潭市贵溪龙虎山风景名胜区、上饶婺源县江湾景区、景德镇古窑民俗博览区
山东	济南天下第一泉风景区（趵突泉—大明湖—五龙潭—环城公园—黑虎泉）、泰安泰山景区、烟台蓬莱阁—三仙山—八仙过海旅游区、济宁曲阜明故城三孔旅游区、青岛崂山旅游风景区、威海刘公岛景区、烟台龙口南山景区、枣庄台儿庄古城景区、山东沂蒙山旅游区
河南	郑州登封嵩山少林景区、洛阳龙门石窟景区、焦作（云台山—神农山—青天河）风景区、安阳殷墟景区、洛阳嵩县白云山景区、开封清明上河园景区、平顶山鲁山县尧山—中原大佛景区、洛阳栾川县老君山—鸡冠洞旅游区、洛阳新安县龙潭大峡谷景区

（续上表）

湖北	武汉黄鹤楼公园、宜昌三峡大坝旅游区、宜昌三峡人家风景区、十堰丹江口市武当山风景区、恩施州巴东神龙溪纤夫文化旅游区、神农架生态旅游区、宜昌长阳县清江画廊景区、中国武汉—东湖生态旅游风景区
湖南	张家界武陵源—天门山旅游区、衡阳南岳衡山旅游区、湘潭韶山旅游区、岳阳岳阳楼—君山景区、长沙岳麓山—橘子洲景区、长沙花明楼景区
广东	广州长隆旅游度假区、深圳华侨城旅游度假区、广州白云山风景区、梅州梅县区雁南飞茶田景区、深圳观澜湖休闲旅游区、清远连州地下河旅游景区、韶关仁化丹霞山景区、佛山西樵山景区、惠州市罗浮山景区
广西	桂林漓江风景区、桂林兴安县乐满地度假世界、桂林独秀峰·靖江王城景区
海南	三亚南山文化旅游区、三亚南山大小洞天旅游区、保亭县呀诺达雨林文化旅游区、陵水县分界洲岛旅游区
重庆	大足石刻景区、巫山小三峡—小小三峡、武隆喀斯特旅游区（天生三桥—仙女山—芙蓉洞）、酉阳桃花源景区、万盛黑山谷景区、南川金佛山—神龙峡风景区
四川	成都青城山—都江堰旅游景区、绵阳北川羌城旅游区（中国羌城—老县城地震遗址—“5·12”特大地震纪念馆—北川羌族民俗博物馆—北川新县城—吉娜羌寨）、乐山峨眉山景区、乐山大佛风景区、阿坝藏族羌族自治州九寨沟景区、阿坝藏族羌族自治州松潘县黄龙风景名胜区、阿坝藏族羌族自治州汶川特别旅游区（震中映秀—水磨古镇—三江生态旅游区）、阆中市阆中古城旅游区景区、广安市邓小平故里旅游区
贵州	安顺黄果树瀑布景区、安顺龙宫景区、毕节百里杜鹃景区
云南	昆明石林风景区、丽江玉龙雪山景区、丽江古城景区、大理崇圣寺三塔文化旅游区、中科院西双版纳热带植物园、迪庆藏族自治州香格里拉普达措国家公园
西藏	拉萨布达拉宫景区、拉萨大昭寺景区
陕西	西安秦始皇兵马俑博物馆、西安华清池景区、延安黄陵县黄帝陵景区、西安大雁塔—大唐芙蓉园景区、渭南华阴市华山景区
甘肃	嘉峪关文物景区、平凉崆峒山风景名胜区、天水麦积山景区
宁夏	石嘴山平罗县沙湖旅游景区、中卫沙坡头旅游景区、银川镇北堡西部影视城
青海	青海湖景区、西宁市湟中县塔尔寺景区
新疆	昌吉州阜康市天山天池风景名胜区、吐鲁番葡萄沟风景区、喀什地区泽普县金湖杨景区、阿勒泰地区布尔津县喀纳斯景区、伊犁地区新源县那拉提旅游风景区、阿勒泰地区富蕴县可可托海景区、维吾尔自治区乌鲁木齐天山大峡谷

附录五：中国国家级风景名胜区

省、市、自治区	风景名胜区
北京	八达岭—十三陵风景名胜区、石花洞风景名胜区
天津	盘山风景名胜区
河北	承德避暑山庄外八庙风景名胜区、秦皇岛北戴河风景名胜区、野三坡风景名胜区、苍岩山风景名胜区、嶂石岩风景名胜区、西柏坡—天桂山风景名胜区、崆山白云洞风景名胜区、太行大峡谷风景名胜区、响堂山风景名胜区、娲皇宫风景名胜区
山西	五台山风景名胜区、恒山风景名胜区、黄河壶口瀑布风景名胜区、北武当山风景名胜区、五老峰风景名胜区、碛口风景名胜区
内蒙古	扎兰屯风景名胜区
辽宁	千山风景名胜区、鸭绿江风景名胜区、金石滩风景名胜区、兴城海滨风景名胜区、大连海滨—旅顺口风景名胜区、凤凰山风景名胜区、本溪水洞风景名胜区、青山沟风景名胜区、医巫闾山风景名胜区
吉林	松花湖风景名胜区、八大部—净月潭风景名胜区、仙景台风景名胜区、防川风景名胜区
黑龙江	镜泊湖风景名胜区、五大连池风景名胜区、太阳岛风景名胜区
江苏	太湖风景名胜区、南京钟山风景名胜区、云台山风景名胜区、蜀冈瘦西湖风景名胜区、镇江三山风景名胜区
浙江	杭州西湖风景名胜区、富春江—新安江风景名胜区、雁荡山风景名胜区、普陀山风景名胜区、天台山风景名胜区、嵊泗列岛风景名胜区、楠溪江风景名胜区、莫干山风景名胜区、雪窦山风景名胜区、双龙风景名胜区、仙都风景名胜区、江郎山风景名胜区、仙居风景名胜区、浣江—五泄风景名胜区、方岩风景名胜区、百丈漈—飞云湖风景名胜区、方山—长屿硐天风景名胜区、天姥山风景名胜区、大红岩风景名胜区
安徽	黄山风景名胜区、九华山风景名胜区、天柱山风景名胜区、琅琊山风景名胜区、齐云山风景名胜区、采石风景名胜区、巢湖风景名胜区、花山谜窟—渐江风景名胜区、太极洞风景名胜区、花亭湖风景名胜区
福建	武夷山风景名胜区、清源山风景名胜区、鼓浪屿—万石山风景名胜区、太姥山风景名胜区、桃源洞—鳞隐石林风景名胜区、金湖风景名胜区、鸳鸯溪风景名胜区、海坛风景名胜区、冠豸山风景名胜区、鼓山风景名胜区、玉华洞风景名胜区、十八重溪风景名胜区、青云山风景名胜区、佛子山风景名胜区、宝山风景名胜区、福安白云山风景名胜区、灵通山风景名胜区、湄洲岛风景名胜区
江西	庐山风景名胜区、井冈山风景名胜区、三清山风景名胜区、龙虎山风景名胜区、仙女湖风景名胜区、三百山风景名胜区、梅岭—滕王阁风景名胜区、龟峰风景名胜区、高岭—瑶里风景名胜区、武功山风景名胜区、云居山—柘林湖风景名胜区、灵山风景名胜区、神农源风景名胜区、大茅山风景名胜区

（续上表）

省、市、自治区	风景名胜区
山东	泰山风景名胜区、青岛崂山风景名胜区、胶东半岛海滨风景名胜区、博山风景名胜区、青州风景名胜区
河南	鸡公山风景名胜区、洛阳龙门风景名胜区、嵩山风景名胜区、王屋山—云台山风景名胜区、尧山（石人山）风景名胜区、林虑山风景名胜区、青天河风景名胜区、桐柏山—淮源风景名胜区、郑州黄河风景名胜区
湖北	武汉东湖风景名胜区、武当山风景名胜区、大洪山风景名胜区、隆中风景名胜区、九宫山风景名胜区、陆水风景名胜区、神农架风景名胜区
湖南	衡山风景名胜区、武陵源（张家界）风景名胜区、岳阳楼—洞庭湖风景名胜区、韶山风景名胜区、岳麓风景名胜区、崀山风景名胜区、猛洞河风景名胜区、桃花源风景名胜区、紫鹊界梯田—梅山龙宫风景名胜区、德夯风景名胜区、苏仙岭—万华岩风景名胜区、南山风景名胜区、万佛山—侗寨风景名胜区、虎形山—花瑶风景名胜区、东江湖风景名胜区、凤凰风景名胜区、沩山风景名胜区、炎帝陵风景名胜区、白水洞风景名胜区
广东	肇庆星湖风景名胜区、西樵山风景名胜区、丹霞山风景名胜区、白云山风景名胜区、惠州西湖风景名胜区、罗浮山风景名胜区、湖光岩风景名胜区、梧桐山风景名胜区
广西	桂林漓江风景名胜区、桂平西山风景名胜区、花山风景名胜区
海南	三亚热带海滨风景名胜区
重庆	长江三峡风景名胜区、缙云山风景名胜区、金佛山风景名胜区、四面山风景名胜区、芙蓉江风景名胜区、天坑地缝风景名胜区、潭獐峡风景名胜区
四川	峨眉山风景名胜区、九寨沟—黄龙寺风景名胜区、青城山—都江堰风景名胜区、剑门蜀道风景名胜区、贡嘎山风景名胜区、蜀南竹海风景名胜区、西岭雪山风景名胜区、四姑娘山风景名胜区、石海洞乡风景名胜区、邛海—螺髻山风景名胜区、白龙湖风景名胜区、光雾山—诺水河风景名胜区、天台山风景名胜区、龙门山风景名胜区
贵州	黄果树风景名胜区、织金洞风景名胜区、㵲阳河风景名胜区、红枫湖风景名胜区、龙宫风景名胜区、荔波樟江风景名胜区、赤水风景名胜区、马岭河风景名胜区、都匀斗篷山—剑江风景名胜区、九洞天风景名胜区、九龙洞风景名胜区、黎平侗乡风景名胜区、紫云格凸河穿洞风景名胜区、平塘风景名胜区、榕江苗山侗水风景名胜区、石阡温泉群风景名胜区、沿河乌江山峡风景名胜区、瓮安县江界河风景名胜区
云南	路南石林风景名胜区、大理风景名胜区、西双版纳风景名胜区、三江并流风景名胜区、昆明滇池风景名胜区、玉龙雪山风景名胜区、腾冲地热火山风景名胜区、瑞丽江—大盈江风景名胜区、九乡风景名胜区、建水风景名胜区、普者黑风景名胜区、阿庐风景名胜区

（续上表）

省、市、自治区	风景名胜区
陕西	华山风景名胜区、临潼骊山—秦兵马俑风景名胜区、宝鸡天台山风景名胜区、黄帝陵风景名胜区、合阳洽川风景名胜区
甘肃	麦积山风景名胜区、崆峒山风景名胜区、鸣沙山—月牙泉风景名胜区
宁夏	西夏王陵风景名胜区、须弥山石窟风景名胜区
青海	青海湖风景名胜区
新疆	天山天池风景名胜区、库木塔格沙漠风景名胜区、博斯腾湖风景名胜区、赛里木湖风景名胜区、罗布人村寨风景名胜区
西藏	雅砻河风景名胜区、纳木错—念青唐古拉山风景名胜区、唐古拉山—怒江源风景名胜区、土林—古格风景名胜区

附录六：国家历史文化名城一览表

省、市、自治区	第一批（24座）1981年12月8日公布	第二批（38座）1986年4月24日公布	第三批（36座）1994年1月4日公布	第四批（4座）2005年11月2日公布	截至2011年5月1日增补的名单
北京	北京				
天津		天津			
河北	承德	保定	正定、邯郸	山海关（秦皇岛）	
山西	大同	平遥	新绛、代县、祁县		太原
内蒙古		呼和浩特			
辽宁		沈阳			
吉林			吉林、集安		
黑龙江			哈尔滨		
上海		上海			
江苏	南京、苏州、扬州	镇江、常熟、徐州、淮安			无锡、南通、宜兴
浙江	杭州、绍兴	宁波	衢州、临海		金华、嘉兴
安徽		歙县、寿县、亳县		安庆	绩溪
福建	泉州	福州、漳州	长汀		
江西	景德镇	南昌	赣州		
山东	曲阜	济南	青岛、聊城、邹城、临淄		泰安、蓬莱

（续上表）

河南	洛阳、开封	安阳、南阳、商丘	郑州、浚县	濮阳	
湖北	江陵	武汉、襄樊	随州、钟祥		
湖南	长沙			凤凰县	
广东	广州	潮州	肇庆、佛山、梅州、雷州		中山
海南			琼山		海口
广西	桂林		柳州		北海
四川	成都	重庆、阆中、宜宾、自贡	乐山、都江堰、泸州		
贵州	遵义	镇远			
云南	昆明、大理	丽江	建水、巍山		
西藏	拉萨	日喀则	江孜		
陕西	西安、延安	韩城、榆林	咸阳、汉中		
甘肃		武威、张掖、敦煌	天水		
青海			同仁		
宁夏		银川			
新疆		喀什			吐鲁番、特克斯

资料来源：全景环视网

其中世界历史文化名城有：

北京	北京
山西	平遥
河南	洛阳、郑州、开封、安阳
陕西	西安
江苏	南京
浙江	杭州
云南	丽江

附录七：国家级自然保护区

北京松山国家级自然保护区	内蒙古辉河国家级自然保护区
北京百花山国家级自然保护区	内蒙古图牧吉国家级自然保护区
天津蓟县中、上元古界地层剖面国家级自然保护区	内蒙古鄂尔多斯遗鸥国家级自然保护区
天津八仙山国家级自然保护区	内蒙古乌拉特梭梭林—蒙古野驴国家级自然保护区
天津古海岸与湿地国家级自然保护区	内蒙古额济纳胡杨林国家级自然保护区
河北围场红松洼国家级自然保护区	内蒙古鄂托克恐龙遗迹化石国家级自然保护区
河北雾灵山国家级自然保护区	内蒙古大青山国家级自然保护区
河北昌黎黄金海岸国家级自然保护区	黑龙江三江国家级自然保护区
河北驼梁国家级自然保护区	黑龙江八岔岛国家级自然保护区
河北青崖寨国家级自然保护区	黑龙江挠力河国家级自然保护区
柳江盆地地质遗迹国家级自然保护区	黑龙江南瓮河国家级自然保护区
河北小五台山国家级自然保护区	黑龙江乌伊岭国家级自然保护区
河北泥河湾国家级自然保护区	黑龙江胜山国家级自然保护区
河北大海陀国家级自然保护区	黑龙江双河国家级自然保护区
河北衡水湖国家级自然保护区	红星湿地国家级自然保护区
河北塞罕坝国家级自然保护区	珍宝岛湿地国家级自然保护区
河北茅荆坝国家级自然保护区	穆棱东北红豆杉国家级自然保护区
河北滦河上游国家级自然保护区	东方红湿地国家级自然保护区
内蒙古科尔沁国家级自然保护区	大沾河湿地国家级自然保护区
内蒙古阿鲁科尔沁国家级自然保护区	黑龙江洪河国家级自然保护区
内蒙古哈腾套海国家级自然保护区	黑龙江扎龙国家级自然保护区
内蒙古汗马国家级自然保护区	黑龙江丰林国家级自然保护区
内蒙古鄂尔多斯国家级自然保护区	黑龙江牡丹峰国家级自然保护区
内蒙古锡林郭勒国家级自然保护区	黑龙江兴凯湖国家级自然保护区
内蒙古大青沟国家级自然保护区	黑龙江呼中国家级自然保护区
内蒙古达里诺尔国家级自然保护区	黑龙江五大连池国家级自然保护区
内蒙古白音敖包国家级自然保护区	黑龙江凉水国家级自然保护区
内蒙古赛罕乌拉国家级自然保护区	黑龙江饶河东北黑蜂国家级自然保护区
内蒙古贺兰山国家级自然保护区	黑龙江宝清七星河国家级自然保护区
内蒙古达赉湖国家级自然保护区	黑龙江凤凰山国家级自然保护区
内蒙古额尔古纳国家级自然保护区	辽宁大连斑海豹国家级自然保护区
内蒙古黑里河国家级自然保护区	辽宁丹东鸭绿江口滨海湿地国家级自然保护区
内蒙古大黑山国家级自然保护区	辽宁北票鸟化石国家级自然保护区
内蒙古红花尔基樟子松林国家级自然保护区	辽宁桓仁老秃顶子国家级自然保护区

（续上表）

辽宁蛇岛—老铁山国家级自然保护区	河南丹江湿地国家级自然保护区
辽宁庄河仙人洞国家级自然保护区	湖南张家界大鲵国家级自然保护区
辽宁医巫闾山国家级自然保护区	湖南东洞庭湖国家级自然保护区
辽宁双台河口国家级自然保护区	湖南壶瓶山国家级自然保护区
辽宁白石砬子国家级自然保护区	湖南莽山国家级自然保护区
辽宁努鲁儿虎山国家级自然保护区	湖南八大公山国家级自然保护区
辽宁成山头海滨地貌国家级自然保护区	湖南永州都庞岭国家级自然保护区
辽宁海棠山国家级自然保护区	湖南黄桑国家级自然保护区
吉林伊通火山群国家级自然保护区	湖南乌云界国家级自然保护区
吉林大布苏国家级自然保护区	湖南鹰嘴界国家级自然保护区
吉林珲春东北虎国家级自然保护区	湖南炎陵桃源洞国家级自然保护区
吉林向海国家级自然保护区	湖南借母溪国家级自然保护区
吉林长白山国家级自然保护区	湖南小溪国家级自然保护区
吉林莫莫格国家级自然保护区	湖南南岳衡山国家级自然保护区
吉林波罗湖国家级自然保护区，	湖南阳明山国家级自然保护区
吉林靖宇国家级自然保护区	湖南八面山国家级自然保护区
吉林黄泥河国家级自然保护区	湖南高望界国家级自然保护区
吉林龙湾国家级自然保护区	四川小金四姑娘山国家级自然保护区
吉林鸭绿江上游国家级自然保护区	四川攀枝花苏铁国家级自然保护区
吉林天佛指山国家级自然保护区	四川唐家河国家级自然保护区
吉林查干湖国家级自然保护区	四川马边大风顶国家级自然保护区
吉林雁鸣湖国家级自然保护区	四川蜂桶寨国家级自然保护区
哈泥国家级自然保护区	四川卧龙国家级自然保护区
松花江三湖国家级自然保护区	四川龙溪—虹口国家级自然保护区
河南豫北黄河故道鸟类湿地国家级自然保护区	四川贡嘎山国家级自然保护区
河南内乡宝天曼国家级自然保护区	四川九寨沟国家级自然保护区
河南鸡公山国家级自然保护区	四川美姑大风顶国家级自然保护区
河南焦作太行山猕猴国家级自然保护区	四川若尔盖湿地国家级自然保护区
河南伏牛山国家级自然保护区	四川长江合江—雷波段珍稀鱼类国家级自然保护区
河南省连康山国家级自然保护区	四川米仓山国家级自然保护区
河南小秦岭国家级自然保护区	四川雪宝顶国家级自然保护区
河南黄河湿地国家级自然保护区	四川白水河国家级自然保护区
河南南阳恐龙蛋化石群国家级自然保护区	四川画稿溪国家级自然保护区
河南董寨国家级自然保护区	四川王朗国家级自然保护区

(续上表)

四川长宁竹海国家级自然保护区	浙江九龙山国家级自然保护区
四川察青松多白唇鹿国家级自然保护区	浙江古田山国家级自然保护区
长江上游珍稀、特有鱼类国家级自然保护区	浙江大盘山国家级自然保护区
四川花萼山国家级自然保护区	浙江凤阳山—百山祖国家级自然保护区
四川海子山国家级自然保护区	浙江天目山国家级自然保护区
四川黑竹沟国家级自然保护区	浙江长兴地质遗迹国家级自然保护区
四川格西沟国家级自然保护区	浙江临安清凉峰国家级自然保护区
长江上游珍稀、特有鱼类国家级自然保护区	浙江南麂列国家级自然保护区
重庆大巴山国家级自然保护区	浙江乌岩岭国家级自然保护区
重庆缙云山国家级自然保护区	江苏大丰麋鹿国家级自然保护区
重庆金佛山国家级自然保护区	江苏盐城沿海滩涂珍禽国家级自然保护区
重庆雪宝山国家级自然保护区	江苏泗洪洪泽湖湿地国家级自然保护区
重庆阴条岭国家级自然保护区	安徽扬子鳄国家级自然保护区
青海三江源国家级自然保护区	安徽牯牛降国家级自然保护区
青海青海湖国家级自然保护区	安徽鹞落坪国家级自然保护区
青海可可西里国家级自然保护区	安徽升金湖国家级自然保护区
青海隆宝国家级自然保护区	安徽金寨天马国家级自然保护区
青海循化孟达国家级自然保护区	安徽铜陵淡水豚国家级自然保护区
宁夏张掖黑河湿地国家级自然保护区	山东即墨马山国家级保护区
宁夏灵武白芨滩国家级自然保护区	山东黄河三角洲国家级自然保护区
宁夏贺兰山国家级自然保护区	山东长岛国家级自然保护区
宁夏沙坡头国家级自然保护区	山东滨州贝壳堤岛与湿地国家级自然保护区
宁夏六盘山国家级自然保护区	山东山旺古生物化石国家级自然保护区
宁夏罗山国家级自然保护区	山东荣成大天鹅国家级自然保护区
宁夏哈巴湖国家级自然保护区	山东昆嵛山国家级自然保护区
甘肃尕海—则岔国家级自然保护区	山西芦芽山国家级自然保护区
新疆阿尔金山国家级自然保护区	山西阳城莽河猕猴国家级自然保护区
新疆巴音布鲁克国家级自然保护区	山西历山国家级自然保护区
新疆喀纳斯国家级自然保护区	山西庞泉沟国家级自然保护区
新疆西天山国家级自然保护区	山西五鹿山国家级自然保护区
新疆塔里木胡杨国家级自然保护区	山西黑茶山国家级自然保护区
新疆艾比湖湿地国家级自然保护区	福建深沪湾海底古森林遗迹国家级自然保护区
新疆甘家湖梭梭林国家级自然保护区	福建武夷山国家级自然保护区
新疆托木尔峰国家级自然保护区	福建梅花山国家级自然保护区
新疆罗布泊野骆驼国家级自然保护区	福建将乐龙栖山国家级自然保护区

（续上表）

福建厦门海洋珍稀物种国家级自然保护区	广东丹霞山国家级自然保护区
福建戴云山国家级自然保护区	广东南岭国家级自然保护区
福建闽江源国家级自然保护区	广东内伶仃岛—福田国家级自然保护区
福建天宝岩国家级自然保护区	广东惠东港口海龟国家级自然保护区
福建漳江口红树林国家级自然保护区	广东鼎湖山国家级自然保护区
福建虎伯寮国家级自然保护区	广东湛江红树林国家级自然保护区
福建梁野山国家级自然保护区	广东珠江口中华白海豚国家级自然保护区
福建君子峰国家级自然保护区	广东象头山国家级自然保护区
福建雄江黄楮林国家级自然保护区	广东徐闻珊瑚礁国家级自然保护区
江西鄱阳湖国家级自然保护区	广东雷州珍稀水生动物国家级自然保护区
江西井冈山国家级自然保护区	广西弄岗国家级自然保护区
江西鄱阳湖南矶湿地国家级自然保护区	广西花坪国家级自然保护区
江西桃红岭梅花鹿国家级自然保护区	广西防城金花茶国家级自然保护区
江西九连山国家级自然保护区	广西山口红树林国家级自然保护区
江西武夷山国家级自然保护区	广西木论国家级自然保护区
江西马头山国家级自然保护区	广西合浦营盘港—英罗港儒艮国家级自然保护区
江西官山国家级自然保护区	广西大瑶山国家级自然保护区
江西九岭山国家级自然保护区	广西北仑河口国家级自然保护区
江西齐云山国家级自然保护区	广西千家洞国家级自然保护区
江西阳际峰国家级自然保护区	广西大明山国家级自然保护区
湖北长江天鹅洲白鱀豚国家级自然保护区	广西崇左白头叶猴国家级
湖北长江新螺段白鱀豚国家级自然保护区	广西猫儿山国家级自然保护区
湖北神农架国家级自然保护区	广西十万大山国家级自然保护区
湖北石首麋鹿国家级自然保护区	广西岑王老山国家级自然保护区
湖北五峰后河国家级自然保护区	广西九万山国家级自然保护区
湖北青龙山恐龙蛋化石群国家级自然保护区	广西金钟山黑颈长尾雉国家级自然保护区
湖北星斗山国家级自然保护区	海南东寨港国家级自然保护区
湖北九宫山国家级自然保护区	海南大洲岛海洋生态国家级自然保护区
湖北七姊妹山国家级自然保护区	海南三亚珊瑚礁国家级自然保护区
湖北洪湖湿地国家级自然保护区	海南大田国家级自然保护区
湖北龙感湖国家级自然保护区	海南坝王岭国家级自然保护区
湖北赛武当国家级	海南铜鼓岭国家级自然保护区
湖北木林子国家级自然保护区	海南尖峰岭国家级自然保护区
湖北咸丰忠建河大国家级自然保护区	海南五指山国家级自然保护区
广东车八岭国家级自然保护区	海南吊罗山国家级自然保护区

（续上表）

贵州赤水桫椤国家级自然保护区	西藏芒康滇金丝猴国家级自然保护区
贵州梵净山国家级自然保护区	西藏色林错国家级自然保护区
贵州威宁草海国家级自然保护区	西藏察隅慈巴沟国家级自然保护区
贵州茂兰国家级自然保护区	西藏雅鲁藏布大峡谷国家级自然保护区
贵州习水中亚热带常绿阔叶林国家级自然保护区	陕西周至国家级自然保护区
贵州麻阳河国家级自然保护区	陕西太白山国家级自然保护区
长江上游珍稀、特有鱼类国家级自然保护区	陕西长青国家级自然保护区
贵州雷公山国家级自然保护区（续上表）	陕西佛坪国家级自然保护区
贵州宽阔水国家级自然保护区	陕西牛背梁国家级自然保护区
云南哀牢山国家级自然保护区	陕西汉中朱鹮国家级自然保护区
云南西双版纳国家级自然保护区	陕西子午岭国家级自然保护区
云南大理苍山洱海国家级自然保护区	陕西化龙山国家级自然保护区
云南高黎贡山国家级自然保护区	陕西天华山国家级自然保护区
云南白马雪山国家级自然保护区	青木川国家级自然保护区
云南南滚河国家级自然保护区	桑园国家级自然保护区
云南无量山国家级自然保护区	米仓山国家级自然保护区
云南药山国家级自然保护区	陇县秦岭细鳞鲑国家级自然保护区
云南会泽黑颈鹤国家级自然保护区	韩城黄龙山褐马鸡国家级自然保护区
云南永德大雪山国家级自然保护区	甘肃兴隆山国家级自然保护区
云南西双版纳纳版河流域国家级自然保护区	甘肃祁连山国家级自然保护区
云南大围山国家级自然保护区	甘肃安西极旱荒漠国家级自然保护区
云南金平分水岭国家级自然保护区	甘肃白水江国家级自然保护区
云南黄连山国家级自然保护区	甘肃太统—崆峒山国家级自然保护区
云南文山国家级自然保护区	甘肃连城国家级自然保护区
长江上游珍稀、特有鱼类国家级自然保护区	甘肃小陇山国家级自然保护区
云南大山包黑颈鹤国家级自然保护区	甘肃盐池湾国家级自然保护区
西藏珠穆朗玛峰国家级自然保护区	甘肃安南坝野骆驼国家级自然保护区
西藏墨脱国家级自然保护区	甘肃敦煌西湖国家级自然保护区
西藏羌塘国家级自然保护区	甘肃民勤连古城国家级自然保护区
西藏拉鲁湿地国家级自然保护区	甘肃莲花山国家级自然保护区
西藏类乌齐马鹿国家级自然保护区	上海九段沙湿地国家级自然保护区
西藏雅鲁藏布江中游河谷黑颈鹤国家级自然保护区	上海崇明东滩鸟类国家级自然保护区

资料来源：科技之光网

其中，属于世界级自然保护区的有：

序号	省区	名称	年份
1	广东	鼎湖山自然保护区	1980 年
2	吉林	长白山自然保护区	1980 年
3	四川	卧龙自然保护区	1980 年
4	贵州	梵净山自然保护区	1986 年
5	福建	武夷山自然保护区	1987 年
6	内蒙古	锡林郭勒自然保护区	1987 年
7	湖北	神农架自然保护区	1989 年
8	新疆	博格达峰自然保护区	1990 年
9	江苏	盐城湿地自然保护区	1992 年
10	云南	西双版纳自然保护区	1992 年
11	浙江	天目山自然保护区	1996 年
12	贵州	茂兰自然保护区	1996 年
13	四川	九寨沟自然保护区	1997 年
14	黑龙	丰林自然保护区	1997 年
15	广西	山口红树林生物圈保护区	1999 年
16	浙江	南麂列岛自然保护区	1999 年
17	云南	高黎贡山自然保护区	2000 年
18	四川	黄龙寺生物圈保护区	2000 年
19	甘肃	白水江生物圈保护区	2000 年
20	河南	宝天曼自然保护区	2001 年
21	内蒙古	赛罕乌拉自然保护区	2001 年
22	内蒙古	达赉湖自然保护区	2002 年
23	西藏	珠穆朗玛峰自然保护区	2004 年
24	黑龙江	五大连池自然保护区	2003 年
25	四川	亚丁自然保护区	2003 年
26	陕西	佛坪自然保护区	2004 年
27	黑龙江	兴凯湖自然保护区	2005 年
28	广东	车八岭自然保护区	2006 年
29	广东	封开黑石顶自然保护区	2006 年

附录八：广东主要旅游资源一览

资源名称	分布地区	资源类型
罗浮山	博罗	山峦形胜
西樵山	南海	山峦形胜
丹霞山	仁化	山峦形胜
鼎湖山	肇庆	山峦形胜
飞霞山	清远	山峦形胜
白云山	广州	山峦形胜
石景山	珠海	山峦形胜
金鸡岭	乐昌	山峦形胜
莲花山	番禺	山峦形胜
宕石	汕头	山峦形胜
韶石山	曲江	山峦形胜
圭峰山	新会	山峦形胜
千层峰	封开	山峦形胜
南昆山	龙门	山峦形胜
莲花峰	潮阳	山峦形胜
斑石	封开	山峦形胜
石花山	台山	山峦形胜
九龙峰	惠东	山峦形胜
阴那山	梅县、大埔之间	山峦形胜
桑浦山	汕头、潮州、揭阳之间	山峦形胜
霍山	龙川	山峦形胜
叱石	新会	山峦形胜
华表石	德庆	山峦形胜
五指石	平远	山峦形胜
鳌峰山	恩平	山峦形胜
黄岐山	揭阳	山峦形胜
梧桐山	深圳	山峦形胜
桂山	河源	山峦形胜
七星岩	肇庆	岩溶奇景
宝晶宫	英德	岩溶奇景
古佛岩	乐昌	岩溶奇景
凌霄岩	阳春	岩溶奇景

（续上表）

资源名称	分布地区	资源类型
蟠龙洞	云浮	岩溶奇景
玉溪三洞	阳春	岩溶奇景
崆峒岩	阳春	岩溶奇景
大口岩	连州	岩溶奇景
卧龙风景区	封开	岩溶奇景
燕岩风景区	怀集	岩溶奇景
龙宫岩	阳春	岩溶奇景
双水峰林	阳春	岩溶奇景
英西峰林	英德	岩溶奇景
观音岩	英德	岩溶奇景
大角湾沙滩	阳江	滨海沙滩
马尾湾沙滩	阳江	滨海沙滩
青澳湾沙滩	南澳	滨海沙滩
飞沙滩	台山	滨海沙滩
飞龙沙滩	湛江	滨海沙滩
龙头山	电白	滨海沙滩
虎头山	电白	滨海沙滩
大梅沙	深圳	滨海沙滩
小梅沙	深圳	滨海沙滩
金厢滩	陆丰	滨海沙滩
霞涌湾	惠阳	滨海沙滩
巽寮湾、平海湾	惠东	滨海沙滩
硇洲岛潜水海滨泳场	湛江	滨海沙滩
妈屿岛海滨泳场	汕头	滨海沙滩
珠海海滨泳场	珠海	滨海沙滩
内伶仃岛	深圳	滨海沙滩
龙穴岛	广州	滨海沙滩
吉兆滩	吴川	滨海沙滩
王府洲	台山	滨海沙滩
白沙湾	徐闻	滨海沙滩
东平珍珠湾	阳东	滨海沙滩
沙扒湾	阳西	滨海沙滩
九泷十八滩	乐昌	川峡险滩

（续上表）

资源名称	分布地区	资源类型
飞来峡—清远峡	清远	川峡险滩
湟川三峡	连州—阳山之间	川峡险滩
锦江	仁化	川峡险滩
西江三峡：羚羊峡、三榕峡、大鼎峡	肇庆	川峡险滩
桂花潭	乳源	川峡险滩
西湖	惠州	湖泊水库
星湖	肇庆	湖泊水库
西湖	潮州	湖泊水库
西湖	雷州	湖泊水库
湖光岩	湛江	湖泊水库
白藤湖农民度假村	斗门	湖泊水库
合水水库	兴宁	湖泊水库
长潭水库	蕉岭	湖泊水库
新丰江水库、万绿湖	河源	湖泊水库
从化温泉	从化	温泉
中山温泉	中山	温泉
五华热矿泥山庄	五华	温泉
石岩湖温泉度假村	深圳	温泉
汤泉温泉	惠州	温泉
银盏温泉	清远	温泉
清新温矿泉	清远	温泉
龙山温泉	新兴	温泉
东山湖温泉	汕头	温泉
金山温泉	恩平	温泉
热水温泉	恩平	温泉
汤塘温泉	佛冈	温泉
流沙温泉	普宁	温泉
乳源温泉	乳源	温泉
高埔岗温泉	河源	温泉
高滩温泉	增城	温泉
从化新温泉	从化良口	温泉
龙山温泉	乐昌	温泉

（续上表）

资源名称	分布地区	资源类型
大东山温泉	连州	温泉
三合温泉	台山	温泉
汤坑温泉	丰顺	温泉
南华温泉	曲江	温泉
三元里矿泉别墅	广州	温泉
海角甘泉	惠来	温泉
东心埔温泉	揭西	温泉
汤溪温泉	饶平	温泉
八甲温泉	阳春	温泉
斗门御温泉	斗门	温泉
石羊坑温泉	连南	温泉
光孝寺	广州	宗教寺庙
黄大仙圣境园	南海	宗教寺庙
黄大仙庙	广州	宗教寺庙
纯阳观	广州	宗教寺庙
海会寺	鹤山	宗教寺庙
宝林寺	顺德	宗教寺庙
千佛塔寺	梅州	宗教寺庙
福山寺	连州	宗教寺庙
玉台寺	新会	宗教寺庙
白云古寺	南海	宗教寺庙
正觉寺	阳江	宗教寺庙
泮坑公王庙	梅县	宗教寺庙
妈宫	汕头	宗教寺庙
双峰寺	揭阳	宗教寺庙
永福寺	惠来	宗教寺庙
正相寺	龙川	宗教寺庙
酥醪观	博罗	宗教寺庙
南海观音寺	南海	宗教寺庙
莲花山观音阁	番禺	宗教寺庙
西湖元妙观	惠州	宗教寺庙
仙尾妈祖庙（天后宫）	汕尾	宗教寺庙
天后宫	深圳	宗教寺庙

（续上表）

资源名称	分布地区	资源类型
南沙天后宫	番禺	宗教寺庙
弘法寺	深圳	宗教寺庙
何仙姑家庙	增城	宗教寺庙
盘古王庙	花都	宗教寺庙
西山庙	顺德	宗教寺庙
慈元庙	新会	宗教寺庙
茶庵寺	江门	宗教寺庙
芦苞祖庙	三水	宗教寺庙
天灵寺	雷州	宗教寺庙
云泉仙馆	南海	宗教寺庙
灵光寺	梅县	宗教寺庙
东岩、西岩	潮阳	宗教寺庙
黄龙观	罗浮山	宗教寺庙
锦霞洞	清远飞霞	宗教寺庙
飞霞洞	清远飞霞	宗教寺庙
藏霞洞	清远飞霞	宗教寺庙
飞来寺	清远	宗教寺庙
白云寺	鼎湖山	宗教寺庙
庆云寺	肇庆鼎湖山	宗教寺庙
华首寺	罗浮山	宗教寺庙
冲虚古观	罗浮山	宗教寺庙
锦岩	仁化	宗教寺庙
别传寺	仁化	宗教寺庙
石室（圣心堂）	广州	宗教寺庙
五仙观	广州	宗教寺庙
南海神庙	广州	宗教寺庙
三元宫	广州	宗教寺庙
怀圣寺	广州	宗教寺庙
六榕寺	广州	宗教寺庙
国恩寺	新兴	宗教寺庙
云门寺	乳源	宗教寺庙
霖田祖庙寺	揭西	宗教寺庙
灵山寺	潮阳	宗教寺庙

（续上表）

资源名称	分布地区	资源类型
龙母庙	德庆	宗教寺庙
玄武山元山寺	陆丰	宗教寺庙
佛山祖庙	佛山	宗教寺庙
南华寺	曲江	宗教寺庙
开元寺	潮州	宗教寺庙
佗城	龙川	文物古迹
陈白沙祠	江门	文物古迹
韩文公祠	潮州	文物古迹
越王井（九眼井）	广州	文物古迹
沙面古建筑群	广州	文物古迹
清真先贤古墓	广州	文物古迹
揭阳学宫	揭阳	文物古迹
七星岩摩崖石刻	肇庆	文物古迹
郑成功坊	南澳	文物古迹
宋王井	南澳	文物古迹
总兵府	南澳	文物古迹
雄镇关	南澳	文物古迹
猎屿铳城	南澳	文物古迹
端州宋城	肇庆	文物古迹
丛熙公祠	潮州	文物古迹
葫芦山摩崖石刻	潮州	文物古迹
湘子桥	潮州	文物古迹
东门楼	潮州	文物古迹
潮州古城	潮州	文物古迹
崖门古迹	新会	文物古迹
镇海楼	广州	文物古迹
西湖十贤祠	雷州	文物古迹
文天祥方饭亭	海丰	文物古迹
邝愈平墓	河源	文物古迹
宋帝丙墓	深圳	文物古迹
德庆学宫	德庆	文物古迹
余靖墓	韶关	文物古迹
张九龄墓	韶关	文物古迹

（续上表）

资源名称	分布地区	资源类型
朝云墓	惠州	文物古迹
颜检墓	河源	文物古迹
南越国宫署	广州	文物古迹
陈家祠	广州	文物古迹
西汉南越王墓博物馆	广州	文物古迹
平海古城	惠东	文物古迹
大埕所城	饶平	文物古迹
南山摩崖石刻	英德	文物古迹
贤令山摩崖、石刻	阳山	文物古迹
开平风采堂	开平	文物古迹
燕喜亭	连州	文物古迹
阅江楼	肇庆	文物古迹
风采楼	韶关	文物古迹
梅庵	肇庆	文物古迹
珠玑巷	南雄	文物古迹
梅岭关	南雄	文物古迹
六榕塔	广州	古塔
正相塔	龙川	古塔
龟峰塔	河源	古塔
巽峰塔	高明	古塔
文明塔	高要	古塔
元山寺塔	陆丰	古塔
文塔	三水	古塔
琶洲塔、赤岗塔	广州	古塔
文塔	顺德	古塔
元魁塔	肇庆	古塔
凌云塔（熊子塔）	新会	古塔
白石塔	新会	古塔
镇山宝塔	新会	古塔
凌云古塔	台山	古塔
石塔	南雄	古塔
瘗发塔	广州	古塔
东西铁塔	广州	古塔

（续上表）

资源名称	分布地区	资源类型
文光塔	潮阳	古塔
莲花塔	番禺	古塔
泗洲塔	惠州	古塔
慧光塔	连州	古塔
三元塔	德庆	古塔
凤凰塔	潮州	古塔
三影塔	南雄	古塔
崇禧塔	肇庆	古塔
光塔	广州	古塔
可园	东莞	古园林
西园	潮阳	古园林
立园	开平	古园林
梁园	佛山	古园林
清晖园	顺德	古园林
余荫山房	番禺	古园林
宝墨园	番禺	仿古园林
黄花岗七十二烈士墓	广州	近现代史迹
广州公社旧址	广州	近现代史迹
双峰寨旧址	仁化	近现代史迹
蔡廷锴故居	罗定	近现代史迹
丘逢甲故居	蕉岭	近现代史迹
人境庐	梅州	近现代史迹
梁启超故居	新会	近现代史迹
康有为故居	南海	近现代史迹
洪秀全故居	花都	近现代史迹
叶剑英故居	梅州	近现代史迹
十九路军淞沪抗日阵亡将士坟园	广州	近现代史迹
中华全国总工会旧址	广州	近现代史迹
叶挺独立团纪念馆	肇庆	近现代史迹
虎门要塞	东莞虎门及番禺南沙	近现代史迹
海丰红宫、红场	海丰	近现代史迹
三元里人民抗英斗争纪念馆	广州	近现代史迹

（续上表）

资源名称	分布地区	资源类型
国民党一大会址	广州	近现代史迹
林则徐纪念馆和虎门销烟池——海战博物馆	东莞	近现代史迹
孙中山纪念堂	中山	近现代史迹
孙中山故居	中山	近现代史迹
中山纪念堂	广州	近现代史迹
黄埔军校旧址	广州	近现代史迹
广州农民运动讲习所	广州	近现代史迹
广州起义烈士陵园	广州	近现代史迹
长隆欢乐世界	广州	游乐园和主题公园
航天奇观	广州	游乐园和主题公园
长隆水上乐园	广州	游乐园和主题公园
东湖乐园	江门	游乐园和主题公园
碧湖乐园	韶关	游乐园和主题公园
佛山乐园	佛山	游乐园和主题公园
星湖乐园	肇庆	游乐园和主题公园
圆明新园	珠海	游乐园和主题公园
珍珠乐园	珠海	游乐园和主题公园
珠海游乐场	珠海	游乐园和主题公园
四大佛山	珠海	游乐园和主题公园
青青世界	深圳	游乐园和主题公园
中山宇游科幻城	中山	游乐园和主题公园
太阳岛游乐场	广州	游乐园和主题公园
南湖游乐园及大河马水上世界	广州	游乐园和主题公园
香江野生动物世界	番禺	游乐园和主题公园
广州海洋馆	广州	游乐园和主题公园
深圳野生动物园	深圳	游乐园和主题公园
欢乐谷	深圳	游乐园和主题公园
未来时代	深圳	游乐园和主题公园
世界之窗	深圳	游乐园和主题公园
中国民俗文化村	深圳	游乐园和主题公园
锦绣中华微缩景区	深圳	游乐园和主题公园
香蜜湖度假村	深圳	游乐园和主题公园

（续上表）

资源名称	分布地区	资源类型
史努比主题公园	顺德	游乐园和主题公园
蓝水星主题公园	汕头	游乐园和主题公园
广州博物馆	广州	博物馆
河源博物馆	河源	博物馆
封开博物馆	封开	博物馆
海康民俗博物馆	雷州	博物馆
南雄恐龙陈列馆	南雄	博物馆
广州地质陈列馆	广州	博物馆
深圳博物馆	深圳	博物馆
番禺博物馆	番禺	博物馆
广东民间艺术博物馆	广州	博物馆
广东革命历史博物馆	广州	博物馆
广东省博物馆	广州	博物馆
南越王博物馆	广州	博物馆
乳源狩猎中心	乳源	特种旅游（体育旅游）
必背漂流	乳源	特种旅游（体育旅游）
九龙湾漂流	东源	特种旅游（体育旅游）
龙鲸河漂流	丰顺	特种旅游（体育旅游）
九泷十八滩漂流	乐昌	特种旅游（体育旅游）
黄龙峡漂流	清远	特种旅游（体育旅游）
飞来峡漂流	清远	特种旅游（体育旅游）
黄腾峡漂流	清远	特种旅游（体育旅游）
五星漂流	清远	特种旅游（体育旅游）
大滩河漂流	连山	特种旅游（体育旅游）
芙蓉峡谷漂流	花都	特种旅游（体育旅游）
翠竹林漂流	中山	特种旅游（体育旅游）
北峰山森林公园峡谷漂流	台山	特种旅游（体育旅游）
英西峰林暗河漂流	英德	特种旅游（体育旅游）
灵溪河漂流	韶关	特种旅游（体育旅游）
丹霞山必背峡谷漂流	韶关	特种旅游（体育旅游）
九龙湾漂流	河源龙川	特种旅游（体育旅游）
潢川三峡漂流	连州	特种旅游（体育旅游）
锦江温泉（环形漂流）	江门	特种旅游（体育旅游）

（续上表）

资源名称	分布地区	资源类型
大峡谷探险	乳源	特种旅游（体育旅游）
金庄淘金旅游	封开	特种旅游（体育旅游）
白藤湖潜水旅游	珠海	特种旅游（体育旅游）
放鸡岛潜水旅游	茂名	特种旅游（体育旅游）
高明狩猎场	高明	特种旅游（体育旅游）
喜乐登拓展训练中心	从化	特种旅游（体育旅游）
马坝人遗址	曲江	科学考察
蟠龙洞新石器遗址	云浮	科学考察
黄岩洞古文化遗址	封开	科学考察
汕头鸡笼山北回归线标志塔	汕头	科学考察
广州从化北回归线标志塔	从化	科学考察
封开江口北回归线标志塔	封开	科学考察
恐龙蛋化石	南雄、始兴、河源	科学考察
通天箩	乳源	科学考察
龙斗陨石坑	始兴	科学考察
广州古海蚀遗址	广州	科学考察
西樵山古文化遗址	南海	科学考察
石峡文化	曲江	科学考察
少数民族风情：必背瑶寨	乳源	民族民俗风情
三排瑶寨	连南	民族民俗风情
军寮瑶寨	连南	民族民俗风情
汉族地区民俗风情：客家围楼、围龙屋		民族民俗风情
潮汕功夫茶	潮州、汕头	民族民俗风情
潮州、潮阳英歌舞	潮州、潮阳	民族民俗风情
佛山狮舞	佛山	民族民俗风情
新会沙龙舞	新会	民族民俗风情
东江下游的凤舞、麒麟舞		民族民俗风情
番禺鳌鱼舞	番禺	民族民俗风情
开平碉楼等	开平	民族民俗风情
高第街	广州	购物美食
端砚	肇庆	购物美食
刺绣	广州、潮州	购物美食

（续上表）

资源名称	分布地区	资源类型
抽纱	潮汕地区	购物美食
玉石雕刻	信宜、高州	购物美食
金漆木雕	潮州	购物美食
贝雕	陆丰	购物美食
象牙（牛骨）雕刻	广州	购物美食
广州彩瓷	广州	购物美食
枫溪通花瓷	潮州	购物美食
石湾陶瓷	佛山	购物美食
东江菜	河源、梅州	购物美食
潮州菜	潮州	购物美食
广州菜	广州	购物美食
中英街	深圳	购物美食
惠州西湖步行街	惠州	购物美食
顺德大良步行街	顺德	购物美食
中山市步行街	中山	购物美食
虎门富民服装市场	东莞	购物美食
九洲城	珠海	购物美食
深圳书城	深圳	购物美食
西关人家	广州	购物美食
流花服装市场	广州	购物美食
华林玉器酸枝工艺品街	广州	购物美食
北京路商业步行街	广州	购物美食
第十甫—下九路商业步行街	广州	购物美食
西湖路灯光夜市	广州	购物美食
天河城	广州	购物美食
绿色世界	东莞	观光农业
岭南百果园	深圳	观光农业
翠屏钟鼓岩经济动物养殖场	南雄	观光农业
农业大观园、横沥旅游度假农庄	番禺	观光农业
新会现代农业成果产业示范基地	新会	观光农业
上官塘凤山旅游果林场	梅州	观光农业
大埔农业旅游开发中心	大埔	观光农业
黄蜂窝旅游茶场	兴宁	观光农业

（续上表）

资源名称	分布地区	资源类型
永华果林旅游村	普宁	观光农业
金海湾植物园	惠来	观光农业
园中园	河源	观光农业
雁南飞茶田	梅州	观光农业
金香农庄	潮州	观光农业
捷胜海洋渔业观赏园	汕尾	观光农业
百万葵园	番禺	观光农业
光明农场	深圳	观光农业
中山温泉高尔夫球场	中山	高尔夫球场
南海高尔夫球场	南海	高尔夫球场
佛山高尔夫球场	佛山	高尔夫球场
大洋高尔夫球场	揭西	高尔夫球场
金海湾高尔夫球场	惠来	高尔夫球场
南沙高尔夫球场	番禺	高尔夫球场
莲花山高尔夫球场	番禺	高尔夫球场
珠海高尔夫球场	珠海	高尔夫球场
观澜高尔夫球场	深圳	高尔夫球场
深圳高尔夫球场	深圳	高尔夫球场
万豪高尔夫俱乐部	潮州	高尔夫球场
中信会山湖高尔夫俱乐部	佛山	高尔夫球场
华南植物园	广州	城市公园
慧如公园	潮州	城市公园
北山公园	阳江	城市公园
海滨公园	湛江	城市公园
东湖公园	江门	城市公园
季华园	佛山	城市公园
紫马岭公园	中山	城市公园
石景山公园	珠海	城市公园
越秀公园	广州	城市公园
湛江热带植物园	湛江	城市公园
西苑	广州	城市公园
仙湖植物园	深圳	城市公园
广州动物园	广州	城市公园

（续上表）

资源名称	分布地区	资源类型
兰圃	广州	城市公园
雕塑公园	广州	城市公园
广州文化公园	广州	城市公园
流花公园	广州	城市公园
云台花园	广州	城市公园
大亚湾核电站	深圳	工业旅游
科龙电器	顺德	工业旅游
万家乐电器	顺德	工业旅游
茂名石化	茂名	工业旅游
虎门大桥	东莞、番禺	现代工程
汕头海湾大桥	汕头	现代工程
地王大厦	深圳	现代工程
飞来峡水利枢纽工程	清远	现代工程

附录九：世界旅游相关组织名称

世界旅游相关组织名称	英文名称
世界旅游组织	THE WORLD TOURISM ORGANIZATION
太平洋亚洲旅游协会	PACIFIC ASIA TRAVEL ASSOCIATION
国际旅游联盟	ALLIANCE INTERNATIONAL DE TOURISME——AIT
世界旅行社协会联合会	UNIVERSAL FEDERATION OF TRAVEL AGENTS, ASSOCIATION——UFTAA
世界旅行社协会	WORLD ASSOCIATION OF TRAVEL AGENCIES ——WATA
妇女旅游组织国际联合会	INTERNATIONAL FEDERATION OF WOMEN'S TRAVEL ORGANIZATIONS——IFWTO
国际旅馆协会	INTERNATIONAL HOTEL ASSOCIATION——IHA
国际民用航空组织	INTERNATIONAL CIVIL AVIATION ORGANIZATION——ICAO
国际航空运输协会	INTERNATIONAL AIR TRANSPORT ASSOCIATION——IATA
国际铁路联盟	INTERNATIONAL UNION OF RAILWAYS
国际汽车联合会	INTERNATIONAL AUTO FEDER ATION——FIA
国际旅游科学专家协会	INTERNATIONAL ASSOCIATION OF SCIENTIFIC INTOURISM

（续上表）

世界旅游相关组织名称	英文名称
国际旅游协会	INTERNATIONAL ACADEMY OF TOURISM——IAT
国际旅游研究院	INTENATIAONAL TOURISM INSTITUTE
世界旅游专业培训协会	WORLD ASSOCIATION FOR TRAINING TOURISM SPECIALISTS——WATTS
欧洲旅游委员会	EUROPEAN TRAVEL COMMISSION——ETC
欧洲国家运输部长会议	EUPOPE CONFERENCE OF MINISTERS OF TRANSPORT——ECMT
美洲旅行代表大会	INTER - AMERICAN TRAVEL CONGRESS——IATA
美洲旅馆与汽车旅馆联合会	AMERICAN HOTEL&MOTEL ASSOCIATION——AHMA
拉丁美洲旅游组织联盟	CONFEDERATION OF TOURIST ORGANIZATIONS OF LATIN AMERICA——CTOLA
加勒比旅游组织	CARIBBEAN TOURISM ORGANIZATION
国际青年旅游与交流局	INTERNATIONAL BUREAU FOR YOUTH TOURISM AND EXCHANGES——BITEJ
国际学生旅游大会	INTERNATIONAL STUDENT TRAVEL CONFERENCE——ISTC
国际社会旅游局	INTERNATIONAL OFFICE OF SOCIAL TOURISM——BITS
国际宿营和旅队联合会	INTERNATIONAL FEDERATION OF CAMPING AND CARAVANNING——FICC
国际世界语旅游协会	INTERNATIONAL ESPERANTO TOURIST SOCIETY——IETS
国际斯卡尔俱乐部协会（旅游）	INTERNATIONAL ASSOCIATION OF SKAL CLUB——AISC
世界国际专业会议管理协会	PROFESSIONAL CONVENSION MANAGEMENT ASSOCIATIONS——PCMA
世界一流酒店组织	THE LEADING HOTELS OF THE WORLD
国际旅馆与餐馆组织	INTERNATIONAL ORGANIZATION OF HOTEL AND RESTAURANT ASSOCIATIONS——IOHRA